1+X职业技能等级证书配套教材

复旦卓越·21世纪管理学系列

人力资源数字化管理

（中级）

主　编　汪　鑫
副主编　罗丽萍
参　编　（以姓氏笔画为序）
　　　　王淑娟　白光林　刘璐宁　刘　华
　　　　郑　琪　张宇翔　陈　鹏　汪　琼
　　　　周伟林　袁松棉　曾　欣　嵇月婷

复旦大学出版社

· 编审委员会 ·

（以姓氏笔画为序）

主　任　李　琦　吴建国

委　员　朱　涛　陈　跃　李国龙　汪　鑫　闻效仪　董训涛

内 容 提 要

本书是针对劳动与社会保障、人力资源管理和公共事务管理等专业的高职高专学生编写的一本教材，既介绍人力资源数字化转型的前沿知识，也讲解实践操作。当前职业院校培养的人力资源管理专业的毕业生在企业中难以找到合适的定位，这反映出学生对专业和自身能力认知不清。本书为教育部1+X证书的配套教材，注重实践教学，着重培养学生对人力资源数字化转型的了解和实践中使用人力资源信息系统的能力。

前　言

2019年初,国务院印发《国家职业教育改革实施方案》,要求从2019年开始,在职业院校、应用型本科高校启动"学历证书＋若干职业技能等级证书"(简称"1＋X"证书)制度试点工作。

简单而言,"1"是学历证书,是指学习者在学制系统内实施学历教育的学校或者其他教育机构中完成了学制系统内一定教育阶段学习任务后获得的文凭;"X"为若干职业技能等级证书。"1＋X"证书制度,就是学生在获得学历证书的同时,取得多类职业技能等级证书。职教界内外最为关注的,实际就是这个"X"。在实施"1＋X"证书制度时,无疑须处理好学历证书"1"与职业技能等级证书"X"的关系。"1"是基础,"X"是"1"的补充、强化和拓展。学历证书和职业技能等级证书不是两个并行的证书体系,而是两种证书相互衔接和相互融通。书证相互衔接融通是"1＋X"证书制度的精髓所在,这种衔接融通主要体现在:职业技能等级标准与各个层次职业教育的专业教学标准相互对接,"X"证书的培训内容与专业人才培养方案的课程内容相互融合;"X"证书培训过程与学历教育专业教学过程统筹组织、同步实施;"X"证书的职业技能考核与学历教育专业课程考试统筹安排,同步考试与评价;学历证书与职业技能等级证书体现的学习成果相互转换。

"1＋X"证书制度是国家职业教育制度建设的一项基本制度,也是构建中国特色职教发展模式的一项重大制度创新。"1＋X"证书制度的实施,必将助推职业院校改革走向深入。

启端教育顺应科技的发展和企业人力资源管理的需求,组织院校教师、知名企业实战专家论证和开发了"人力资源数字化管理"这个"X"证书。近几年,以互联网、云计算、大数据、物联网、人工智能为代表的数字技术发展迅猛,2017年,"数字经济"首次被写入政府工作报告。数字经济的发展也为人力资源服务领域带来更多的可能性。数字化技术正以前所未有的方式影响着人力资源管理模式。数字时代人才招聘已不再是机械性操作,人工智能技术帮助招聘人员自动筛选、甄别人员;视频技术、虚拟现实等面试技术,让候选人和招聘者能够更高效地沟通;数字化企业绩效管理将实现以数据为驱动的绩效管理目标,绩效辅导实时沟通互动,管理更为方便敏捷。在实际操作过程中,院校人才培养方向和定位与社会对人才的期待有着一定的距离。因此对院校相关专业学生开展人力资源数字化管理职业技能培训是数字化时代对人力资源管理专业人才培养提出的新任务。

为提高学生在人力资源管理工作中的数字化、信息化能力,本书按理论和实操两部分设计。理论部分由高校人力资源领域专家组成编制团队,就人力资源管理的基础理论知识进行讲解,并介绍人力资源数字化管理的前沿研究成果。理论部分各章作者分工如下:第1章由刘璐宁、郑琪负责,第2章由汪鑫、刘华负责,第3章由王淑娟、陈鹏负责,第4章由白光林、郑琪负责,第5章由陈鹏负责,第6章由白光林、嵇月婷负责,第7章由张宇翔、刘华负责。实操部分由金蝶软件的技术团队罗丽萍、汪琼、周伟林、袁松棉、曾欣等负责编写,主要依托金蝶软件开发的人力资源管理操作系统,为学员还原实际工作场所中人力资源数字化应用场景,让学生有更真实的体验,提高学生的实践能力。全书由汪鑫起草写作框架并进行统稿。

在本书成稿付梓之际,感谢各位作者的辛勤写作,感谢学界同仁的鼓励和鼎力支持,同时感谢复旦大学出版社同仁的信任和辛苦工作。诚恳盼望广大读者对本书提出宝贵的意见和建议。

目 录

第一编 理 论 部 分

- **第1章 组织管理** ········· 003
  - 1.1 组织结构 ········· 004
  - 1.2 典型的组织结构模式 ········· 005
  - 1.3 劳动定额定员 ········· 006

- **第2章 员工关系管理** ········· 010
  - 2.1 员工信息管理 ········· 010
  - 2.2 员工岗位变动情形 ········· 012
  - 2.3 劳动合同管理 ········· 013
  - 2.4 员工信息统计 ········· 014

- **第3章 招聘与录用管理** ········· 015
  - 3.1 招聘需求管理 ········· 016
  - 3.2 简历筛选、笔试及面试 ········· 019
  - 3.3 入职背景调查 ········· 021

- **第4章 假勤管理** ········· 023
  - 4.1 假期管理 ········· 023
  - 4.2 考勤管理 ········· 026
  - 4.3 假勤结果汇总 ········· 029

- **第5章 薪酬管理** ········· 031
  - 5.1 薪酬概述 ········· 032
  - 5.2 社保福利管理 ········· 033
  - 5.3 企业补充保险 ········· 034
  - 5.4 市场薪酬调查 ········· 036

- **第6章 绩效管理** ········· 038
  - 6.1 绩效的概念与影响因素 ········· 038
  - 6.2 绩效管理的概念与基本流程 ········· 039
  - 6.3 绩效管理的常见工具 ········· 040
  - 6.4 绩效考评指标体系 ········· 043
  - 6.5 绩效反馈与结果应用 ········· 044

6.6 员工绩效档案···045

第 7 章 移动应用···046
7.1 员工资源管理移动服务···047
7.2 经理人资源管理移动服务···048
7.3 人力资源数字化管理系统···049

第二编 实 操 部 分

实操 1　组织管理··055

实操 2　员工关系管理··084

实操 3　假勤管理··129

实操 4　绩效管理··213

实操 5　薪酬管理··246

实操 6　招聘管理··293

实操 7　员工自助··353

实操 8　管理者分析···373

实操 9　移动应用··387

人力资源数字化管理
（中级）

第一编
理论部分

第1章 组织管理

【学习目标】
- 掌握组织结构的概念及功能；
- 理解典型的组织结构模式；
- 理解劳动定额定员的相关概念；
- 了解劳动定额、劳动定员的内容与方法。

【关键术语】

组织结构　劳动定额　劳动定员

引导案例

钉钉：数字化组织运营平台助力中小企业降本增效

目前，我国多数中小型企业仍然采用传统办公模式，人、硬件、软件三者之间长期处于分裂状态，无法满足企业数字化、智能化办公的需求。在数字经济规模高速增长的今天，如何帮助企业实现在云和移动时代的组织变革，提升中小企业的经营管理效率？

成立于2014年的钉钉，被称为"企业组织数字化时代的淘宝"，通过人财物事在线数字化、办公移动化、业务智能化，全方位提升企业组织运营效率，大幅降低企业组织数字化成本，以透明化工作方式激发组织中每个人的自驱力、创新力，实现简单、高效、安全的数字化工作方式。

"五个在线"开启数字化新工作方式

企业组织需实现内外部数字化协同一体，以满足数字化转型的急切需求。钉钉将数字化企业组织工作管理模式归纳为组织在线、沟通在线、协同在线、业务在线和生态在线"五个在线"，可有效帮助企业在数字化浪潮中实现数字化转型。

组织在线是实现新工作方式的基础。钉钉开发的企业组织通讯录、智能人事、钉钉智能硬件等产品，构建了权责清晰、扁平透明的在线组织，开创了全新的工作方式，可快速建立属于中小企业的在线办公室。

沟通在线是实现新工作方式的核心。"消息必达，使命必达。"即时沟通、DING消息、钉钉视频会议、钉钉直播等应用，建立起安全在线的信息通道，让组织成员实现高效沟通，构建有温度的在线办公室和企业文化的在线阵地，实现扁平透明。

协同在线可以加速组织变革。钉钉文档、钉盘、钉钉日程、钉钉项目、钉钉任务等功能，帮助企业打破时空限制，做到多人同时在线办公，实现团队任务和工作的高效协同。

业务在线可以实现业务升级。通过钉钉智能通用OA、钉钉智能通用CRM、钉钉开放平台等应用和服务，为中小企业提供一站式的在线客户管理和在线业务管理服务，帮助企业构建一套从一线到管理中心的神经网络，提高企业管理效率和决策效率。

生态在线帮助中小企业加速进入新工作方式。以组织为中心，用钉钉统一管理各微应用，不断完善组织对外信息，可实现以企业为中心的上下游和客户的在线连接，提升整个产业链的生态协同效率。

钉钉的发展为企业实现数字化转型提供了较强的借鉴意义。但不同规模的企业数字化转型要解决的问题是不一样的,需因地制宜。对小型企业而言,其主要面临生存问题,产品和销售一般是核心诉求,基于钉钉等一些免费的数字化工具,可以帮助其实现局部数字化,解决组织在线、沟通协作在线的问题,降本增效,减少差错。对于中型企业而言,更关注核心业务在线化,实现用即时数据、全域数据做精准决策。例如CRM客户管理、供应链管理、项目流程平台化管理等,结合第三方ISV或者定制开发解决方案,在钉钉上搭建管理运营平台来构建数字化组织、实施数字化转型,这是数字转型浪潮下企业顺应时代发展壮大的关键之举。

资料来源:中国工信产业网,http://www.cnii.com.cn/rmydb/202005/t20200508_174737.html.2020-05-08,09:28.

1.1 组织结构

1.1.1 组织和组织结构的概念

我们通常所说的"组织"既有静态意义的组织,也有动态意义的组织。静态意义的组织是指具有明确的目标导向、精心设计的结构、有意识协调的活动系统,同时又与外部环境保持密切联系的一种社会实体[①]。著名组织学家切斯特·巴纳德认为,由于生理的、心理的、物质的、社会的限制,人们为了达到个人的和共同的目标,就必须合作,于是形成了群体,群体又发展成组织。动态意义的组织则是一种管理过程,是指为有效实现系统的目标而进行的一系列活动,包含组织设计、人员配备、合理授权和组织文化建设等。在本章中,我们主要探讨的是静态意义的组织。我们通常将一个企业、公司称为组织。

组织结构是指组织内部部门或者职务的整体架构,可以反映一个组织的各级各类隶属关系、分工协作、权责范围、正式报告关系等。

1.1.2 组织结构的功能

(1) 明确战略归属。

企业的战略在具体落实之前需要进行部门分解,不同的战略目标需要不同的部门承载,明确的组织结构对于战略目标的分解也是明确的。如确定了总目标和整体战略之后,相应配套人力资源战略的承载部门将是人力资源部,市场战略通常由企业的市场营销部门负责。

(2) 明确部门功能。

通过部门介绍和部门职责说明书,可以一眼看清部门功能所在,方便工作沟通、任务配合及目标达成。每一个部门是由不同的岗位构成的,明确的部门职责可以进一步分解为岗位职责,这样员工就能准确理解自己的工作职责和工作内容。

(3) 明确授权路径。

组织结构是组织的管理框架,其明确了组织的指挥链,从组织最高层扩展到最基层,澄清谁向谁报告工作,能够解决"我有问题时去找谁""我对谁负责"的问题。

(4) 明确管理跨度。

所谓管理跨度,就是一名主管直接管理下属的人数,它决定着组织的横向宽度,也叫管理幅度。管理跨度的宽窄决定着组织横向沟通的效率,也影响着主管管理的效率和效果。如果管理跨度过大,可能导致管理真空;如果跨度小,可能在组织规模既定的情况下,组织层次很多,导致管理成本巨大。

(5) 明确管理模式。

组织架构的设立就是管理模式的明确。是集权管控还是分权管理,是垂直管理还是交叉管理,都可以从组织架构中窥见端倪。

对于员工个人来说,清晰的组织结构能够帮助员工对组织总体情况有宏观了解;帮助员工迅速了解自

---

① 理查德·L.达夫特.组织理论与设计:第7版.北京:清华大学出版社,2003:15.

己的工作责任和权力范围,提高工作效率;帮助员工明确未来晋升路径,明确努力的方向。

1.2 典型的组织结构模式

1.2.1 直线职能制

直线职能制是最常见的组织结构,在我国大部分企业、行政组织当中广泛使用。该组织结构以直线制为基础,同时设置相应的职能部门从事职能管理,实行主管统一指挥与职能部门参谋-指导相结合。在直线职能型结构下,下级机构既受上级部门的管理,又受同级职能管理部门的业务指导和监督。各级行政领导人逐级负责,高度集权。这种组织结构适用于规模中等的企业,随着规模的进一步扩大,将倾向于更多的分权。

以工厂为例,直线职能制的组织结构如图1-1-1所示。

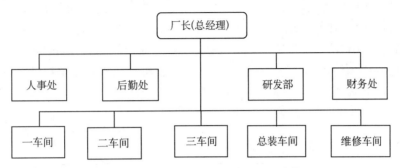

图1-1-1 某工厂直线职能制组织结构

直线职能制组织结构的特点:厂长(总经理)对业务和职能部门均实行垂直式领导,各级直线管理人员在职权范围内对直接下属有指挥和命令的权力,并对此承担全部责任。职能管理部门是厂长(总经理)的参谋和助手,没有直接指挥权,它与业务部门的关系只是一种指导关系,而非领导关系。

直线职能制组织结构的优点是:既能保证统一指挥,又可以发挥职能管理部门的参谋、指导作用,弥补不足。

直线职能制组织结构的缺点是:横向联系、协作困难。

1.2.2 事业部制

事业部制是指以某个产品、地区或顾客为依据,将相关的研究开发、采购、生产、销售等部门结合成一个相对独立单位的组织结构形式。它表现为,在总公司领导下设立多个事业部,各事业部有各自独立的产品或市场,在经营管理上有很强的自主性,实行独立核算,是一种分权式管理结构(见图1-1-2)。事业部制的核心岗位在不同企业有不同称谓,通常有董事长、总经理、人力资源总监、财务总监、发展战略总监、研发总监等。

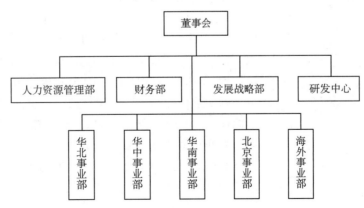

图1-1-2 某公司事业部组织结构

使用事业部制组织结构的组织往往有以下特点:规模大,产品或服务多,多为大型和特大型企业或跨国企业。事业部制有明显的集中决策、分散经营的特点,各个事业部以各自的利润责任为核心,向总部负责,具体的经营管理总部不过多干涉。因此,事业部制的优点和缺点都比较明显。

事业部制组织结构的优点有：权力下放，有利于管理高层人员从日常行政事务中摆脱出来，集中精力考虑重大战略问题，各事业部主管拥有很大的自主权，有助于增强其责任感，发挥主动性和创造性，提高企业经营适应能力；各事业部集中从事某一方面的经营活动，实现高度专业化，整个企业可以容纳若干经营特点有很大差别的事业部，各事业部经营责任和权限明确，物质利益与经营状况紧密挂钩。

事业部制组织结构的缺点有：容易造成机构重叠，管理人员膨胀；各事业部独立性强，考虑问题时容易忽视企业整体利益。

事业部制组织结构适用于规模大、业务多样化、市场环境差异大、具有较强适应性的企业。

1.2.3 矩阵制

矩阵制组织结构是根据产品项目或某些专门任务而设立跨部门专门机构的组织形式（见图1-1-3）。这些专门机构有各自的项目负责人，专门机构中的成员都由各职能部门抽调而来，在工作期间受到该机构项目负责人的直接管理，但是其行政隶属关系还在原来的部门。有些专门机构是根据项目而存在的，换言之，项目结束该机构即可以撤销。矩阵制组织结构适用于项目制组织，如科研机构、咨询机构、房地产企业等。例如，某房地产公司在全国同时有多个项目正在进行，公司实施矩阵制组织结构，内部设置北京项目部、上海项目部、四川项目部、海南项目部，北京项目部在项目完成之后就可以解散，项目部成员可以回到原来的部门或者被派到其他项目部。

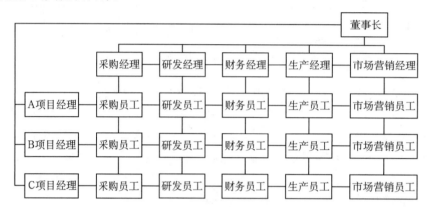

图1-1-3　某公司矩阵制组织结构

矩阵制组织结构的优点有：将企业横向、纵向进行了很好的联合，凝聚力较强；较好地解决了组织结构相对稳定和管理任务多变之间的矛盾；实现了企业综合管理与专业管理的结合。

矩阵制组织结构的缺点是组织关系比较复杂。

1.2.4 虚拟组织

虚拟组织指两个以上的独立实体，为迅速向市场提供产品和服务、在一定时间内结成的动态联盟。虚拟组织有别于传统组织，可以看作一种人机一体化组织。虚拟组织通过丰富的现代通信技术、发达的信息存储技术，突破传统组织结构，创造性地实现组织职能及目标。虚拟组织打破了传统的组织边界，打破了固定的地理空间和时间限制，结构比较松散，几乎没有管理层级。很多国内外知名企业在信息化时代都采用了虚拟组织结构，如波音、IBM、戴尔、福特、耐克、青啤、海尔等。图1-1-4为虚拟组织的结构。

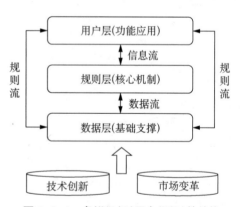

图1-1-4　虚拟组织（平台组织）的结构

1.3 劳动定额定员

1.3.1 劳动定额

（1）劳动定额的概念。

劳动定额是指在正常的生产技术和生产组织条件下，为完成单位合格产品所规定的劳动消耗标准。

劳动定额是实行经济核算的基本依据,是企业编制计划的重要基础,是开展劳动竞赛、提高劳动生产率的必要条件,是企业支付劳动报酬的主要依据。

(2) 劳动定额的内容。

进行劳动定额时应当谨记"快、准、全、柔"四字要诀。"快"是指对时间的要求,就是要及时迅速地完成劳动定额制定的任务,以满足生产和管理的需要。"准"是对定额制定质量的要求,即制定的劳动定额应该先进合理,同时在不同产品、不同车间、不同工种之间保持水平的平衡。"全"是对劳动定额制定范围的要求,即制定的劳动定额应该整齐完备,凡是需要和可能制定劳动定额的产品、车间、工种、岗位都要有定额,即使一些一次性的任务,也应该尽可能地制定劳动定额,只有这样,才能使得凡是能计算和考核作业量的人员和班组都能实现劳动定额管理。"柔"是指定额制定方法和定额标准的选用要从生产实际需要出发,具有一定的柔性,避免被一种方法或标准所限制。

① 工时定额和产量定额。工时定额也可称时间定额,是生产单位产品或完成一定工作量所规定的时间消耗量。如对车工加工一个零件、装配工组装一个部件或一个产品所规定的时间;对宾馆服务员清理一间客房所规定的时间。

产量定额也可称工作定额,是在单位时间内(如小时、工作日或班次)规定的应生产产品的数量或应完成的工作量。如对车工规定一小时应加工的零件数量、对装配工规定一个工作日应装配的部件或产品的数量;对宾馆服务员规定一个班次应清理客房的数量。

工时定额和产量定额互为倒数,工时定额越低,产量定额就越高;反之,工时定额越高,产量定额就越低。在制造业里,单件小批生产的组织主要采用工时定额,大批量生产的组织主要采用产量定额。

② 定额时间与非定额时间。定额时间是指生产工人在工作班内为完成生产任务,直接和间接的全部工时消耗。具体又可分为准备与结束时间、作业时间、作业宽放时间、个人需要与休息宽放时间等。

非定额时间是指生产工人在工作班内发生的无效劳动和损失时间,具体可分为非生产时间和停工损失时间。

③ 标准工时。标准工时俗称工时定额,是指具有平均熟练程度的操作者在标准作业条件和环境下以正常的作业速度和标准的程序方法完成某项作业所需要的总时间。

(3) 劳动定额的方法。

① 经验估工法。经验估工法是根据经验或对图纸进行粗略地分析后,直接估计定额的一种方法,可分为粗估工、细估工和概率估工三类。

经验估工法一般是由定额员或采用"三结合"(指工人、定额员、工艺员或领导干部)的办法,根据生产实践经验而制定。有时也参考图纸、工艺规程、设备、工艺装备、原材料和零星的工时消耗统计数据等;有时是与同类型产品的现行定额相对比。总之,主要凭过去的经验进行估工。

优点:经验估工法简便易行,工作量小,制定定额快,并有一定群众基础。

缺点:单凭经验,技术根据不足,受估工人员主观因素的影响大,难免出现偏高或偏低等现象,因而定额的准确性较差。

适用范围:它主要应用于多品种小批量生产、单件生产、新产品试制、临时性生产的情况。

② 统计分析方法。统计分析法是根据过去生产同类型产品或相同零件的实际工时,或产品产量的统计资料,经过整理和分析,剔除明显不合理的数据,再结合计划年度采用的技术组织措施,确定劳动定额的方法。

统计分析法的原始资料是各种统计数据。常用的统计数据处理方法有简单平均法(算术平均法)和加权平均法。

统计分析法体现了定性分析和定量分析的结合,提高了定额的质量,克服了采用单一数值定额的片面性。采用这种方法的前提条件是要较多地收集实际工作时间的统计资料。

优点:方法简单,工作量小。

缺点:一是对历史统计数据的完整性和准确性要求高,否则制定的标准没有任何意义;二是统计数据处理方法选择不当会严重影响标准的科学性;三是统计资料只反映历史的情况而不反映现实条件的变化对标准的影响;四是利用本企业的历史性统计资料为某项工作确定标准,可能低于同行业的先进水平,甚至是平均水平。

适用范围:一般应用在生产比较正常、产品比较稳定、条件变化不大、品种较少的情况下。

③ 类推比较法。类推比较法又称类推比较定额,是以生产同类型产品或完成同类型工序的定额为依据,经过对比分析,推算出另一种产品或工序定额的一种方法。类推比较法可分为按典型工序制定和按典型零件制定两种方法。

类推比较法兼有经验估工法和统计分析法的做法,是经验估工法和统计分析法向作业测定法过渡的一种形式。

优点:制定定额的工作量不大,只要运用的依据恰当,对比分析细致,可保证劳动定额水平的平衡和提高。产品的系列化、标准化、通用化程度越高,产品的相似件越多,越能显示出这种方法的优点。

缺点:这种方法易受同类产品、同类作业可比性的限制,不能普遍采用,需和其他方法配合应用。

适用范围:新产品试制或单件小批量生产多采用这种方法。

④ 作业测定法。作业测定法是指在分析生产技术条件、总结先进经验、挖掘生产潜力、拟定合理操作方法的基础上,通过现场实地观察和测定或借助事先编制的标准资料制定劳动定额的方法。其流程如图1-1-5所示。

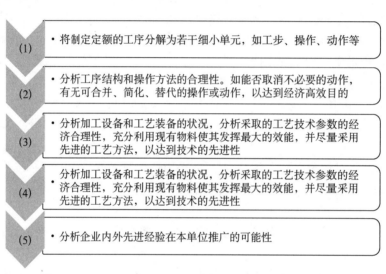

图 1-1-5　作业测定法的流程

【小思考】你认为下列哪些情况适用于经验估工法?为什么?
①新产品试制　②只有较少的品种　③零件、工序较多　④产品比较稳定

1.3.2 劳动定员

(1) 劳动定员的概念。

劳动定员亦称人员编制,是指在一定的生产技术组织条件下,依据企业生产经营活动和岗位工作要求,并参照一定素质标准,配备企业各类人员的限额。合理的劳动定员是企业用人的科学标准,是人力资源计划的基础,是内部各类员工调配的主要依据,有利于提高员工队伍的素质。劳动定员是以企业常年性生产、工作岗位为对象,即凡是企业进行正常生产经营所需要的各类人员都应包括在定员的范围之内。具体既包括从事各类活动的一般员工,也包括各类初、中级经营管理人员、专业技术人员乃至高层领导者。定员范围与用工形式无关,其员工人数应根据企业生产经营活动特点和实际的可能来确定。

(2) 劳动定员的内容。

① 定员水平要先进合理。根据企业少用人、多生产的要求,劳动定员必须贯彻先进合理的原则。定员水平的高低与企业各类人员的配备密切相关。所谓先进合理,是指定员水平既要先进、科学,又要切实可行。没有先进性,就会失去定员应有的作用;没有合理性,先进性也就失去了科学的基础。劳动定员应做到,和企业历史最好水平相比,和同行业条件大体相同的企业相比,组织机构精干,定员人员少,非生产

人员比例恰当,劳动组织科学,劳动效率高,符合企业生产和工作的合理需要。

② 正确安排各类人员之间的比例关系。企业人员结构合理与否,直接影响着劳动定员的质量。一是企业直接生产人员与非直接生产人员的比例关系。直接生产人员是企业生产活动中的主要力量,为保证生产活动的正常进行,必须保证直接生产人员的足够数量。非直接生产人员也是企业生产经营活动得以正常进行不可缺少的条件。应在加强企业生产经营管理和搞好职工服务的前提下,尽量减少非直接生产人员在职工总数中所占比重,努力增加直接生产人员的比重。二是直接生产人员内部基本生产工人和辅助生产工人的比例关系。基本生产工人不足,不利于生产的发展;相反,辅助生产工人过少,过多的辅助工作由基本生产工人承担,也会影响劳动效率的提高。三是非直接生产人员内部各类人员之间的比例关系、基本生产工人的辅助生产工人内部各工种之间的比例关系应合理安排。

③ 做到人尽其才、人事相宜。劳动力的浪费有两种:一是对劳动力的数量安排不当,用人过多,人浮于事,造成劳动力的浪费;二是对劳动力的质量使用不当,用非所学或降级使用劳动力等,也是对劳动力的浪费。为减少劳动力的浪费,企业定员时应尽可能做到合理使用劳动力,充分挖掘生产潜力,发挥每一个劳动者的生产积极性。

④ 劳动定员标准应保持相对稳定且定期调整。变动过多,不利于劳动定员的贯彻执行,也会造成过大的工作量,牵涉过多的精力;但也不能固定不变,应根据生产和工作任务的变化、工艺技术的改进、生产条件和劳动组织的改善、职工素质的提高等因素,定期修订定员或定员标准,保持定员水平先进合理并不断提高。

(3) 劳动定员的方法。

核定各类用人数量的基本依据是制度时间内规定的总工作任务量和各类人员的工作(劳动)效率,即:

$$某类岗位用人数量 = \frac{某类岗位制度时间内计划工作任务总量}{某类人员工作(劳动)效率}$$

劳动定员的方法主要有:按劳动效率定员,按设备定员,按岗位定员,按比例定员,按组织机构、职责范围和业务分工确定定员人数。按劳动效率定员就是根据生产总量、工人的劳动效率,以及出勤率来核算定员人数。按设备定员就是根据机器设备需要开动的数量和开动班次、工人看管定额,以及出勤率来计算定员人数。按岗位定员是根据岗位的多少、岗位的工作量大小,以及劳动者的工作效率来计算定员人数。按比例定员是根据企业员工总数或某一类服务对象的总人数的比例,确定某种人员的定员人数。

第 2 章　员工关系管理

【学习目标】
- 了解员工信息管理的基本内容；
- 理解企业中常见的员工岗位变动情形；
- 理解劳动合同的概念与分类；
- 掌握电子合同的签订方法；
- 了解员工信息统计的流程。

【关键术语】
员工信息管理　劳动合同　电子合同　员工信息统计

引导案例

留人更要留心

伴随"十一"黄金周的到来，短途旅游的游客量剧增，某酒店所有员工整整加了一个多星期的班。到了月底发工资的时候，人力资源部在计算加班工资时的混乱和失误使得员工彻底爆发了。从 1 个员工追讨加班费到 14 位员工集体追讨，从追讨加班费继而到追讨探亲假……人力资源部郭经理办公桌上摆满了员工的投诉信件、公司高层的问责信件，还有媒体要求采访的电话不时响起。

对于一个有两三百人的中型酒店来说，员工争取自身权益不足为奇，问题是员工没有向酒店人力资源部门提出正式或书面的要求，也没有员工与公司管理层正式协商，而是直接上告到当地人力资源和社会保障局，其中加班费一案又进一步告到法院。一时间该酒店成为当地乃至全国议论的焦点。

公司人力资源部迅速采取了行动，两周后所有员工被拖欠的加班费付清了，关于探亲假也有了新的明确规定和安排，但是公司声誉却因此受到影响。人力资源部郭经理认真翻看了这 14 位员工的档案和基本信息，发现其中一大半是在酒店工作 5 年以上的老员工。这在员工流动频繁的酒店业还是很难得的，说明酒店有一定的吸引力。但是员工不爱酒店，酒店留住了员工，但没有留住员工的心。

（资料来源：詹婧，《员工关系无小事》，经济科学出版社 2011 年版。）

2.1　员工信息管理

2.1.1　员工信息管理的概念

员工信息管理是指利用一系列软件（如人力资源管理软件或自行设计的 EXCEL 表格等），尽可能完善地记录并管理员工的信息。这些信息包括员工的出生年月、家庭住址和婚姻状况等基本信息，也包括员工的学习经历、工作经验和参加培训等技能信息，同时还要保持信息内容的及时更新，进行动态监测和分析管理。当企业出现职位空缺时，不必花费高昂的猎头费、广告费，即可从企业完善的人才信息库里迅速找到合适的人选。

2.1.2 员工信息管理的基本内容

员工信息管理主要是对员工的入职、履职、离职等相关信息资料进行管理的过程。

(1) 入职类信息资料(编内人员和派遣人员)。

① 身份类：身份证复印件、户口本首页及本人页复印件、暂住证复印件(仅限于外地户口员工)等。

② 学历类：全日制学历证书、最高学历证书、学位证书复印件等。

③ 职称、职业资格类：职称证书复印件、职业资格证书复印件、特殊工种证书复印件等。

④ 工作经历、推荐、自述类：个人简历(自述)、入职登记表、推荐信原件等。

⑤ 评估、核定类：面试评估表、员工定岗表、试用期任务表等。

⑥ 聘用通知类：派遣通知单、录取通知单等。

⑦ 政审类：档案材料目录、外地户口档案在人才服务机构存档的人员提供个人存档证明及复印件、政审证明及复印件、无犯罪记录证明及复印件等。

⑧ 合同、协议类：劳动合同及复印件等。

⑨ 其他类：参加过工作的提供"解除劳动合同"或"无劳动关系"证明及复印件。3个月内三甲医院入职体检合格报告原件。

(2) 履职类信息资料(编内人员和派遣人员)。

① 履职工作中变更的履历表、简历表和人员登记表等材料。

② 总结和属于总结性质的材料。

③ 考察、考核工作中形成的有关材料：民主评议的综合材料，组织审定的考察材料，定期考核材料，年度考核登记表，鉴定材料，后备干部登记表(提拔使用后归档)等材料。

④ 审计工作中形成的有关材料：主要涉及个人的审计报告或审计意见材料，离任审计考核材料等。

⑤ 国民教育、成人教育(大中专)、党校、军队院校学生(学员)登记表，考生登记表，学习成绩表，毕业生登记表、鉴定表，学历证明书；培训结业成绩登记表，学习鉴定；博士后研究人员工作期满登记表等材料。

⑥ 评审(考试)专业技术职称(资格)和聘任专业技术职务工作中形成的有关材料：专业技术职务任职资格评审表，专业技术资格考试成绩合格登记表，评审高级专业技术职务人员情况简表，论文目录，评审专业技术职务任职资格申报表，聘任专业技术职务审批表，套改和晋升专业技术职务审批表等材料。

⑦ 创造发明，科研成果鉴定材料，各种著作、译著和在重要刊物上发表的获奖论文或有重大影响的论文等目录。

(3) 离职类信息资料(编内人员和派遣人员)。

① 人事留存辞职申请书或辞退通知单等原件；

② 交接报告；

③ 行政工资介绍信；

④ 组织关系介绍信回执；

⑤ 档案转递回执。

(4) 编内人员特有的信息资料。

① 人事档案卷宗；

② 公开招聘形成的档案资料；

③ 上级组织、人事部门的各种任命文件或批准文件。

(5) 派遣人员特有的信息资料。

① 人才派遣单位指定存档地存档证明复印件；

② 应当存入个人档案卷宗的资料复印件；

③ 个人人事档案卷宗目录。

(6) 外包人员信息资料。

① 政审材料及台账；

② 特种作业操作证复印件及台账；
③ 人员花名册；
④ 劳动合同台账；
⑤ 社会保障台账；
⑥ 员工工资台账；
⑦ 员工到岗(离职)备案材料及台账；
⑧ 骨干人员任免材料及台账。

(7) 信息管理及利用。

① 信息资料保管工作：严格执行信息资料收集、整理、保管、鉴定、提供利用与销毁等有关制度和规定，确保其完整、系统和安全。

② 信息资料保密工作：高度认识信息资料保密工作的重要性，严格遵守有关法规和制度。未经批准，任何人不得私自将信息资料带出本单位；信息资料工作人员不得私自摘抄、复制、传播具有保密性质的信息资料内容。因需要经批准摘录或复制涉密信息资料材料的，须妥善保管，用后销毁。

③ 信息资料利用工作：查阅时填写查阅登记表；查阅本职范围外的员工信息资料，须经人事主管领导批准；信息资料一般不外借，确因工作需要外借的，经人事主管领导批准，以复印件代替原件利用；任何部门、个人无权公布信息资料内容。

2.2 员工岗位变动情形

为满足多元化经营和规模化发展，企业集团母公司通常会对整个集团的人力资源进行统一配置，人员在集团内不同公司间流动，衍生出企业集团内劳动者在独立法人公司间进行工作变动时劳动关系处理问题。随着企业集团数量越来越多，规模越来越庞大，劳动用工人数日益增长，劳动用工关系的管理难度不断加大，复杂程度不断升级，合法、合规、合理解决企业集团内人员工作变动后的劳动关系问题更加迫切。

所谓企业集团，是由母公司、子公司共同组成的企业法人联合体。母公司、子公司实质为独立公司，拥有独立法人资格，具有独立用人权，是《劳动合同法》规定的直接与员工签订劳动合同、建立劳动关系的主体。母公司的人员主要为自主使用人员，各子公司的人员使用类型主要分为两类：一类是由母公司直接任命或调派的人员，包括子公司高层人员、部分管理人员、技术人员、财务人员等；另一类是子公司自行招聘使用的人员，此类人员直接与子公司建立劳动关系，签订劳动合同，接受子公司的日常考核和管理，员工实际只与单个公司发生劳动关系，劳动关系业务按《劳动合同法》及相关规定处理。

员工在集团内跨公司工作变动的，包括员工由母公司到子公司工作，或在各子公司间变动工作的情况。员工实际的用工主体和工作内容都发生了变化，所涉及的劳动用工、工资、社保等各类人事关系也应视具体情况做相应处理。大型企业集团的员工在集团内跨公司变动工作的业务处理主要包含调动、委派、借调三种方式。

2.2.1 调动

调动是指因工作需要，员工在集团内各独立法人公司间进行的工作调动。员工调动后，其劳动人事关系转入调动后单位(原则上社保关系保持一致)。

2.2.2 委派

委派是指因考虑集团发展需要并满足子公司用人需求，由母公司以各种形式派到子公司担任中高层职务的员工的调动。员工委派到子公司任职的，保留与母公司的劳动合同关系，与任职公司签订协议，员工与任职公司按协议履行相应的权利义务。

2.2.3 借调

借调是指由于调入公司的实际工作需要，需临时性调用员工，待工作完成或借调期满后，员工返回原公司的用工模式调动。员工借调时，调入、调出公司将根据实际需要签订借调协议。借调期间，借调员工的所有人事关系不变，工资、社保等待遇标准及支付方式按照双方协议予以办理，不涉及劳动关系转移问题。

2.3 劳动合同管理

2.3.1 劳动合同的概念

劳动合同是以从属性、职业性劳动与劳动报酬的交换为核心内容的继续性合同。劳动合同是调整市场化劳动用工关系的基本法律形式,在劳动法律体系中占据核心地位。在市场经济条件下,劳动力是商品,是可供交易的基本生产要素。劳动力的购买和使用、劳动关系的建立和展开,均须以劳动合同的订立为基本前提。

2.3.2 劳动合同的类型

作为典型的继续性合同,时间要素在劳动合同中具有特殊的意义。期限即是劳动合同当事人权利义务的基本衡量尺度。《劳动合同法》将期限作为劳动合同的法定分类标准(《劳动合同法》第15条)。劳动合同期限是劳动合同起始和终止的时间,是劳动合同关系具有法律约束力的时间。以期限为标准,可将劳动合同分为三类:固定期限劳动合同、无固定期限劳动合同和以完成一定工作任务为期限的劳动合同。

(1) 固定期限劳动合同。

固定期限劳动合同是指用人单位与劳动者约定合同终止时间的劳动合同(《劳动合同法》第13条第1款)。固定期限劳动合同是实务中最常见的劳动合同种类。法律对于期限长短并无限制,下至数月,上至数年乃至数十年均为法律所允许。当然,实务中固定期限劳动合同一般不会约定太长时间,短期化是较为普遍的现象。固定期限劳动合同当事人对于劳动关系的持续时间有着较为明确的预期。对于用人单位而言,签订固定期限劳动合同相对有利,因固定期限劳动合同期限届满以后,续约的主动权基本掌握在用人单位一方。在劳动力供过于求的大环境下,除了少数可替代性较低的岗位,在多数情况下,不续约薪资较高的"老人"而重新招聘薪资较低的"新人"是行之有效的降低用工成本的方式。反之,签订固定期限劳动合同对于劳动者而言意味着较低的职业稳定程度和朝不保夕的职业前景。

(2) 无固定期限劳动合同。

无固定期限劳动合同是指用人单位与劳动者约定无确定终止时间的劳动合同(《劳动合同法》第14条第1款)。无固定期限意味着双方没有对劳动关系的运行时间预设上限。理论上讲,劳动合同只要未被解除,即可一直持续至劳动合同其他法定终止事由的发生(《劳动合同法》第44条第2—6项)。与前述固定期限劳动合同的情况相反,一般而言,无固定期限劳动合同对于劳动者更为有利,"尤其是就防止用人单位在使用完劳动者'黄金年龄段'后不再使用劳动者而言,无固定期限劳动合同更有效"。依据《劳动合同法》第14条的规定,可以将无固定期限劳动合同的适用情形概括为:其一,双方当事人协商一致;其二,赋予特定劳动者(工作时间较长)以签订无固定期限劳动合同的决定权,同时对用人单位课以签订无固定期限劳动合同的强制义务(可视为对相关劳动者的一种保护、褒奖措施);其三,对不履行签订书面劳动合同义务的用人单位的惩罚手段。

(3) 以完成一定工作任务为期限的劳动合同。

以完成一定工作任务为期限的劳动合同是指用人单位与劳动者约定以某项工作的完成为合同期限的劳动合同(《劳动合同法》第15条第1款)。此类合同实际上属于特殊类型的固定期限劳动合同,只是合同终止的期限并非体现为确定的时间点,而是体现为特定任务的完成,具有动态性的特征,其确定性低于一般意义上的固定期限劳动合同,而且不存在真正意义上的延期问题。以完成一定工作任务为期限的劳动合同的一般适用情形包括:(1)完成单项工作任务;(2)以项目承包方式完成承包任务;(3)因季节原因临时用工等。以完成一定工作任务为期限的劳动合同终止,用人单位同样须向劳动者支付经济补偿金(《劳动合同法实施条例》第22条)。但是,"连续订立两次以上以完成一定工作任务为期限的劳动合同"的劳动者,无权援引《劳动合同法》第14条第2款第3项请求用人单位订立无固定期限劳动合同。

2.3.3 劳动合同的签订流程

① 劳动合同应在新员工报到后30天内签订,首次签订劳动合同者可约定试用期,劳动合同届满的应在期满前30日内确定续签意向。

② 劳动合同一式二份,公司和员工各执一份。

③ 人力资源部根据到期合同人员情况填写"续签劳动合同意向表"确定公司续签意向,明确续签的向员工发"续签劳动合同意向书";不续签的发"不续签劳动合同书"。

④ 员工收到"续签劳动合同意向书"后应在一周内将是否续签的意向通知公司,逾期未通知的视为同意续签。

⑤ 劳动合同双方确定续签的续签劳动合同。

⑥ 劳动合同签订年限。

2.3.4 《劳动合同法》的相关要求

《劳动合同法》对有关事实劳动关系的法律效力及其法律后果做了规定。根据《劳动合同法》规定,已建立劳动关系,未订立书面劳动合同的,应当自用工之日起 1 个月内订立书面劳动合同;用人单位自用工之日起超过 1 个月不满 1 年未与劳动者订立书面劳动合同的,应当向劳动者每月支付 2 倍的工资;用人单位自用工之日起满 1 年不与劳动者订立书面劳动合同的,视为用人单位与劳动者已订立无固定期限劳动合同。上述条款说明《劳动合同法》严格限制用人单位不签订劳动合同的做法,对用人单位不签行为的处罚也很严厉,同时对于用人单位自用工之日起满 1 年不与劳动者订立书面劳动合同的,将事实劳动关系视为无固定期限劳动合同,给予事实劳动关系认可和保护。此外,根据《劳动合同法》第 93 条规定:"对不具备合法经营资格的用人单位的违法犯罪行为,依法追究法律责任;劳动者已经付出劳动的,该单位或者其出资人应当按照本法有关规定向劳动者支付劳动报酬、经济补偿、赔偿金;给劳动者造成损害的,应当赔偿责任。"

2.4 员工信息统计

2.4.1 员工信息统计的关键数据

对于一些固定的数据,可以使用数据有效性来快速准确输入,比如部门、职务、入职时间等。

工号是员工信息表的一个必需项目,每个员工必须有一个唯一的工号,因此在输入工号时,不能输入重复的工号。同样可以使用数据有效性来控制工号的输入,避免输入重复工号。

对于进入公司时间、毕业时间、参加工作时间、离职时间等需要手工输入的日期,要注意输入日期的格式,此时也可以设置数据有效性,限制只能输入合法的日期。

① 通过身份证号码自动输入员工相关信息:身份证号码是一个必需的输入项目,通过身份证号码可利用公式自动提取计算出性别、出生日期、年龄、籍贯等,因此这些项目可以由公式快速获取。

② 计算动态年龄:员工的动态年龄可以根据出生日期计算。

③ 计算动态工龄:员工的动态工龄也可以依据入职公司的时间、根据公司的规定进行自动计算。

2.4.2 员工信息统计的流程

员工信息统计分析是较复杂的多源、多角度数据分析处理。①要进行数据整理,将不同部门提供的电子文档有机地结合起来构成个人工作簿;②使用日期和时间、逻辑、查找与引用等各类函数对数据进行计算、判断和查询;③并创建迷你图来展示数据的变化趋势;④使用统计函数对数据进行分类统计;⑤通过分类汇总功能提供汇总信息;⑥利用图表来直观地反映统计分析结果;⑦创建带有切片器的数据透视图表进行更深层次的数据分析;⑧实现员工信息的快速查询功能。具体解决路径如图 1-2-1 所示。

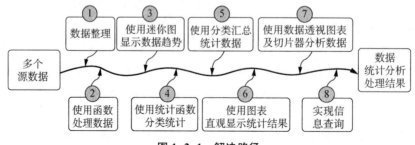

图 1-2-1　解决路径

第 3 章　招聘与录用管理

【学习目标】
- 了解人员招聘的概念、特点、需求分析等基本知识;
- 掌握招聘的渠道及新型招聘技术;
- 了解笔试、面试、网络测试、网络面试、AI 技术的基本概念;
- 掌握简历初步筛选的原则;
- 掌握背景调查的内容及方法、流程。

【关键术语】
　　招聘　笔试　远程面试　AI 面试　背景调查

引导案例

　　融创中国控股有限公司(01918.HK)是中国香港联交所主板上市企业。公司成立于 2003 年,以"至臻,致远"为品牌理念,致力于通过高品质的产品与服务,整合高端居住、文旅、文化、商业配套等资源,为中国家庭提供美好生活的完整解决方案。

　　融创将"创想家"定位为战略性人才储备,培养融创未来中高层管理者及融创事业接班人。"创想家计划"正式创立于 2013 年,经过七年深耕,精心打造,现已形成"创想家""传奇""融誉生""欢跃生""乐创生"等校园招聘品牌。招聘人数也从 2013 年第一代创想家的几十人发展到 2018 年接受简历量突破 15 万,获得录用通知的人数突破千人。伴随着简历和招聘人数的几何倍数上升,创想家招聘团队的工作压力逐年增加,便通过对于招聘与评估数据的持续深挖与探索,利用数据指引每一年度的创想家招聘方向,甚至通过 AI 技术开发针对简历和评估的算法,提升创想家招聘效率及选人精准性。

　　"创想家"校园招聘共经历了三个阶段,招聘团队在不同的阶段关注公司对于"创想家计划"的不同期待,对数据在不同层面上应用。

- 1.0 阶段:数据积累期(创一代～创三代)

　　在初创期,"创想家"计划侧重精细化招聘培养,HR 团队在这个阶段开始关注"创想家"的选人标准,创一代的招聘标准围绕着融创企业文化进行设计,并在面试各个环节中贯穿。在创二代筹备期中,融创集团联合 BS 测评,通过抽样调研、行业大数据分析、深度访谈等方式,开发出融创创想家/传奇专项招聘测评工具,着力甄选符合激情、韧劲、变革、团队、目标感、坚持拼搏等素质维度的应届毕业生。而在构建标准之初,数据运营的概念已经融入其中:以创一代为标本进行收集及分析,并追踪创一代的绩效变化,对评估数据进行多次验证;与此同时,参考行业评估数据,将 BS 房地产行业校园招聘测验中相关维度的 60 分位数据作为"创想家"的淘汰线,目标只是为了招募符合融创文化且在应届生中的佼佼者。

- 2.0 阶段:数据运营期(创四代～创六代)

　　经过了三年的初创期,"创想家"的品牌在校园中逐渐有了自己声音。而此时距创一代入职已经三年,正是"创想家"效度的完美印证时期,因此HR团队拿出几组数字:"创一代"入职三年93.5%晋升至中层及以上,其中18%晋升至部门负责人。2017年,95名传奇第一年的销售业绩为66亿元,传奇业绩较社招平均业绩高出25%。有力地向公司管理团队证明了"创想家"的价值。

- 3.0阶段:AI算法期

招聘标准的不断迭代,让人员筛选更加准确,但依然不能摆脱在招聘过程中对于HR人工筛选的依赖。而伴随着融创HR团队的极速扩张,以及招聘需求的不断增大,人工在招聘中的筛选一方面影响效率,另一方面难以统一标准。2018年创想家招聘共召开宣讲会31场,到场人数将近4.5万,收集简历超过15万,而参与到校招项目的HR不到50人。平均一名HR要处理3 000份简历。如何提升效率而又不影响精准性,成为HR团队急需解决的问题。

因此HR团队开始借助AI的力量,希望通过AI算法,自动识别更符合融创要求的"创想家",最终实现劣汰不使用人工筛选和群面,终面可以给予面试官针对性面试建议。融创从"简历AI算法筛选""AI机器面试""测评AI算法筛选"三方面将"创想家"筛选AI化、算法化。

融创"创想家计划",不仅关注校园招聘与培养,更关注以数据为抓手,运用最前沿的手段,提升融创、"创想家"的品牌价值,为融创的快速发展提供坚实的人才保障。

(资料来源:https://www.beisen.com/customer/138.html。)

3.1 招聘需求管理

当公司出现业务扩张、组织架构调整、人员离职等情况时,都可能出现岗位空缺,就需要对人才进行挑选和补充,也就是所谓的招聘。

3.1.1 招聘的基本概念

(1) 招聘的定义。

招聘是"招募"与"聘用"的简称。一般来讲,招聘是指为了满足企业发展的需要,根据组织发展战略及人力资源规划,梳理出空缺的岗位形成招聘需求,通过发布招聘信息来吸引感兴趣的候选者,并通过笔试、面试等环节挑选符合组织和岗位要求的人。从广义上来讲,招聘工作还应该包括人员到岗后的试用期管理以及对招聘工作的复盘与反思。

(2) 招聘的分类。

根据候选者的来源不同,招聘可以分为外部招聘和内部招聘两大类。

外部招聘是指从组织外部获取候选人并通过相关考核评估后安置在相应岗位的行为。

内部招聘也叫内部竞聘或内部调动,是指已经在组织内部工作的人由于晋升、调岗等原因应聘内部空缺岗位的行为。

3.1.2 招聘的基本流程

根据招聘工作是面对已经工作的社会人士还是在校的应届生,招聘的流程也有所不同。社会人士和应届生招聘的基本流程分别如图1-3-1和图1-3-2所示。

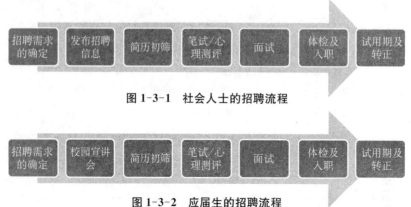

图1-3-1 社会人士的招聘流程

图1-3-2 应届生的招聘流程

从以上两个招聘流程可以看出,应届生招聘的基本流程与社会人士招聘的基本流程相比,最大的不同是"校园宣讲会"代替了"发布招聘信息"。在大规模的校园招聘中,时间紧、任务重,而且竞争非常激烈。特别是某些特定行业,招聘的应届生都集中在某几所院校,这就意味着,在校招的几个月中,所有组织都要到那几所院校去"抢人"。这就要求招聘人员高效、精准地挑选出符合组织和岗位要求的候选者。招聘人员在招聘系统的协助下,通过设定关键字识别出符合要求的简历;在心理测评系统的辅助下,将应聘者的能力和性格特点数字化,将大大提高识别人的精确度与效率。

3.1.3 招聘需求分析

招聘需求分析是指组织在进行招聘时,对所需人才进行的综合分析。它不仅包括用人部门在提交招聘需求表时所填写的年龄、专业、学历、岗位职责、岗位要求等基本内容,作为招聘官,还要思考用人部门招聘的目的是什么、空缺岗位所在团队的特点是什么、领导的风格怎样、企业文化是什么等。因为用人部门是从本部门的角度出发提出用人需求,但是招聘官要从组织整体的角度出发,对整个组织的招聘进行把控与管理。另外,用人部门提交上来的招聘需求相对简单,招聘官要想快速精准地招聘到合适的候选者,需要就更多的内容进行分析和整理。

招聘官在接到招聘需求时,一定要认真思考,为什么要招聘这个岗位?是旧人离职还是业务新增?是公开招聘还是内推?如果没有搞清楚"为什么招聘",很容易事倍功半,甚至引起内部员工不必要的恐慌。

招聘官还要从用人成本的角度对招聘需求进行分析。比如,用人部门对新人的要求是否真的很紧急?能否晚半个月、一个月到岗?再如,用人部门在招聘需求表上填写的是副经理级别,主管级别的人能否胜任?因为无论是早到岗还是高一个级别,都会引起用人成本的增加。

招聘信息发布后,应及时对简历收取情况进行分析,并向用人部门进行反馈。简历收取情况,一定程度上可以看作招聘需求分析正确与否的"晴雨表"。特别是,当简历收取数量低于预期时,招聘官要及时将该情况反馈给用人部门,共同分析原因,是招聘要求过高还是招聘渠道选择不精准?是市场人才供给不足还是薪水过低?并针对原因,及时调整和修正招聘需求,以便招到符合条件的候选人。

招聘需求分析的基本流程如图1-3-3所示。

图1-3-3 招聘需求分析基本流程

需要补充说明的是,招聘官对空缺岗位的职责等情况了解之后,需要与空缺岗位的上级、客户(含内外部)、在任者(如有)进行充分沟通,以便了解到更有助于进行岗位招聘的相关信息,如领导风格、团队特点、岗位面临的挑战等。

3.1.4 招聘渠道的选择

招聘渠道是开展招聘工作的途径。渠道选择的是否正确,直接影响着招聘效率。传统的招聘渠道由于经历了多年实践的检验,依然还发挥着作用。

(1) 传统招聘渠道。

① 现场招聘会。现场招聘会是指用人单位到某一个特定的地点"摆摊设点"地进行招聘。现场招聘会的优点是:用人单位可以与候选者进行面对面交流,且费用较低。

现场招聘会也有它的不足:受地域影响较明显,一般只能满足一定范围内的候选者;受主办方知名度的影响较明显,如果主办方不是在当地很有影响力或者过往组织的招聘会效果一般,前来求职的人的数量和质量都很难保证。

② 媒体招聘。媒体招聘是指通过在媒体上发布广告进行招聘的形式,如公交、地铁、机场、电梯等。

媒体招聘的优点是:辐射面比较广;提升雇主品牌形象的同时,为企业做了广告宣传。

媒体招聘的不足有:费用较高;面向的群体没有区分,导致候选者的数量可能会很多或者质量参差不齐。

③ 网络招聘。网络招聘是指通过在专业的招聘网站上发布招聘信息来进行招聘的形式,如猎聘、智联、BOSS直聘、前程无忧等。

网络招聘的优点有:专业招聘网站的知名度一定程度上可以保证求职者的数量,操作简单。

网络招聘的不足有:要想让更多的求职者关注到招聘信息,需要在特殊页面购买广告等,导致费用较高;求职者信息的有效性较低。

④ 校园招聘。校园招聘是指组织到学校进行专场招聘会、双选会、宣讲会、校企合作等进行招聘的形式。

校园招聘的优点有:招聘成本较低,所需人才的针对性较强。

校园招聘的不足有:应届生往往对自己的认知不足,而且期望较高,容易出现"眼高手低"的现象,离职率也普遍较高;应届生往往重理论、轻实践,实操能力不强。

⑤ 猎头招聘。猎头招聘是指委托专门为组织进行人才甄选的第三方公司进行招聘的形式。最初的猎头公司是以推荐高端人才为主,现在也会有一些公司将普通的职位委托给猎头公司进行招聘。

猎头招聘的优点有:有猎头公司前期把关,候选者的质量及与岗位的匹配度较高;可以大大减轻招聘官的工作量。

猎头招聘的不足有:成本很高,一般以几个月的月薪或年薪的百分之多少和猎头公司进行结算;现在猎头公司越来越多,专业度也就无法保证,所以在选择猎头公司的时候要全方位进行考量。

⑥ 内部员工推荐。内部员工推荐是指已经在职的员工推荐自己的亲戚、朋友、熟人等合适人才的一种招聘形式。

内部员工推荐的优势有:费用相对于猎头公司要少得多,一般会根据级别不同给予相应的内推奖励,级别越高,奖励越高;候选者的信誉比较有保证,因为内部员工在推荐候选者的时候也会考虑到对自己的影响。

内部员工推荐的不足有:容易形成小群体,特别是一个人推荐多人时;离职可能会相互传染,一个人离职导致他推荐来的人一起离职,会对业务部门的工作产生较大影响,让招聘官也非常被动。

(2) 新招聘渠道。

在"互联网+"的时代背景下,随着"95后"甚至"00后"的学生步入职场,也兴起了很多新型招聘渠道。

① 微招聘。微招聘是指通过微博、微信或者企业微官网进行招聘的一种新型模式。招聘管理系统、移动社交招聘服务商菁客发布的《2018中国移动社交招聘趋势报告》显示:49%的企业已经拥有用作招聘的微信公众号。81%的企业官方微信公众号有求职按钮或功能。相关调查还显示,72%的求职者会在微信上直接申请职位。现在,越来越多的招聘官还会将空缺的岗位发布在朋友圈或微信群里,一般来讲,一个人的好友很多是和自己在同一个圈子的人,在朋友圈发布招聘信息的目标对象会更精准。

② 论坛、贴吧。论坛、贴吧是当下很多年轻人社交的平台,如果在论坛、贴吧的平台上发布比较有个性的招聘信息,也能够吸引不少求职者的关注。

③ 抖音。抖音是一个非常受年轻人喜欢的社交平台,现在已经有越来越多的企业开始在抖音上进行招聘。比如,麦当劳校招时在抖音上投入了大量的招聘广告,由于抖音的用户群体年轻、热情有活力的特点与麦当劳的员工需求十分匹配,因此收获了大量新生代员工。

④ 行业内专业网站、论坛、社群。行业内专业网站、论坛、社群也是"互联网+"时代的一种新型的招聘模式。不同的行业都会有属于该行业的专业网站、论坛或者社群,招聘官可以把空缺岗位的信息发布在这些平台上,快速吸引本行业的相关求职者。

⑤ 内部人才库。内部人才库作为一种招聘形式是建立在运用招聘系统的基础上的。每一位招聘官都会收到很多的求职者简历,有些求职者没能获得面试的机会并不是因为不够优秀,而是和当时所空缺的岗位的匹配度不高,但这并不意味着以后没有合适的机会。还有一些企业会把离职人员的信息也放在内部人才库中,离职者当时的离开并不意味着永久的离开,也许之后还会再次选择该企业。所以,现在很多招聘官会把内部人才库的维护与盘活作为自己的日常工作之一,不定期地分享相关信息给人才库里的人,或者在节假日时送上相应的问候,与其保持着很好的联系与互动。

以上这些诞生于"互联网+"时代的新型招聘渠道，往往面向的是同行业或同职业的人群，所以针对性非常强；由于都是通过网络进行管理与更新，所以时效性也会很强。但是，这些新型的招聘渠道更多的还是受年轻人的喜爱，其他求职者在找工作时首先想到的还是传统的招聘渠道，所以如果空缺岗位不仅仅是面向年轻人的，传统渠道和新型渠道的组合是个不错的选择。

无论是传统的招聘渠道，还是新型的招聘渠道，都有各自的优缺点。所以作为招聘官，还是要根据空缺岗位的特点以及求职者的画像来选择合适的招聘渠道，以便高效、精准地吸引并招聘到合适的候选者。

3.2 简历筛选、笔试及面试

按照一般的招聘流程，招聘信息发布之后，就需要对收到的简历进行筛选了。对通过简历筛选的应聘者，通过笔试、面试等环节识别出哪些符合岗位要求。

3.2.1 简历的筛选

简历的筛选方法根据一个岗位收到简历的多少而有所不同。

比如在校招的时候，一个岗位可能收到成百上千份简历，如何在很短的时间内筛选出符合岗位要求的简历呢？在数字化时代下，通过招聘系统的"关键字"搜索功能，如专业、学历等，可以帮助招聘官快速地筛选出含有岗位要求的"关键字"的简历。

在非校招的场景下或收到的简历不是很多的情况下，招聘官可以根据简历的完整性进行筛选。一般来讲，一份简历应该由基本信息、求职意向、工作经历、自我评价等几方面构成。如果收到的一份简历，信息都是不完整的，可以推断出该求职者对寻找这份工作是不够重视的，不是企业所需要的人才。

基本信息部分，建议招聘官可以在年龄、住址等方面进行把控。在年龄方面，一般来讲，25岁之前属于职业探索阶段，这个阶段的候选者还处于比较迷茫的阶段，稳定性一般也较差；25～35岁阶段属于职业建立阶段，高潜人员也会逐渐显现出来；35～50岁属于职业中期，这个阶段的候选者面临职业高原现象和工作家庭平衡的问题；50岁以后属于职业后期，这个阶段的候选者大多数开始计划着退休后的生活了。住址方面，招聘官可以通过住址离公司的远近估算出候选者上下班所需时间，从而推算出上下班的辛苦程度。若是花费太多的时间在上下班的路上，候选者的稳定性可能会受一定的影响。

求职意向部分，一定程度上能够反映出该求职者对自己的职业生涯是否有着清晰的规划。一个连职业生涯规划都不清晰的人，即使招进来，也可能干几天就辞职了，因为和他想要的不一致。所以作为招聘官，一定要看简历上是否有清晰的求职意向，而且求职意向不宜过多，最好控制在同类别的3项以内，如公关、市场营销、活动策划等就属于同类别的，销售主管和行政主管就属于不同类别的。求职意向过多表明求职者的方向不明确，意向岗位属于不同类别时意味着求职者并不清楚自己更适合哪类型的工作。

工作经历部分，招聘官要重点关注求职者过往经验与空缺岗位所需经验的匹配程度，同时，还要关注工作时间的衔接上前后是否出现了矛盾。同一时间段在两家企业工作，或者有较长一段时间是没有工作经历的，这些都可能是求职者提供了虚假的工作信息，或者出现了什么特殊事件导致了较长时间没有工作。

自我评价部分，求职者一般都会用有利于自己的积极正向的词语来描述自己。招聘官对这部分内容不能盲目全信，但能够从求职者的描述中评估出他的逻辑思维能力、表达能力、严谨性等内容，也可以看出求职者眼中的自己与空缺岗位所需能力的匹配程度。

3.2.2 笔试

笔试是一种与面试对应的测试，是考核求职者知识水平的重要工具。这种方法可以有效地测量求职者的基本知识、专业知识、管理知识、综合分析能力和文字表达能力等。在校园招聘等大规模招聘中，笔试可以快速划分出一个基本符合需要的界限。对于专业知识有较高要求的岗位，笔试也是一种常见的测试方法。随着招聘专业化程度的不断提升，越来越多的企业把心理测评也作为笔试的一部分，除了考察求职者的专业知识外，还会关注到求职者的动机、性格、价值观等冰山以下的内容。

在数字化时代，笔试一般都在网络上进行。招聘官可以在笔试开始前将题目和答案在测试平台上设置好，求职者一旦做完笔试点击"提交"，分数也就出来了。如果，最后有一两道主观题，也是在电脑上进行阅卷的。

比如,某银行2019年校招时,来自全世界的10万求职者(含海外求职者5 000人)同时在线笔试,仅用一天时间,进入下一轮面试的名单就出来了,效率相当高。笔试时,银行领导们不用到全国各个考点去视察,只需站在大屏幕前,各个考点的考试情况一目了然,真正实现了"想看哪里点哪里"。

3.2.3 面试

面试是以面试官对求职者的交谈与观察为主要手段,由表及里测评求职者的知识、能力、经验和综合素质等有关指标的测评活动。面试为组织和求职者提供了双向沟通和选择的机会,组织可以通过面试再次评估求职者各方面的能力和素质是否符合组织和岗位的要求,求职者也可以通过和面试官的亲自沟通,判断该组织及岗位是否符合自己的期望。

(1) 传统面试方式。

① 电话面试。电话面试是指通过电话的形式对求职者的基本信息进行了解,如个人基本信息、过往相关工作经历、是否已经离职、离职原因、求职动机、对现有工作的期待等。

相比于面对面的面试,电话面试的时间一般比较短,而且求职者不需要有额外的时间花费在路上,所以可以节约招聘官和求职者双方的时间;同时,如果通过电话面试了解到的基本信息已经不符合空缺岗位的要求或者求职者了解到的信息与自己的期望不符,也就没有必要再进行面对面的面试了。

尽管电话面试有以上优点,但是电话面试并不是招聘流程中必需的一环,招聘官可以根据岗位实际的招聘情况来决定是否加入电话面试的环节。

② 面对面的面试。面对面的面试是指招聘官与求职者按照事前约好的时间和地点进行面对面沟通的一种面试形式。由于这种形式双方除了可以进行信息的交流外,还可以看到彼此的表情、肢体动作等,比较适合较长时间的交流,更容易评估求职者的相关能力和素质,所以几乎是所有组织都会采用的一种面试方法。

根据面试的结构化程度,面对面的面试可以分为结构化面试、半结构化面试和非结构化面试。结构化面试是指面试官根据岗位的任职资格,按照固定的流程和相同的题目进行提问面试的方法;非结构化面试是指面试官不用按照固有的流程和问题进行面试,而是根据求职者的情况"自由发挥",原则是不能脱离考察的能力项。半结构化面试是介于结构化面试与非结构化面试之间的一种面试形式,是指面试官根据岗位的任职资格,只准备几个重要的每一个求职者都要问到的题目,其他题目根据求职者情况的不同而不同。

根据面试官和面试对象的多少,面对的面试可以分为多对多面试、一对多面试、多对一面试和一对一面试。多对多面试是指多个面试官同时面试多个候选者的形式,这种形式一般出现在校园招聘或基层岗位的招聘中,如无领导小组讨论。一对一面试是指一个面试官面试一个候选者的情况,如角色扮演、关键行为面试等。多对一和一对一面试一般会出现在复试或终试阶段。

(2) 新型面试手段。

随着互联网技术的不断发展,一些新型的面试手段和技术逐渐被组织应用于面试过程中。

① 无接触面试。2020年开始的新冠肺炎疫情对很多传统的工作方式都提出了挑战,面试也不例外。疫情期间,减少接触是最有效的一种避免传播的方式,但是不见面,如何进行面试?在此情况下,无接触面试即视频面试应运而生。一台电脑、一部手机,面试官与求职者不用见面,通过网络进行沟通和交流,让异地甚至异国面试变得越发简单。

② AI视频面试。AI视频面试也是无接触面试的一种,它在一般视频面试的基础上加入了AI技术,是指通过AI算法对求职者的回答内容、表情和声音特质自动打分,面试官可以在同一个时间段评估完所有的求职者,将最适合组织的求职者快速挑选出来。这样后续的人类面试官只需要针对通过AI视频面试的求职者进行复试就可以了。

AI视频面试在人才招聘领域已经被广泛使用。据不完全数据统计,在美国已有超过100万求职者接受了AI视频面试,一些大学甚至开设了培训课程来提升学生在AI面试时的表现。

AI视频面试能够针对候选人的综合能力进行评估,采集足够多的数据,如岗位能力模型、心理学、软技能、表情动作、语言等,使测评的维度更加全面,提供的结果也更全面。在此基础上,AI视频面试的报告结果也能在一定程度上代替人才简历的作用。

AI 视频面试能够让组织的面试工作更灵活高效,这也是适应新形势发展要求的创新。组织和招聘官借助以 AI 技术为依托的 AI 视频面试,也能够甄选出更多符合业务发展的优秀人才,增强企业核心竞争力。

3.3 入职背景调查

招聘官不仅要为组织寻找合适的人才,而且还要寻找风险低的人才。因此,做好背景调查工作、规避用人风险也是招聘官应该重视的事情。

3.3.1 背景调查的定义

背景调查是指由组织的人力资源部或独立专业机构,根据求职者提供的证明人通过合法的途径和方式对被调查人提交的个人背景信息进行核查比对并形成背景调查报告的行为。

3.3.2 背景调查的内容

(1) 任职时间。

一般来讲,只需要调查 5~10 年的工作经历即可,更久远的工作经历如果不是与现岗位的工作内容强相关的话,可以不做调查。进行任职时间的调查时,还应该重点关注证明人提供的任职时间是否和求职者提供的时间一致。有些候选者为了掩盖自己频繁跳槽的事实,把几份任职较短的工作经历合并成一份工作。

(2) 工作岗位。

工作岗位也是求职者造假的"重灾区"。有些求职者为了获得某一个岗位的工作,但这个岗位又要求必须有相关的工作经验,这时候求职者就有可能在面试的时候说自己具有相关经验,其实完全没做过,特别是想转换职业道路的求职者。

(3) 工作职责。

这个部分也是背景调查时要重点考察的内容。因为同一个岗位名称,在不同的公司,职责可能会有比较大的差异。比如同样是产品经理的岗位,在有些公司可能就是负责某个产品的研发,但在有些公司要负责该产品从研发、生产到销售的"一条龙",甚至还会带领一个团队,具有领导职责。

(4) 工作业绩。

每一个求职者在面试时都会说过去取得了很不错的业绩,但是到底是不是真的,就需要招聘官在背景调查时去核实了。最好在面试的时候,招聘官通过量化的指标让求职者给出结果,再在背景调查时就这个指标与证明人进行核实。

(5) 工作能力

招聘官除了可以在面试时就求职者的能力进行评估外,还可以通过背景调查的方式了解他过往的能力情况,做出绩效预期。

(6) 人际关系。

团队和谐是团队产生高绩效非常重要的一个因素,如果招进来一名候选者,非常有个性,总是独来独往,不能和任何人友好相处,对整个团队的氛围有着非常大的负面影响。

(7) 奖惩情况。

奖惩情况在一定程度上可以反映出求职者在过往工作中的表现。如果在以前的工作中经常受到奖励,那说明确实是个人才。如果曾经受到过处分,招聘官就要引起注意了。

(8) 离职原因。

面试时,一些被动离职的求职者并不会把真实的离职原因告知招聘官,这时候就需要招聘官在背景调查的环节去了解。如果真的是被前一家公司辞退的员工,招聘官也要特别警觉。

以上八方面的内容并不是做每一个求职者的背景调查时都要涉及的,具体与证明人问哪些问题,可以根据组织和岗位要求进行取舍或补充。

3.3.3 背景调查的方法

(1) 电话调查。

电话调查是指通过求职者提供的证明人的电话进行调查与信息了解的方式。这种调查方式的优点是方便、快捷,但也存在着不足,当证明人不愿意配合时,电话调查就很难进行下去。

(2) 问卷调查。

问卷调查是指招聘官根据想调查了解的内容设计一份问卷,发送给原单位的人力资源部,请其协助完成问卷的一种方式。这种调查方式的优点是精准度较高,但是比较烦琐,原单位人力资源部未必会在规定的时间内回复。

(3) 背景调查公司。

由招聘官自己进行背景调查虽然能够为公司节省一大笔费用,但是比较费时,而且遇到证明人不配合的情况,很难保证背景调查的有效性。所以越来越多的公司会把专业的事交给专业的公司来做,即付费给专业的背景调查公司来进行,招聘官只管付费收报告就好了。由于专业的背景调查公司技术手段更先进,调查的面更广,能够最大限度地提高调查的精准度,不足之处就是需要费用。

(4) 招聘社群。

在前面讲到招聘渠道的时候有提到行业内专业网站、论坛、社群,这些平台不仅仅是一个非常不错的招聘渠道,还是一个非常好的进行背景调查的方式。这些平台上的人都在一个行业或领域,彼此很可能会熟识,所以在这些平台上也可以进行背景调查,而且还是免费的。

第 4 章 假勤管理

【学习目标】
- 熟悉员工假期的相关概念及法律规定；
- 熟悉员工假期类型及法律规定；
- 熟悉员工考勤的概念及主要内容；
- 了解企业员工考勤制度的规定；
- 掌握员工考勤日常业务的处理方法；
- 掌握假勤业务的处理方法；
- 熟悉假勤汇总的方法及内容；
- 掌握员工假勤电子档案的生成及管理方法。

【关键术语】

工作时间　休息休假　员工假期档案　考勤管理　考勤电子档案

引导案例

某零售公司为规范管理安装了指纹打卡机，员工打卡完成后会形成考勤记录。公司规定员工每天早上上班必须打卡，晚上加班前后也必须打卡。但出现了有些人一天多次打卡，有些人一天都没打卡或者晚打卡等情况，还存在一些员工用指纹膜来完成打卡的违规行为。人力资源部门的员工很难分辨哪些是正常的出勤打卡记录，哪些是员工违规打卡的记录，哪些是真正的加班时间记录，也无法及时对违反公司制度的员工进行惩罚。那么如何才能让员工的考勤管理更加公开透明和规范化，同时提高人力资源管理人员处理考勤事务的工作效率呢？

4.1 假期管理

4.1.1 相关概念和规定

（1）工作时间。

工作时间又称法定工作时间，是指劳动者为履行工作义务，在法定限度内，在用人单位从事工作或者生产的时间。根据劳动合同的约定，劳动者必须为用人单位提供劳动，劳动者提供劳动的时间即为工作时间。劳动时间有工作小时、工作日和工作周三种，其中工作日是在一昼夜内的工作时间，是工作时间的基本形式。

工作时间不限于实际工作时间，还包括准备工作时间、结束工作时间以及法定非劳动消耗时间。其中，法定非劳动消耗时间是指劳动者自然中断的时间、工艺需中断时间、停工待活时间、女职工哺乳婴儿时间、出差时间等。此外，工作时间还包括依据法律、法规或单位行政安排离岗从事其他活动的时间。

工作时间是用人单位计发劳动者报酬的依据之一。劳动者按照劳动合同约定的时间提供劳动，即可以获得相应的工资福利待遇。

工作时间的长度由法律直接规定,或由集体合同或劳动合同直接规定。工作时间分为标准工作时间、计件工作时间和其他工作时间。标准工作时间是指国家法律规定的在正常情况下一般职工从事工作或者劳动的时间。国家实行劳动者每日工作时间不超过8小时、平均每周工作时间不超过44小时的工作制度。计件工作时间是指以劳动者完成一定劳动定额为标准的工作时间。对实际计件工作的劳动者,用人单位应当根据《劳动法》的有关规定合理地确立劳动定额和计件报酬标准。其他工作时间是指用人单位因自身特点不能实行标准工作时间的,经劳动行政部门批准可以实行的其他工作时间。主要有在特殊情况下,对劳动者缩短工作时间,或分别以周、月、季、年为周期综合计算工作时间长度,或采取每日没有固定工作时数的工时形式等。劳动者或用人单位不遵守工作时间的规定或约定,要承担相应的法律责任。

(2) 休息休假。

休息休假是指劳动者在国家规定的法定工作时间外自行支配的时间,包括劳动者每天休息的时数、每周休息的天数、节假日、年休假、探亲假等。

员工休假的类型总体上有固定假期和非固定假期之分,固定假期包括休息日、法定节假日和年休假,非固定假期包括病假、婚假、丧假、产假及事假等。固定假期中的休息日和法定节假日是不需要员工主动申请假期的,属于员工统一假期。

年休假是国家根据劳动者工作年限和劳动繁重紧张程度每年给予的一定期限的带薪连续休假。国务院于2007年12月16日颁布《职工带薪年休假条例》,自2008年1月1日起施行。根据这一条例,机关、团体、企业、事业单位、民办非企业单位、有雇工的个体工商户等单位的职工,凡连续工作1年以上的,均可享受带薪年休假,单位应当保证职工享受年休假。

病假是指劳动者本人因患病或非因工负伤,需要给予的医疗假期。根据《企业职工患病或因非工负伤医疗期规定》(劳部发〔1994〕479号)等有关规定,任何企业职工因患病或非因工负伤,需要停止工作医疗时,企业应该根据职工本人实际参加工作年限和在本单位工作年限,给予一定的医疗期。根据职工工龄长短可给予3~24个月的医疗期,若超过医疗期可解除劳动合同。

婚假是指劳动者本人结婚期间享受的假期,在婚假期间,用人单位如数支付工资。国家对于婚假的期限没有统一规定,只在行政法规和规范性文件层面有相关规定。企业可依据当地政策及企业内部情况进行规定。

丧假是指根据原国家劳动总局、财政部《关于国营企业职工请婚丧假和路程假问题的规定》,员工的直系亲属(父母、配偶、子女)去世,企业可根据具体情况给予员工1~3天的丧假。

产假是指女性员工产期前后的休假待遇。正式实施的产假标准依据2012年4月18日国务院常务会议审议并原则通过的《女职工劳动保护特别规定(草案)》。草案将女职工生育享受的产假由90天延长至98天,并规范了相关待遇。凡是符合关于产假法律法规规定的女性员工,在产假期间应享受自己的工资待遇,任何单位不得以产假为由辞退女职工或单方面解除劳动合同。

事假是指员工因个人或者其他原因需要请假的可以请事假。事假为无薪假,以天或者小时为计算单位。

(3) 员工假期档案。

在传统人力资源管理中,员工假期档案大多是纸质,在假期档案的查阅、审核、更改等方面存在效率低下的问题。数字化人力资源管理中,建立员工假期电子档案,在信息系统中进行一系列的维护,能够有效地保证员工假期档案的数据真实性,也能提高档案管理的效率。

员工假期档案是员工档案的一部分,主要包括员工个人的基本信息和员工假期额度。员工个人信息包括员工编号、姓名、岗位类型、岗位、所属部门等,基本信息能够对员工进行精准定位。员工假期额度是依据企业假期制度来设置每位员工各种类型假期的额度,可以根据员工的休假时间进行动态更新。

员工假期管理中的组织部门主要涉及员工隶属部门、人力资源部门。当员工提出假期申请时,员工隶属部门的部门负责人需要对员工休假申请进行审核,符合要求的进行批准。人力资源部门相关员工需要对员工休假申请进行再次审核,并对该员工的考勤情况和假期额度进行一定的设置,更新员工的假期档案。

4.1.2 员工假期制度

员工假期相关制度及规则要依据国家及当地政策来制定,同时也要考虑企业内部的情况。

员工假期额度的设置首要要满足国家法律及政策的要求,然后是要依据企业的实际情况进行规定的。

设置的员工假期额度既要能较大程度上满足企业的生产要求,也要保障员工的基本休假权益。

调休又称倒休,意思是调整作息时间,是指因有工作安排临时需周末或节假日上班,等日后用工作日为其补休,以拉平工作日时间。安排调休时可遵循以下原则:法定节假日不可调休;员工在休息日确因工作需要,经上级批准而进行的加班,可以享受因加班而产生的调休假;员工享受调休假时,应充分考虑本部门的工作安排,并提前向上级递交申请,做好交接工作,经上级同意后方可享受;调休假期内,只有薪资,没有福利。薪资标准为员工本人的日标准工资;调休假可以累计,没有法律规定必须多少期限内休完(如离职时仍没休完,可以主张加班费)。

4.1.3 假期管理业务

人力资源部门对于员工的假期管理主要涉及员工请假的审核、确认及销假等内容。请假管理的前提是员工假期额度的设定,这一部分在员工假期维护中完成。针对需要提出申请的假期,员工需依据自己的假期额度,提前填写"请假申请表"(见表1-4-1)向上级提出假期申请,上级同意后再报批人力资源管理部门后才能进行休假。人力资源管理部门要明确员工请假所需要提供的证明材料。员工休假结束后要及时在人力资源部门办理销假手续,人力资源部门恢复该员工的正常考核。若员工未在规定时间内办理销假手续,需依据相关规章制度对该员工进行一定的处理。具体请假管理流程见图1-4-1。

表1-4-1 请假申请表

姓名		部门		岗位		申请时间	
请假类别				请假事由			
请假期限							
请假人签字				工作代理人			
直接上级意见				部门负责人意见			
分管领导审批				人力资源部建议			
总裁审批				董事长审批			
备注	(1)一般员工请休假3天(含)以上:总裁审批 (2)一般员工请休假3天以下:分管领导审批 (3)部门经理(副经理)及以上员工请假:董事长审批						

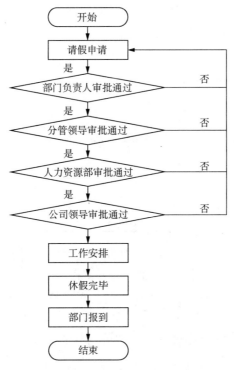

图1-4-1 员工请假管理流程

4.2 考勤管理

考勤管理是企业、事业单位对员工出勤情况进行考察管理的一种管理制度,包括是否迟到早退,有无旷工、请假等。具体管理事务包括排班管理、补签卡管理、加班申请管理、日出勤记录、月出勤汇总等。

员工考勤日常管理中涉及的组织部门主要包括员工隶属部门及人力资源部门,员工隶属部门的负责人会依据具体情况对考勤情况进行初步审核,人力资源部门会对经由负责人审核的考核情况进行再次审核,对员工的考勤档案进行更新。在出差考勤管理中还需要财务部门的参与,财务部门工作人员需要对员工出差费用进行审批,还要对员工提供的证明进行核对。

4.2.1 排班管理

工作排班是指依据企业自身的生产经营活动的性质和特点以及企业内部的员工配置,来合理有效地设置员工具体工作时间,实现固定资产的效益最大化。员工班次的设置一般包括单班制、两班制、三班制和多班制。多班制是指每天组织4个或者4个以上工作班次的制度。

工作轮班是企业工作时间组织的基本形式,是指在工作日内组建不同班次的作业组,在同一工作地轮番进行生产的劳动协作形式。除少部分企业实行单班制,即每天组织一班生产之外,多数企业实行多班制,即每天组织两班或者两班以上的员工轮流进行生产,完成工作任务。工作轮班制是特指在实行多班制生产条件下,组织各班员工按规定的时间间隔和班次顺序轮流进行生产或工作活动的一种劳动组织形式,体现了员工在时间上的分工与协作关系。两班制是每日分早、中两班组织生产,员工不上夜班。这样有利于员工的身体健康,也便于机器设备的维修保养和做好生产前的准备工作。员工倒班每周轮换一次即可。

三班制(见表1-4-2)是每天早、中、晚三班组织生产。根据公休日是否进行生产,又可以分为间断性三班制和连续性三班制。实行三班制必须组织好员工的倒班。间断性三班制是指有固定公休日的形式,即公休日需停止生产,全体员工休息,公休日后轮换班次。连续性三班制是由于企业的实际情况而每天连续组织生产,公休日也不间断,需要组织员工轮休。

表1-4-2 三班制排班表

班次	方式周次	正班倒							
		第一周	公休	第二周	公休	第三周	公休	第四周	公休
早		甲		丙		乙		甲	
中		乙		甲		丙		乙	
夜		丙		乙		甲		丙	
		反倒班							
早		甲		乙		丙		甲	
中		乙		丙		甲		乙	
夜		丙		甲		乙		丙	

多班制有四班交叉作业、四六工作制和五班轮休制等。四班交叉制(见表1-4-3)是指在一昼夜24小时内组织4个班生产,每班工作8小时,前后两班之间的工作时间有交叉,交叉时间为24小时。四六工作制是每一个工作日由四个班次组成,每个班次6个小时。五班轮休制(见表1-4-4)是员工每工作10天轮休2天的轮班制度。其调休制度是以10天为一个循环期,组织5个轮班,实行早、中、晚三班轮流生产,保持设备连续生产不断,并安排每天一个副班,按照白天的正常时间上班(不超过6小时),负责设备的清洗、打扫卫生、维护环境等辅助性、服务型工作。

表 1-4-3　四班交叉制排班表

工作班次	甲	乙	丙	丁
上班时间	8:00—16:00	14:00—22:00	20:00—4:00	2:00—10:00

表 1-4-4　五班轮休制排班表

	1	2	3	4	5	6	7	8	9	10
甲	早	中	中	副	0	早	晚	晚	副	0
乙	副	0	早	中	中	副	0	早	晚	晚
丙	0	早	晚	晚	副	0	早	中	中	副
丁	晚	晚	副	0	早	中	中	副	0	早
戊	中	副	0	早	晚	晚	副	0	早	中

注:0 表示轮休,副代表副班。

4.2.2　打卡管理

打卡是最为常见的考勤方式,是指企业通过一定的方式对员工的上下班时间进行记录。当员工在规定的时间内不在岗位工作时,称为缺勤,主要有迟到、早退、旷工、离职等情形。对于迟到、早退等情况,应按照企业制度进行考核,但同时应该向当事人了解原因,若有特殊情况,则应酌情处理,员工如需补签,则需要提交未打卡事项说明,填写考勤补签申请表(见表 1-4-5)。出现员工旷工时,应该及时联系该员工,确认原因,若是突发情况导致则应先给予关心,必要时进行指导教育,但若是恶意旷工,则应当按照企业制度作为旷工事故进行处理。当员工发生不辞而别的离职情形,应及时向该员工了解具体情况,可向优秀员工表示挽留,当员工确认选择离职时,要停止对该员工的考勤工作。

表 1-4-5　考勤补签申请表

姓名		部门	
岗位		补签日期	
补签时间			
未打卡原因			
证明人		部门负责人	

备注:(1) 每月补签不能超过 2 次
　　　(2) 补签申请单审批完成交人力资源部,作为出勤凭证

4.2.3　加班管理

加班管理是指对企业安排员工或者员工主动要求在标准工作时间以外工作的管理。由部门经理安排加班的,必须报上级经理审批通过并报备人力资源部门。员工加班结束后,由部门经理对实际加班情况进行确认。因工作需要由员工主动提出加班的,须向上级提交加班申请,填写加班申请表(见表 1-4-6),经同意后方可加班。若员工未经企业安排和审批而自行加班的,导致的延长工作时间不按加班处理。

表 1-4-6　加班申请表

姓名		部门		岗位		申请日期	
加班时段							
预计加班时间							
加班事由							
实际加班时间							
部门意见							
分管领导意见							
人力资源部意见							

4.2.4　出差管理

出差管理是指对于员工因工作需要须往非本公司办公地点处理工作任务的管理。员工出差需要提前填写出差申请表(见表1-4-7),在获得上级经理审批通过后方可执行,同时要报备人力资源部门与财务部门。员工出差返回后,应在人力资源部门处销假,人力资源部门恢复对员工的正常考勤管理。员工实际出差情况可以结合出差往返交通费用凭证进行确认,该费用经由员工提交凭证给财务部后可报销。出差分为在外地有固定办公场所和无固定办公场所两种情况。有固定办公场所的出差可以要求员工在该固定场所进行打卡,考勤以该场所的考勤情况为准。无固定办公场所的出差,可以要求员工每天填写工作日志,记录其一天的工作安排,由员工的上级经理对其出差情况进行确认即可。员工出差管理流程图见图1-4-2。

表 1-4-7　出差申请表

姓名		部门		岗位		申请日期	
目的地			交通工具			职务代理人	
出差事由							
出差时间							
预借费用							
部门负责人审核							
分管领导审批							
人力资源部确认							
财务部确认							
备注							

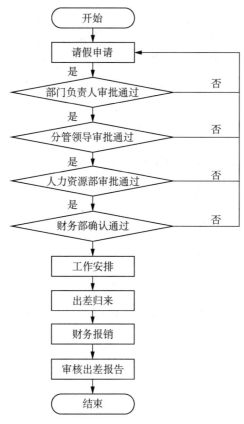

图 1-4-2　员工出差管理流程

4.2.5　考勤计算

考勤计算主要分为两种计算方法：科学计算法和艺术计算法。科学计算法也可以称为正向考勤，它记录员工所有的出勤数据，未记录的视为缺勤，最后统计出勤和缺勤时间而产生的工资项。付薪时应付工资就取决于出勤时间×工资，也就是做加法的工资计算。艺术计算法也可称为逆向考勤，是指只记录有差异的考勤信息，未记录的部分视为符合工作作息时间，不做专门处理。付薪时应付工资就取满额工资减去缺勤工资，也就是做减法的工资计算。

在科学计算法中，人力资源管理系统出勤、缺勤信息都必须准确详尽记录，各种复杂情况在规则定义设置时必须考虑周到，这就决定了某些企业选用此方法要付出巨大的精力。如酒店、大中企业，特点是上班时间灵活，加班调休情况非常普遍，各类复杂的考勤情况经常出现，这就导致了记录上的困难，此外为了确保信息的精准，往往需要对所有的出勤结果（包含正常出勤、异常出勤）都进行核对。如有员工反馈异常还需先分析原因，找到原因后再修改原因、重新计算，导致工作量巨大。艺术计算法只登记缺勤、加班情况，实施上相对简单，异常情况一般无须分析原因，直接修改登记错误情况即可。

考勤转薪资是指依据员工的考勤结果计算员工的工资，正常的考勤情况依据企业的薪资规定计算为员工应得工资，针对异常情况依据实际情况和相关规定相应地扣除工资，最后汇总计算的工资为员工的实际工资。

4.3　假勤结果汇总

4.3.1　假勤汇总的内容、方法及原则

员工假勤汇总主要包括两方面：假期汇总和考勤结果汇总。假期汇总是对员工的假期类型及对应额度进行核算与总结，应当包括员工个人基本信息、已完成假期额度、完成假期时间、剩余假期额度、在审批假期申请等。考勤结果汇总是对员工工作实际情况的反映，包括员工个人基本信息、迟到次数、早退次数、出勤天数、加班情况、出差情况等。假勤汇总是基于假期汇总表、调休明细表以及考勤结果明细表等进行汇总而成的。

员工假勤汇总应该遵循以下原则：以员工电子假勤档案为主，辅以纸质证明材料，确保汇总结果的准确性；注意时间有效性，要在公司规定的时间内完成假勤汇总工作，及时为员工薪资计算提供依据；假勤汇总结果需要得到员工本人的确认，避免汇总结果与员工实际工作情况出现误差。

4.3.2　员工假勤电子档案

数字化人力资源管理中，员工假勤档案呈现电子化趋势，建立员工假勤电子档案，在信息系统中进行一系列的维护，能够有效地保证员工假期档案的数据真实性，也能提高档案管理的效率。员工假勤电子档案主要包括员工假期电子档案和员工考勤档案。

员工假期电子档案包括两部分：一部分是员工个人信息；另外一部分是员工假期额度、员工假期审批状态及结果等，这部分是依据企业假期制度设置每位员工各种类型假期的额度，可以根据员工的休假时间及休假状态进行动态更新。

员工考勤档案是对员工在一定时期内的考勤结果的反映，能够较为直观地识别员工的工作情况。数字化人力资源管理形成的员工电子考勤档案是在日常考勤结果的基础上汇总而成的，减少了人力资源部门员工手工汇总的时间成本，同时在大数据技术的支撑下，人力资源部门员工可轻松辨别员工的整体工作情况，筛查工作情况不正常的员工，甚至能够预测员工未来的工作效率，为下一阶段的员工排班情况提供决策依据。员工考勤电子档案应该能够真实反映不同岗位、不同类型员工的实际工作情况，应当包括员工基本信息（工号、姓名、工作岗位、隶属部门等）、打卡情况、出勤天数、轮班情况、加班情况、出差情况、考勤负责人员等。

第 5 章 薪 酬 管 理

【学习目标】
- 掌握薪酬的概念、薪酬的构成；
- 掌握"五险一金"的基本概念及缴纳比例；
- 了解常见企业补充保险的种类和定义；
- 理解市场薪酬调查的分类、内容及步骤。

【关键术语】

薪酬　总报酬模型　五险一金　补充医疗保险　企业年金　市场薪酬调查

案例导读

为更好地服务企业客户，2019年8月5日，招商银行携手人力资源管理咨询机构美世（中国）发布《中国薪酬福利白皮书》（以下简称《白皮书》），旨在向企业客户提供有关人力资源管理尤其是薪酬福利领域的专业参考。

据了解，《白皮书》以数百万薪酬样本数据为基数，汇总中国不同城市、不同层级员工细化薪酬数据，从宏观经济及劳动力现状、企业人力资本管理、员工薪酬数据呈现、员工福利及敬业度五大维度，全方位、系统性地展现了数字化时代的薪酬福利现状及发展趋势。

数字化：企业人力资源管理新课题

以移动互联网、云计算、大数据、人工智能等为代表的新科技正在颠覆和重塑生产与生活方式，数字化转型也因此成为了企业的核心战略。美世《2018年全球人才趋势报告》显示，87%的企业高管认为，数字技术将极大或一定程度地颠覆他们的行业，而已实现人力资源数字化的企业不超过10%。《白皮书》认为，大数据时代，企业管理可视化、智能化已成趋势，薪酬福利管理的数字化时代已经到来。企业唯有通过创新思考，方可了解自身的优势，构建人性化、有竞争力的薪酬福利体系。

深谙其中之道的招商银行也在不断努力，以科技创新助推企业数字化升级。作为招商银行金融科技优势在产品应用上的又一次集中体现，"薪福通"的一系列"硬核"产品有针对性地解决了企业痛点。比如，针对个税新政下企业和员工申报、算税难的痛点推出的"个税通"，为企业提供专项附加扣除信息收集及申报、算税、报税以及缴款全流程服务，独立灵活的算税功能可以一键解决税务有关的操作流程。

创新福利：企业人力资源管理新趋势

当前，中国企业人才争夺白热化，如何吸引和保留员工仍然是各大企业面临的巨大挑战。《白皮书》认为，创新福利已经成为企业人力资源管理的新趋势：一方面，企业重疾保障覆盖成为趋势，超过90%的企业已为员工提供了重疾保障，75%的公司有意向将重疾保障延伸至员工家属；另一方面，个性化福利需求代替了传统福利观念，而弹性工作制被"90后"员工视为最期待的福利。

创新福利也是招商银行始终关注的方向。在招商银行看来，薪酬福利代发不仅要实现价值创造，更要关注价值提升。可以说,"薪福通"是数字化时代招商银行科技力量和专业服务优势的又一集中体现,也是其在"打造最佳客户体验银行"进程中的又一个重要里程碑。未来,招商银行将不断强化专业服务和科技应用,对接企业薪酬福利代发的综合需求,持续完善、升级"薪福通"产品,助推企业数字化转型,助力员工实现美好生活新升级。

(资料来源:节选自招商银行携手美世(中国)发布的《薪酬福利白皮书》。)

5.1 薪酬概述

5.1.1 薪酬的定义

薪酬指员工由于为企业工作而获得的一切成果。广义的薪酬是衡量员工为企业工作所得的一切。这个定义类似于美国薪酬协会整体薪酬(Total Reward)的定义。

美国薪酬协会将整体薪酬定义为:用以交换员工的时间、天赋、努力和成果而提供给员工的货币形式或者非货币形式的回报,包括了五个关键的因素。这些因素有效地吸引、激励和保留企业成功所需要的人才。这五个因素是薪酬、福利、工作和生活平衡、绩效和认可、发展和职业机会。整体薪酬战略是为了获得最好的激励效果,将五个要素有机结合成定制化的薪酬包的艺术。总报酬模型如图1-5-1所示。

相比于传统的薪酬概念,总报酬强调了很多与工作相关的非经济报酬,如员工由于完成工作而获得的关系回报,或是员工在工作地点获得的心理回报,诸如被赏识、有身份地位、就业安全感、挑战性的工作、学习机会等。这些非经济报酬,更好地满足了员工的精神需要,改善员工的心理状态,更强调以人为本的理念,更好地实现劳资双方共赢。

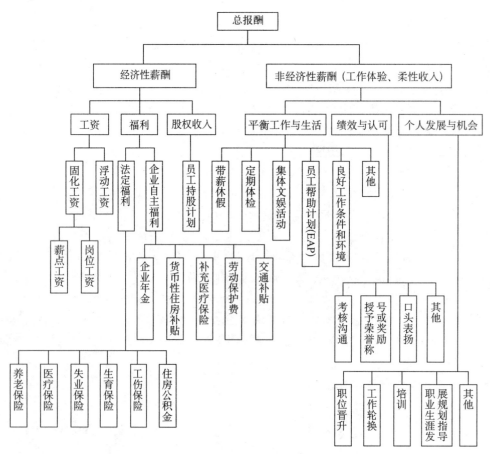

图1-5-1 总报酬模型

5.1.2 薪酬的构成

(1) 薪酬。

薪酬指雇主由于员工提供服务(时间、努力和技能等)而付给员工的工资,包括四个核心要素:

① 固定薪酬:即人们常常提到的基本工资,不随绩效或者成果而改变。

② 可变薪酬:即人们所称的风险报酬,直接随绩效水平或者工作成果而变化,是一种在每个绩效周期都必须重新建立标准的一次性报酬。

③ 短期激励薪酬:可变薪酬的一种形式,聚焦于激励一年期或者更短周期之内的绩效。

④ 长期激励薪酬:可变薪酬的一种形式,聚焦于激励超过一年期的绩效,典型形式包括股权计划、限制性股权计划、绩效分享和现金。

(2) 福利。

福利是雇主提供给员工的现金报酬以外的补充项目。这些项目的目的是保护员工以及其家庭不受财务风险的危害,它可以被分为以下三种类别:

① 社会保险:五险一金;

② 商业保险:医疗、牙医等;

③ 非工作时间报酬:该计划的目的是保证员工非工作时的收入,如工作时的休息、换制服时间、不在工作时的假期等。

(3) 工作和生活平衡。

工作和生活平衡指一整套积极支持员工在工作和家庭方面都获得成功的组织实践活动、政策、项目和理念。在工作场所,组织对于工作和生活平衡的主要支持措施可以分为工作场所弹性、带薪假期和非带薪假期、健康和情绪状态、子女关怀、财务援助、社区参与、管理参与/文化改变参与7个类别,涵盖了薪酬、福利以及其他人力资源计划。总体而言,工作和生活平衡强调关注员工的关键共性需求、家庭、社区以及工作场所。

(4) 绩效和认可。

① 绩效。绩效是组织成功的关键因素,评估绩效是为了了解员工完成了什么以及如何完成的。绩效涉及组织、团队和个人对于实现业务目标和组织成果所做出的努力。

② 认可。认可是指雇主对雇员的绩效、行为和业绩表示特别的关注。它满足了员工获得赞赏的心理要求,同时强化特定的行为(如超额业绩),促进和支持组织目标的实现。不管是正式的还是非正式的,认可计划在事实发生后需要马上实施,通常认可计划没有一个事先确定的目标和期望的绩效水平。认可可以采用现金方式和非现金方式(如语言认可、奖杯、证书、晚餐等)。

认可的价值在于强化绩效提升的价值,培育不断提升的文化,即使这种提升未必是能确保的;将表示赞赏的步骤正式化;提供积极的、及时的反馈;培养对于有价值的行为和活动的沟通习惯。

(5) 发展和职业机会。

发展是指为了提高员工技能和胜任力的一系列学习体验。发展使得员工表现更好,使得领导者不断提高、完善组织的人员战略。

职业机会是一项为雇员提升其职业目标的计划,可以包括在组织内向高职位晋升的机会,以使有才能的员工被部署到那些能够使他们为组织提供最大价值的职位上。发展和职业机会包括以下三方面内容:

① 学习机会:学费资助、企业大学、新技术的培训、参加外部研讨会、自我发展工具和技术、在职学习和在更高层级岗位上轮岗、目的明确的公休。

② 辅导和指导:领导力培训、接触专家和信息网络、在组织内或组织外正式的或者非正式的导师项目。

③ 晋升机会:实习、海外工作、职位晋升、职业阶梯、继任计划。

5.2 社保福利管理

5.2.1 "五险一金"的基本概念

通常所说的"五险一金"指的是五种社会保险和一个公积金,"五险"包括养老保险、医疗保险、失业保险、工伤保险和生育保险,"一金"指住房公积金。

基本养老保险是国家根据法律、法规的规定,强制建立和实施的一种社会保险制度。在这一制度下,用人单位和劳动者必须依法缴纳养老保险费,在劳动者达到国家规定的退休年龄或因其他原因而退出劳动岗位后,社会保险经办机构依法向其支付养老金等待遇,从而保障其基本生活。

基本医疗保险是为补偿劳动者因疾病风险造成的经济损失而建立的一项社会保险制度。通过用人单位和个人缴费,建立医疗保险基金,参保人员患病就诊发生医疗费用后,由医疗保险经办机构给予一定的经济补偿,以避免或减轻劳动者因患病、治疗等所带来的经济风险。

失业保险、工伤保险以及生育保险都是在一定特殊的情况发生下对劳动者才会生效的社会保险。

失业保险是保障劳动者在失业后短时间内没有生活来源,由社会集中建立资金为劳动者提供帮助,促进再就业的制度。在我国,失业人员失业前所在单位和本人按照规定累计缴费时间满1年不足5年的,领取失业保险金的期限最长为12个月;累计缴费时间满5年不足10年的,领取失业保险金的期限最长为18个月;累计缴费时间10年以上的,领取失业保险金的期限最长为24个月。重新就业后,再次失业的,缴费时间重新计算,领取失业保险金的期限可以与前次失业应领取而尚未领取的失业保险金的期限合并计算,但是最长不得超过24个月。

工伤保险又称职业伤害保险,是通过社会统筹的办法,集中用人单位缴纳的工伤保险费,建立工伤保险基金,当劳动者在生产经营活动中遭受意外伤害或职业病,并由此造成死亡、暂时或永久丧失劳动能力时,给予劳动者法定的医疗救治以及必要的经济补偿的一种社会保障制度。这种补偿既包括医疗、康复所需费用,也包括保障基本生活的费用。

生育保险是国家通过立法,在怀孕和分娩的妇女劳动者暂时中断劳动时,由国家和社会提供医疗服务、生育津贴和产假的一种社会保险制度,国家或社会对生育的职工给予必要的经济补偿和医疗保健的社会保险制度。我国生育保险待遇主要包括两项:一是生育津贴,二是生育医疗待遇。女职工本身因为性别的原因在就业市场中可能会遭受不平等对待,女性劳动者更是劳动法要额外保护的对象,生育保险制度建立的初衷与对女职工保护的法律目的相吻合。

5.2.2 "五险一金"的缴纳比例

养老保险、医疗保险和失业保险这三种险是由企业和个人共同缴纳的保费;工伤保险和生育保险完全是由企业承担的,个人不需要缴纳。"五险一金"的缴纳基数和比例是由各地主管部门根据当地社会经济发展水平和劳动者工资收入水平来确定的,因此各地略有差异(见表1-5-1)。

表1-5-1 社会保险缴纳比例

保险项目	缴纳比例	
	单位	个人
养老保险	不超过20%	8%
医疗保险	8%左右,各地有所浮动	2%左右,各地有所浮动
失业保险	0.5%左右,各地有所浮动	0.5%左右,各地有所浮动
工伤保险	不同行业缴费费率不同,一般为0.2%~2%	无须缴费
生育保险（已与医疗保险合并）	1%左右,各地有所浮动	无须缴费
住房公积金	5%~12%,用人单位可在这一范围内自行选择,单位和个人1∶1等额缴纳	

5.3 企业补充保险

在招聘的时候,我们经常会听到"六险二金"的说法,那么和"五险一金"相比多出来的一险一金就是指补充医疗保险和企业年金。

5.3.1 补充医疗保险

补充医疗保险是针对基本医疗保险而言的。基本医疗保险是国家立法强制实施的,而补充医疗保险是企业的自愿行为,是指由于基本医疗保险在一些情况下不予理赔或者理赔的比例不高,企业为了给员工减轻在出现意外或生病时的负担,在保险公司为员工单独购买的保险。企业不同、保险公司的产品不同,所以补充医疗保险的内容也不尽相同。

补充医疗保险一般包括普通医疗保险、意外伤害医疗保险、住院医疗保险、手术医疗保险、特种疾病保险等内容。表1-5-2为某企业为员工购买的补充医疗保险。

表1-5-2 某企业为员工购买的补充医疗保险项目

保险项目	保额(人民币:元)
意外身故、残疾	600 000
猝死(无等待期)	50 000
乘坐民航客机意外身故及伤残	1 000 000
乘坐公共客运轮船/客运轨道列车意外身故及伤残	600 000
乘坐公共交通机动车(含网约车)意外身故及伤残	600 000
自驾、乘坐非营运性机动车意外身故及伤残	600 000
意外医疗费用补偿(零免赔,100%赔付,扩展社保外医药费用)	40 000
意外每日住院补贴(普通病房100天为限,300元/天)	30 000
意外每日住院津贴补偿(重症监护病房,30天为限,600元/天)	18 000
意外救护车费用	500
公共场所个人责任	30 000

5.3.2 企业年金

企业年金又称企业补充养老金计划,是指企业及员工在依法参加基本养老保险的基础上自愿建立的补充养老保险制度,是对国家基本养老保险的重要补充。

企业年金通过建立个人账户的方式,由企业和职工定期按一定比例缴纳保险费(其中,员工个人可以选择缴纳比例或者申请放弃加入企业年金方案)。员工在达到国家规定的退休年龄时,可从本企业年金个人账户中一次或定期领取企业年金,未达到国家规定退休年龄的不得从个人账户中提前提取。表1-5-3为某公司企业年金计划个人及企业缴费比例表,表1-5-4为企业年金计划个人及企业归属比例表。

表1-5-3 某公司企业年金计划个人及企业缴费比例表

条件	个人缴费比例	企业缴费比例
入职时间满1年不满5年	2%	2%
入职时间满5年不满10年	2%	4%
入职时间10年以上	2%	8%

表1-5-4 某公司企业年金计划个人及企业归属比例

连续服务年限	个人缴费部分归属比例	企业缴费部分归属比例
不满1年	100%	0%
满1年不满3年	100%	20%

(续表)

连续服务年限	个人缴费部分归属比例	企业缴费部分归属比例
满3年不满5年	100%	50%
满5年不满10年	100%	80%
10年以上	100%	100%

企业年金制度并不是所有企业都愿意为员工建立的,建立企业年金制度无论是对企业还是对个人,都有着积极的作用。对企业来说,可以提升企业的雇主品牌形象,在招聘时有更强的吸引力,也能够增强企业员工的凝聚力,留住企业里优秀的人才。对于个人来说,是退休后生活保障的重要补充形式。由于各方面的原因,员工基于法律规定的基本养老保险所取得的养老金并不会很高,较难保证员工退休后过上相对富足的生活,退休前工资越高,退休后的落差越大。为了一定程度上缩小这种落差,企业年金对于个人来说就是一种很好的补充形式。

5.4 市场薪酬调查

为了确保企业薪酬水平的外部竞争力,大多数企业都会进行薪酬调查的工作,为内部调薪以及外部招聘等提供付薪的依据。

薪酬调查是指通过一系列标准、规范和专业的方法,对市场上各职位进行分类、汇总和统计分析,形成能够客观反映市场薪酬现状的调查报告,为企业提供薪酬设计方面的决策依据及参考。

(1) 薪酬调查的分类。

从调查方式来看,薪酬调查可以分为正式薪酬调查和非正式薪酬调查。正式薪酬调查是指由咨询公司、专业协会、政府等机构组织的薪酬调查,一般会产生一定的费用,特别是咨询公司组织的调研,精准度较高。非正式薪酬调查的获取渠道包括从招聘面试中获得、从求职广告中获得等,一般是免费的,精准度会受到获取渠道以及样本量的影响。

(2) 薪酬调查的内容。

一般来讲,薪酬调查关注的内容主要包括:近年来薪资增长的状况、相关岗位的薪酬数据、薪酬结构、福利种类及费用占比、薪酬走势等。

(3) 薪酬调查的步骤。

一般来讲,薪酬调查会分为准备、实施以及结果分析三个阶段。

① 准备阶段。在准备阶段,企业需要判断是否要进行薪酬调查、用什么方式进行薪酬调查、调研的劳动力市场范围、所要收集的薪酬信息内容等。

据英国的一项研究表明,71%的企业会通过非正式的交谈来获取所需的薪酬数据,55%的企业会采用政府公布的薪酬数据,23%的企业会让专业的咨询公司来进行薪酬调查的工作。

在调研的劳动力市场范围界定上,一般来讲,企业会进行同地区调查和同行业调查。比如A企业属于汽车行业,总部在北京,那么A企业会参与北京地区的薪酬调查以及汽车行业的调研。

在薪酬调查时,所要收集的薪酬信息一般包括基本薪资结构及各部分金额、年度奖金及其他现金收入、福利种类及金额、股票期权等。

② 实施阶段。不同类型的薪酬调查实施方法也略有不同,此处以咨询公司的薪酬调查为例。

首先,需要按照咨询公司提供标准的方法与工具,把企业的岗位职级与岗位名称与标准的职级与名称进行对应,以确保所有参与薪酬调查的公司的职级与名称具有统一性和可比性。

其次,按照对应好的职级及岗位名称,填写咨询公司提供的模板中的各项内容与数据。

最后,等待咨询公司发布的薪酬调查结果。

③ 结果分析阶段。一般来讲,咨询公司、政府、行业协会等发布的数据都是普适性的,如果企业想得到更加精准、有针对性的薪酬调查数据,还需要企业自己根据需求对发布的结果进行再次分析。以汽车行业的某公司为例,如果对汽车行业进行薪酬调查,则既要包含整车厂、汽车零部件厂等生产型企业,还要包

含职能总部等管理型企业。如果该公司属于职能总部类企业，而且是豪华汽车品牌的职能总部，那么该公司可以对薪酬调查数据进行二次加工，即选取同样是豪华汽车品牌、职能总部类的公司进行数据分析与报告生成。

另外，由于不同企业的薪酬战略不同，对标市场的分位值也不同，一般会关注25%、50%和75%三个分位值的数据，再根据不同的薪酬战略进行有针对的对比分析，从而形成本企业的薪酬调查报告，为薪酬结构的调整、薪酬的调整等提供依据。

第6章 绩效管理

【学习目标】
- 理解绩效的概念与影响因素；
- 掌握绩效管理的概念与基本流程；
- 掌握绩效管理的常见工具；
- 学会从不同维度设计绩效考评指标；
- 熟悉绩效考评结果应用的一般方法；
- 了解员工绩效档案及其建立。

【关键术语】
绩效　绩效考评　绩效管理　目标管理　360度考评　KPI　OKR　BSC　绩效反馈　绩效改进　绩效档案

引导案例

A公司是一家在当地排名靠前的国有企业，因响应国家市场化政策号召，目前正积极致力于市场拓展。为调动员工工作积极性，公司高层一致认为要提高绩效工资，所以今年决定将超额利润的20%作为年终奖发放给员工。受到极大鼓舞的一线员工在这一年中自然是铆足了劲开拓业务，公司利润相较于上年提高了50%。然而正在大家满怀期待地等着领取年终奖时，一件事引起了轩然大波。此次事件的爆发点在于一位业务部门的项目负责人得知自己的年终奖低于办公室文员时提出了异议。该项目负责人认为在过去一年中自己带领的团队是为公司创造利润最高的团队，最终奖金怎么还没有在办公室不接触业务的文员高。此异议一经提出，引起了各个项目团队的共鸣。

原来，公司通过各个员工的打分结果确定奖金系数，业务部门的员工以工作绩效、工作态度、工作能力等作为打分标准，职能部门的员工因没有客观的绩效标准，主要以工作态度、工作是否出现重大失误等为打分标准，且都由员工直接上级打分。参与打分的领导有好几个，且各自打分的标准不同，有的领导宽松一些，打的分高；有的领导严格一些，打的分低。这造成了项目负责人绩效低于职能部门文员的现象。

6.1 绩效的概念与影响因素

6.1.1 绩效的概念

不同的学科对绩效的理解不同。从社会学角度看，绩效意味着每个社会成员按照社会分工所确定的角色承担他的那一份职责；从经济学角度看，绩效与薪酬是员工和组织之间的对等承诺关系，绩效是员工对组织的承诺；从管理学角度看，绩效是组织期望的结果，是组织为实现其目标而展现在不同层面的有效输出，这个不同层面主要包括个人、部门和组织三个层次。

传统的人力资源管理更加侧重于个人层面的绩效管理。目前,关于个人绩效的概念主要有三种观点:以结果为导向的绩效、以行为为导向的绩效、以能力为导向的绩效。综合来看,可以把绩效理解为一种结果,反映出人们从事某一项工作或任务所产生的成绩、成果、成效。这种结果会随着具体的行为和能力的变化而改变,也就是说,改变行为和能力能促进产生更好的结果。

6.1.2 绩效的影响因素

绩效具有多因性,也就是说,个人的绩效优劣不是取决于单一的因素,而是由多种因素共同决定的。影响员工工作绩效的因素主要有技能、动机、机会和环境四个因素。

技能是指员工工作技巧与能力水平,取决于个人天赋、智力、经历、教育与培训等个人特点;动机是指员工的工作积极性;机会可以对员工工作任务的完成产生巨大影响,具有很大的偶然性;环境首先是指企业内部的客观条件,也包括企业之外的客观因素,如社会政治状况、经济状况、市场竞争强度及劳动力市场状况等。技能和动机是影响绩效结果的个人因素,是可控因素;机会和环境是影响绩效结果的外在因素,一般情况下是不可控因素。

6.2 绩效管理的概念与基本流程

6.2.1 绩效管理的含义

20世纪80年代以来,国内外对绩效管理进行了很多研究,且针对绩效管理的含义提出了很多不同的观点。其中最主要的有以下三种:从组织绩效的角度解释,认为绩效管理是管理组织绩效的系统;从员工个人绩效的角度解释,认为绩效管理是管理员工绩效的系统;以及认为绩效管理是管理组织和员工绩效的综合系统,即组织与人员整合的绩效管理。

总的来看,所谓绩效管理是指各级管理者和员工为了达到组织目标,共同参与的绩效计划制定、绩效实施沟通、绩效考核评价、绩效结果反馈、绩效目标提升的持续循环过程,绩效管理的目的是保证员工和组织绩效的持续提升。

6.2.2 绩效管理的基本流程

绩效管理由绩效计划、绩效辅导与监控、绩效考核与评价、绩效反馈与改进四个环节组成。各个环节密切联系,周而复始地不断循环,形成一个持续改进的过程(见图1-6-1)。

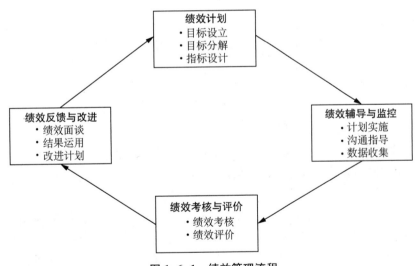

图1-6-1 绩效管理流程

绩效计划是整个绩效管理系统的起点,它是指绩效周期开始时,由上级和员工一起就员工在绩效考核周期内的绩效目标、绩效过程和绩效手段等进行讨论并达成一致。当然,绩效计划并不是只在绩效周期开始时才会进行,实际上它往往会随着绩效周期的推进而不断做出相应的修改。

绩效辅导与监控是指在整个绩效计划实施期间,通过上级和员工之间的持续沟通来避免或解决员工实现绩效时可能发生的各种问题的过程,这一阶段是绩效管理过程中的重要环节,决定了绩效目标能否按计划实现,之后的绩效考核也需要以这一阶段收集的信息作为依据。

绩效考核与评价是指借助一定的考核方法,对员工的工作绩效做出评价。绩效考核以在绩效计划阶段上级和员工双方达成一致意见的关键绩效指标为标准;同时在绩效实施过程中,所收集的能够反映员工绩效的数据和事实可以作为判断和考核员工绩效的依据。

> **小链接**
>
> **绩效管理与绩效考评的区别与联系**
>
> 绩效管理是指为了完成组织的目标,通过持续开放的沟通过程,形成组织目标所预期的利益和产出,并推动团队和个人做出有利于目标完成的作为。绩效考评是指一套正式的结构化的制度,用来衡量、评价并影响与员工工作有关的特性、行为和结果,考查员工的实际绩效,了解员工可能的发展潜力,以期获得员工与组织的共同发展。两者并不相同,绩效考评只是事后进行的考评工作,而绩效管理则是事前计划、事中管理、事后考核所形成的三位一体的系统。
>
> 但二者又是一脉相承、密切相关的。绩效考评是绩效管理的一个不可或缺的组成部分,绩效考评成功与否不仅取决于考评本身,而且很大程度上取决于与考评相关联的整个绩效管理过程。有效的绩效考评有利于整个绩效管理活动的成功开展,而成功的绩效管理也需要有效的绩效考评来支撑。绩效考评可以为组织的绩效管理的改善提供资料,帮助组织不断提高绩效管理的水平和有效性,获得理想的绩效水平。

绩效反馈与改进是指绩效周期结束时在上级和员工之间进行绩效考核面谈,由上级将考核结果告诉员工,指出员工在工作中存在的不足,并和员工一起制订绩效改进计划,从而使上级和员工可以确定下一绩效管理周期的绩效目标和改进点、开始新一轮的绩效评估周期。绩效反馈和改进的过程在很大程度上决定了组织达到绩效管理目的的程度。

6.3 绩效管理的常见工具

6.3.1 目标管理法

目标管理(Management by Objectives,MBO)最早是由著名管理大师彼得·德鲁克提出的。所谓目标管理法,就是让企业的管理人员和员工亲自参与工作目标的制订,在工作中实行"自我控制",并努力完成工作目标的一种管理方法。

目标管理的基本程序为:

① 监督者和员工联合制定考评期间要实现的工作目标;
② 在考评期间,监督者和员工根据业务或环境变化修改或调整目标;
③ 监督者和员工共同决定目标是否实现,并讨论失败的原因;
④ 监督者和员工共同制定下一考评期的工作目标和绩效目标。

目标管理法的特点在于绩效考核人的作用从法官转换为顾问和教练,员工的作用也从消极的旁观者转换为积极的参与者。这使员工增强了满足感和工作的主动性、积极性和创造性,能够以一种更加高涨的热情投入工作,促进工作目标和绩效目标的实现。采用这种方法时,不能仅仅关注目标实现的结果,更应关注绩效目标达成的过程,否则容易误导员工将精力更多地放在短期目标的达成上,而忽视企业长期战略目标的实现。

6.3.2 360度考评

360度考评又称全方位考评法,是指由员工自己、上司、直接部属、同仁同事甚至顾客等从全方位、各个角度来评估人员的方法。评估内容可能包括沟通技巧、人际关系、领导能力、行政能力等。通过这种理想的评估,被评估者不仅可以从自己、上司、部属、同事甚至顾客处获得多种角度的反馈,也可从这些不同的反馈中清楚地知道自己的不足、长处与发展需求。

由于这种方法从多个渠道收集信息,所以考评结果更为准确可靠,也有助于推动员工参与管理、提高员工积极性。但是,缺点也十分明显,就是考评难度大、费时费力、管理成本很高。

6.3.3 KPI

关键绩效指标(Key Performance Indicators,KPI)是指组织整体战略目标经过层层分解而产生的可操作的绩效目标和指标,是组织战略决策执行效果的监测指针。通常情况下,KPI用来反映战略决策执行的效果。实施KPI方法的思路是基于管理中的"二八原理",即对一个员工来说,80%的工作可能是由20%的关键行为完成的。因此抓住20%的关键行为,对之进行分析和衡量,可以抓住绩效考核的重点。

确立KPI的要点在于流程性、计划性和系统性,其具体的操作流程如下。

① 确定业务重点。明确组织的战略目标,并在组织会议上利用头脑风暴法和鱼骨分析法找出组织的业务重点,也就是组织价值评估的重点;然后,再用头脑风暴法找出这些关键业务领域的关键业绩指标,即组织级KPI。

② 分解出部门级KPI。各部门的主管需要依据组织级KPI建立部门KPI,并对相应部门的KPI进行分解,确定相关的要素目标,分析绩效驱动因素(技术、组织、人),确定实现目标的工作流程,分解出各部门级的KPI,以便确定评价指标体系。

③ 分解出个人的KPI。各部门的主管和部门员工一起再将KPI进一步细分为更细的各职位的KPI。

④ 设定评价标准。一般来说,指标指的是从哪些方面衡量或评价工作,解决"评价什么"的问题;而标准指的是在各个指标上分别应该达到什么样的水平,解决"被评价者怎样做、做多少"的问题。

⑤ 审核KPI。审核主要是为了确保这些关键绩效指标能够全面、客观地反映被评价对象的绩效,而且易于操作。

与传统的考评方法相比,KPI作为一种系统的考评方法具有自身显著的优点。一是目标明确,有利于组织战略目标的实现;二是目标层层分解,有利于组织利益与部门利益、个人利益达成一致。但是也有些不足的地方,一是KPI指标比较难界定,因为KPI更多是倾向于定量化的指标,这些定量化的指标是否真正会对组织绩效产生关键性的影响,如果没有运用专业化的工具和手段,是很难界定的;二是KPI会使考核者过分依赖考核指标,而没有考虑人为因素和弹性因素,会产生一些考核上的争端和异议。

6.3.4 OKR

目标与关键结果(Objectives and Key Results,OKR)是一套明确和跟踪目标及其完成情况的管理工具和方法,由英特尔公司创始人安迪·葛洛夫发明,并由约翰·道尔引入谷歌使用,已经成为当今企业进行目标与绩效管理的一种新的尝试。OKR的主要目标是明确公司和团队的目标以及明确每个目标达成的可衡量的关键结果,把绩效考核的重点从考核转化为沟通与辅导,强调沟通、执行力与团队合作。

OKR的实施流程有以下四步。

第一步:设定目标。首先必须定义企业的战略,对企业各个层面的问题系统考虑,包括企业目前的现状、未来的发展状况以及整个行业的发展态势。通过战略目标的制定,再进行战略目标分解,一般战略规划是三年,每一年度的战略目标分解就是年度目标,再从年度目标细分到季度目标,从而将整个战略层层分解到具体实施。

第二步:明确完成每个目标的措施和方法(即KRs)。目标既要有年度KRs,也有季度KRs。年度KRs统领全年,但并非固定不变,而是可以及时调整,调整要经过批准;季度KRs则是一旦确定就不能改变的。在这里要切记,可以调整的是KRs,而不是目标。目标不能调整,KRs可以不断完善。同样KRs的设定也必须是管理者与员工直接充分沟通后的共识。

第三步:推进执行。当有了关键结果(期望的结果)后,就要围绕这个具体的目标来分解任务了。所以,每项关键结果就会派生出一系列的任务,交给不同的同事负责。关键结果负责人就成了名副其实的项目经理,来组织协调大伙。因此,关键结果的项目经理应当是团队非常重要的成员,能够调度和影响企业资源,如果他还不具备这个能力,就把这个权力给他。至少,项目经理和企业决策者之间应当保持绝对通畅的沟通。

第四步:定期回顾。每个季度做回顾。到了季度末,员工需要给自己的KRs的完成情况和完成质量打分——这个打分过程只需花费几分钟时间,分数的范围在 0 到 1 分之间,而最理想的得分是在 0.6 到 0.7 之间。如果达到 1 分,说明目标定得太低;如果低于 0.4 分,则说明可能存在问题。

> **小链接**
>
> ### KPI 与 OKR 的区别与联系
>
> 二者最大的差别在于 OKR 本质上不是用于上级对下级考核的被动工具,是员工实现主动对团队总体目标(战略)思考的前提下,自我确立目标、自我计划、自我管理的能动性工具。
>
> **表 1-6-1　OKR 与 KPI 的区别和联系**
>
> | | | OKR | KPI |
> |---|---|---|---|
> | 相同 | 前提背景 | 企业存在明确的价值取向和目标
员工职责明确
企业愿意支付一定的考核成本 | |
> | 不同 | 定义 | 是定义和跟踪目标及其完成情况的自我管理工具及方法 | 是根据企业(功能)结构将战略目标进行层层分解,细化为战术目标,并以此来实现绩效考核的工具 |
> | | 假设 | 员工具有强烈意愿实现个人目标 | 员工需要外部力量推动以实现个人目标 |
> | | 指标产生 | 个人制定,与上(下)级动态修正 | 自上而下分解目标 |
> | | 实质 | 管理方法(我要做的事) | 绩效考核工具(要我做的事) |
> | | 关注点 | 目的不在于考核团队及其成员,而是用于自我提示目标及目标完成质量 | 通过财务性及非财务性指标,建立目标考核指标推动业务前进 |
> | | 导向性 | 最终结果导向性 | 过程导向性(指标的建立方式决定最终成果质量及效益) |

6.3.5　BSC

平衡计分卡(Balanced Score Card,BSC)起源于对基于财务指标的企业经营业绩评估体系的反思。美国学者大卫·诺顿与罗伯特·卡普兰最早提出了平衡计分卡的理论框架,即从财务、顾客、内部流程、学习与发展四个维度来关注企业业绩,目的是在公司实力、为客户创造的价值和由此带来的未来财务业绩之间建立联系,对公司的业绩进行全面衡量,其基本框架如图 1-6-2 所示。卡普兰和诺顿(1992)在《哈佛商业评论》上指出,平衡计分卡系将企业制定的战略与关键性绩效评估指标相结合,并在长期与短期目标下,在财务性与非财务性、外部与内部、滞后与领先及主观与客观等具体绩效指标间取得平衡的战略管理工具。

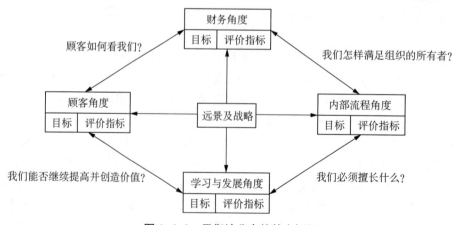

图 1-6-2　平衡计分卡的基本框架

平衡计分卡的特色在于它能将组织的战略、使命及愿景三者连接在一起,同时结合战略性的绩效评估指标,协助企业将长期的战略与创新客户价值等目标转换为组织内外的具体活动。

财务角度:我们怎样满足组织的所有者?作为市场主体,组织必须以盈利作为生存和发展的基础。组织各个方面的改善都应该最终归于财务目标的完成。平衡计分卡将财务方面作为所有目标考核的焦点。

顾客角度:顾客如何看我们?组织为了获得长远的财务业绩,就必须创造出让客户满意的产品和服务。平衡计分卡给出了两个层次的客户绩效考核指标:一是组织在客户服务方面期望达到而且必须完成的各项目标,主要包括市场份额、客户保有率、客户获得率、客户满意等;二是针对第一层次各项目标进行逐层细分,选定具体的考核指标,形成具体的绩效考核量表。

内部流程角度:我们必须擅长什么?这是平衡计分卡突破传统绩效考核的显著特征之一。传统绩效考核往往停留在单一部门绩效上,平衡计分卡从满足投资者和客户需要的角度出发,从价值链上针对内部的业务流程进行分析,提出了四种绩效属性——质量导向的考核、基于时间的考核、柔性导向考核和成本指标考核。

学习与发展角度:我们能否继续提高并创造价值?这个方面为其他领域的绩效突破提供手段。平衡计分卡实施的目的和特点之一就是避免短期行为,注重未来投资的重要性,更强调员工系统和业务流程的投资。其将注意力集中在内部能力上,注重分析满足需求的能力和现有能力的差距,这些差距将通过员工培训、技术改造、产品服务加以缩小,相关指标包括新产品开发循环期、新产品销售比率、流程改进效率等。

6.4 绩效考评指标体系

6.4.1 绩效考评指标体系的构成

绩效考评指标体系是绩效管理体系的核心,其合理与否直接影响绩效管理的有效性。绩效考评指标体系主要由三部分构成:指标、指标值和权重。指标代表绩效管理的方向,指标值代表绩效改进的期望,权重代表绩效管理的重点。

6.4.2 绩效考评指标的类型

按照不同的标准可以将绩效考评指标分为不同的类别,常见的有以下分类。

(1) 软指标和硬指标。

软指标指主要通过人的主观评价得出评价结果的评价指标;硬指标指那些可以以统计数据为基础,把统计数据作为主要评价信息,建立评价数学模型,以数学工具求得评价结果,并以数量表示评价结果的评价指标。

(2) 能力指标、行为指标和结果指标。

能力类指标关注员工的素质与发展潜力,在选拔性评价中更为常用;行为类绩效指标关注绩效实现的过程,适用于通过单一方式或程序化的方式达到绩效目标的职位;结果类指标更多关注绩效结果或绩效目标的实现程度。

(3) 定量指标和定性指标。

所谓定量指标,是指那些可以准确用数量定义、精确衡量并能设定绩效目标的考核指标。定量指标又分为绝对量指标与相对量指标,绝对量指标如销售额,相对量指标如销售额增长率。

所谓定性指标,是指那些无法直接通过数据计算考核内容,需要对考核对象进行客观描述和分析来反映考核结果的指标。由于定性指标无法像定量指标那样精确,因此在实际考核过程中,很多企业仅凭考核者的主观印象来判断员工的绩效表现,不能真实地反映考核对象的实际业绩情况,常常导致考核结果出现偏差,引起考核对象的不满,造成上下级关系紧张。

(4) 正向指标和负向指标。

正向指标值的变动与公司期望保持一致,指标数值越高,绩效表现与公司期望的方向越一致,相应的评分越高。负向指标变动与公司期望值相反,指标数值越低,绩效表现与公司期望方向越一致,相应的评分越高。

（5）周期性指标和随机性指标。

周期性指标指每个考核周期都对相应内容进行考核,根据计分规则记分,可能采取倒扣也可能采取正向加分的形式。随机性指标指"发生即考核",采取倒扣或一票否决的形式(这也是否决性指标说法的来源)。

（6）常规性指标与防范性指标。

常规性指标有三个特点：考核内容具有周期性、被考核对象直接负责、考核内容属于被考核对象主要职责。常规性指标的考核方法可以是正向加分,也可以负向扣分。防范性指标的特点是：考核内容不具有周期性,或者不可推测,或者被考核对象间接负责,或者考核内容不属于被考核对象主要职责。防范性指标一般都属于随机性指标,遵循"发生即考核",采取倒扣或者一票否决的形式考核。

6.4.3 绩效考评的常用方法

（1）相对评价——比较法。

比较法就是对考评对象进行比较,从而决定其工作绩效的相对水平。由于比较法是最方便的考核方法,考核结果一目了然,作为各类管理决策的依据也十分方便,因此得到了广泛的应用。但由于很难找出充分的理由说明最终结果的合理性,所以很难让个人接受评价结果,也很难为奖金分配提供令人信服的依据。因此,一般不单独使用,在实践中,比较法往往会和后面介绍的绝对评价法和描述法结合使用。

常见的比较法主要有三种：排序法、配对比较法、人物比较法。

（2）绝对评价——量表法。

量表法就是将一定的分数或比重分配到各个评价指标上,使每项评价指标都有一个权重,然后由评价者根据评价对象在各个评价指标上的表现情况,对照标准对评价对象做出判断并打分,最后汇总计算出总分,得到最终的评价结果。

作为一种绝对评价法,量表法所采用的评价标准一般都是客观的职位职能标准,因此评价结果更客观、准确,并且可以在不同员工之间进行横向比较。使用量表法得出的评价结果能够直接有效地运用于各类人力资源管理决策。但量表法的设计要耗费大量的时间和精力,并且由于评价指标和权重的设计专业性很强,通常需要专家的协助。另外,如果对评价指标的解释不一致,会出现主观误差。

常见的量表法有图尺度量法、等级择一法、行为锚定量表法、混合标准量表法、综合尺度量表法、行为对照表法等。

（3）描述法。

描述法作为各类考评方法必要的补充,被视为另一类特殊的评价方法。描述法在设计和使用上比较容易,实用性很强,因而适用于对任何人的单独评价。但是描述法没有统一的标准,难以对多个评价对象进行客观、公正的比较而且与评价者的文字写作水平关系较大,因而不适用于评价性评价,而较适用于发展性评价。

根据所记录事实的不同内容,描述法一般可以分为态度记录法、工作业绩记录法、指导记录法和关键事件法。

6.5 绩效反馈与结果应用

6.5.1 绩效反馈

绩效反馈是指根据绩效评价的结果,考核者通过与被考核者的沟通,就被考核者在考核周期内的绩效情况进行面谈,对被考核者值得肯定的方面进行嘉奖,对其不足之处找出改进的方法与措施。被考核者可以在绩效反馈的过程中,对考核者的评价结果予以认同,有异议的可以提出申诉,最终使绩效考核结果得到双方的认可。

6.5.2 绩效考评结果的运用

（1）在薪酬管理中的应用。

绩效考评结果在薪酬管理中的应用主要有三个方面。第一,组织层次的绩效考评结果一般作为薪酬总额确定和年终分配总额的依据。第二,员工层次的绩效会直接影响员工个人的月度/季度绩效工作的额度及年终奖金的多寡。在操作上一般是根据绩效考核结果等级确定奖金分配的系数,再将系数乘以绩效工资或年终奖金标准来实现。第三,绩效考评结果还会影响到员工薪酬等级的调整,不少企业规定员工连续三年绩效考评结果达到一定的等级就可以调高一档工资。

(2) 在岗位调整中的应用。

岗位调整包括晋升、降职、调岗和辞退。通过分析员工的考核结果,及时发现员工在哪些方面表现优异,可以在这个方面分配更多的工作,如果员工绩效表现特别优秀,达到更高一层职位的要求,就应当进行相应的职务晋升;同样的,如果发现员工绩效表现欠佳,则需要对其进行调岗,让员工找到适合的岗位;或者是降职,甚至是辞退。员工绩效考评结果是员工岗位调整的直接依据,通过岗位调整实现人岗匹配。

(3) 在培训中的应用。

绩效考评结果在培训中的应用主要体现在两个方面,即确定培训的课程和衡量培训的效果。

① 确定培训的课程。通过绩效考核分析,可以确定员工在哪些方面还存在差距。如果是工作态度方面的,可以组织相应的企业文化培训,使其适应企业的环境,调动工作热情,重塑自我,积极投入工作;如果是专业方面有些欠缺,可以组织专业知识培训,弥补知识的欠缺;如果是工作能力不足,可以组织类似提高工作能力的培训,开发其潜力。

② 衡量培训的效果。员工在接受培训后,如果绩效结果显著提高,说明培训是有效果的;如果绩效结果没有改变,可以再认真分析原因确定是培训的针对性和实用性不够强,还是因为员工的确不能胜任现在的工作。

6.6 员工绩效档案

6.6.1 员工绩效档案的含义

绩效档案是指在绩效管理过程中应用的、具有参考价值的历史记录,包括:制度流程、考核办法、考核工具、管理数据、奖罚记录、原始材料等一系列可对绩效管理工作提供参考依据的资料。

员工绩效档案是一个关于员工工作目标和标准的契约,是绩效计划的最终表现形式。员工绩效档案的机密性比人事档案弱。员工绩效档案除了对组织外部保密以外,人力资源部门、各相关管理者以及员工本人都可以自由查阅自己的绩效档案,以使组织和员工本人系统性地认识和了解员工培训、升迁、奖励和惩罚的依据,服务于组织的人力资源工作。

6.6.2 员工绩效档案的内容

在员工的绩效档案中,至少应该包括:①员工在本次绩效周期内所要达到的工作目标;②达成目标的主要工作产出;③主要工作产出的完成期限;④主要工作产出的衡量标准;⑤主要工作产出的评判来源;⑥各项主要工作产出所占的权重;⑦受约人、主管的签字;⑧绩效档案的完成时间。

注意本绩效档案若在实施过程中发生变更,应填写绩效档案变更表。最终的绩效考评以变更后的绩效档案为准。

6.6.3 员工绩效档案的建立

绩效档案是员工绩效考评和分析的基础,但是如何建立员工绩效档案,尤其是如何整合分布在 HR、CRM、ERP 等各类业务、交易系统的信息,是绩效管理的重点和难点之一。

依托企业信息化建设,建立个人绩效数据中心,按照单位、部门和个人灵活授权,自动整合本系统、其他业务系统来源的数据,建立员工绩效档案,实现绩效数据层层验证,不仅可以按照要求生成统一的业绩档案,而且可根据需要按照岗位类型分别设置领导干部档案、销售人员档案、技术人员档案,供相关主管部门使用。

第7章 移动应用

【学习目标】
- 了解常见的员工资源管理移动服务的设计理念；
- 了解常见的员工资源管理移动应用的功能应用；
- 了解常见的经理人资源管理移动服务的设计理念；
- 了解常见的经理人资源管理移动应用的功能应用。

【关键术语】

人力资源管理移动服务　设计理念　功能应用

引导案例

移动办公在阿拉斯加航空公司的应用

阿拉斯加航空公司拥有 9 800 多名员工、117 架飞机，遍布美国 91 个飞行目的地。其飞行员每天必须携带 25 磅的硬拷贝手册。每当信息发生变化时，就需要重新打印。如今，航空公司为所有飞行员配备了 iPad 平板电脑，上面有最新的操作手册，可以在飞行前后进行即时更新。阿拉斯加航空公司估计，在一个高度关注重量的区域，它节省了 240 多万张纸和超过 25 磅的飞行重量。这一举措带来了更好的决策，降低了运营成本，从而提高了效率。

有了移动应用，HR 可以给特定的员工分配任务，设定截止日期和里程碑，然后跟踪这些任务的完成情况。重复的任务可以通过自动化来节省时间，还可以方便地在多个设备和不同的位置之间进行转换，而不会对团队目标和进度造成任何延迟影响。

人力资源部门还可以利用移动应用上的客户和业务数据，让员工在他们需要的瞬间访问这些数据。甚至有提供离线功能的移动应用程序，这样即使没有连接，员工也可以继续工作。移动应用程序和技术提高了工作效率。

（资料来源：《移动应用如何提高人力资源和员工参与度》，https://zhuanlan.zhihu.com/p/68288041，2019-7-15.）

2020 年，突如其来的新冠肺炎疫情给我国各行各业带来了一定影响。但在抗"疫"过程中，以大数据、人工智能、云计算等为代表的新一代信息技术发挥了重要作用，并激发了新业态、新模式的出现。2020 年也是我国顶层设计发力新基建、提速数字基建建设的一年。在此背景下，乘着新基建的"东风"，大数据产业迎来新机遇、新发展。随着"互联网＋"的不断深入推进以及数字技术的不断成熟，大数据的应用和服务持续深化，与此同时，市场对大数据基础设施的需求也在持续升高，企业数字人力资源管理实践应运而生。我国人力资源移动应用是人事系统 PC 端的延伸部分，更好地拓展了人事办公方式，比如协同办公场景，员工可以通过移动端的员工自助来实现日常在线请假审批、个人信息、薪资查询，或者企业调查问卷等在线互动管理，移动应用既提高了办公效率，又提高了员工对企业的满意度。

7.1 员工资源管理移动服务

7.1.1 员工资源管理移动服务的内容

资源管理移动服务分为员工自助与经理人资源管理移动服务。员工自助是人力资源管理套件的主要模块之一,属于业务应用层面。与 eHR 移动应用互为补充,能帮助企业实现行政人事信息的发布及查询管理。向员工尤其是一线员工提供即时的企业文化、管理制度、考勤信息、薪资信息、休假信息、电子签核等个人信息查询服务。系统还提供问卷调查和新闻中心的功能,让员工更方便、快捷地了解企业最新动态,同时向企业反馈信息。系统结合智能触屏设备,方便企业员工特别是生产线员工日常操作,搭建企业与员工的互动服务平台,提升员工满意度。员工资源管理移动服务的主要内容如图 1-7-1 所示。

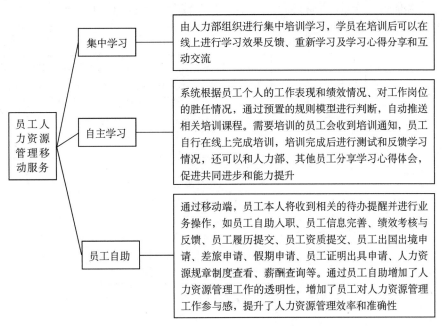

图 1-7-1 员工人力资源管理服务系统

7.1.2 员工人力资源管理移动服务的功能优势

(1) 个性定制,历史查询。

员工自助查询系统自带基础查询功能,可以解决企业常用的人事、考勤、薪资、休假管理数据查询,同时可根据企业不同需要定制查询信息内容。

(2) 数据安全,双重验证。

员工自助查询系统基于数据安全考虑提供全面解决方案,从软件密码输入、硬件刷卡到对多种生物识别技术的支持(指纹、静脉、人脸等),全方位构筑安全防护。

(3) 动态宣传,形象生动。

员工自助查询系统通过文字、图片、视频等方式全方位展示企业文化、管理制度、最新动态等信息,让员工第一时间得到公司信息,是企业文化内外宣导的最佳平台。

(4) 数据间自由互通。

员工自助查询系统无缝对接 eHR 系统管理后台。对未使用 eHR 系统的客户,支持 Excel 数据导入,实现数据间便利、快捷、自由交互。

(5) 软硬件集成化方案。

为了便于一线员工也能查询到 HR 开放的相关信息,可将员工自助模块、触屏查询设备与打印机集成在一起,员工可直接在公共查询设备通过身份识别后进行查询和打印。

(6) 保密薪资单自助打印。

薪资发放期间需要耗费大量的人力、物力在较短的时间段内完成大量的打印发放工作,而该系统能方便、安全、快速、自助地获取并打印保密薪资单,解放人力耗费,降低差错率。

(7) 互动渠道。

员工可以在自助机上及时获取公司的新闻资讯,提交建议以及完成调研,成为员工与企业的互动平台,增强与员工的沟通接触。

7.2 经理人资源管理移动服务

7.2.1 经理人资源管理移动服务的内容

eHR 移动应用是人力资源管理套件的辅助模块之一,属于业务应用层面,与员工自助模块互为补充。本模块从人事档案、考勤管理、薪资福利、电子签核等模块中提取具有移动应用特征的业务需求开发而成。以员工的日常操作和体验为导向,以管理者发布信息及审核业务单据为核心,兼有互动及社交等主流移动应用功能。大量碎片化时间得以充分利用,可提升企业 HR 管理效率。具体见图 1-7-2。

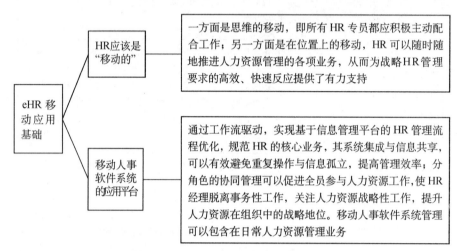

图 1-7-2 eHR 移动应用基础

7.2.2 eHR 移动应用的功能优势

(1) 多种信息的查询。

与人事相关业务单元整合协同;系统提供排班、考勤、薪资、休假、签核、个人档案等信息发布功能;查询结果页面以文字、图形的空间组合呈现,使用户直观明了。

(2) 单据提请与审批。

支持业务流程单据的申请与审批。用户提交电子单据的同时可上传相应的附件;通过信息推送提醒用户及时审核;提供单据状态的分类查询;提高单据的流转效率,避免单据无法及时提交和审批。

(3) 人事档案信息维护。

用户可以对个人档案信息进行查看及维护。系统可以根据管理需要将个人档案的特定信息字段开放给用户,由用户对基本信息进行维护;员工通过移动终端及时更新个人信息,减少管理人员信息维护工作。

(4) 信息平台的扩展。

移动应用信息平台的功能扩展可以逐步加强企业与员工及员工间的信息互动,宣传企业文化,发布公共信息进行问卷调查和意见反馈,推动社交与文化分享,衔接其他管理平台。

(5) 安全可靠的数据管理。

客户端与服务端接口数据交互,采用非对称加密算法,保证网络间数据传输的安全可靠。服务端对接口的请求进行了严谨的双重加密保护,有效防护各种破解模式,从而保障了服务器和数据库的正常运行及人事数据信息的安全。

(6) 专业技术及用户体验。

充分体现移动 HR 应用专业特色,流程化设置给用户专业的操作体验,合理的整体布局带给用户流畅的视觉感受,先进技术保证运行速度和稳定性。

(7) 各类消息及时推送及互动。

员工生日祝福、合同到期提醒及续签意向采集、考勤异常等处理。

7.3 人力资源数字化管理系统

管理效率的提升需要通过更好的工具和手段解决，人力资源管理信息化是很好的方法。人力资源管理信息化能够很好帮助提升业务模式、规范操作、优化管理流程、固化管理要求。而在信息化的基础上，建设人力资源数字化管理系统是当前的迫切工作。

7.3.1 招聘管理

（1）简历发布。

改变传统招聘模式，企业用人部门提出人员招聘需求，经过各级领导审批后自动发布相关岗位招聘信息到外部招聘网站，如智联、前程无忧、猎聘等，连通内部人力系统与外部招聘系统，实现一键发布招聘信息。招聘管理发布招聘职位信息包括单个职位新增、职位所属公司、招聘类型、招聘部门、职位名称、发布日期、截止日期、显示截止日期、工作地点、年龄、工作职责、应聘条件、关联的简历模板、招聘人数、学历、工作年限。

（2）简历解析。

系统在职位详情页面提供了简历完善入口，应聘者可以在这里填写简历和职位申请，点开完善简历后，打开简历填写页面，填写完成后，点击职位申请，系统提示申请成功，应聘者可以在个人中心中的已申请职位处看到申请的信息。应聘者可以通过其他招聘网站等渠道投递简历，通过系统接口自动接收应聘者简历，收到简历后进行解析，按照设定格式存储和展现简历。

（3）简历筛选。

根据业务需要，系统预置相关简历筛选模型，自动适配符合条件的简历信息，并自动推送经筛选的简历信息给招聘专员，招聘专员对简历进行最终确认。招聘专员根据简历筛选的情况，配置人员简历状态，系统提供了黑名单、甄选中、材料不全、笔试、面试、加入调剂，给应聘者配置完成简历状态后，应聘者登录招聘网站就可以在个人中心查看到具体状态。系统中对黑名单做了特殊处理，应聘看到的是甄选中。

（4）面试。

对于招聘专员确认通过的简历，可以设置面试时间、地点、面试官等信息，并由系统自动推送消息给相关的应聘者和面试官。面试官通过移动端对面试过程进行结果记录和评分。面试官在系统事先配置好的简历打分模板中给对应的应聘人员打分，系统会根据各个打分纬度的计算关系自动给出打分结果。

应聘者不适合应聘岗位时，可根据管理的需要对应聘人员进行岗位上调换。根据简历模板导出所有应聘者的个人信息到 EXCEL 中，导出的列可以根据简历模板中的明细项目自定义。招聘专员根据简历下载打分信息导入模板后在模板中给应聘者打分，打分完成后导入系统中，面试全过程通过系统实现，全程实现无纸化操作，增加面试的透明性、可追溯性和公平公正性。

（5）入职通知。

对于面试合格的应聘者，系统自动推送信息给应聘者，通知信息包括入职时间、薪酬待遇、岗位、上班地点、入职信息登记二维码等。

7.3.2 人事管理

（1）人员入职。

收到入职通知书的应聘者通过扫描推送的二维码信息，可以自助填写人力资源部要求的基本个人信息，包括政治面貌、教育经历、语言能力、履历、家庭信息、出国（出境）情况等，提交后人事专员则收到待办通知，对相关信息进行确认。

（2）人员信息管理。

对于入职者自助填写的信息，一旦经过人事专员审批后则作为人员初始信息进行入库管理，对人员信息进行分类管理和完善，便于从不同维度对人员进行能力和行为分析挖掘。

（3）人事变动。

人事变动管理主要是人事专员对相关的人事变动进行处理，领导进行审批，审批确认后自动触发薪酬福利标准变化提醒,包括工资、保险和福利的提醒功能,根据系统设置的角色权限,相关角色人员将收到待办提醒,根据提醒进行相关信息的设置和审批。

7.3.3 薪酬福利管理

人员岗位、等级相关信息设置完成后,系统根据配置的规则自动匹配相关的岗位工资、社保缴费、福利、年金等标准,绩效工资根据绩效考核结果自动计算,每月薪资发放日前系统自动核算工资福利、社保缴费信息,形成员工工资条,薪酬管理员审核并提交领导审批后发放。

社保缴费即每月按照相关的基数标准和比例由企业代扣代缴,系统薪酬福利核算完成后,即可生成社保和公积金代缴清单,代缴清单通过社保专员审核后,可以实现一键缴纳,打通与社保机构的信息互通,自动将代缴信息传输到社保系统,每月不必到社保机构柜台办理,节省了时间,提升了工作效率,提高了数据的精确性。

7.3.4 绩效考核

绩效考核在整个人力资源管理体系中是居于核心地位的。从理论上讲,绩效考核的有效实施能促进员工个人的绩效提升并最终实现企业整体绩效提升。为了保证绩效考核实施的效果,绩效考核体系的设计主要包括绩效考核周期、绩效考核内容、绩效考核者和被考核者等方面的内容。设定好相关的考核指标和流程后,系统根据设定的周期自动发起考核流程,流程涉及的被考核人和考核人将收到待办提醒信息,考核结果用于薪酬核算。

7.3.5 分析决策

(1) 人力资源基本信息主题分析。

从公司、时间、区域、岗位、专业、学历、年龄等角度进行人力资源基本信息主题分析,分析指标包括人数分布、占比。分析周期包括月、季度、年,分析内容包括人员地区分布、人员单位分布、人员岗位分布、人员专业分布、人员学历分布、人员异动分布、党员岗位分布、党员年龄分布等。

(2) 岗位胜任力分析。

从公司、时间等角度进行员工岗位胜任力分析,分析指标包括人员职位、岗位能力要求,分析周期包括月、季度、年度。

(3) 人力资源经营主题分析。

从公司、时间等角度进行人力资源经营主题分析,分析指标包括人均收入、人均利润、人均成本。分析周期包括月、季度、年度。以数据图表方式呈现,用户可以选择把多种数据放在同一页面内,采用直观的表达方式进行表达。通过各种形象的数据对比、数据标识,让相关业务部门领导立刻掌握复杂数据中最重要的层面,更有效地对业务进行度量和管理,使人力相关数据管理进入一个新的领域,为领导提供"一站式"的数据监控和分析、统计报表功能。

第二编
实操部分

使用前说明：

第二编为系统实操部分，系统已内置 01—99 学号作为登录学号。如果以学校班级为单位展开教学，请将内置的 01—99 学号分配给学生，确保同一班级内的学生账号唯一且不交叉，以达到数据隔离的效果；如果个人自学，请在 01—99 学号内选择自己的系统账号。

登录角色：

系统内置用户账号密码如表 2-0-1 所示，每个用户根据其职位匹配不同的使用范围及管控权限。在实验过程中，输入账号密码即可使用对应用户登录人力资源系统。

表 2-0-1　系统内置用户账号密码

行政组织	处理事务	姓名	职位	账号/密码	管控范围
中科智能电子集团	集团人力资源政策的制定及发布、集团人力资源数据分析等	何平.学号	集团总裁.学号	JT01.学号	全集团
		孙仲霖.学号	集团总经理.学号	JT02.学号	全集团
		张简卉.学号	集团人力资源总监.学号	JT03.学号	全集团
		冼嘉美.学号	集团人事经理.学号	JT04.学号	全集团
		兆柔雅.学号	集团人事专员.学号	JT05.学号	全集团
		林杰.学号	集团假勤经理.学号	JT06.学号	全集团
		孙俊.学号	集团假勤专员.学号	JT07.学号	全集团
		段阳云.学号	集团绩效经理.学号	JT08.学号	全集团
		廖嘉云.学号	集团绩效专员.学号	JT09.学号	全集团
		孙斐斐.学号	集团薪酬经理.学号	JT10.学号	全集团
		可齐心.学号	集团薪酬专员.学号	JT11.学号	全集团
		王芳蔼.学号	集团招聘经理.学号	JT12.学号	全集团
		傅嘉怡.学号	集团招聘专员.学号	JT13.学号	全集团
集团本部	落实由集团发布的人力资源政策，并进行人力资源业务处理等	胡山兴.学号	本部总经理.学号	BB01.学号	集团本部
		苏毕丘.学号	本部人力资源总监.学号	BB02.学号	集团本部
		陆亚友.学号	本部人事专员.学号	BB03.学号	集团本部
		文发茂.学号	本部假勤专员.学号	BB04.学号	集团本部
		陈远丹.学号	本部绩效专员.学号	BB05.学号	集团本部
		张锦.学号	本部薪酬专员.学号	BB06.学号	集团本部
		李大海.学号	本部招聘专员.学号	BB07.学号	集团本部
		蒋晨.学号	深圳公司总经理.学号	SZ01.学号	深圳销售公司
		吴泉.学号	深圳公司人力资源总监.学号	SZ02.学号	深圳销售公司
		赵旭彬.学号	深圳公司人事专员.学号	SZ03.学号	深圳销售公司
		苏川.学号	深圳公司假勤专员.学号	SZ04.学号	深圳销售公司
		顾晴照.学号	深圳公司绩效专员.学号	SZ05.学号	深圳销售公司
		熊圣.学号	深圳公司薪酬专员.学号	SZ06.学号	深圳销售公司
		钟流丽.学号	深圳公司招聘专员.学号	SZ07.学号	深圳销售公司

(续表)

行政组织	处理事务	姓名	职位	账号/密码	管控范围
广州销售有限责任公司	落实由集团发布的人力资源政策,并进行人力资源业务处理等	刘良.学号	广州公司总经理.学号	GZ01.学号	广州销售有限责任公司
		刘飞.学号	广州公司人力资源总监.学号	GZ02.学号	广州销售有限责任公司
		杨彬.学号	广州公司人事专员.学号	GZ03.学号	广州销售有限责任公司
		李雪.学号	广州公司假勤专员.学号	GZ04.学号	广州销售有限责任公司
		杨柳丽.学号	广州公司绩效专员.学号	GZ05.学号	广州销售有限责任公司
		孙畅然.学号	广州公司薪酬专员.学号	GZ06.学号	广州销售有限责任公司
		王静.学号	广州公司招聘专员.学号	GZ07.学号	广州销售有限责任公司

实操 1 组织管理

- 了解常见 HR 系统组织管理的基本设置;
- 能够在 HR 系统中实现集团企业的行政组织初始化导入;
- 能够在 HR 系统中进行行政组织修改、变更、封存等业务的日常管理;
- 能够在 HR 系统中进行职位的新设、变更、封存等日常管理,并能够进行职位说明录入;
- 能够在 HR 系统中录入、维护、调整基于组织、职位、用工关系类型等维度的人力资源编制;
- 能够针对公司组织架构调整要求,在 HR 系统中实现组织、职位和人员的一体化调整。

应用场景

中科智能电子集团是一家集团型中等规模企业,旗下包含集团本部及深圳销售公司(分公司)、广州销售有限责任公司(子公司)。随着信息化时代的到来,企业内外部的管理模式正发生快速的转变,过去的管理模式越来越不适应企业规模、业务规模的扩大及当代的营运模式,在此背景下,中科智能电子集团企业也迎来了自身的数字化转型。

人力资源管理作为企业管理中的重要一环,亦经历着这场数字化转型带来的深刻变革。为了实现对人力资源事务的信息化管理,公司决定引进 HR 系统来管理公司人力资源业务,并根据中科智能电子集团规模及实际运用需求,引入行政组织管理、员工管理、薪酬设计、薪酬核算、假期管理、考勤管理、招聘管理、绩效管理、管理者分析、员工自助板块做企业人力资源数字化信息管理。

在人力资源系统中,首先需要搭建公司组织框架、设置工作岗位、录入员工名录,并基于组织、职位、用工关系类型等维度录入、维护、调整公司年度人力资源编制。通过公司组织结构调整,可实现行政组织、职位和员工的一体化批量调整。

具体说明:

(1) 中科智能电子集团包括集团本部、深圳销售公司(分公司)、广州销售有限责任公司(子公司),及各旗下公司的细分部门。中科智能电子集团组织框架图如图 2-1-1 所示。

(2) 搭建中科智能电子集团组织及职位体系。

(3) 为规范集团职位体系,以"本部研发工程师"岗位为例,在人力资源系统中录入职位说明,以实现集团型企业对旗下公司职位及员工的质量规范与管控。

(4) 中科智能电子集团以组织、职位、用工关系三个维度绘制人力编制。

(5) 录入中科智能电子集团员工名录。

(6) 2019 年末,中科智能电子集团高层管理人员在对集团组织架构进行盘点发现,集团法务部与集团行政部的职能出现部分冗杂,为精简集团行政组织架构,将集团法务部、集团行政部纳入集团办公室,并针对公司组织架构调整发文,于 2020 年 1 月 1 日生效。

实验任务

- 进入【行政组织维护】,完成集团公司行政组织框架搭建;
- 进入【职位日常维护】,完成集团公司职位体系搭建及岗位说明书填写;
- 进入【人力编制表】,完成集团公司基于组织、职位、用工关系类型等维度的录入、维护、调整;
- 进入【员工人数初始化】,录入员工名录;
- 进入【行政组织调整】,完成集团公司行政组织调整。

实验数据

(1) 组织框架信息。

中科智能电子集团组织架构如图 2-1-1 所示,待录入的组织框架信息如表 2-1-1 所示。

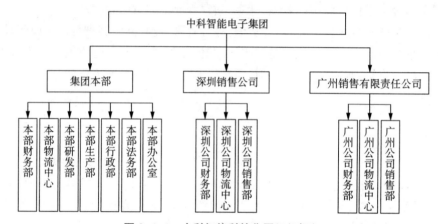

图 2-1-1 中科智能科技集团组织框架

表 2-1-1 待录入组织框架信息

组织编码	组织名称	上级行政组织	组织类型
01.01.学号	本部财务部.学号	集团本部.学号	部门
01.02.学号	本部物流中心.学号	集团本部.学号	部门
01.03.学号	本部研发部.学号	集团本部.学号	部门
01.04.学号	本部生产部.学号	集团本部.学号	部门
01.05.学号	本部行政部.学号	集团本部.学号	部门
01.06.学号	本部法务部.学号	集团本部.学号	部门
01.07.学号	本部办公室.学号	集团本部.学号	部门
02.01.学号	深圳公司财务部.学号	深圳销售公司.学号	部门
02.02.学号	深圳公司物流中心.学号	深圳销售公司.学号	部门
02.03.学号	深圳公司销售部.学号	深圳销售公司.学号	部门
03.01.学号	广州公司财务部.学号	广州销售有限责任公司.学号	部门
03.02.学号	广州公司物流中心.学号	广州销售有限责任公司.学号	部门
03.03.学号	广州公司销售部.学号	广州销售有限责任公司.学号	部门

(2) 职位日常维护。

关于中科智能电子集团(直属)、集团本部(直属)、深圳销售公司(直属)、广州销售有限公司(直属)的高管及人力资源职位,系统已完成内置,可直接使用,无需重复录入;内置职位如表2-1-2所示。

表 2-1-2　已内置职位

所属行政组织	职位编码	职位名称	上级职位
中科智能电子集团.学号	JT01.学号	集团总裁.学号	/
	JT02.学号	集团总经理.学号	集团总裁.学号
	JT03.学号	集团人力资源总监.学号	集团总经理.学号
	JT04.学号	集团人事经理.学号	集团人力资源总监.学号
	JT05.学号	集团人事专员.学号	集团人事经理.学号
	JT06.学号	集团假勤经理.学号	集团人力资源总监.学号
	JT07.学号	集团假勤专员.学号	集团假勤经理.学号
	JT08.学号	集团绩效经理.学号	集团人力资源总监.学号
	JT09.学号	集团绩效专员.学号	集团绩效经理.学号
中科智能电子集团.学号	JT10.学号	集团薪酬经理.学号	集团人力资源总监.学号
	JT11.学号	集团薪酬专员.学号	集团薪酬经理.学号
	JT12.学号	集团招聘经理.学号	集团人力资源总监.学号
	JT13.学号	集团招聘专员.学号	集团招聘经理.学号
集团本部.学号	BB01.学号	本部总经理.学号	集团总裁.学号
	BB02.学号	本部人力资源总监.学号	本部总经理.学号
	BB03.学号	本部人事专员.学号	本部人力资源总监.学号
	BB04.学号	本部假勤专员.学号	本部人力资源总监.学号
	BB05.学号	本部绩效专员.学号	本部人力资源总监.学号
	BB06.学号	本部薪酬专员.学号	本部人力资源总监.学号
	BB07.学号	本部招聘专员.学号	本部人力资源总监.学号
深圳销售公司.学号	SZ01.学号	深圳公司总经理.学号	集团总裁.学号
	SZ02.学号	深圳公司人力资源总监.学号	深圳公司总经理.学号
	SZ03.学号	深圳公司人事专员.学号	深圳公司人力资源总监.学号
	SZ04.学号	深圳公司假勤专员.学号	深圳公司人力资源总监.学号
	SZ05.学号	深圳公司绩效专员.学号	深圳公司人力资源总监.学号
	SZ06.学号	深圳公司薪酬专员.学号	深圳公司人力资源总监.学号
	SZ07.学号	深圳公司招聘专员.学号	深圳公司人力资源总监.学号

(续表)

所属行政组织	职位编码	职位名称	上级职位
广州销售有限责任公司.学号	GZ01.学号	广州公司总经理.学号	集团总裁.学号
	GZ02.学号	广州公司人力资源总监.学号	广州公司总经理.学号
	GZ03.学号	广州公司人事专员.学号	广州公司人力资源总监.学号
	GZ04.学号	广州公司假勤专员.学号	广州公司人力资源总监.学号
	GZ05.学号	广州公司绩效专员.学号	广州公司人力资源总监.学号
	GZ06.学号	广州公司薪酬专员.学号	广州公司人力资源总监.学号
	GZ07.学号	广州公司招聘专员.学号	广州公司人力资源总监.学号

集团本部、深圳销售公司、广州销售有限公司其余职位体系如表2-1-3、表2-1-4、表2-1-5所示，需在人力资源系统中完成录入。

表2-1-3 集团本部职位维护信息

所属行政组织	职位编码	职位名称	上级职位	负责人职位	组织结构图显示
本部财务部.学号	BB08.学号	本部财务总监.学号	本部总经理.学号	是	是
	BB09.学号	本部预算经理.学号	本部财务总监.学号	否	是
	BB10.学号	本部预算专员.学号	本部预算经理.学号	否	是
	BB11.学号	本部税务专员.学号	本部财务总监.学号	否	是
	BB12.学号	本部资金主管.学号	本部财务总监.学号	否	是
	BB13.学号	本部资金专员.学号	本部资金主管.学号	否	是
	BB14.学号	本部报表专员.学号	本部财务总监.学号	否	是
	BB15.学号	本部总账会计.学号	本部财务总监.学号	否	是
	BB16.学号	本部出纳.学号	本部财务总监.学号	否	是
本部物流中心.学号	BB17.学号	本部供应链经理.学号	本部总经理.学号	是	是
	BB18.学号	本部仓储主管.学号	本部供应链经理.学号	否	是
	BB19.学号	本部仓储专员.学号	本部仓储主管.学号	否	是
	BB20.学号	本部物流主管.学号	本部供应链经理.学号	否	是
	BB21.学号	本部物流专员.学号	本部物流主管.学号	否	是
	BB22.学号	本部采购主管.学号	本部供应链经理.学号	否	是
	BB23.学号	本部采购专员.学号	本部采购主管.学号	否	是
本部研发部.学号	BB24.学号	本部研发总监.学号	本部总经理.学号	是	是
	BB25.学号	本部产品经理.学号	本部研发总监.学号	否	是
	BB26.学号	本部产品设计工程师.学号	本部产品经理.学号	否	是
	BB27.学号	本部研发工程师.学号	本部产品经理.学号	否	是
	BB28.学号	本部测试工程师.学号	本部产品经理.学号	否	是
	BB29.学号	本部运维工程师.学号	本部产品经理.学号	否	是

(续表)

所属行政组织	职位编码	职位名称	上级职位	负责人职位	组织结构图显示
本部生产部.学号	BB30.学号	本部生产经理.学号	本部总经理.学号	是	是
	BB31.学号	本部生产主管.学号	本部生产经理.学号	否	是
	BB32.学号	本部生产技术员.学号	本部生产主管.学号	否	是
	BB33.学号	本部品质检控主管.学号	本部生产经理.学号	否	是
	BB34.学号	本部品质检控技术员.学号	本部品质检控主管.学号	否	是
本部行政部.学号	BB35.学号	本部行政主管.学号	本部总经理.学号	是	是
	BB36.学号	本部行政专员.学号	本部行政主管.学号	否	是
本部法务部.学号	BB37.学号	本部法务部经理.学号	本部总经理.学号	是	是
	BB38.学号	本部法务专员.学号	本部法务部经理.学号	否	是

表 2-1-4　深圳销售公司职位维护信息

所属行政组织	职位编码	职位名称	上级职位	负责人职位	组织结构图显示
深圳公司财务部.学号	SZ08.学号	深圳公司财务总监.学号	深圳公司总经理.学号	是	是
	SZ09.学号	深圳公司总账会计.学号	深圳公司财务总监.学号	否	是
	SZ10.学号	深圳公司出纳.学号	深圳公司财务总监.学号	否	是
深圳公司物流中心.学号	SZ11.学号	深圳公司仓储主管.学号	深圳公司总经理.学号	是	是
	SZ12.学号	深圳公司仓储专员.学号	深圳公司仓储主管.学号	否	是
深圳公司销售部.学号	SZ13.学号	深圳公司销售经理.学号	深圳公司总经理.学号	是	是
	SZ14.学号	深圳公司销售专员.学号	深圳公司销售经理.学号	否	是
	SZ15.学号	深圳公司售后专员.学号	深圳公司销售经理.学号	否	是

表 2-1-5　广州销售有限公司职位维护信息

所属行政组织	职位编码	职位名称	上级职位	负责人职位	组织结构图显示
广州公司财务部.学号	GZ08.学号	广州公司财务总监.学号	广州公司总经理.学号	是	是
	GZ09.学号	广州公司总账会计.学号	广州公司财务总监.学号	否	是
	GZ10.学号	广州公司出纳.学号	广州公司财务总监.学号	否	是
广州公司物流中心.学号	GZ11.学号	广州公司仓储主管.学号	广州公司总经理.学号	是	是
	GZ12.学号	广州公司仓储专员.学号	广州公司仓储主管.学号	否	是
广州公司销售部.学号	GZ13.学号	广州公司销售经理.学号	广州公司总经理.学号	是	是
	GZ14.学号	广州公司销售专员.学号	广州公司销售经理.学号	否	是
	GZ15.学号	广州公司售后专员.学号	广州公司销售经理.学号	否	是

（3）职位说明。

本部研发工程师职位说明如表 2-1-6 所示。

表 2-1-6 职位说明

职位职责	职责名称:职责内容 序号:1 职责表述:工作职责	1. 负责公司产品电路部分设计、PCB 制作及优化 2. 产品硬件设计,包括设计文档的编写、原理图设计、样机制作 3. 产品调试,与软件、结构、项目工程师配合进行调试工作 4. 进行产品的硬件测试和验证 5. 在产品设计阶段配合生产部门进行可生产性的确认,并支持产品的生产转化 6. 进行物料选型和测试认证 7. 与各相关部门沟通配合,保证项目的顺利实施 8. 完成上级交办的其他事务
任职要求	分类:专业 序号:1 项目:专业要求	计算机、通信专业、电子或相关专业毕业
任职资格	分类:知识要求 序号:1 项目:知识储备	1. 掌握 VC、VB 等任一种高级语言编程,掌握 DSP、ARM、MATLAB 2. 掌握 PROTELL 等绘图软件
	分类:能力要求 序号:2 项目:任职能力	1. 熟悉 PCB 设计流程和规范,有独立设计 PCB 的经验,能够制作电路样板 2. 能够编写单片机程序,熟练使用多种仪器进行电路调试 3. 对于研发流程比较熟悉,可以在较少指导下完成项目的设计 4. 具备良好的书面和口头的沟通能力 5. 有 LCM 行业 FAE 或电子工程师经验优先考虑

(4) 组织人力编制表维护。

中科智能电子集团、集团本部、深圳销售公司、广州销售有限责任公司的组织人力编制如表 2-1-7 所示。

表 2-1-7 集团人力编制表

行政组织名称	年编制
中科智能电子集团.学号	1 000
中科智能电子集团.学号(直属)	13
集团本部.学号	587
深圳销售公司.学号	200
广州销售有限责任公司.学号	200

(5) 职位人力编制表维护。

深圳销售公司职位人力编制如表 2-1-8 所示。

表 2-1-8 深圳销售公司职位人力编制表

行政组织名称	职位	年编制
深圳销售公司(直属).学号	深圳公司总经理.学号	1
	深圳公司人力资源总监.学号	1
	深圳公司人事专员.学号	1
	深圳公司假勤专员.学号	1
	深圳公司绩效专员.学号	1
	深圳公司薪酬专员.学号	1
	深圳公司招聘专员.学号	1

（6）用工关系人力编制表维护。

深圳销售公司用工关系人力编制如表 2-1-9 所示。

表 2-1-9 深圳销售公司用工关系人力编制表

行政组织名称	职位	年编制
深圳销售公司.学号	劳动派遣	5
	临时工	10
	实习人员	10
	退休返聘	5
	正式工	170

（7）员工体系。

员工体系如表 2-1-10 所示。

表 2-1-10 员工体系

员工编码	姓名	护照号码	职位	出生日期	首次加入集团日期/入职日期/当前任职开始日期	用工关系状态	变动类型	是否生成用户
BB08.学号	骆新梅.学号	01.学号	本部财务总监.学号	1960-10-31	2020-01-01	正式员工	员工初始化	是
BB09.学号	卢灵松.学号	02.学号	本部预算经理.学号	1981-06-29	2020-01-01	正式员工	员工初始化	是
BB10.学号	智建华.学号	03.学号	本部预算专员.学号	1991-04-13	2020-01-01	正式员工	员工初始化	是
BB11.学号	朴瑞彩.学号	04.学号	本部税务专员.学号	1991-11-09	2020-01-01	正式员工	员工初始化	是
BB12.学号	陈赤翼.学号	05.学号	本部资金主管.学号	1997-08-24	2020-01-01	正式员工	员工初始化	是
BB13.学号	刘思菱.学号	06.学号	本部资金专员.学号	1996-01-22	2020-01-01	正式员工	员工初始化	是
BB14.学号	赵凡巧.学号	07.学号	本部报表专员.学号	1977-04-21	2020-01-01	正式员工	员工初始化	是
BB15.学号	韩零中.学号	08.学号	本部总账会计.学号	1989-05-03	2020-01-01	正式员工	员工初始化	是
BB16.学号	简诗怀.学号	09.学号	本部出纳.学号	1993-07-29	2020-01-01	正式员工	员工初始化	是
BB17.学号	杨平卉.学号	10.学号	本部供应链经理.学号	1992-03-11	2020-01-01	正式员工	员工初始化	是
BB18.学号	刘新之.学号	11.学号	本部仓储主管.学号	1988-02-19	2020-01-01	正式员工	员工初始化	是

(续表)

员工编码	姓名	护照号码	职位	出生日期	首次加入集团日期/入职日期/当前任职开始日期	用工关系状态	变动类型	是否生成用户
BB19.学号	李和风.学号	12.学号	本部仓储专员.学号	1997-10-19	2020-01-01	正式员工	员工初始化	是
BB20.学号	吴兰泽.学号	13.学号	本部物流主管.学号	1991-03-20	2020-01-01	正式员工	员工初始化	是
BB21.学号	蔡碧春.学号	14.学号	本部物流专员.学号	1980-03-01	2020-01-01	正式员工	员工初始化	是
BB22.学号	康音韵.学号	15.学号	本部采购主管.学号	1991-07-24	2020-01-01	正式员工	员工初始化	是
BB23.学号	康嘉平.学号	16.学号	本部采购专员.学号	1985-07-10	2020-01-01	正式员工	员工初始化	是
BB24.学号	匡海昌.学号	17.学号	本部研发总监.学号	1992-05-23	2020-01-01	正式员工	员工初始化	是
BB25.学号	白卉霆.学号	18.学号	本部产品经理.学号	1996-07-24	2020-01-01	正式员工	员工初始化	是
BB26.学号	张泽存.学号	19.学号	本部产品设计工程师.学号	1988-09-09	2020-01-01	正式员工	员工初始化	是
BB27.学号	黄束昕.学号	20.学号	本部研发工程师.学号	1993-01-24	2020-01-01	正式员工	员工初始化	是
BB28.学号	古芸静.学号	21.学号	本部测试工程师.学号	1996-01-23	2020-01-01	正式员工	员工初始化	是
BB29.学号	巩振强.学号	22.学号	本部运维工程师.学号	1987-03-15	2020-01-01	正式员工	员工初始化	是
BB30.学号	丁恬美.学号	23.学号	本部生产经理.学号	1989-03-29	2020-01-01	正式员工	员工初始化	是
BB31.学号	孙运良.学号	24.学号	本部生产主管.学号	1988-09-29	2020-01-01	正式员工	员工初始化	是
BB32.学号	张浩.学号	25.学号	本部生产技术员.学号	1981-09-07	2020-01-01	正式员工	员工初始化	是
BB33.学号	宁华.学号	26.学号	本部品质检控主管.学号	1983-12-28	2020-01-01	正式员工	员工初始化	是
BB34.学号	潘庄雅.学号	27.学号	本部品质检控技术员.学号	1985-07-20	2020-01-01	正式员工	员工初始化	是
BB35.学号	黄希月.学号	28.学号	本部行政主管.学号	1982-10-16	2020-01-01	正式员工	员工初始化	是

(续表)

员工编码	姓名	护照号码	职位	出生日期	首次加入集团日期/入职日期/当前任职开始日期	用工关系状态	变动类型	是否生成用户
BB36.学号	泰念.学号	29.学号	本部行政专员.学号	1978-03-15	2020-01-01	正式员工	员工初始化	是
BB37.学号	罗希.学号	30.学号	本部法务部经理.学号	1983-06-28	2020-01-01	正式员工	员工初始化	是
BB38.学号	孙月.学号	31.学号	本部法务专员.学号	1996-08-04	2020-01-01	正式员工	员工初始化	是
SZ08.学号	洪哲.学号	32.学号	深圳公司财务总监.学号	1960-10-31	2020-01-01	正式员工	员工初始化	是
SZ09.学号	希飞阳.学号	33.学号	深圳公司总账会计.学号	1981-06-29	2020-01-01	正式员工	员工初始化	是
SZ10.学号	范英卫.学号	34.学号	深圳公司出纳.学号	1991-04-13	2020-01-01	正式员工	员工初始化	是
SZ11.学号	李庄静.学号	35.学号	深圳公司仓储主管.学号	1991-11-09	2020-01-01	正式员工	员工初始化	是
SZ12.学号	陈节凝.学号	36.学号	深圳公司仓储专员.学号	1997-08-24	2020-01-01	正式员工	员工初始化	是
SZ13.学号	周修明.学号	37.学号	深圳公司销售经理.学号	1996-01-22	2020-01-01	正式员工	员工初始化	是
SZ14.学号	祖芳洲.学号	38.学号	深圳公司销售专员.学号	1977-04-21	2020-01-01	正式员工	员工初始化	是
SZ15.学号	黄凯宇.学号	39.学号	深圳公司售后专员.学号	1989-05-03	2020-01-01	正式员工	员工初始化	是
GZ08.学号	唐进澈.学号	40.学号	广州公司财务总监.学号	1989-06-11	2020-01-01	正式员工	员工初始化	是
GZ09.学号	李荣.学号	41.学号	广州公司总账会计.学号	1974-02-21	2020-01-01	正式员工	员工初始化	是
GZ10.学号	解文惠.学号	42.学号	广州公司出纳.学号	1988-05-04	2020-01-01	正式员工	员工初始化	是
GZ11.学号	林舒方.学号	43.学号	广州公司仓储主管.学号	1995-01-10	2020-01-01	正式员工	员工初始化	是
GZ12.学号	彭丘.学号	44.学号	广州公司仓储专员.学号	1979-10-26	2020-01-01	正式员工	员工初始化	是
GZ13.学号	李雁.学号	45.学号	广州公司销售经理.学号	1989-09-19	2020-01-01	正式员工	员工初始化	是
GZ14.学号	林卓亮.学号	46.学号	广州公司销售专员.学号	1983-03-28	2020-01-01	正式员工	员工初始化	是
GZ15.学号	梁英.学号	47.学号	广州公司售后专员.学号	1983-02-14	2020-01-01	正式员工	员工初始化	是

(8) 行政组织、人员、职位调整。

中科智能电子集团行政组织调整信息如表 2-1-11 所示。

表 2-1-11 行政组织调整

行政组织调整					
第一步:填写基本资料					
动作	编码	名称	所属行政组织	预计生效日期	方案跟踪人
点击【创建】	01.学号	电子集团行政组织调整.学号	中科智能电子集团.学号	2020-01-01	集团人事专员兆柔雅.学号
第二步:锁定行政组织					
动作	行政组织名称(含下级)			动作	
点击【新增】	中科智能电子集团.学号			点击【数据校验】—【保存】	
第三步:行政组织调整					
动作	变动前	变动操作		变动后	动作
点击【合并拆分】	一级组织:集团本部 二级组织:本部行政部、本部法务部、本部办公室	将本部法务部、本部行政部调动至本部办公室之下		一级组织:集团本部 二级组织:本部办公室 三级组织:本部法务部、本部行政部	点击【生效方案】

中科智能电子集团行政组织调整后的结构如图 2-1-2 所示。

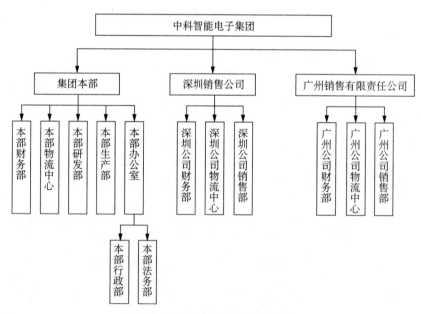

图 2-1-2 行政组织调整后的结构

1.1 行政组织维护

行政组织维护支持对行政组织的新建、变更、封存等日常管理。

[操作背景]:中科智能电子集团人力资源系统中,已内置中科智能电子集团、集团本部、深圳销售公司、广州销售有限责任公司,且人力资源岗已内置于其中。

此外,集团组织架构中的部门尚未录入人力资源系统,集团人事专员需在系统中录入/导入完整的组织架构,见表2-1-1。

[操作路径]:【行政组织管理】→【行政组织维护】→【行政组织维护】。
[操作角色]:集团人事专员兆柔雅,账号密码为"JT05.学号"(账号密码同号)。
[操作步骤]:因信息录入量较大,此处建议采用导入形式,即采用方式二。

方式一:手工创建。

进入行政组织列表界面,可查看HR系统中已存在科智能电子集团、集团本部、深圳销售公司、广州销售有限责任公司四个行政组织(即集团层与公司层组织),该部分为内置组织,还需将部门层的行政组织录入HR系统。

点击【创建】,按照表2-1-1逐一录入信息并点击【保存】,即完成对行政组织的录入。具体步骤如图2-1-3、图2-1-4所示。

图2-1-3　点击"创建"

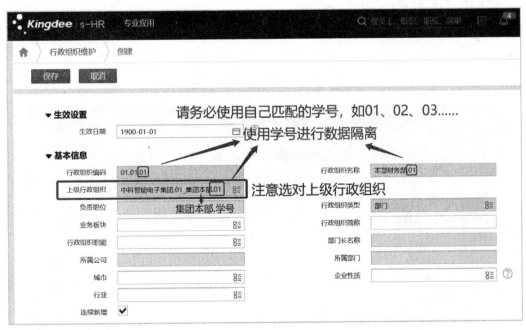

图2-1-4　创建行政组织

方式二:模板导入。

点击【更多】—【导入】—【模板下载】进行导入模板下载,按照表2-1-1完善组织模板后,再次点击【更多】—【导入】—【上传文件】进行模板上传,如图2-1-5、图2-1-6、图2-1-7所示。

图 2-1-5　行政组织模板下载

注：需要把模板中的"学号"改为个人学号再导入。

图 2-1-6　导入行政组织模板

图 2-1-7　上传模板路径

提示：可直接扫描二维码，下载"行政组织导入"模板，点击【更多】—【导入】—【上传文件】上传该模板，注意需要把模板中的"学号"全部替换为个人匹配的学号再导入。数据模板如图 2-1-6 所示。

导入成功后,返回【行政组织维护】界面默认只显示单层组织,如需显示下级组织,可按照图 2-1-8 点击左上方"⚙"按钮,选中"包含下级组织(全部)",可显示全部行政组织,如图 2-1-9 所示。

图 2-1-8　显示下级组织

图 2-1-9　全局行政组织界面

点击左上方下拉图标可显示行政组织树,如图 2-1-10 所示。

图 2-1-10　完整行政组织

延伸内容①:

修改行政组织:点击进入需修改的行政组织,点击【修改】按钮,在原来版本基础上对信息补充完善或者订正。

变更行政组织:点击进入需变更的行政组织,点击【变更】按钮,根据修改的信息系统会自动产生一个新的历史版本。

变更、修改概念区分的示例说明如下:

(1) 在"蓝海机械有限公司"下面新增行政组织"人力资源部",通过【新建】功能创建行政组织名称为"人力资源部"上级行政组织为"蓝海机械有限公司"的组织。

(2) 当行政组织名称误操作填写为"人事行政部",则可以通过【修改】的功能,将行政组织名称修改为"人力资源部"。

(3) 当企业的行政组织架构在2020-1-1进行调整,"人力资源部"的上级行政组织变为"蓝海集团",则可以使用【变更】功能,将上级行政组织修改为"蓝海集团",生效日期设置为"2020-1-1"。通过【查看信息变更记录】功能,可以查看生效日期为"2020-1-1"变更之前的历史组织情况。

行政组织封存:对原有行政组织进行封存;行政组织封存之前,需要将该行政组织上的职位和员工移动到其他组织或职位后,方可对该行政组织进行封存。进入行政组织列表界面,选中需要封存的组织方框,选中【更多】—【封存】。

1.2 工作职位搭建

1.2.1 职位日常维护

职位日常维护包括对职位的新设、变更、禁用等。

[操作背景]:中科智能电子集团在人力资源数字化转型之初,需要将集团自上而下的职位体系录入人力资源系统当中,并维护每个职位的上下级职位等。系统已内置集团高管及人力资源职位,内置职位见表2-1-2,无须重复录入。除内置职位外,人事经理需要在系统中录入/导入集团完整的岗位体系,其余岗位见表2-1-3、表2-1-4、表2-1-5。

[操作路径]:【行政组织管理】→【职位维护】→【职位日常维护】。

[操作角色]:集团人事专员兆柔雅,账号密码为"JT05.学号"。

[操作步骤]:因信息录入量较大,此处建议采用导入形式,即采用方式二。

方式一:手工创建。

点击【创建】,分别按照表2-1-3、表2-1-4、表2-1-5录入职位体系,并点击【保存】—【启用】。如图2-1-11所示。

图2-1-11 创建职位

---

① 全书所有"延伸内容"无须操作,否则将有可能影响后续案例操作。

注意事项：

① 注意选择职位"所属行政组织"准确，选择组织时可以通过组织架构树直接定位组织位置，如图 2-1-12 所示。

图 2-1-12　选择所属行政组织

② 注意选择职位的"上级职位"准确，需选择自己学号的职位，可以通过在职位"精准搜索"栏中输入名称直接定位。

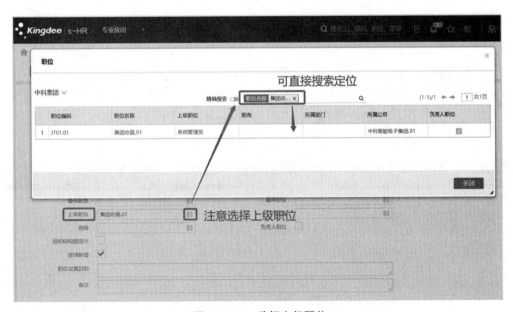

图 2-1-13　选择上级职位

③ 如职位是负责人职位，注意在创建时需勾选"负责人职位"方框。

方式二：模板导入。

点击【更多】—【导入】—【模板下载】进行导入模板下载，按照表 2-1-3、表 2-1-4、表 2-1-5 完善组织模板；再次点击【更多】—【导入】—【上传文件】进行模板上传。

提示：可直接扫描二维码，下载"职位导入"模板，点击【更多】—【导入】—【上传模板】进行数据导入，注意需要把模板中的"学号"全部替换为个人匹配的学号再导入。数据模板如图 2-1-14 所示。

职位导入

实操 1　组织管理

注：需要把模板中的"学号"改为个人学号再导入。

图 2-1-14　职位导入模板

职位导入成功后，返回【职位日常维护】界面默认只显示单层职位，如需显示下级职位，可按照图 2-1-15 点击左上方"⚙"按钮，选中"包含下级组织（全部）"，可显示全部职位，如图 2-1-16 所示。

图 2-1-15　显示下级职位

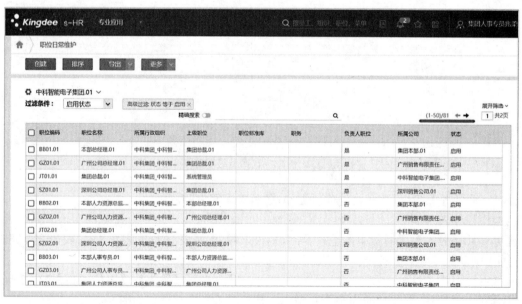

图 2-1-16　全局职位界面

延伸内容

变更职位：根据修改的信息，系统会自动生成一个新的变更版本，点击进入需变更的职位，点击【变更】按钮。见图 2-1-17 序号 1。

修改职位：在原来版本基础上对信息进行补充完善或者订正，点击进入需修改的职位，点击【修改】按钮。见图 2-1-17 序号 2。

查看信息变更记录：查询该职位的所有历史版本信息记录，点击进入需查看的职位，点击【查看信息变更记录】按钮。见图 2-1-17 序号 3。

查看职位员工列表：点击进入需查看的职位，点击页面右端"员工列表"按钮，即可查看职位员工列表详情。见图 2-1-17 序号 4。

图 2-1-17　职位详情界面功能

1.2.2　职位说明

职位说明是管控并确保集团企业职位体系质量的关键一环。集团企业能根据职位说明所界定的任职要求，进行部门人员的招聘、选拔和使用；能够依据职位说明提取岗位绩效指标，对任职者进行有效的绩效管理；能够对照任职要求，分析出任职者的培训需求，进行培训管理。

[**操作背景**]：中科智能电子集团为规范旗下公司的职位体系，在人力资源系统中录入职位说明，要求各分子公司在招聘人员、人才培养等方面应遵循对应职位的要求，提高人才与职位要求的拟合度，以保证集团下各组织职位的用工质量。请以"本部研发工程师"为例，按照表 2-1-6 的职位说明，维护该职位的职位职责、任职要求、任职资格。

[**操作路径**]：【行政组织管理】→【职位维护】→【职位日常维护】。

[**操作角色**]：集团人事专员兆柔雅，账号密码为"JT05.学号"。

[**操作步骤**]：进入【职位日常维护】功能节点，按照图 2-1-18 的步骤定位于"本部研发部"，并点击进入"本部研发工程师"岗位详情界面；进入岗位详情界面后，按照图 2-1-19 点击右侧栏中【职位说明】。

分别点击职位职责、任职要求、任职资格右侧【新增】按钮，按照正文中表 2-1-6 本部研发工程师职位说明录入相应信息。详细步骤见图 2-1-20、图 2-1-21。

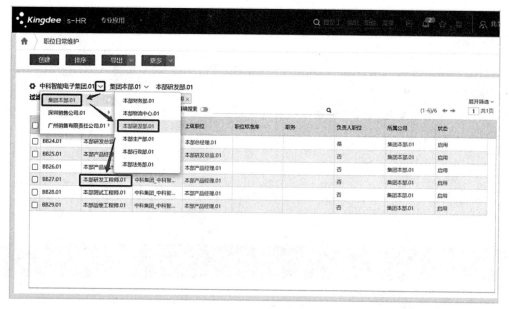

图 2-1-18　进入岗位步骤

图 2-1-19　进入职位说明界面

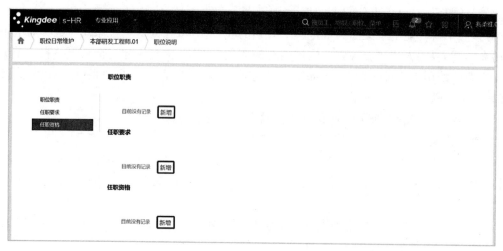

图 2-1-20　新增职位说明步骤

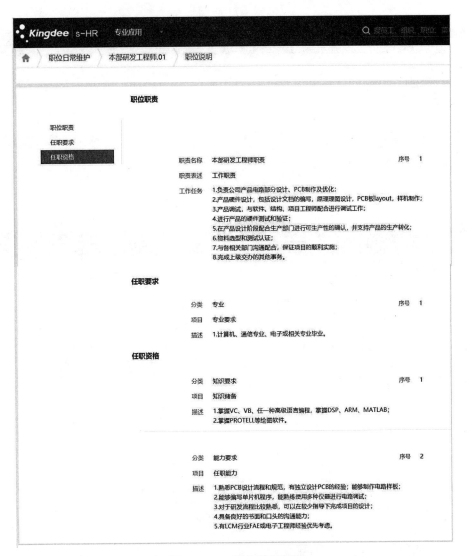

图 2-1-21 职位说明界面

1.3 人力编制表搭建

人力编制表可录入基于行政组织、职位、用工关系类别等维度的人力编制,同时也支持年度、月度的人力编制维护。

行政组织、职位、用工关系类别维度的人力编制具有从属关系,规则如下:

① 人力编制控制线中的组织编制≥对应组织的汇总编制数;

② 每一个组织汇总编制数≥组织直属编制＋下一级组织汇总编制数;

③ 每一个组织汇总编制数≥用工关系类型编制数总和。

[操作背景]:2019 年末,中科智能电子集团进行人力盘点并制定出集团年度人力战略,核定集团各公司、部门、各岗位的编制,发布 2020 年集团人力编制政策,如表 2-1-7 所示。根据集团的人力编制,集团人事专员需要在人力资源系统完成制定 2020 年度集团的人力编制表并启用。

[操作路径]:【行政组织管理】→【人力编制】→【人力编制表】。

[操作角色]:集团人事专员兆柔雅,账号密码为"JT05.学号"。

[操作步骤]:进入【人力编制表】功能节点,点击进入"中科智能电子集团 2020 人力编制表",如图 2-1-22 所示。

① 组织人力编制。可点击编制表上方箭头选择组织,定位具体组织的明细编制表,如图 2-1-23 所示。

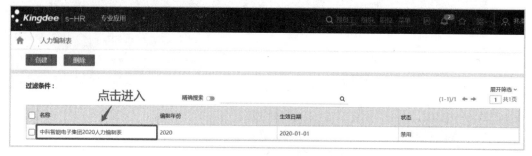

图 2-1-22 人力编制表

图 2-1-23 切换组织方式

分别录入中科智能电子集团、中科智能电子集团(本部)、集团本部、深圳销售公司、广州销售有限责任公司组织维度的人力编制。

点击【修改】并依次按照表 2-1-7 录入人力编制,如图 2-1-24、图 2-1-25 所示。

图 2-1-24 修改人力编制表

图 2-1-25　保存并启用人力编制

至此,中科智能电子集团组织维度的人力编制已在人力资源系统中录入完成。人力编制对组织员工数、可招聘数做关联控制,要求组织员工人数不可超过人力编制数量,且在编制已满的情况下不允许提出招聘需求与录入新聘员工;若新增组织编制,需提出增编申请。

② 职位人力编制。职位人力编制是以职位为维度的人力编制,使人力编制可以定位于每一个职位明细。

中科智能科技集团在 2020 年组织编制的基础上,制定了职位人力编制,集团人事专员需在人力资源系统中录入职位人力编制,如表 2-1-8 所示。请以深圳销售公司为例录入职位人力编制。

按照图 2-1-26 所示定位到"深圳销售公司"组织,并按照表 2-1-8 输入深圳销售公司的职位编制。

图 2-1-26　职位编制

③ 用工关系人力编制。用工关系人力编制是以用工关系为维度的人力编制,分为劳动派遣、临时工、实习人员、退休返聘、正式工,可以设置不同用工关系的人力编制明细。

电子集团在 2020 年组织编制的基础上,制定了用工关系人力编制,如表 2-1-9 所示,集团人事专员需在人力资源系统中录入用工关系人力编制。请以深圳销售公司为例录入用工关系人力编制。

按照图 2-1-27 所示切换至用工关系人力编制,并按照表 2-1-9 录入用工关系人力编制。

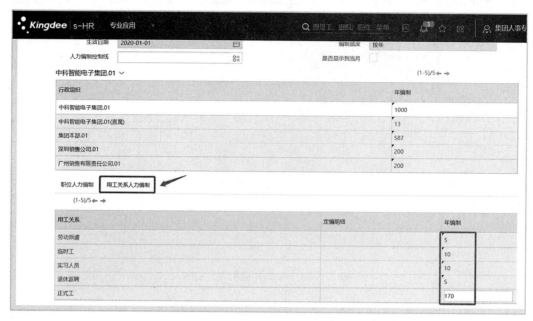

图 2-1-27　员工关系人力编制

确认无误后点击【保存】,如图 2-1-28 所示。(注意此处请勿点击启用,否则影响其他用户操作)

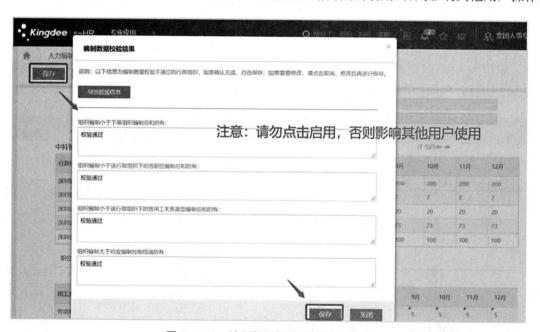

图 2-1-28　编制数据校验结果通过界面

至此,中科智能电子集团用工关系维度的人力编制已在人力资源系统中录入完成。用工关系人力编制对各组织的用工关系的员工数做关联控制,要求具体用工关系员工的人数不可超过组织用工关系人力编制数量,且在该用工关系编制已满的情况下不允许提出该用工关系的招聘需求与录入新聘员工;若新增用工关系编制,需提出增编申请。

1.4　员工人数初始化

员工人数初始化可导入/录入员工名单及当前信息。

［操作背景］:中科智能电子集团在人力资源数字化转型之初,需要将集团的所有员工汇编到人力资源

系统之中,并能够根据员工所在行政组织、职位等边界进行业务权限隔离、数据隔离。系统已内置了企业高管及人力资源部员工作为 HR 系统操作员,现人事专员需要在人力资源系统中将其余的员工体系录入完整,员工体系如表 2-1-10 所示。

[操作路径]:【员工管理】→【员工信息管理】→【员工人数初始化】。
[操作角色]:集团人事专员兆柔雅,账号密码为"JT05.学号"。
[操作步骤]:因信息录入量较大,此处建议采用导入形式,即采用方式二。

方式一:手工创建。

进入【员工人数初始化】功能节点,点击【创建】,按照表 2-1-10 员工体系表逐一录入员工并点击【保存】,具体步骤如图 2-1-29、图 2-1-30 所示。

图 2-1-29　创建员工

图 2-1-30　员工信息录入并保存

完成后,完整的员工体系见图 2-1-31。

图 2-1-31　员工列表

所有员工录入完毕后,返回员工体系列表,点击【生成员工业务组织】,如图 2-1-32 所示。

图 2-1-32　员工业务组织生成

方式二:模板导入。

点击【导入】—【模板下载】进行导入模板下载,按照表 2-1-10 完善组织模板;再次点击【导入】—【上传文件】进行模板上传。

提示:可直接扫描二维码,下载"员工人数初始化"模板,点击【导入】—【上传文件】进行数据导入,注意需要把模板中的"学号"全部替换为个人匹配的学号再导入。数据模板如图 2-1-33 所示。

员工人数初始化导入

导入方式	新增	实体名称	员工人数初始化	实体表	T_BD_Person					
模板说明： 1、红色字体为必填项，黑色字体为选填项；身份证号码和护照号码必须填写一个； 2、员工编码和姓名：与编码规则是否启用无关，必须填写； 3、当前任职开始日期：返写系统自动产生的职业信息第一条记录的开始日期；如果用工关系状态对应的ERP人员状态是离职、退休、返聘则分别返写离职日期、退休日期、返聘日期； 4、职位：可填写编码、名称或编码##名称，其中仅填写名称时如果存在重名职位必须同时填写所属行政组织或所属公司； 5、任职类型：【主要任职】，同一员工只允许导入一条当前主要任职记录，【兼职任职】，同一员工支持同时导入多条当前兼职记录；一个员工不能直接导入兼职任职记录，必须将主要任职										
员工编码	姓名	当前任职开始日期	职位	所属行政组织	所属公司	任职类型	变动操作	用工关系状态	身份证号码	护照号码
BB08.学号	骆新梅.学号	2020-01-01	本部财务总监.学	本部财务部.学号	集团本部.学号	主要任职	员工初始化	正式员工		01.学号
BB09.学号	卢灵松.学号	2020-01-01	本部预算经理.学	本部财务部.学号	集团本部.学号	主要任职	员工初始化	正式员工		02.学号
BB10.学号	智建华.学号	2020-01-01	本部预算专员.学	本部财务部.学号	集团本部.学号	主要任职	员工初始化	正式员工		03.学号
BB11.学号	朴瑞彩.学号	2020-01-01	本部税务专员.学	本部财务部.学号	集团本部.学号	主要任职	员工初始化	正式员工		04.学号
BB12.学号	陈赤翼.学号	2020-01-01	本部资金主管.学	本部财务部.学号	集团本部.学号	主要任职	员工初始化	正式员工		05.学号
BB13.学号	刘思菱.学号	2020-01-01	本部资金专员.学	本部财务部.学号	集团本部.学号	主要任职	员工初始化	正式员工		06.学号
BB14.学号	赵凡巧.学号	2020-01-01	本部报表专员.学	本部财务部.学号	集团本部.学号	主要任职	员工初始化	正式员工		07.学号
BB15.学号	韩零中.学号	2020-01-01	本部总账会计.学	本部财务部.学号	集团本部.学号	主要任职	员工初始化	正式员工		08.学号
BB16.学号	简诗怀.学号	2020-01-01	本部出纳.学号	本部财务部.学号	集团本部.学号	主要任职	员工初始化	正式员工		09.学号
BB17.学号	杨平卉.学号	2020-01-01	本部供应链经理.	本部物流中心.学	集团本部.学号	主要任职	员工初始化	正式员工		10.学号
BB18.学号	刘新之.学号	2020-01-01	本部仓储主管.学	本部物流中心.学	集团本部.学号	主要任职	员工初始化	正式员工		11.学号
BB19.学号	李和风.学号	2020-01-01	本部仓储专员.学	本部物流中心.学	集团本部.学号	主要任职	员工初始化	正式员工		12.学号
BB20.学号	吴兰泽.学号	2020-01-01	本部物流主管.学	本部物流中心.学	集团本部.学号	主要任职	员工初始化	正式员工		13.学号

DataSheet

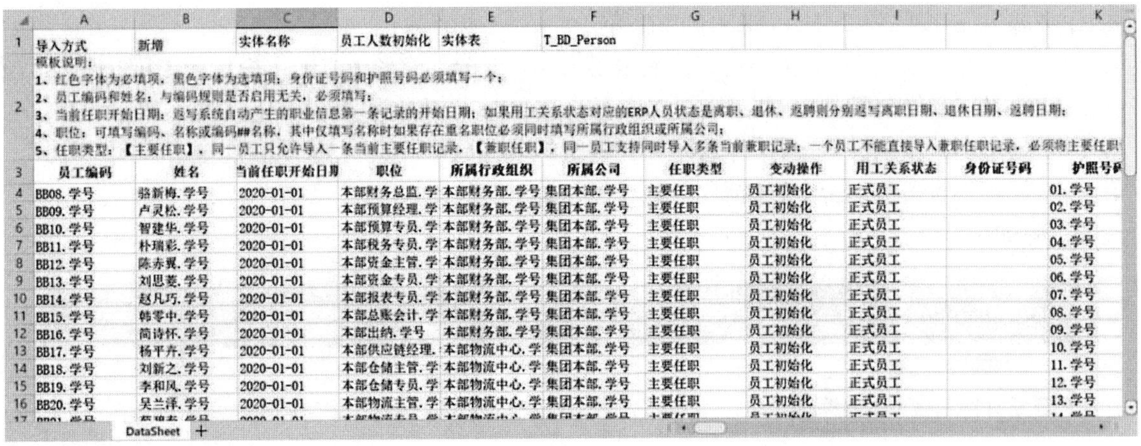

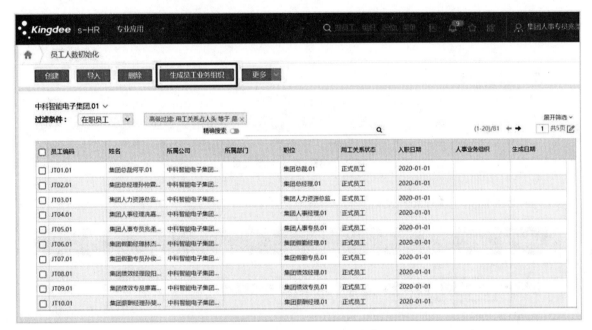

注：需要把模板中的"学号"改为个人学号再导入。

图 2-1-33　员工体系模板

导入员工体系完毕后，在员工体系列表上方点击【生成员工业务组织】，如图 2-1-34 所示。

图 2-1-34　员工业务组织生成

提示：完成员工体系导入后，需务必点击【生成员工业务组织】，系统即根据员工列表自动生成各员工的业务组织，否则将不能对员工进行业务操作。

1.5　行政组织、人员、职位调整

人力资源系统可实现行政组织、人员、职位的批量调整，记录行政组织、职位调整历史，以及由于职位、员工调动引起的员工任职变动历史。

[操作背景]：企业行政组织架构随着管理理念、管理效益的变化而发生着动态的调整。2019 年末，中科智能电子集团高层管理人员在对集团组织架构进行盘点发现，集团法务部与集团行政部的职能出现部分冗杂，为精简集团行政组织架构，做到组织职能的分工明确，经集团高层讨论决定，将集团法务部、集团行政部纳入集团办公室，并就公司组织架构调整发文，于 2020 年 1 月 1 日生效。

中科智能电子集团人事专员兆柔雅需在人力资源系统中进行行政组织、人员、职位的一体化调整。

[操作路径]：【行政组织管理】→【行政组织维护】→【行政组织调整】。

[操作角色]：集团人事专员兆柔雅，账号密码为"JT05.学号"。

[**操作步骤**]:① 按照表 2-1-11 录入调整表单。

第一步:填写基本信息。点击【创建】,输入编码为"01.学号",名称为"电子集团行政组织调整.学号",选择所属行政组织为"中科智能电子集团.学号",预计生效日期填写为"2020-01-01"。

第二步:锁定行政组织。点击【新增】,选择行政组织名称(含下级)为"中科智能电子集团.学号"。

第三步:保存。点击页面上方【数据校验】—【保存】按钮。

详细步骤如图 2-1-35 所示。

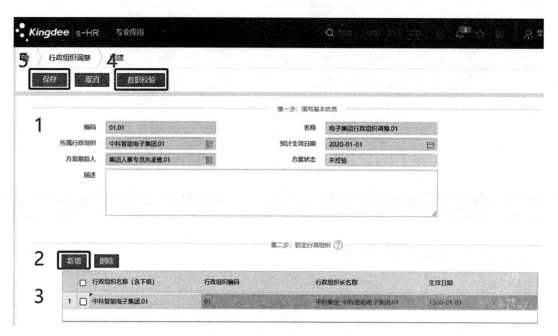

图 2-1-35 录入调整表单

② 进入调整界面,点击【合并拆分】,如图 2-1-36 所示。

图 2-1-36 合并拆分

【合并拆分】包含以下情景：一是组织的合并拆分，系统会将组织及组织下职位、员工调动到目标组织下；二是职位的合并拆分，系统会将该职位的员工调动至目标组织所对应职位；三是员工的合并拆分，将某组织的部分员工直接移动到目标组织下某职位。在本案例中，属于第一种情景。

③ 左边选择框界面表示变动前组织，右边选择框界面表示变动后组织。将页面左侧变动前选择框的行政组织选定为"集团本部"，将页面右侧变动后选择框的行政组织选定为"本部办公室"，将左侧的"本部行政部"及"本部法务部"拖曳至右侧的本部办公室之下。完成操作后，点击【生效方案】按钮，如图 2-1-37 所示。

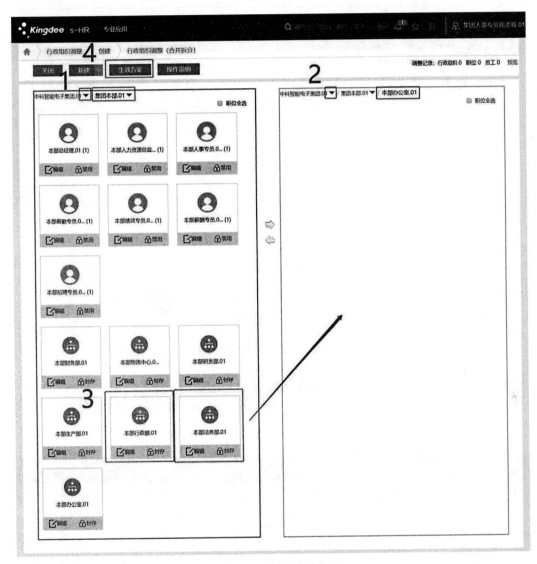

图 2-1-37　调整步骤

④ 弹出行政组织调整生效预览界面，如图 2-1-38 所示，分为组织调整记录、职位调整记录、员工调整记录三大页签，并可查看各页签下的前后调整变化信息。在本案例中，本部行政部、本部法务部调至本部办公室之下，且职位、人员随组织一体化调整，详细调整变化信息如表 2-1-12 所示。

表 2-1-12　组织、职位、人员调整前后变化

	调整前	调整后
组织调整	本部行政部、本部法务部、本部办公室	本部行政部、本部法务部归属于本部办公室之下

(续表)

	调整前	调整后
职位调整	本部行政部职位归属于本部行政部 本部法务部职位归属于本部法务部	无变动 （职位的直接归属仍为本部行政部与本部法务部）
人员调整	本部行政部人员归属于本部行政部 本部法务部人员归属于本部法务部	无变动 （人员的直接归属仍为本部行政部与本部法务部）

图 2-1-38　行政组织调整生效预览

⑤ 点击【生效】后，弹出方案生效成功界面，如图 2-1-39 所示。

生效成功后，可以通过组织架构树查看本部行政部与本部法务部的组织、职位、人员成功一体化调整至本部办公室之下，见图 2-1-40 组织架构树。

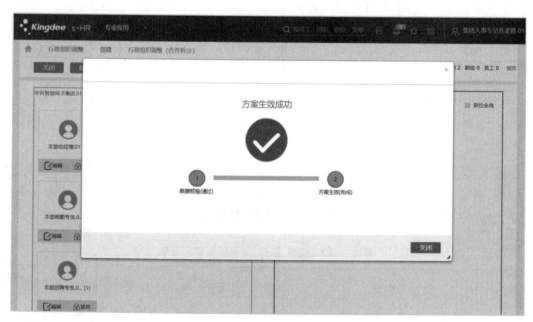

图 2-1-39　调整方案生效成功界面

图 2-1-40 组织架构树

实操 2　员工关系管理

学习目标

- 了解常见 HR 系统员工关系管理的基本设置；
- 能够在 HR 系统中建立企业员工信息档案，对员工基本信息进行初始化设置，并对员工信息进行快速查询、保存，建立常用的快速过滤方案；
- 掌握员工合同管理方法，包括设置劳动合同主体、合同类型、合同模板，签订劳动合同及其他合同；
- 能够在 HR 系统中对员工的教育经历、社会关系、联系方式、岗位变动等信息进行日常维护；
- 能够在 HR 系统中进行员工全生命周期及人事事务处理：预入职、入职、转正、调动、借调、兼职、离职、退休、返聘等，查询员工任职变动记录。

应用场景

员工关系管理是人力资源支持企业业务经营的基础性管理工作，一方面人力资源部门要代表企业与员工建立和维护好劳动关系，另一方面要根据业务开展的需要对员工进行内部流动管理。

人力资源系统员工管理支持以"人"为中心的全任职周期业务管理，包括人事业务组织界定、档案信息管理、人才分级分类、入转调离退、劳动合同、用工合规等业务，支持集团内跨法人公司间的流动管理，如调动、借调、兼职等，对员工在企业的全任职周期进行记录管理。

同时，通过系统对员工全任职周期的翔实记录，人力资源部门可以提前获取与员工劳动关系相关的信息预警（如合同到期、转正提醒等），及时采取措施规避用工风险。基于翔实的信息记录和大数据分析技术，可以从多维度分析掌握企业人力资源结构与状态，提前预判对企业业务经营可能产生的影响，并采取有效措施对人力资源管理进行及时校正。

具体说明：

（1）为强化集团全员档案的规范性与统一性，集团总部发文要求各分公司、子公司的人力资源专员以统一的档案模板收集员工信息，并录入系统。以集团本部为例，在人力资源系统中完善员工信息档案。

（2）为规范员工电子合同管理体系，以深圳销售公司为例，在人力资源系统中进行员工劳动合同签订，并形成合同的持续跟踪。

（3）2020 年 1 月 15 日，李丽预入职深圳销售公司仓储专员岗位，并在人力资源系统中办理预入职。

（4）2020 年 2 月 1 日，李丽以试用员工身份正式入职深圳销售公司仓储专员岗位，并在人力资源系统中办理入职。

（5）2020 年 5 月 1 日，李丽通过试用期考核，在人力资源系统中处理转正，成为正式员工。

（6）2020 年 6 月 1 日，李丽因个人发展原因由深圳销售公司仓储专员调动至广州公司任仓储专员，并终止原深圳公司劳动合同，与广州公司新签劳动合同。

（7）为培养未来企业管理人员实行轮岗制度，将深圳公司销售经理周修明借调至集团本部财务总监岗位进行轮岗，时间为 2020 年 6 月 1 日至 2020 年 12 月 31 日。

(8) 深圳销售公司出纳范英卫因休产假暂离岗位,其间由深圳销售公司总账会计希飞阳兼职任出纳,兼职时间为 2020 年 6 月 1 日至 2020 年 9 月 30 日。

(9) 集团本部仓储专员李丽因个人发展原因,欲于 2021 年 1 月 1 日离职,并于 2020 年 12 月 1 日向公司提出申请。

(10) 2021 年 1 月 1 日本部仓储专员李丽正式离职。

(11) 深圳公司财务总监洪哲于 2020 年 11 月达到退休年龄,于 2020 年 11 月 1 日正式退休。

(12) 因公司年末财务业务统计需要经验丰富的财务总监进行支持,公司于 2020 年 12 月 1 日至 2020 年 12 月 31 日返聘原财务总监洪哲。

(13) 对于 2020 年度的集团员工变动状况,生成员工任职变动查询报表。

(14) 日常管理员工的信息档案,并以周修明为例,查询周修明的员工信息明细。

实验任务

- 进入【员工信息管理】,完善员工信息档案,并查看员工档案;
- 进入【劳动合同】,进行劳动合同新签;
- 进入【预入职】,进行预入职业务操作;
- 进入【入职】,进行入职业务操作;
- 进入【转正】,进行对试用员工的转正操作;
- 进入【调动】,进行调动业务操作;
- 进入【借调】,进行借调业务操作;
- 进入【兼职】,进行兼职业务操作;
- 进入【预离职】,进行预离职业务操作;
- 进入【离职】,进行离职业务操作;
- 进入【退休】,进行退休业务操作;
- 进入【返聘】,进行返聘业务操作;
- 进入【员工任职变动查询】,查询员工任职变动情况。

实验数据

(1) 员工信息管理。

集团本部的员工信息档案如表 2-2-1 所示。

表 2-2-1 集团本部员工信息档案

员工编码	姓名	婚姻状况	出生日期	参加工作日期	最高学历	性别
BB01.学号	本部总经理胡山兴.学号	已婚	1969-05-03	1989-01-01	博士研究生	男
BB02.学号	本部人力资源总监苏毕丘.学号	未婚	1997-12-10	2017-01-01	硕士研究生	男
BB03.学号	本部人事专员陆亚友.学号	未婚	1988-02-28	2008-01-01	硕士研究生	男
BB04.学号	本部假勤专员文发茂.学号	未婚	1988-11-11	2008-01-01	硕士研究生	女
BB05.学号	本部绩效专员陈远丹.学号	未婚	1991-12-24	2011-01-01	大学本科	女
BB06.学号	本部薪酬专员张锦.学号	已婚	1992-07-16	2012-01-01	硕士研究生	女
BB07.学号	本部招聘专员李大海.学号	已婚	1980-03-24	2000-01-01	大学本科	女

（续表）

员工编码	姓名	婚姻状况	出生日期	参加工作日期	最高学历	性别
BB08.学号	骆新梅.学号	已婚	1960-10-31	1980-01-01	大学专科	男
BB09.学号	卢灵松.学号	已婚	1981-06-29	2001-01-01	大学专科	男
BB10.学号	智建华.学号	未婚	1991-04-13	2011-01-01	硕士研究生	男
BB11.学号	朴瑞彩.学号	已婚	1991-11-09	2011-01-01	大学本科	女
BB12.学号	陈赤翼.学号	已婚	1997-08-24	2017-01-01	硕士研究生	男
BB13.学号	刘思菱.学号	未婚	1996-01-22	2016-01-01	大学专科	男
BB14.学号	赵凡巧.学号	已婚	1977-04-21	1997-01-01	大学本科	女
BB15.学号	韩零中.学号	已婚	1989-05-03	2009-01-01	大学专科	男
BB16.学号	简诗怀.学号	未婚	1993-07-29	2013-01-01	大学本科	女
BB17.学号	杨平卉.学号	未婚	1992-03-11	2012-01-01	大学专科	女
BB18.学号	刘新之.学号	未婚	1988-02-19	2008-01-01	大学本科	男
BB19.学号	李和风.学号	未婚	1997-10-19	2017-01-01	大学本科	男
BB20.学号	吴兰泽.学号	未婚	1991-03-20	2011-01-01	大学本科	女
BB21.学号	蔡碧春.学号	已婚	1980-03-01	2000-01-01	大学专科	女
BB22.学号	康音韵.学号	已婚	1991-07-24	2011-01-01	大学本科	女
BB23.学号	康嘉平.学号	未婚	1985-07-10	2005-01-01	硕士研究生	男
BB24.学号	匡海昌.学号	已婚	1992-05-23	2012-01-01	大学本科	男
BB25.学号	白卉霆.学号	已婚	1996-07-24	2016-01-01	硕士研究生	女
BB26.学号	张泽存.学号	已婚	1988-09-09	2008-01-01	大学本科	男
BB27.学号	黄束昕.学号	未婚	1993-01-24	2013-01-01	大学本科	女
BB28.学号	古芸静.学号	已婚	1996-01-23	2016-01-01	硕士研究生	女
BB29.学号	巩振强.学号	未婚	1987-03-15	2007-01-01	大学本科	男
BB30.学号	丁恬美.学号	未婚	1989-03-29	2009-01-01	大学专科	女
BB31.学号	孙运良.学号	未婚	1988-09-29	2008-01-01	硕士研究生	男
BB32.学号	张浩.学号	已婚	1981-09-07	2001-01-01	硕士研究生	男
BB33.学号	宁华.学号	已婚	1983-12-28	2003-01-01	博士研究生	男
BB34.学号	潘庄雅.学号	已婚	1985-07-20	2005-01-01	大学本科	女
BB35.学号	黄希月.学号	未婚	1982-10-16	2002-01-01	大学专科	女
BB36.学号	泰念.学号	未婚	1978-03-15	1998-01-01	大学专科	男
BB37.学号	罗希.学号	未婚	1983-06-28	2003-01-01	大学本科	男
BB38.学号	孙月.学号	已婚	1996-08-04	2016-01-01	大学本科	女

（2）劳动合同签订。

劳动合同签订信息表如表 2-2-2 所示。

表 2-2-2 劳动合同签订

合同签订组织	劳动合同主体	合同期限类型	签订日期	开始日期	计划结束日期	合同类别	合同模板
深圳销售公司.学号	深圳销售公司	固定期限	2020-01-01	2020-01-01	2022-12-31	劳动合同	中科智能电子集团劳动合同模板

（3）预入职。

预入职单如表 2-2-3 所示。

表 2-2-3 预入职单

人事业务组织	姓名	手机号码	护照号码	预入职职位
深圳销售公司.学号	李丽.学号	137123456学号	LL.学号	深圳公司仓储专员.学号

（4）员工入职。

员工入职单如表 2-2-4 所示。

表 2-2-4 员工入职单

人事业务组织	员工编码	姓名	入职职位	入职日期
深圳销售公司.学号	SZ16.学号	李丽.学号	深圳公司仓储专员.学号	2020-02-01
变动操作	变动类型	变动原因	用工关系状态	
雇佣入职	雇佣入职	公开招聘的其他人员	试用员工	

（5）转正。

转正单如表 2-2-5 所示。

表 2-2-5 转正单

人事业务组织	转正员工	实际转正日期	目标用工关系	变动操作	变动类型
深圳销售公司.学号	李丽.学号	2020-05-01	正式员工	转正	转正

（6）跨公司调动调出。

跨公司调动调出单如表 2-2-6 所示。

表 2-2-6 跨公司调动调出单

人事业务组织	调出员工	调动后公司	预计调出时间	终止原劳动合同	终止原其他合同
深圳销售公司.学号	李丽.学号	广州销售有限责任公司.学号	2020-06-01	是（勾选）	是（勾选）
变动操作	变动类型	变动原因			
跨公司调动调出	跨公司调动调出	平调			

（7）跨公司调动调入。

跨公司调动调入单如表2-2-7所示。

表2-2-7　跨公司调动调入单

人事业务组织	调出员工	调动后职位	调入日期	变动操作	变动类型	变动原因
广州销售有限责任公司.学号	李丽.学号	广州公司仓储专员.学号	2020-06-01	跨公司调动调入	跨公司调动调入	平调

（8）调入员工合同新签。

调入员工李丽劳动合同签订信息如表2-2-8所示。

表2-2-8　李丽劳动合同签订

合同签订组织	劳动合同主体	合同期限类型	签订日期	开始日期	计划结束日期	合同类别	合同模板
广州销售有限责任公司.学号	广州销售有限责任公司	固定期限	2020-06-01	2020-06-01	2022-12-31	劳动合同	中科智能电子集团劳动合同模板

（9）预离职。

员工预离职单如表2-2-9所示。

表2-2-9　预离职单

提出离职日期	预离职日期	预离职状态	预离职原因
2020-12-01	2021-01-01	待离职	个人发展

（10）离职。

员工离职单据如表2-2-10所示。

表2-2-10　离职单

人事业务组织	离职员工	目标用工关系状态	变动操作	变动类型	变动原因	离职日期	最后工作日
广州销售有限责任公司.学号	李丽.学号	辞职	辞职	辞职	个人发展	2021-01-01	2020-12-31

（11）跨公司借调调出。

跨公司借调调出单如表2-2-11所示。

表2-2-11　跨公司借调调出单

人事业务组织	借调员工	借调公司	借调调出日期	预计调回日期	变动类型	变动类型
深圳销售公司.学号	周修明.学号	集团本部.学号	2020-06-01	2020-12-31	跨公司借调调出	跨公司借调调出

（12）跨公司借调调入人员分配。

跨公司借调调入人员分配单如表2-2-12所示。

表2-2-12　跨公司借调调入人员分配单

人事业务组织	借调调入员工	借调岗位	借调调出日期	变动类型	变动类型
集团本部.学号	周修明.学号	本部财务总监.学号	2020-06-01	跨公司借调调入	跨公司借调调入

(13) 兼职。

兼职单如表 2-2-13 所示。

表 2-2-13 兼职单

人事业务组织	兼职员工	兼职职位	兼职日期	变动操作	变动类型
深圳销售公司.学号	希飞阳.01	深圳公司出纳.学号	2020-06-01	兼职	兼职

(14) 兼职终止。

兼职终止单如表 2-2-14 所示。

表 2-2-14 兼职终止单

人事业务组织	兼职员工	兼职职位	兼职终止日期	变动操作	变动类型
深圳销售公司.学号	希飞阳.01	深圳公司出纳.学号	2020-09-30	兼职终止	兼职终止

(15) 退休。

员工退休单如表 2-2-15 所示。

表 2-2-15 退休单

人事业务组织	退休员工	目标用工关系状态	变动操作	变动类型	退休日期	最后工作日
深圳销售公司.学号	洪哲.学号	退休	退休	退休	2020-11-01	2020-10-31

(16) 返聘。

员工返聘单如表 2-2-16 所示。

表 2-2-16 返聘单

人事业务组织	返聘员工	返聘职位	目标用工关系状态	变动操作	变动类型	返聘日期
深圳销售公司.学号	洪哲.学号	深圳公司财务总监.学号	返聘	返聘	返聘	2020-12-01

(17) 返聘终止。

员工返聘终止单如表 2-2-17 所示。

表 2-2-17 返聘终止单

人事业务组织	返聘员工	目标用工关系状态	变动操作	变动类型	返聘终止日期	最后工作日
深圳销售公司.学号	洪哲.学号	返聘终止	返聘终止	返聘终止	2021-01-01	2020-12-31

◇ 实验步骤

2.1 员工信息管理

员工信息管理用于日常维护和查看员工个人信息，包括员工变动记录、教育经历、标签等，支持员工变动历史数据、员工职等历史数据的导入。

[操作背景]：在人力资源系统应用前，集团员工档案缺乏规范化整理，为加强集团员工档案的规范化与统一化，集团总部发文要求各分子公司的人力资源专员需按照档案模板收集各员工信息，档案信息至少包括员工编码、姓名、婚姻状况、出生日期、参加工作日期、最高学历、性别，并录入人力资源系统。请以集

团本部为例,完善员工管理信息。

[操作路径]:【员工管理】→【员工信息管理】→【员工信息维护】。

[操作角色]:本部人事专员陆亚友,账号密码为"BB03.学号"。

[操作步骤]:因信息录入量较大,此处建议采用导入形式,即采用方式二。

若进入【员工信息维护】后未显示员工信息,请检查实操1安排的员工人数初始化是否已完成;若已完成,请检查是否已点击【员工信息维护】界面上方的【生成员工业务组织】,若未完成此步骤,请返回使用集团人事专员兆柔雅"JT05.学号"角色登录操作。

方式一:手工录入。

进入【员工信息维护】,选中具体待完善信息员工行进入详情页面,点击【修改】,按照表2-2-1完成信息录入,最后点击【保存】(注意:学历信息需点击进入右侧"教育经历"信息表内录入,其余信息在默认信息表内可录入)。员工信息档案界面如图2-2-1所示。

图2-2-1　员工信息档案界面

方式二:模板导入。

点击【导入】—【员工其他信息导入】—【其他信息导入】—【模板下载】—【综合信息】下载员工信息档案模板,按照表2-2-1信息填写模板;再次点击【导入】—【员工其他信息导入】—【其他信息导入】—【上传文件】进行模板上传。

提示:可直接扫描二维码,下载"综合信息"模板,点击【导入】—【员工其他信息导入】—【其他信息导入】—【上传文件】进行数据导入,注意需要把模板中的"学号"全部替换为个人匹配的学号再导入。数据模板如图2-2-2所示。

综合信息

注：需要把模板中的"学号"改为个人学号再导入。

图 2-2-2　员工档案导入模板

延伸内容

员工信息维护：员工信息维护有【变更】与【修改】两种形式。【变更】在信息变更时使用，且系统对变动信息做记录，可通过【查看信息变更记录】查看；【修改】在纠正错误或新录入时使用，且系统不对该信息变动做记录。点击进入员工信息详情页，在右侧"相关信息"列可点击编辑相关内容，如图 2-2-3 所示。

图 2-2-3　员工信息明细

照片引入引出：通过【员工其他信息导入】—【照片引入引出】，将员工照片批量导入。引入引出照片匹配依据为员工编码或者姓名，建议为员工编码，姓名可能存在重复；支持引入照片格式为 jpg、png、bmp 的 zip 格式压缩文件包。

批量附件导入：通过【批量附件】—【附件上传】进行附件批量导入，页签包括基本信息、教育经历、劳动合同信息、其他合同信息。

可通过【查看应聘者信息】快速查看应聘者应聘简历、面试结果、人才测评结果。

支持多选员工批量打印员工履历。

除专员代员工完善员工信息外，员工可自行登录人力资源系统进入【员工自助服务】—【员工个人档案】处进行个人信息填写，填写后经审核生效。

2.2 员工合同管理

系统提供完整的员工合同管理,可以处理合同新签、合同续签、合同终止、合同解除等业务;同时,可以设置劳动合同到期预警,筛选出一个月到期、三个月到期等类型的劳动合同。

[操作背景]:为规范员工电子合同管理体系,以深圳销售公司为例,在人力资源系统中进行员工劳动合同签订,并形成持续的合同跟踪。

[操作路径]:【员工管理】→【员工合同】→【劳动合同】。

[操作角色]:深圳公司人事专员赵旭彬,账号密码为"SZ03.学号"。

[操作步骤]:进入【劳动合同】节点,按照图2-2-4步骤点击右侧上方【展开筛选】设置筛选条件,下拉合同类型框选中"员工",勾选"未签"筛选符,点击【查询】,过滤出未签合同的员工名单。

图 2-2-4 合同筛选步骤

全选员工,点击【新签】—【批量新签】,如图2-2-5所示。

图 2-2-5 批量新签

乙方(员工)信息自动全选填充为列表所有员工,按照表 2-2-2 完善劳动合同签订信息表,并点击【保存】,完成对员工的合同新签,如图 2-2-6 所示。

图 2-2-6　劳动合同信息表

合同签订完毕后,重新返回【劳动合同】功能节点,删除筛选条件,可在劳动合同序列簿中显示员工劳动合同信息,如图 2-2-7、图 2-2-8 所示。

图 2-2-7　删除筛选条件

图 2-2-8　员工劳动合同列表

2.3 员工变动管理

2.3.1 预入职

预入职用于对入职前的人员进行信息管理,如预入职人员填写信息或导入基本信息,预入职后可生成入职单。

[操作背景]:李丽顺利通过深圳销售公司仓储专员岗位面试并预计于2020年2月1日入职,为提高入职效率,深圳销售公司人事专员赵旭彬需在员工入职前对李丽进行信息提前录入,那么在员工入职报到当天,只需通过关联预入职单生成入职单,即可实现快速预入职转入职处理。

[操作路径]:【员工管理】→【员工变动管理】→【预入职】。

[操作角色]:深圳公司人事专员赵旭彬,账号密码为"SZ03.学号"。

[操作步骤]:进入【预入职】功能节点,点击【创建】,进入预入职表填写界面,按照表2-2-3填写李丽预入职单,并点击【提交生效】,如图2-2-9所示。

图2-2-9 预入职单编辑界面

2.3.2 入职

员工入职用于批量处理或导入员工入职或录用分配,入职后更新员工的任职信息,且可批量套打录用通知单。

[操作背景]:李丽已于2020年1月15日完成预入职信息单的填写,并于2020年2月1日以试用员工身份入职深圳公司仓储专员岗位。入职当天,深圳公司人事专员赵旭彬通过李丽预入职单关联生成入职单,入职完成后,进入入职单列表界面,查看李丽入职单。

2.3.2.1 预入职单关联生成入职单

[操作路径]:【员工管理】→【员工变动管理】→【预入职】。

[操作角色]:深圳公司人事专员赵旭彬,账号密码为"SZ03.学号"。

[操作步骤]:进入【预入职】功能节点,勾选"李丽"行,点击【关联生成—单人入职单】,进行预入职单对入职单的关联生成,如图2-2-10所示。

图2-2-10 关联生成入职单

按照表 2-2-4 信息填写入职单,并点击【提交生效】,如图 2-2-11 所示。

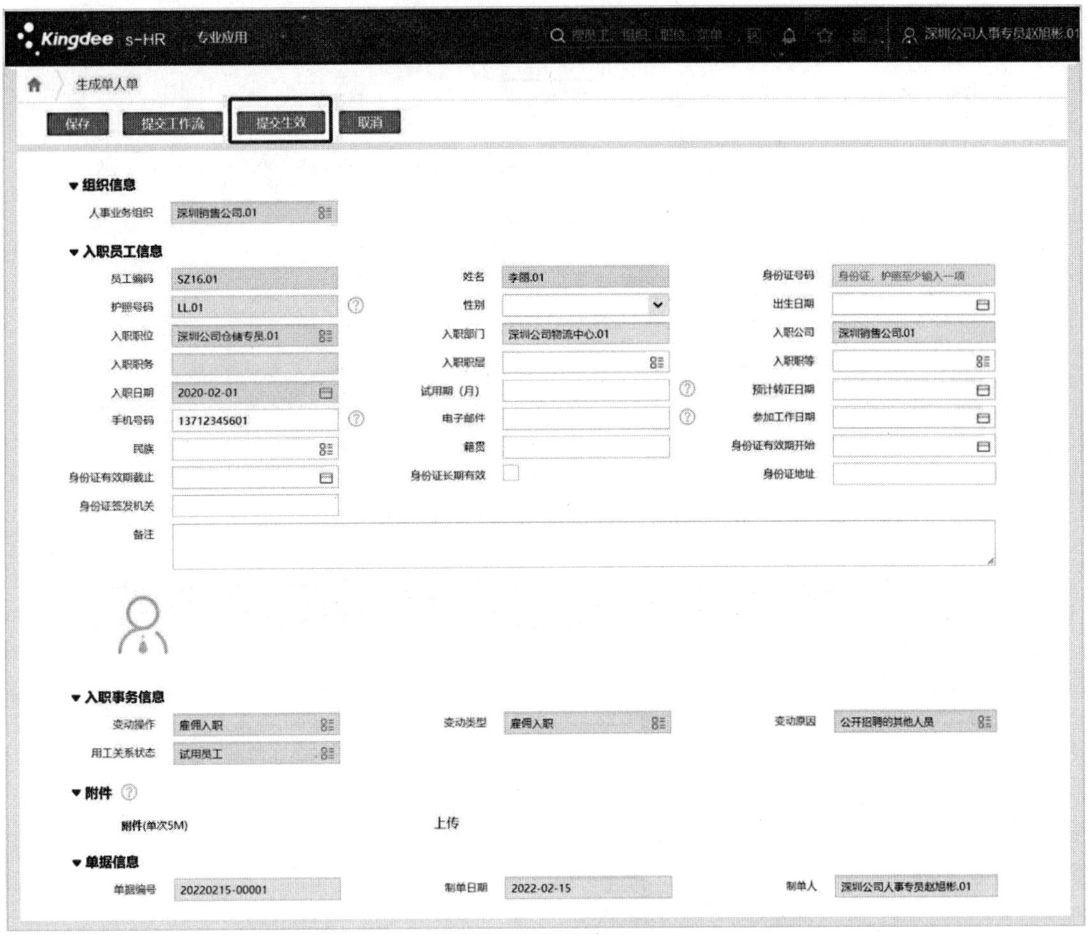

图 2-2-11　入职单据填写

2.3.2.2　查看入职单并进行劳动合同新签

[操作路径]:【员工管理】→【员工变动管理】→【入职】。

[操作步骤]:点击进入【入职】功能节点,首先按照图 2-2-12 步骤删除默认筛选条件。

图 2-2-12　删除默认筛选条件步骤

员工李丽入职后,需要与其签订劳动合同。在入职员工列表中找到"李丽"行并勾选,点击【更多】—【劳动合同新签】,如图 2-2-13 所示。

按照图 2-2-14 录入劳动合同签订信息,并点击【保存】。

图 2-2-13　新员工劳动合同签订步骤(1)

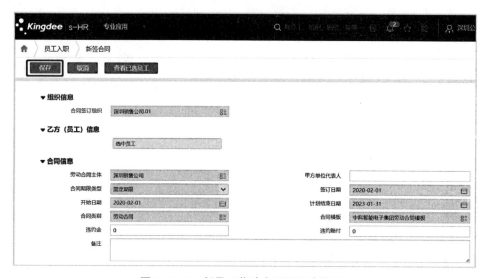

图 2-2-14　新员工劳动合同签订步骤(2)

提示：以上步骤为员工经预入职流程后，通过预入职单关联形成入职单。若企业在新员工入职前不设置预入职环节，亦可直接在【入职】功能节点，通过【直接入职】—【连续新增】或【工作流入职】—【创建单人入职单】/【创建多人入职单】进行入职单设置，如图 2-2-15 所示。直接入职意为无须经过审批流程即可直接生效，工作流入职意为在创建入职单后需要经过审批流程才可生效。

图 2-2-15　入职单创建流程

2.3.3 转正

对通过试用期考核员工的转正处理，支持通过单人或批量转正操作；也可以发起转正工作流审批的方式转正，转正审核通过后，系统自动生成员工任职历史信息，并自动更改为正式员工状态。转正业务可通过员工自助发起转正申请，也可由人事专员代员工发起处理。

[操作背景]：李丽的入职日期为 2020 年 2 月 1 日，试用期为 3 个月，预计转正时间为 2020 年 5 月 1 日。经考核，李丽在试用期的表现良好，予以转正。对此，深圳人事专员赵旭彬需要在 HR 系统中对李丽进行转正处理。转正业务采用业务流审批，审批人为人力资源总监。

2.3.3.1 创建转正单

[操作路径]：【员工管理】→【员工变动管理】→【转正】。

[操作角色]：深圳公司人事专员赵旭彬，账号密码为"SZ03.学号"。

[操作步骤]：进入【转正】功能节点，选中"李丽"行，点击【工作流转正】—【创建单人转正单】，如图 2-2-16 所示。

图 2-2-16　创建转正单

按照表 2-2-5 录入转正单，如图 2-2-17 所示，并点击【提交工作流】，转正单自动推送至深圳公司人力资源总监吴泉处。

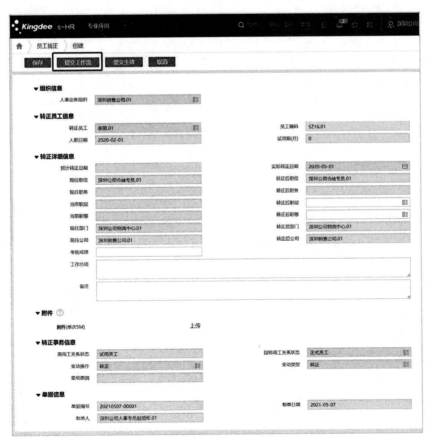

图 2-2-17　转正单

2.3.3.2 转正单据审批

[操作路径]:个人待办通知。

[操作角色]:深圳公司人力资源总监吴泉,账号密码为"SZ02.学号"。

[操作步骤]:使用深圳公司人力资源总监吴泉"SZ02.学号"账号登录人力资源系统,点击待办通知图标,可显示李丽转正单据已推送至人力资源总监吴泉的个人待办处,在工作流一栏点击【查看详情】,如图2-2-18所示。

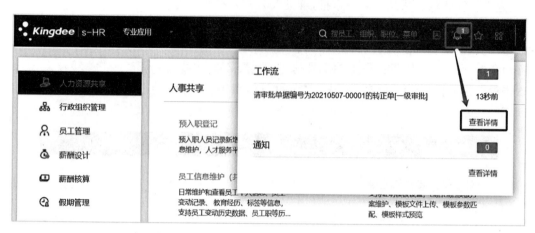

图 2-2-18 待办通知

勾选待审批单据,点击【处理】按钮,如图2-2-19所示。

图 2-2-19 单据处理

单据审批界面左边为原转正单,右方为审批处理栏。勾选"同意",并点击【提交】,完成对李丽转正单的审批,如图2-2-20所示。

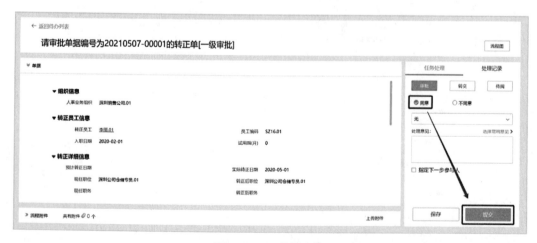

图 2-2-20 单据审核

2.3.4 调动

基于企业内部的职业发展通道和员工个人能力或绩效的升降,员工在企业内会通过晋升、平调、降职等不同方式产生内部流动,或者在集团下属分子公司之间跨组织流动,以上场景均在调动管理中实现。可批量处理员工调动,调动后更新员工的任职信息,调动类型包括公司内调动、跨公司调动。

操作背景:深圳公司仓储专员李丽希望到广州发展,有意愿调动至广州销售有限责任公司任仓储专员,并向公司提出调动申请,获批。为此,深圳公司人事专员赵旭彬需在人力资源系统上对李丽实行调动,从 2020 年 6 月 1 日执行。调动业务采用工作流审批形式,需通过人力资源总监审批。

分析:①调动包括公司内调动和跨公司调动,此案例场景为集团内的跨公司调动,因此涉及原公司的调出处理以及调入公司的调入处理两个环节;②被调入公司广州销售有限责任公司属于子公司,具有独立法人身份,调动工作需重新签订劳动合同、符合法律程序、规避法律风险。

2.3.4.1 原公司创建调出单

[操作路径]:【员工管理】→【员工变动管理】→【调动】。

[操作角色]:深圳公司人事专员赵旭彬,账号密码为"SZ03.学号"。

[操作步骤]:进入【调动】功能节点,选中"李丽"行,点击【跨公司工作流调动】—【创建调出单】,如图 2-2-21 所示。

图 2-2-21 创建跨公司调出单

按照表 2-2-6 填写调动单,如图 2-2-22 所示;此处需要注意在"调动后公司"处选中自己学号对应的公司,如图 2-2-23 所示。调动单填写完成后,点击【提交工作流】,调动单自动推送至深圳公司人力资源总监吴泉处。

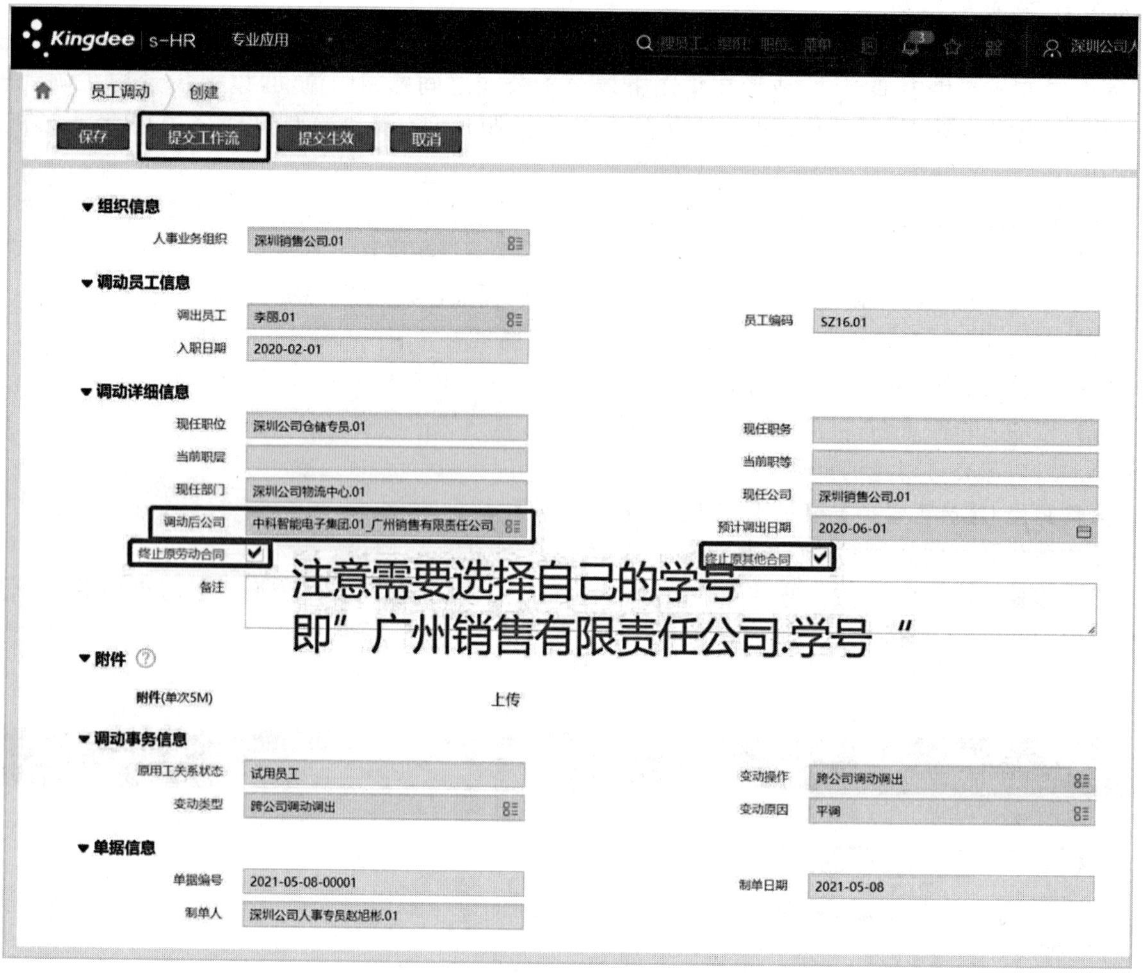

图 2-2-22　跨公司调出单

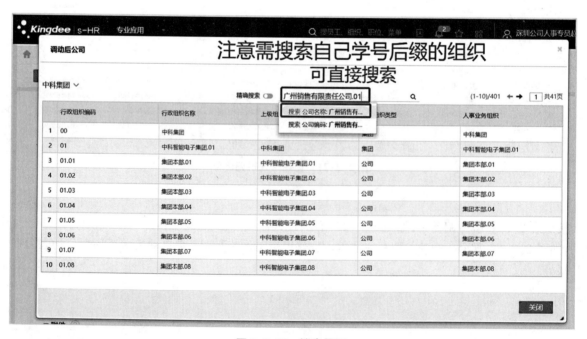

图 2-2-23　搜索界面

2.3.4.2 调出单据审批

[**操作路径**]:个人待办通知。

[**操作角色**]:深圳公司人力资源总监吴泉,账号密码为"SZ02.学号"。

[**操作步骤**]:使用深圳公司人力资源总监吴泉"SZ02.学号"账号(密码与账号同号)登录人力资源系统,点击待办通知图标,可显示李丽调出单据已推送至人力资源总监吴泉的个人待办处,在工作流栏处点击【查看详情】,如图 2-2-24 所示。

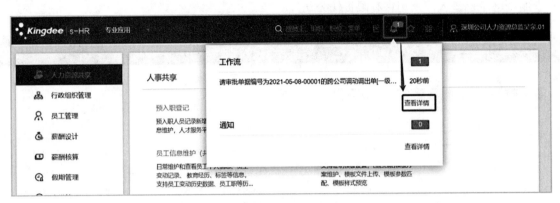

图 2-2-24 待办任务

勾选待审批单据,点击【处理】按钮,如图 2-2-25 所示。

图 2-2-25 处理单据

单据审批界面,左边是调出单原单据,右边是审批处理栏。勾选"同意",并点击【提交】,完成对李丽调出单的审批,如图 2-2-26 所示。

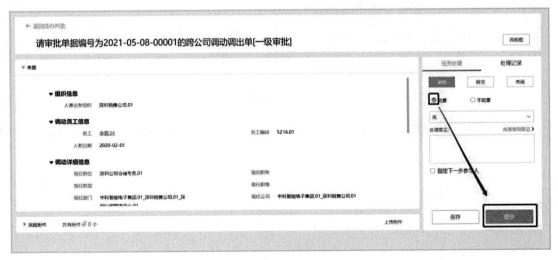

图 2-2-26 审批单据

2.3.4.3 调入公司处理调入员工分配

深圳销售公司处理李丽调出流程后,调出单自动推送至调入公司内,即广州销售有限责任公司,需要调入公司人事专员创建员工分配单,分配李丽至对应的调入岗位。

[操作路径]:【员工管理】→【员工变动管理】→【调动】。

[操作角色]:广州销售有限责任公司的人事专员,账号密码为"GZ03.学号"。

[操作步骤]:进入【调动】功能节点,按照图2-2-27步骤点击【跨公司工作流调动】—【调入员工分配】,可查看李丽调动单已进入广州销售有限责任公司。

图 2-2-27 调入员工分配

勾选李丽调入单,并点击【工作流调入员工分配】—【创建调入员工分配单】,如图 2-2-28 所示。

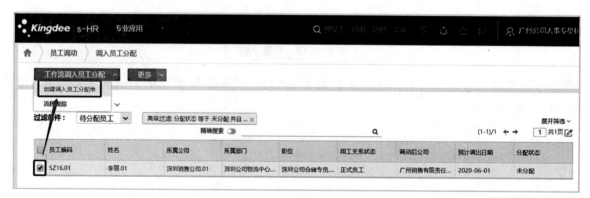

图 2-2-28 创建调入员工分配单

按照表 2-2-7 录入调动调入单,如图 2-2-29 所示,并点击【提交工作流】,调入单自动推送至广州公司人力资源总监刘飞处。

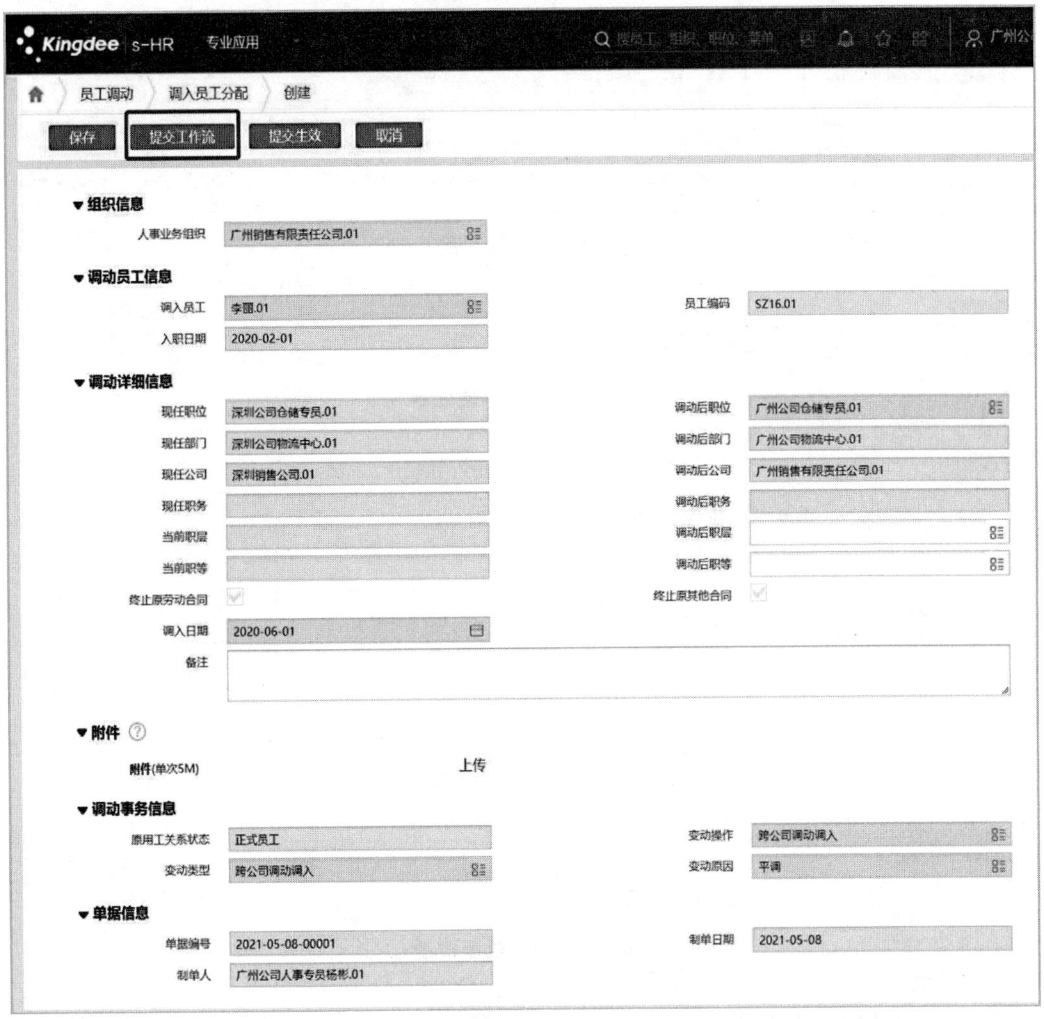

图 2-2-29 调动调入单

2.3.4.4 调动调入单据审批

[操作路径]：个人待办通知。

[操作角色]：广州公司人力资源总监刘飞，账号密码为"GZ02.学号"。

[操作步骤]：使用广州公司人力资源总监刘飞"GZ02.学号"账号（密码与账号同号）登录人力资源系统，点击待办通知图标，可显示李丽调入单已推送至人力资源总监刘飞的个人待办处。按照图 2-2-30、图 2-2-31、图 2-2-32 步骤完成调入单审批。

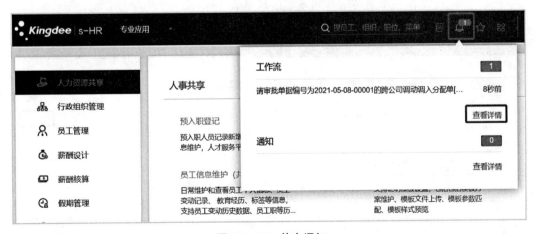

图 2-2-30 待办通知

实操 2 员工关系管理

图 2-2-31 单据处理

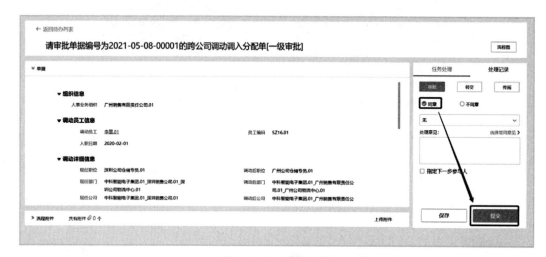

图 2-2-32 单据审批

2.3.4.5 劳动合同新签

被调入公司广州销售有限责任公司属于子公司,具有独立法人身份,调动工作需重新签订劳动合同、符合法律程序、规避法律风险。

在"2.3.4.1 原公司创建调出单"时,通过勾选调出单的"终止原劳动合同"及"终止原其他合同"已终止原公司合同,在此,李丽与广州销售有限责任公司新签劳动合同,并由人事专员杨彬录入人力资源系统,进行合同归案。

[操作路径]:【员工管理】→【员工合同】→【劳动合同】。

[操作角色]:广州公司人事专员杨彬,账号密码为"GZ03.学号"。

[操作步骤]:进入【劳动合同】功能节点,可参考2.2"员工合同管理"自行操作,亦可参考图2-2-33、图2-2-34、图2-2-35进行操作。李丽劳动合同新签信息见表2-2-8。

图 2-2-33 设置筛选条件

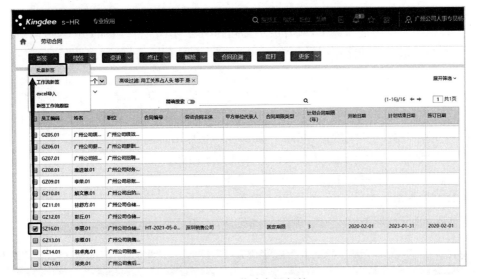

图 2-2-34 劳动合同新签

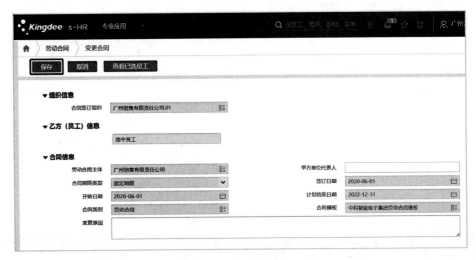

图 2-2-35 填写劳动合同

返回【劳动合同】列表,可查看李丽劳动合同主体已由深圳公司变动至广州销售有限责任公司,如图 2-2-36 所示。

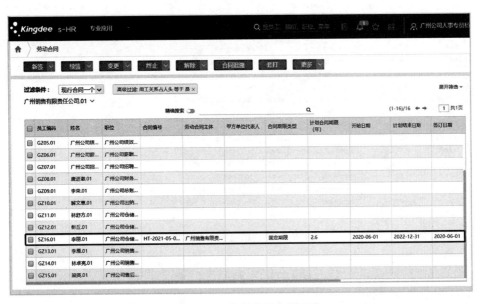

图 2-2-36 广州公司合同列表

实操2 员工关系管理

2.3.5 预离职

对已经向公司提出离职申请的员工,或者员工合同到期公司不准备续签的员工,可以纳入预离职管理库管理。人力资源系统预离职功能用以批量维护或导入预离职人员信息,预离职信息是后续员工离职处理的重要参考信息。

[操作背景]:中科智能电子集团员工管理办法中关于离职政策规定,员工离职需要提前30日向公司提出申请。广州公司仓储专员李丽因个人发展原因,欲于2021年1月1日离职,2020年12月31日为最后工作日。遵循劳动法与公司相关规定,李丽于2020年12月1日向公司提出离职申请。广州公司人事专员杨彬收到离职申请后,在人力资源系统录入具体预离职信息。

[操作路径]:【员工管理】→【员工变动管理】→【预离职】。

[操作角色]:广州公司人事专员杨彬,账号密码为"GZ03.学号"。

[操作步骤]:进入【预离职】功能节点,删除筛选条件,如图2-2-37所示。

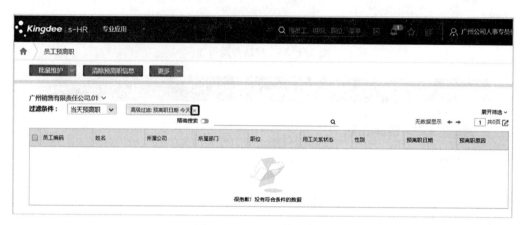

图 2-2-37 删除筛选条件

勾选"李丽",并点击【批量维护—批量维护】,如图2-2-38所示。

图 2-2-38 创建预离职单据

弹出预离职信息维护框,点击字段右端的"+"可新增维护字段,并按照表2-2-9填写预离职信息,点击【确认提交】,如图2-2-39所示。

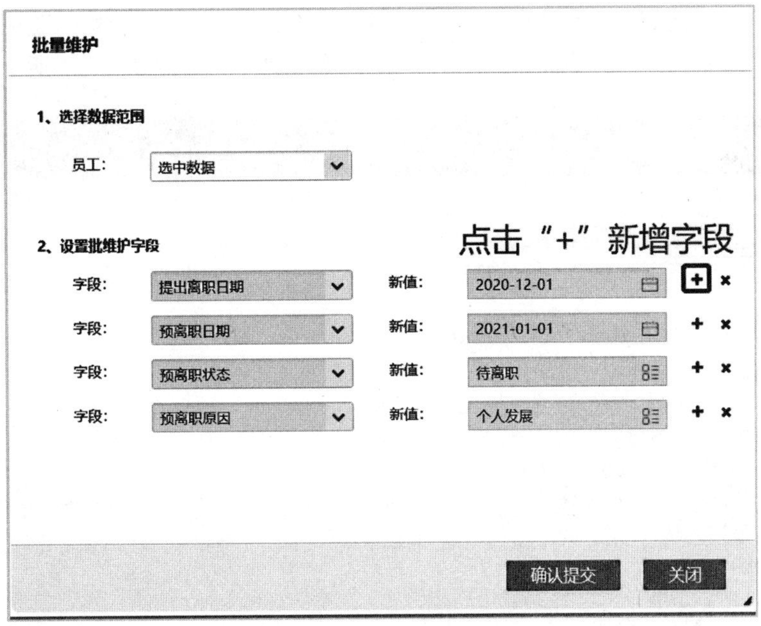

图 2-2-39　维护预离职字段

2.3.6　离职

对于员工主动提出辞职或公司终止合同、解雇、辞退员工,需进行离职处理。人力资源系统离职功能可批量处理或导入员工离职信息,离职后更新员工的任职信息,且可批量套打离职证明、承诺告知书等,可批量导入离职证据;针对员工违反纪律法规、出现重大错误等被辞退的情况,可批量维护或导入员工黑名单。

[操作背景]:广州公司仓储专员李丽已于 2020 年 12 月 1 日提出预离职,并于 2021 年 1 月 1 日正式离职,2020 年 12 月 31 日为最后工作日;广州公司人事专员杨彬为员工李丽在人力资源系统中创建离职单,处理其离职流程。离职业务采用工作流审批形式,审批人为人力资源总监。

2.3.6.1　创建离职单

[操作路径]:【员工管理】→【员工变动管理】→【离职】。

[操作角色]:广州公司人事专员杨彬,账号密码为"GZ03.学号"。

[操作步骤]:进入【离职】功能节点,勾选离职人"李丽"行,点击【工作流离职】—【创建单人离职单】,如图 2-2-40 所示。

图 2-2-40　创建离职单

按照表2-2-10填写离职单,并点击【提交工作流】进行工作流审批,系统将离职单由制单人(即广州公司人事专员杨彬)推送至审单人处(即广州公司人力资源总监刘飞),如图2-2-41所示。

图 2-2-41　填写离职单

2.3.6.2　离职单据审批

[**操作路径**]:个人待办通知。

[**操作角色**]:广州公司人力资源总监刘飞,账号密码为"GZ02.学号"。

[**操作步骤**]:使用广州公司人力资源总监刘飞"GZ02.学号"账号登录人力资源系统,点击待办通知图标,可显示李丽的离职单已推送至人力资源总监刘飞的个人待办处,在工作流栏处点击【查看详情】并进行审批处理,详细审批步骤见图2-2-42、图2-2-43、图2-2-44。

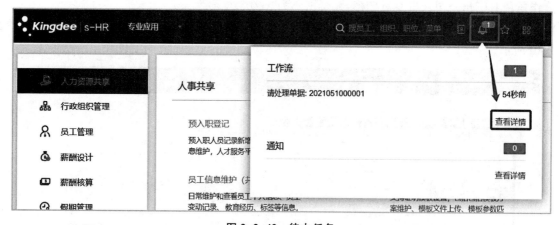

图 2-2-42　待办任务

图 2-2-43　单据处理

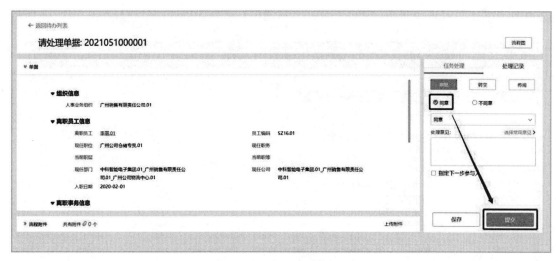

图 2-2-44　单据审批

2.3.7　借调

借调与调动的区别是：借调具有临时性；调动是正式从一个单位调往另一单位，具有长期性。借调是临时工作需要，不转劳动关系，劳动关系仍在自己的原单位；调动则必须转移劳动关系，与新调入的单位建立新的劳动关系，并与原单位脱离劳动关系。

借调功能用以处理员工借调业务，借调后更新员工的任职信息和借调经历，借调类型包括公司内借调、跨公司借调，支持借调调出职位待定的跨公司借调业务。

[操作背景]：中科智能电子集团为培养未来管理人员，挑选部分具有高潜力的员工实行轮岗制度，深圳公司销售经理周修明入选成为轮岗员工中一员，并于2020年6月1日至2020年12月31日期间调动至集团本部财务总监岗位进行轮岗。借调业务采用工作流审批形式，需通过人力资源总监审批。

分析：借调包括公司内借调和跨公司借调，此案例为集团内跨公司借调，因此涉及原公司借调调出处理以及调入公司的借调调入处理两个环节；发生借调业务时，借调员工的正式劳动关系仍在原工作单位，第二单位工作只属于"借调"，而不是劳动关系的调动，因此无须与借调单位签订新劳动合同。

2.3.7.1　原公司创建借调调出单

[操作路径]：【员工管理】→【员工变动管理】→【借调】。

[操作角色]：深圳公司人事专员赵旭彬，账号密码为"SZ03.学号"。

[操作步骤]：使用深圳公司人事专员赵旭彬的账号"SZ03.学号"登录人力资源系统（密码与账号同号），根据图2-2-45的路径进入【借调】功能节点。

图 2-2-45　借调进入路径

勾选深圳公司销售经理周修明,点击【跨公司借调调出】—【创建借调调出单】,如图2-2-46所示。

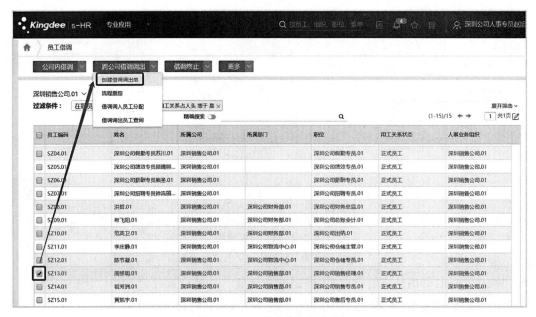

图2-2-46　创建借调调出单

按照表2-2-11信息填写借调调出单,并点击【提交工作流】对借调调出单进行工作流审批,系统将借调调出单由制单人(即深圳公司人事专员赵旭彬)推送至审单人(即深圳公司人力资源总监吴泉)处,如图2-2-47所示。

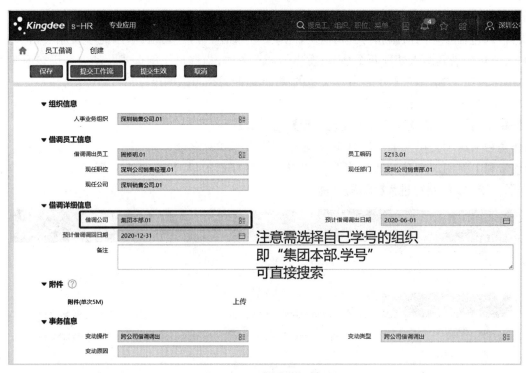

图2-2-47　填写借调调出单

2.3.7.2　借调调出单据审批

[**操作路径**]:个人待办通知。

[**操作角色**]:深圳公司人力资源总监吴泉,账号密码为"SZ02.学号"。

[**操作步骤**]:使用深圳公司人力资源总监吴泉"SZ02.学号"账号登录人力资源系统,点击待办通知图

标,可显示周修明入职单据已推送至人力资源总监吴泉的个人待办处,在工作流栏处点击【查看详情】,如图 2-2-48 所示。

图 2-2-48 待办通知

勾选待审批单据,点击【处理】按钮,如图 2-2-49 所示。

图 2-2-49 处理借调调出单

单据审批界面左边为借调调出原单据,右方为审批处理单。勾选"同意",并点击【提交】,完成对周修明借调调出单据的审批,如图 2-2-50 所示。

图 2-2-50 审核借调调出单

2.3.7.3 借调调入公司进行调入员工分配

[操作路径]:【员工管理】→【员工变动管理】→【借调】。

[操作角色]:集团本部人事专员陆亚友,账号密码为"BB03.学号"。

[操作步骤]:使用集团本部人事专员陆亚友的账号"BB03.学号"登录人力资源系统(密码与账号同号),进入【借调】功能节点,按照图 2-2-51 点击【跨公司借调调出】—【借调调入员工分配】。

图 2-2-51 借调调入员工分配

可查看周修明借调单据成功由借调调出公司（即深圳销售公司）推送至借调调入公司处（即集团本部）。勾选周修明借调单，并点击【创建借调调入员工分配单】，如图 2-2-52 所示。

图 2-2-52 创建借调调入员工分配单

按照表 2-2-12 信息填写借调调入分配单，并点击【提交工作流】进行工作流审批，系统将单据由制单人（即集团本部人事专员陆亚友）推送至审单人（即集团本部人力资源总监苏毕丘）处，如图 2-2-53 所示。

图 2-2-53 填写借调调入员工分配单

2.3.7.4 借调调入分配单审核

[操作路径]：个人待办通知。

[操作角色]：本部人力资源总监苏毕丘，账号密码为"BB02.学号"。

[操作步骤]：使用集团本部人力资源总监苏毕丘"BB02.学号"账号登录人力资源系统，点击待办通知图标，可显示周修明借调调入分配单已推送至人力资源总监苏毕丘的个人待办处，在工作流栏处点击【查看详情】，如图2-2-54所示。

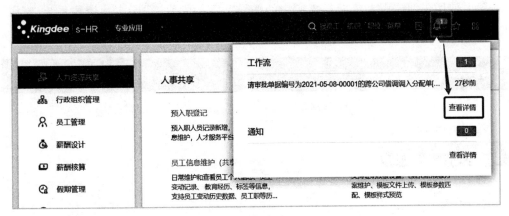

图 2-2-54 待办通知

勾选待审批单据，点击【处理】按钮，如图2-2-55所示。

图 2-2-55 处理借调调入单

单据审批界面左边为借调调入分配原单据，右方为审批处理单。勾选"同意"，并点击【提交】，完成对周修明借调调入分配单的审批，如图2-2-56所示。

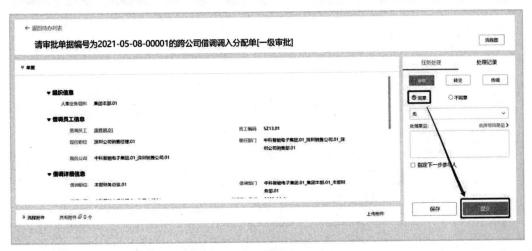

图 2-2-56 审核借调调入单据

2.3.8 兼职

人力资源系统兼职功能，处理员工兼职任命和兼职终止业务，兼职任命或兼职终止后更新员工的任职信息。

[操作背景]：深圳销售公司出纳范英卫因休产假暂离岗位，其间由深圳销售公司总账会计希飞阳兼职任出纳，兼职时间为2020年6月1日至2020年9月30日。兼职单提交审批采用工作流审批形式，由人力资源总监进行审批。

2.3.8.1 创建兼职任命单

[操作路径]：【员工管理】→【员工变动管理】→【兼职】。

[操作角色]：深圳公司人事专员赵旭彬，账号密码为"SZ03.学号"。

[操作步骤]：使用深圳公司人事专员赵旭彬的账号"SZ03.学号"登录人力资源系统（密码与账号同号），根据图2-2-57路径进入【兼职】功能节点。

图2-2-57 兼职进入路径

点击【兼职任命】—【创建兼职单】，如图2-2-58所示。

图2-2-58 创建兼职单

按照表 2-2-13 信息填写兼职任命单,并点击【提交工作流】,如图 2-2-59 所示。系统将兼职任命单由制单人(即深圳公司人事专员赵旭彬)推送至审单人(即深圳公司人力资源总监吴泉)处。

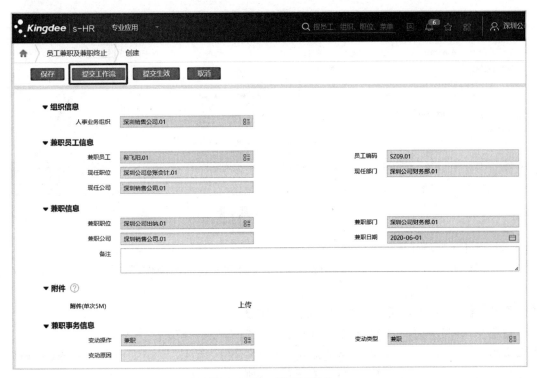

图 2-2-59　填写兼职单

2.3.8.2　兼职单据审批

[操作路径]:个人待办通知。

[操作角色]:深圳公司人力资源总监吴泉,账号密码为"SZ02.学号"。

[操作步骤]:使用深圳公司人力资源总监吴泉"SZ02.学号"账号登录人力资源系统,点击待办通知图标,可显示希飞阳兼职单已推送至人力资源总监吴泉的个人待办处,在工作流栏处点击【查看详情】并进行审批处理,详细审批步骤见图 2-2-60、图 2-2-61、图 2-2-62。

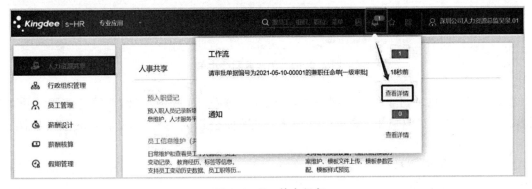

图 2-2-60　待办任务

图 2-2-61　处理单据

实操2　员工关系管理　115

图 2-2-62 审批单据

2.3.8.3 创建兼职终止单

2020年6月1日至2020年9月30日为希飞阳兼职深圳公司出纳岗位任命期,2020年9月30日兼职期满,人事专员需创建兼职终止单做停止兼职处理。

[**操作路径**]:【员工管理】→【员工变动管理】→【兼职】。

[**操作角色**]:深圳公司人事专员赵旭彬,账号密码为"SZ03.学号"。

[**操作步骤**]:使用深圳公司人事专员赵旭彬的账号"SZ03.学号"登录人力资源系统(密码与账号同号),进入【兼职】功能节点,并点击【兼职终止】—【创建兼职终止单】。

图 2-2-63 创建兼职终止单

按照表2-2-14信息填写兼职单,并点击【提交工作流】进行工作流审批,系统将兼职终止单据由制单人(即深圳公司人事专员赵旭彬)推送至审单人(即深圳公司人力资源总监吴泉)处,如图2-2-64所示。

2.3.8.4 兼职终止单审核

[**操作路径**]:个人待办通知。

[**操作角色**]:深圳公司人力资源总监吴泉,账号密码为"SZ02.学号"。

[**操作步骤**]:使用深圳公司人力资源总监吴泉"SZ02.学号"账号登录人力资源系统,点击待办通知图标,可显示希飞阳兼职终止单已推送至人力资源总监吴泉的个人待办处,在工作流栏处点击【查看详情】并进行审批处理,详细审批步骤见图2-2-65、图2-2-66、图2-2-67。

图 2-2-64 填写兼职终止单

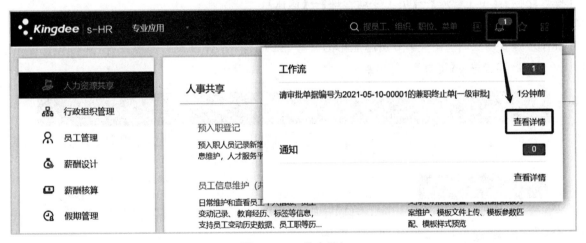

图 2-2-65 待办通知

图 2-2-66 处理单据

图 2-2-67　审批单据

2.3.9　退休

人力资源系统可处理员工退休业务，退休后人力资源系统自动更新员工的任职信息。

[操作背景]：深圳公司财务总监洪哲于 2020 年 11 月达到退休年龄，于 2020 年 11 月 1 日正式退休。深圳公司人事专员赵旭彬在人力资源系统中对洪哲进行退休业务处理。退休业务采用工作流审批程序，需人力资源总监进行审批生效。

2.3.9.1　创建退休单

[操作路径]：【员工管理】→【员工变动管理】→【退休】。

[操作角色]：深圳公司人事专员赵旭彬，账号密码为"SZ03.学号"。

[操作步骤]：用深圳公司人事专员赵旭彬的账号"SZ03.学号"登录人力资源系统（密码与账号同号），根据图 2-2-68 路径进入【退休】功能节点。

图 2-2-68　退休路径

点击【工作流退休】—【创建退休单】,如图2-2-69所示。

图 2-2-69　创建退休单

按照表2-2-15信息填写退休单,并点击【提交工作流】进行工作流审批,如图2-2-70所示。提交工作流后,系统将退休单由制单人(即深圳公司人事专员赵旭彬)推送至审单人处(即深圳公司人力资源总监吴泉)。

图 2-2-70　填写退休单

2.3.9.2　退休单据审批

[**操作路径**]:个人待办通知。

[**操作角色**]:深圳公司人力资源总监吴泉,账号密码为"SZ02.学号"。

[**操作步骤**]:使用深圳公司人力资源总监吴泉"SZ02.学号"账号登录人力资源系统,点击待办通知图标,可显示洪哲退休单已推送至人力资源总监吴泉的个人待办处,在工作流栏处点击【查看详情】并进行审批处理,详细审批步骤见图2-2-71、图2-2-72、图2-2-73。

图 2-2-71 待办通知

图 2-2-72 单据处理

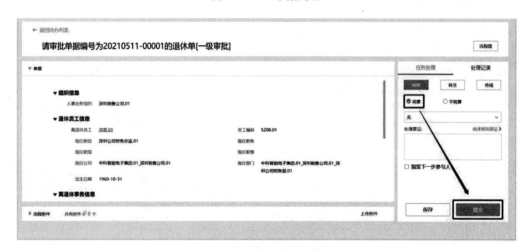

图 2-2-73 单据审批

2.3.10 返聘

返聘即聘请离休、退休人员回原单位继续工作。人力资源系统返聘功能,用以处理员工返聘和返聘终止,返聘或返聘终止后更新员工的任职信息。

[操作背景]:2020年11月1日原深圳公司财务总监洪哲正式退休离岗,因公司年末财务业务统计需要经验丰富的财务总监进行支持,公司预于2020年12月1日至2020年12月31日期间返聘原财务总监洪哲,经洪哲同意后,深圳公司人事专员在人力资源系统中录入返聘单并处理返聘流程。

2.3.10.1 创建返聘单

[操作路径]:【员工管理】→【员工变动管理】→【返聘】。

[操作角色]:深圳公司人事专员赵旭彬,账号密码为"SZ03.学号"。

[操作步骤]:使用深圳公司人事专员赵旭彬的账号"SZ03.学号"登录人力资源系统(密码与账号同

号),根据图 2-2-74 路径进入【返聘】功能节点。

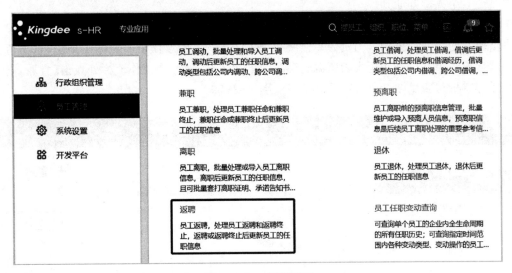

图 2-2-74 返聘路径

人力资源系统自动筛选出已退休及离休的员工,在此处,勾选洪哲,并点击【工作流返聘】—【创建返聘单】,如图 2-2-75 所示。

图 2-2-75 创建返聘单

按照表 2-2-16 填写返聘单,并点击【提交工作流】进行工作流审批,如图 2-2-76 所示。提交工作流后,系统将单据由制单人(即深圳公司人事专员赵旭彬)推送至审单人处(即深圳公司人力资源总监吴泉)。

图 2-2-76 填写返聘单

2.3.10.2 返聘单据审批

[操作路径]：个人待办通知。

[操作角色]：深圳公司人力资源总监吴泉，账号密码为"SZ02.学号"。

[操作步骤]：使用深圳公司人力资源总监吴泉"SZ02.学号"账号登录人力资源系统，点击待办通知图标，可显示洪哲返聘单据已推送至人力资源总监吴泉的个人待办处，在工作流栏处点击【查看详情】并进行审批处理，详细审批步骤见图2-2-77、图2-2-78、图2-2-79。

图2-2-77 待办通知

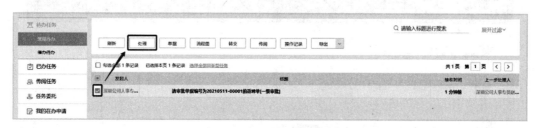

图2-2-78 处理单据

图2-2-79 审批单据

2.3.10.3 创建返聘终止单

[操作路径]：【员工管理】→【员工变动管理】→【返聘】。

[操作角色]：深圳公司人事专员赵旭彬，账号密码为"SZ03.学号"。

[操作步骤]：2020年12月31日洪哲返聘期到期，深圳公司人事专员赵旭彬进入【返聘】功能节点，点击【返聘终止】→【创建返聘终止单】，创建返聘终止单，终止洪哲返聘。

图 2-2-80 创建返聘终止单

按照表 2-2-17 填写返聘终止单信息,并点击【提交工作流】进行工作流审批,系统将单据由制单人(即深圳公司人事专员赵旭彬)推送至审单人处(即深圳公司人力资源总监吴泉),如图 2-2-81 所示。

图 2-2-81 填写返聘终止单

2.3.10.4 返聘终止单审批

[操作路径]:个人待办通知。

[操作角色]:深圳公司人力资源总监吴泉,账号密码为"SZ02.学号"。

[操作步骤]:使用深圳公司人力资源总监吴泉"SZ02.学号"账号登录人力资源系统,点击待办通知图标,可显示洪哲返聘终止单据已推送至人力资源总监吴泉的个人待办处,在工作流栏处点击【查看详情】并进行审批处理,详细审批步骤见图 2-2-82、图 2-2-83、图 2-2-84。

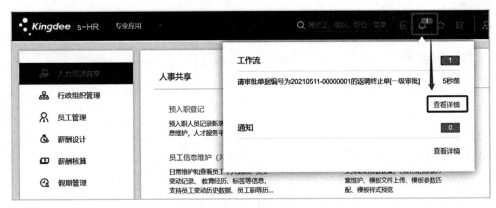

图 2-2-82 待办通知

图 2-2-83 处理单据

图 2-2-84 审批单据

2.4 员工信息统计

2.4.1 员工任职变动查询

人力资源系统员工任职变动查询,可查询员工在企业内全生命周期的所有任职变动历史,查询结果可扩展导出 EXCEL 表,支持导出部分员工数据或导出全部的员工变动数据。

[操作背景]:2020 年末,集团人力资源总监为分析全集团的年度员工变动状况及员工流动率,从人力资源系统中生成员工任职变动查询报表。

[操作路径]:【员工管理】→【员工变动管理】→【员工任职变动查询】。

[操作角色]:集团人力资源总监张简卉,账号密码为"JT03.学号"。

[操作步骤]:进入【员工任职变动查询】功能节点,可显示员工任职变动情况,如图 2-2-85 所示。由报表可知,中科智能电子集团在 2020 年度共发生以下员工变动情况。

图 2-2-85 员工任职变动情况

① 李丽于2020年2月1日以试用员工身份雇佣入职于深圳公司仓储专员,于2020年5月1日成功转正;于2020年6月1日发生跨公司调动,从深圳销售公司调动至广州销售有限责任公司,任广州公司仓储专员岗位;于2021年1月1日因个人发展原因从广州销售有限责任公司离职。

② 洪哲达到退休年龄并于2020年11月1日从深圳公司财务总监职位退休;2020年12月1日返聘于深圳公司财务总监岗位,并于2021年1月1日返聘终止。

③ 周修明于2020年6月1日发生跨公司借调,由原深圳公司销售经理岗位借调至集团本部财务总监岗位。

延伸内容

"员工任职变动查询"功能点可支持快速过滤条件设置,及时查询数据。查询界面如图2-2-86所示,过滤条件包含以下字段:

图 2-2-86 查询界面

① 业务组织:默认显示全部,可对用户权限范围内的人事业务组织查询。
② 变动日期:可显示当前、本周、本月、最近半月、最近一月、最近三月、自定义时间段查询。
③ 行政组织:可按变动日期显示行政组织架构,可多选行政组织。
④ 任职类型与单行显示组合过滤:用于查询兼职和主任职记录。员工主任职记录需勾选任职类型为主要任职且单行显示为"是",员工兼职记录需勾选任职类型为兼职任职且单行显示为"否"。
⑤ 支持高级过滤条件设置保存方案,供下次使用,如图2-2-87所示。

图 2-2-87 设置高级过滤条件

报表页面设置方案可定义显示的列表字段如图2-2-88所示。

图2-2-88　页面设置方案

2.4.2　员工信息查询

员工信息统计的关键数据包含员工联系方式、用工关系、职业信息、职业信息扩展、任职历史、职层职等、任职资格、员工变动记录、借调经历、社会工作经历、教育经历、项目经历、社会关系、语言能力、技能信息、职(执)业资格、职称信息、奖惩记录、培训活动、培训课程、劳动合同信息、其他合同信息。通过员工信息集查询出员工详细信息，点击进入员工信息详情页，可查询员工上述关键信息内容。

[操作背景]：以周修明为例，请人事专员查询周修明的员工信息明细。因周修明任深圳公司销售经理岗，因此需要使用深圳人事专员账号登录查看。

[操作路径]：【员工管理】→【员工信息管理】→【员工信息维护】。

[操作角色]：深圳公司人事专员赵旭彬，账号密码为"SZ03.学号"。

[操作步骤]：使用深圳公司人事专员赵旭彬的账号"SZ03.学号"登录人力资源系统（密码与账号同号），根据图2-2-89路径进入【员工信息维护】功能节点。

图2-2-89　员工信息维护进入路径

点击周修明信息行进入信息档案明细界面，如图 2-2-90 所示。

图 2-2-90　员工信息明细界面进入路径

通过员工信息集查询出员工详细信息，点击进入员工信息详情页，界面右方"相关信息"栏可查询员工关键信息内容。在这里以"员工变动记录"为例，查询周修明的变动历史记录，如图 2-2-91、图 2-2-92 所示。

图 2-2-91　员工相关信息

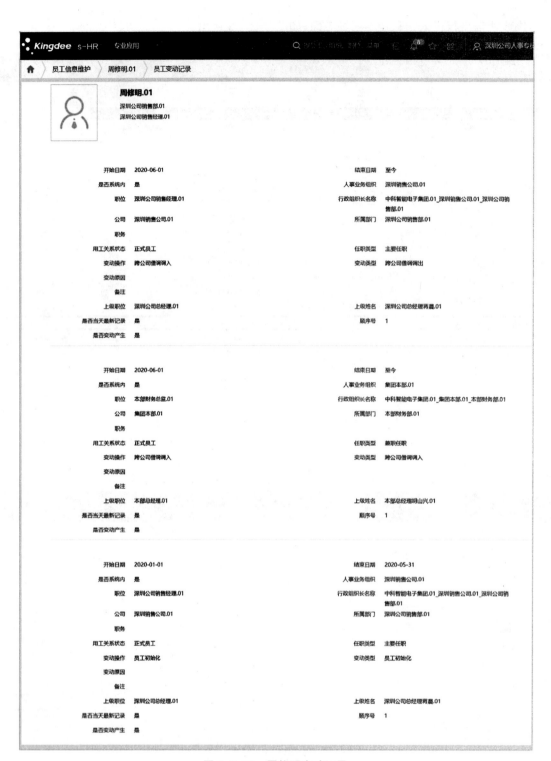

图 2-2-92 周修明变动记录

实操 3　假　勤　管　理

学习目标

- 了解常见 HR 系统假勤管理的基本设置；
- 能够在 HR 系统中进行员工假期业务组织匹配，生成员工假期档案；
- 能够在 HR 系统中进行员工考勤业务组织匹配，生成员工考勤档案；
- 掌握企业假期常见制度规定及设置，包括假期类型、额度规则、调休规则、假期制度、假期额度生成；
- 掌握企业考勤常见制度规定，包括取卡规则、班次设置、轮班规则、员工排班；
- 能够在 HR 系统处理日常的假勤业务，包括加班单、出差单、请假单、打卡记录、补签卡等业务的申请及审批；
- 能够在 HR 系统中进行员工考勤计算，并进行考勤结果与薪酬核算的数据对接；
- 能够对员工假期休假情况进行信息化管理，建立员工假期及调休电子档案；
- 能够对员工考勤情况进行信息化管理，建立员工考勤结果明细及考勤结果汇总表。

应用场景

人力资源系统假期和考勤管理系统支持集团多组织多形式的假期考勤制度管理及运算。包括员工各种类型的假期额度规则定义、假期业务审批和额度自动汇总及查询管理；以及各种类型的班次定义、灵活排班、各种渠道打卡数据自动采集、出差/加班/请假/补卡等单据与排班的智能匹配计算、考勤异常日清日结管理、事后智能排班运算等设计。

（1）假期管理应用场景。

关于员工假期福利：中科智能电子集团 2020 年假期类型、规则及适用范围如表 2-3-1 所示。除劳动法规定的年假、婚假、产假、陪产假外，中科智能电子集团针对日常加班情况较多的研发部员工设置"研发特休日"，以示关怀员工。

表 2-3-1　假期类型信息

假期类型	假期规则	适用范围
婚假	15 天，需一次性休完	已婚员工
产假	98 天，其中产前可以休假 15 天，需一次性休完出现以下情况者可向假勤专员申请额外的产假额度： 难产者增加产假 15 天；生育多胞胎者，每多生育 1 个婴儿，增加产假 15 天；女职工怀孕未满 4 个月流产者，可申请 15 天产假；怀孕满 4 个月流产的，可申请 42 天产假	已婚及女性员工
陪产假	男方护理假 15 天，需一次性休完	已婚及男性员工
年假	工龄已满 1 年不满 10 年的，年休假 5 天；已满 10 年不满 20 年的，年休假 10 天；已满 20 年的，年休假 15 天；可延期 3 个月	工龄已满一年及以上的员工
研发部特休日	每月 1 天	本部研发部员工

关于员工加班补偿:中科智能电子集团以调休假或加班费作为员工加班补偿,调休额度来源于加班单,以自然年为周期,当年调休额度不累计至下年。工作日调休比率为1:1;休息日调休比率为1:1;法定节假日加班按国家规定以加班费(1:3)或调休(1:1)作为补偿形式。集团的调休额度使用规则要求先休完工作日调休额度,再休休息日额度,最后休法定节假日额度。

需要根据中科智能电子集团假期额度规则,对各员工生成假期额度,并生成假期汇总表、调休明细表。

(2)考勤管理应用场景。

关于考勤制度:中科智能电子集团根据部门工作属性设置不同考勤制度,以集团本部为例,集团本部考勤制度详情如表2-3-2所示。集团假勤专员需要在人力资源系统中设置取卡规则、班次信息、考勤制度、轮班规则并分配给对应部门。

表2-3-2 集团本部考勤制度

部门	班次设置	班次时间	轮班规则	考勤制度
本部生产部	三班倒	早班 00:00—08:00 中班 08:00—16:00 晚班 16:00—00:00	双休+三班倒	① 旷工起始值为240分钟,即迟到早退超过240分钟内视为旷工 ② 工作日、休息日加班补偿方式为调休,法定节假日加班补偿方式为加班费或调休
本部研发部	限时弹性班次+固定加班特定日	① 标准班次 09:00—18:00,上下班有一个小时弹性范围,在弹性范围内上满标准工时无异常 ② 每周二、四晚19:00—20:00固定加班(但没有加班也不算考勤异常)	双休+限时弹性班+固定加班特定日	
集团本部(直属)	行政班	09:00—18:00	双休+行政班	① 旷工起始值为240分钟,即迟到早退超过240分钟内视为旷工 ② 工作日、休息日加班补偿方式为调休,法定节假日加班补偿方式为加班费或调休
本部财务部				
本部行政部				
本部法务部				
本部物流中心	行政班	09:00—18:00	大小周+行政班	

关于员工考勤业务:以集团本部为例,2020年1月本部员工陆亚友发生以下考勤状况,如表2-3-3所示。本部考勤专员需在人力资源系统中处理员工考勤业务,并进行考勤计算转薪资、加班汇算转调休。

表2-3-3 员工陆亚友考勤状况

姓名	出勤情况	出勤结果
本部人事专员 陆亚友	① 2020-01-11 休息日(OT2)加班8小时 ② 2020-01-13 至 18 出差 6 天 ③ 2020-01-20 请年假一天 ④ 2020-01-28 17:00 打下班卡 ⑤ 2020-01-29 10:00 打上班卡 ⑥ 2020-01-30 14:00 打上班卡(迟到超过240分钟自动算旷班) ⑦ 2020-01-31 漏打上班卡,后进行补卡	① 加班时长8.00小时,调休OT2小时数8.00小时 ② 出差次数6次,出差时长6天 ③ 请假时长1天,年假次数1次 ④ 早退次数1次,早退60分钟 ⑤ 迟到次数1次,迟到60分钟 ⑥ 旷工次数1次,旷工小时数8小时 ⑦ 缺卡次数1次,补卡次数1次 ⑧ 应出勤天数22.00天,实际出勤天数19.76天

假勤汇算完毕后,集团本部假勤专员在次月初生成1月份的员工假勤报表,包括假期汇总表、调休明细表、考勤结果明细、考勤结果汇总表。

实验任务

- 进入【假期类型】,维护假期类型;
- 进入【额度规则】,设置额度规则;

- 进入【调休规则】,设置调休规则;
- 进入【假期业务组织设置】,进行假期业务组织设置,并生成员工假期档案;
- 进入【员工假期档案】,查看员工假期档案;
- 进入【假期额度】,生成员工假期额度;
- 进入【取卡规则】,进行取卡规则设置;
- 进入【班次设置】,进行班次设置;
- 进入【考勤制度】,进行考勤制度设置;
- 进入【轮班规则】,进行轮班规则设置;
- 进入【考勤业务组织设置】,完成考勤业务组织设置并生成考勤档案;
- 进入【考勤档案】,新建员工考勤档案;
- 进入【员工排班】,生成员工排班;
- 进入【加班单】,创建员工加班单;
- 进入【出差单】,创建员工出差单;
- 进入【出差确认单】,进行出差确认及销/改出差单;
- 进入【请假单】,创建员工请假单;
- 进入【请假确认单】,进行请假确认与销假;
- 进入【打卡记录】,导入打卡记录;
- 进入【补签卡】,对缺卡漏卡进行补签;
- 进入【考勤计算】,对员工的考勤状况进行计算;
- 进入【假期额度】,进行加班汇算并转调休;
- 进入【假期汇总表】,查询员工休假情况汇总表;
- 进入【调休明细表】,查询员工调休状况明细;
- 进入【考勤结果明细】,生成员工考勤结果明细报表;
- 进入【考勤结果汇总】,生成员工考勤结果汇总报表。

 实验数据

(1) 年假额度规则数据。

年假额度规则数据如表 2-3-4 所示。

表 2-3-4 年假额度规则数据

年假						
创建业务组织	编码	名称	共享策略	假期类型	值类型	计算标准
中科智能电子集团.学号	01.学号	年假额度规则.学号	向下共享	年假	范围	工龄
折算方式	额度起始年	首次工龄额度是否折算	起始日期计算基准	首次折算方式	基准方式	首年生效日期
天	入职首年计算额度	是(勾选)	首次入集团日期优先	天	自然年	入职日期
延期时长	延期时长单位	按跨业务组织调动的生效日期折算	扣除司龄调整值	司龄计算规则		
3	月	是(勾选)	否(不勾选)	工龄(大于等于)(0)年 (小于)(1)年值:(0) 工龄(大于等于)(1)年 (小于)(10)年值:(5) 工龄(大于等于)(10)年 (小于)(20)年值:(10) 工龄(大于等于)(20)年 (小于)(100)年值:(15)		

(2)婚假额度规则数据。

婚假额度规则数据如表2-3-5所示。

表2-3-5 婚假额度规则数据

婚假						
创建业务组织	编码	名称	共享策略	假期类型	值类型	固定值
中科智能电子集团	02.学号	婚假额度规则.学号	向下共享	婚假	固定值	15
基准方式	首年生效日期	延期时长	延期时长单位	员工范围		
自然年	入职日期	0	年	(员工基本信息-婚姻状况)(等于)(已婚)		

(3)产假额度规则数据。

产假额度规则数据如表2-3-6所示。

表2-3-6 产假额度规则数据

产假						
创建业务组织	编码	名称	共享策略	假期类型	值类型	固定值
中科智能电子集团.学号	03.学号	产假额度规则.学号	向下共享	产假	固定值	98
基准方式	首年生效日期	延期时长	延期时长单位	员工范围		
自然年	入职日期	0	年	(员工基本信息-性别)(等于)(女) (员工基本信息-婚姻状况)(等于)(已婚)		

(4)陪产假额度规则数据。

陪产假额度规则数据如表2-3-7所示。

表2-3-7 陪产假额度规则数据

陪产假						
创建业务组织	编码	名称	共享策略	假期类型	值类型	固定值
中科智能电子集团	04.学号	陪产假额度规则.学号	向下共享	陪产假	固定值	15
基准方式	首年生效日期	延期时长	延期时长单位	员工范围		
自然年	入职日期	0	年	(员工基本信息-性别)(等于)(男) (员工基本信息-婚姻状况)(等于)(已婚)		

(5)研发部特休日额度规则数据。

研发部特休日额度规则数据如表2-3-8所示。

表 2-3-8　研发部特休日额度规则数据

研发部特休日					
创建业务组织	编码	名称	共享策略	假期类型	值类型
中科智能电子集团.学号	05.学号	研发部特休日额度规则.学号	分配共享	研发部特休日.学号	固定值
固定值	基准方式	首年生效日期	延期时长	延期时长单位	员工范围
1	自然年	入职日期	0	年	（员工任职历史-所属部门）（等于）（本部研发部.学号）

(6) 调休额度规则数据。

调休额度规则数据如表 2-3-9 所示。

表 2-3-9　调休额度规则数据

创建业务组织	行政组织	编码	名称	共享策略	周期类型
中科智能电子集团.学号	中科智能电子集团.学号	01.学号	电子集团调休规则.学号	向下共享	自然年
延长日期	延长日期单位	累计额度最大值	转调休来源	单位转换规则	工作日调休比率
0	月	0	加班单	按排班标准工时转换	1∶1
休息日调休比率	法定节假日比率	请调休假时扣减调休OT优先级			
1∶1	1∶1	调休OT3＞调休OT2＞调休OT1			

(7) 生成年假额度。

年假额度生成单据信息如表 2-3-10 所示。

表 2-3-10　年假额度生成单据

假期业务组织	假期类型	基准日期	已存在额度处理方式
集团本部.学号	年假	2020-01-01	更新

(8) 生成研发部特休日额度。

研发部特休日额度生成单据信息如表 2-3-11 所示。

表 2-3-11　研发部特休日额度生成单据

假期业务组织	行政组织	假期类型	基准日期	已存在额度处理方式
集团本部.学号	本部研发部.学号	研发部特休日	2020-01-01	更新

(9) 取卡规则。

一段班、二段班、三段班取卡规则设置分别如表 2-3-12、表 2-3-13、表 2-3-14 所示。

表 2-3-12　一段班取卡规则设置

基本信息	
创建业务组织	中科智能电子集团.学号
编码	01.学号
名称	一段班取卡规则.学号
共享策略	向下共享
上班取卡提前(H)	3
下班取卡延后(H)	3
最短取卡间隔(分钟)	0
适用段次	一段
免卡点实际打卡控制	免卡点直接填充
跨天允许重复取卡	是
上班第一次取卡	
取卡范围开始时数	3
取卡范围结束时数	4
上班第一次取卡方式	该段最早卡
下班第一次取卡	
取卡范围开始时数	4
取卡范围结束时数	3
下班第一次取卡方式	该段最晚卡

表 2-3-13　二段班取卡规则设置

基本信息	
创建业务组织	中科智能电子集团.学号
编码	02.学号
名称	二段班取卡规则.学号
共享策略	向下共享
上班取卡提前(H)	3
下班取卡延后(H)	3
最短取卡间隔(分钟)	0
适用段次	二段
免卡点实际打卡控制	前后有卡时自动填充
跨天允许重复取卡	是
上班第一次取卡	
取卡范围开始时数	3
取卡范围结束时数	4
上班第一次取卡方式	该段最早卡

(续表)

下班第一次取卡	
取卡范围开始时数	4
取卡范围结束时数	3
下班第一次取卡方式	该段最晚卡
段间取卡规则	
分配类型	最近打卡点

表 2-3-14　三段班取卡规则设置

基本信息	
创建业务组织	中科智能电子集团.学号
编码	03.学号
名称	三段班取卡规则.学号
共享策略	向下共享
上班取卡提前(H)	3
下班取卡延后(H)	3
最短取卡间隔(分钟)	0
适用段次	三段
免卡点实际打卡控制	免卡点直接填充
跨天允许重复取卡	是
上班第一次取卡	
取卡范围开始时数	3
取卡范围结束时数	4
上班第一次取卡方式	该段最早卡
下班第一次取卡	
取卡范围开始时数	4
取卡范围结束时数	3
下班第一次取卡方式	该段最晚卡
段间取卡规则	
段间1-分配类型	最近打卡点
段间2-分配类型	最近打卡点

(10) 班次设置。

行政班、早班、中班、晚班、限时弹性班、全天弹性班、固定加班特定日班次设置分别如表 2-3-15、表 2-3-16、表 2-3-17、表 2-3-18、表 2-3-19、表 2-3-20、表 2-3-21 所示。

表 2-3-15　行政班班次设置数据

基本信息						
创建业务组织	行政组织	编码	名称	加班补偿方式	标准工时	共享策略
中科智能电子集团.学号	中科智能电子集团.学号	01.学号	行政班.学号	调休	8.00	向下共享

班次信息									
段次	出勤类型	参考日期	上班时间	是否打卡	参考日期	下班时间	是否打卡	休息开始	休息结束	段内休息（分）
第一段	正常出勤	当天	09:00	是	当天	18:00	是	12:00	13:00	60

表 2-3-16　早班班次设置数据

基本信息						
创建业务组织	行政组织	编码	名称	加班补偿方式	标准工时	共享策略
中科智能电子集团.学号	中科智能电子集团.学号	02.学号	早班.学号	调休	8.00	向下共享

班次信息									
段次	出勤类型	参考日期	上班时间	是否打卡	参考日期	下班时间	是否打卡	休息开始	休息结束	段内休息（分）
第一段	正常出勤	当天	00:00	是	当天	08:00	是	/	/	/

表 2-3-17　中班班次设置数据

基本信息						
创建业务组织	行政组织	编码	名称	加班补偿方式	标准工时	共享策略
中科智能电子集团.学号	中科智能电子集团.学号	03.学号	中班.学号	调休	8.00	向下共享

班次信息									
段次	出勤类型	参考日期	上班时间	是否打卡	参考日期	下班时间	是否打卡	休息开始	休息结束	段内休息（分）
第一段	正常出勤	当天	08:00	是	当天	16:00	是	/	/	/

表 2-3-18　晚班班次设置数据

基本信息						
创建业务组织	行政组织	编码	名称	加班补偿方式	标准工时	共享策略
中科智能电子集团.学号	中科智能电子集团.学号	04.学号	晚班.学号	调休	8.00	向下共享

班次信息									
段次	出勤类型	参考日期	上班时间	是否打卡	参考日期	下班时间	是否打卡	休息开始	休息结束	段内休息（分）
第一段	正常出勤	当天	16:00	是	当天	00:00	是	/	/	/

表 2-3-19　限时弹性班班次设置数据

基本信息									
创建业务组织	行政组织	编码	名称	加班补偿方式	标准工时	弹性班	弹性方式	共享策略
中科智能电子集团.学号	中科智能电子集团.学号	05.学号	限时弹性班.学号	调休	8.00	是（勾选）	（上下班弹性）往(后)弹性(1)小时	向下共享
班次信息									
段次	出勤类型	参考日期	上班时间	是否打卡	参考日期	下班时间	是否打卡	休息开始	休息结束	段内休息（分）
第一段	正常出勤	当天	09:00	是	当天	18:00	是	12:00	13:00	60

表 2-3-20　全天弹性班班次设置数据

基本信息									
创建业务组织	行政组织	编码	名称	加班补偿方式	标准工时	弹性班	弹性方式	共享策略
中科智能电子集团.学号	中科智能电子集团.学号	06.学号	全天弹性班.学号	调休	8.00	是（勾选）	全天弹性	向下共享
班次信息									
段次	出勤类型	参考日期	上班时间	是否打卡	参考日期	下班时间	是否打卡	休息开始	休息结束	段内休息（分）
第一段	正常出勤	当天	09:00	是	当天	18:00	是	/	/	60

表 2-3-21　固定加班特定日班次设置数据

基本信息									
创建业务组织	行政组织	编码	名称	加班补偿方式	标准工时	弹性班	弹性方式	共享策略
中科智能电子集团.学号	中科智能电子集团.学号	07.学号	固定加班特定日.学号	调休	8.00	是（勾选）	（上下班弹性）往(后)弹性(1)小时	向下共享
班次信息									
段次	出勤类型	参考日期	上班时间	是否打卡	参考日期	下班时间	是否打卡	休息开始	休息结束	段内休息（分）
第一段	正常出勤	当天	09:00	是	当天	18:00	否	12:00	13:00	60
第二段	固定加班不计异常	当天	19:00	否	当天	20:00	是	/	/	/

（11）考勤制度。

考勤制度数据信息如表 2-3-22 所示。

表 2-3-22　考勤制度数据

基本信息						
创建业务组织	行政组织	编码	名称	工作日历	考勤周期	共享策略
中科智能电子集团.学号	中科智能电子集团.学号	01.学号	中科智能电子集团考勤制度.学号	中国大陆工作日历	自然月考勤周期	向下共享
异常						
每段早退允许值		每段迟到允许值		旷工起始值（分钟）		异常类型判断
0		0		240		按排班和打卡判断
加班						
工作日加班补偿方式选择		调休		默认值		调休
休息日加班补偿方式选择		调休		默认值		调休
法定假日加班补偿方式选择		调休、加班费		默认值		加班费

（12）轮班规则。

轮班规则数据信息如表 2-3-23 至表 2-3-27 所示。

表 2-3-23　双休＋行政班轮班制度数据

基本信息				
创建业务组织	行政组织	编码	名称	共享策略
中科智能电子集团.学号	中科智能电子集团.学号	01.学号	双休＋行政班.学号	向下共享
轮班排班信息				
编号	日期类型	班次名称	班次编码	上下班时间
1	工作日	行政班.学号	01.01	09:00—18:00
2	工作日	行政班.学号	01.01	09:00—18:00
3	工作日	行政班.学号	01.01	09:00—18:00
4	工作日	行政班.学号	01.01	09:00—18:00
5	工作日	行政班.学号	01.01	09:00—18:00
6	休息日			
7	休息日			

表 2-3-24　双休＋全天弹性班轮班制度数据

基本信息				
创建业务组织	行政组织	编码	名称	共享策略
中科智能电子集团.学号	中科智能电子集团.学号	02.学号	双休＋全天弹性班.学号	向下共享

(续表)

轮班排班信息				
编号	日期类型	班次名称	班次编码	上下班时间
1	工作日	全天弹性班.学号	06.01	09:00—18:00
2	工作日	全天弹性班.学号	06.01	09:00—18:00
3	工作日	全天弹性班.学号	06.01	09:00—18:00
4	工作日	全天弹性班.学号	06.01	09:00—18:00
5	工作日	全天弹性班.学号	06.01	09:00—18:00
6	休息日			
7	休息日			

表2-3-25 双休+三班倒轮班制度数据

基本信息				
创建业务组织	行政组织	编码	名称	共享策略
中科智能电子集团.学号	中科智能电子集团.学号	03.学号	双休+三班倒.学号	向下共享
轮班排班信息				
编号	日期类型	班次名称	班次编码	上下班时间
1	工作日	早班.学号	02.01	00:00—08:00
2	工作日	早班.学号	02.01	00:00—08:00
3	工作日	中班.学号	03.01	08:00—16:00
4	工作日	中班.学号	03.01	08:00—16:00
5	工作日	晚班.学号	04.01	16:00—00:00
6	工作日	晚班.学号	04.01	16:00—00:00
7	休息日			
8	休息日			

表2-3-26 双休+限时弹性班+固定加班特定日轮班制度数据

基本信息				
创建业务组织	行政组织	编码	名称	共享策略
中科智能电子集团.学号	中科智能电子集团.学号	04.学号	双休+限时弹性班+固定加班特定日.学号	向下共享
轮班排班信息				
编号	日期类型	班次名称	班次编码	上下班时间
1	工作日	限时弹性班.学号	02.01	09:00—18:00
2	工作日	固定加班特定日.学号	02.01	09:00—20:00
3	工作日	限时弹性班.学号	03.01	09:00—18:00
4	工作日	固定加班特定日.学号	03.01	09:00—20:00
5	工作日	限时弹性班.学号	04.01	09:00—18:00
6	休息日			
7	休息日			

表 2-3-27　大小周+行政班轮班制度数据

基本信息					
创建业务组织	行政组织	编码	名称	共享策略	
中科智能电子集团.学号	中科智能电子集团.学号	05.学号	大小周+行政班.学号	向下共享	
轮班排班信息					
编号	日期类型	班次名称	班次编码	上下班时间	
1	工作日	行政班.学号	01.01	09:00—18:00	
2	工作日	行政班.学号	01.01	09:00—18:00	
3	工作日	行政班.学号	01.01	09:00—18:00	
4	工作日	行政班.学号	01.01	09:00—18:00	
5	工作日	行政班.学号	01.01	09:00—18:00	
6	工作日	行政班.学号	01.01	09:00—18:00	
7	休息日				
8	工作日	行政班.学号	01.01	09:00—18:00	
9	工作日	行政班.学号	01.01	09:00—18:00	
10	工作日	行政班.学号	01.01	09:00—18:00	
11	工作日	行政班.学号	01.01	09:00—18:00	
12	工作日	行政班.学号	01.01	09:00—18:00	
13	休息日				
14	休息日				

（13）加班单。

加班数据如表 2-3-28 所示。

表 2-3-28　加班单数据

姓名	加班日期	加班类型	加班开始时间	加班结束时间	补偿方式	单据编号
本部人事专员陆亚友.学号	2020-01-11	休息日加班	2020-01-11 09:00	2020-01-11 18:00	调休	01.学号

（14）出差单。

出差单数据如表 2-3-29 所示。

表 2-3-29　出差单数据

姓名	出差类型	出差开始时间	出差结束时间	出差天数	出发地点	目的地点	交通工具（去程&返程）	单据编号
本部人事专员陆亚友.学号	国内	2020-01-13 09:00	2020-01-17 18:00	5	深圳	北京	飞机	01.学号

（15）请假单。

请假单数据如表 2-3-30 所示。

表 2-3-30 请假单数据

姓名	请假类型	请假开始时间	请假结束时间	请假长度	单据编号
本部人事专员陆亚友.学号	年假	2020-01-20 09:00	2020-01-21 18:00	2 天	01.学号

(16) 补签卡。

补签卡数据如表 2-3-31 所示。

表 2-3-31 补签卡数据

单据编号	考勤日期	补签卡类型	补签卡原因
01.学号	2020-01-31 09:00	补卡	忘记打卡

实验步骤

3.1 集团假期管控

3.1.1 假期类型管控

假期类型是假期业务的基础数据，在人力资源系统假期类型中内置了年假、事假、病假、调休假、婚假、产假、陪产假、节育假、工伤假、探亲假、丧假、产检假、研发部特休日及其他假期等假期类型，可直接引用，亦可根据实际所需自定义新增假期类型。

[操作背景]：中科智能电子集团人力资源总监通过对不同部门出勤时长统计分析发现，研发部日常加班情况较多。为表示关怀，集团人力资源部决定对本部研发部员工新设每月一天的研发部特休日，并内置于系统，无须另外新增，查看即可。

[操作路径]：【假期管理】→【假期业务设置】→【假期类型】。

[操作角色]：集团假勤专员孙俊，账号密码为"JT07.学号"。

[操作步骤]：进入【假期类型】功能节点，点击【查看可使用】按钮，可查看系统已内置的假期类型，如图 2-3-1 所示。

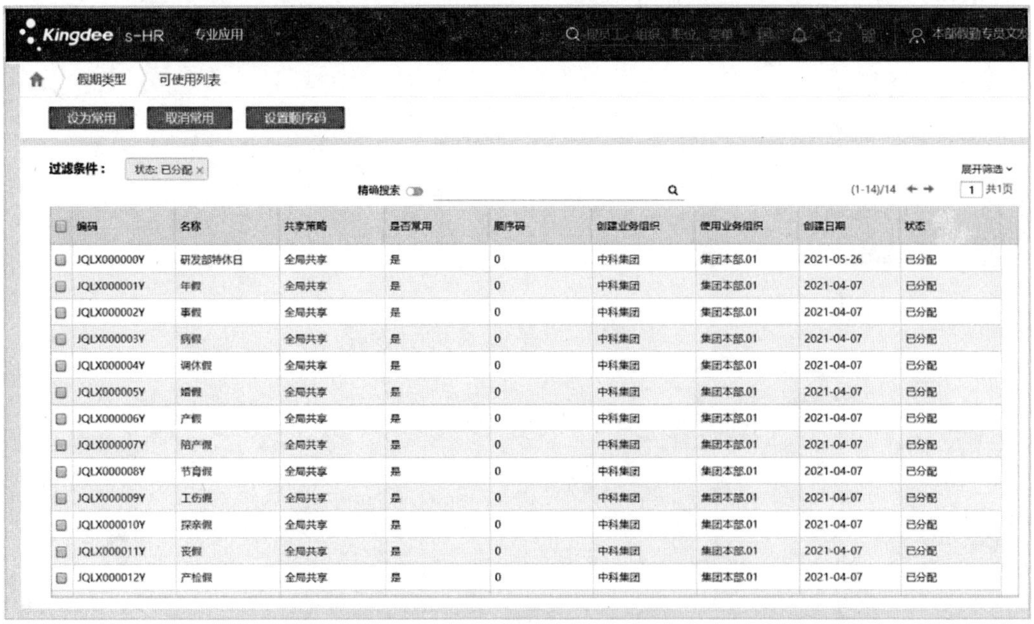

图 2-3-1 内置假期制度

3.1.2 额度规则管控

额度规则是假期额度计算时对于各个假期类型的计算规则,是假期管理的基础数据,支持共享与分配。根据企业假期管理制度的规定,设置员工当前年度的假期额度,可方便员工假期额度管控。

[**操作背景**]:中科智能电子集团人事专员根据国家的相关政策,以年假、婚假、产假、陪产假、研发部特休日为例,制定假期额度规则。

① 根据劳动法相关政策,对各假期类型赋值额度,其中,婚假 15 天、产假 98 天、陪产假 15 天,产假和陪产假需一次性休完。

② 年假:工龄已满 1 年不满 10 年的,年休假 5 天;已满 10 年不满 20 年的,年休假 10 天;已满 20 年的,年休假 15 天;可延期 3 个月。

③ 对集团研发部员工每月特休一天"研发部特休日"假期,分配给集团研发部。

[**操作路径**]:【假期管理】→【假期业务设置】→【额度规则】。

[**操作角色**]:集团假勤专员孙俊,账号密码为"JT07.学号"。

[**操作步骤**]:使用集团假勤专员孙俊"JT07.学号"账号登录 HR 系统,进入【额度规则】功能节点。

① 年假额度规则:按照表 2-3-4 新建年假额度规则,新建完成后点击【保存】—【启用】,详细步骤见图 2-3-2、图 2-3-3。

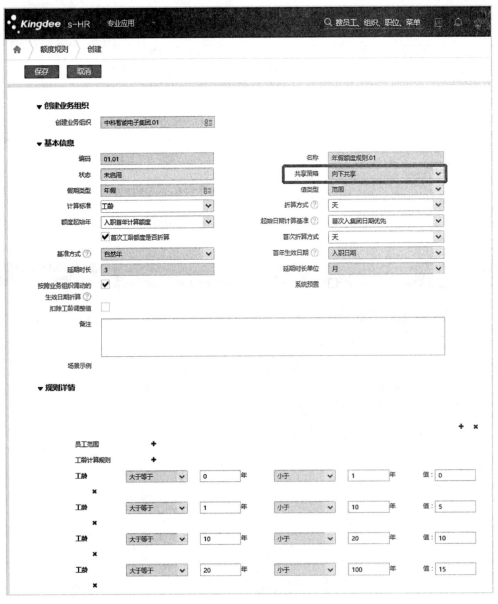

图 2-3-2 年假规则

图 2-3-3　启用年假额度规则

② 婚假额度规则：按照表 2-3-5 新建婚假额度规则，新建完成后点击【保存】—【启用】，详细步骤见图 2-3-4、图 2-3-5。

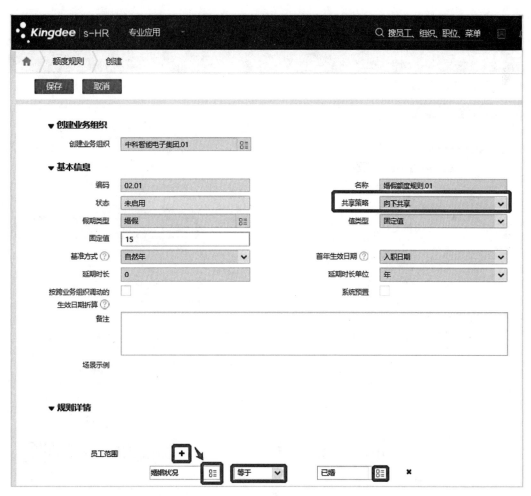

图 2-3-4　婚假额度规则

图 2-3-5　启用婚假额度规则

③产假额度规则：按照表 2-3-6 新建产假额度规则，新建完成后点击【保存】—【启用】，详细步骤见图 2-3-6、图 2-3-7。

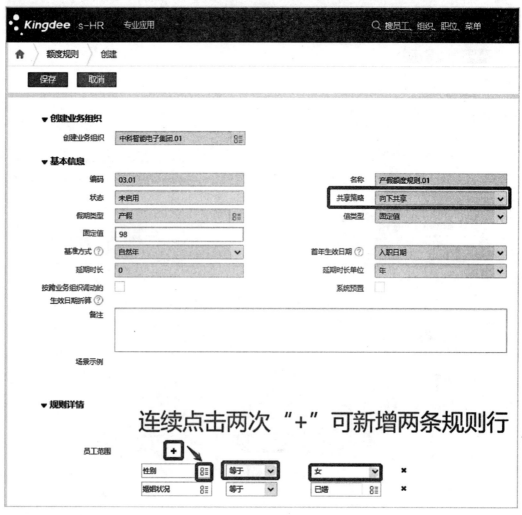

图 2-3-6　新增产假额度规则

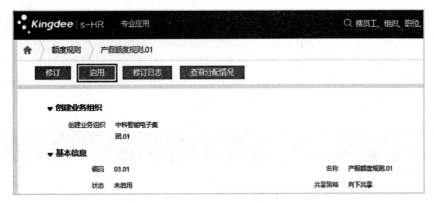

图 2-3-7　启用产假额度规则

④ 陪产假额度规则：按照表 2-3-7 新建陪产假额度规则，新建完成后点击【保存】→【启用】，详细步骤见图 2-3-8、图 2-3-9。

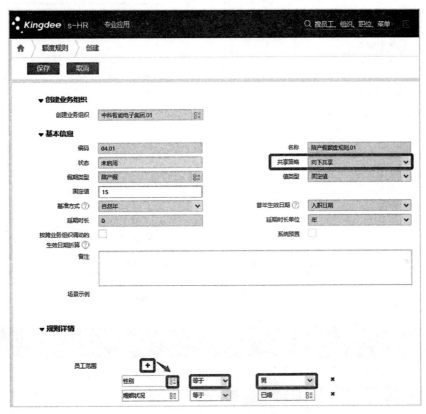

图 2-3-8　陪产假额度规则

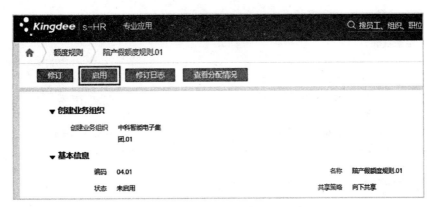

图 2-3-9　启用陪产假额度规则

实操 3　假勤管理

⑤ 研发部特休日额度规则：按照表 2-3-8 新建研发部特休日额度规则，新建完成后点击【保存】—【启用】，并分配给研发部门所在的"集团本部.学号"；详细步骤见图 2-3-10、图 2-3-11、图 2-3-12、图 2-3-13。

提示：因"研发部特休日"为研发部员工专享假期，其他部门不参与该假期福利，因此，集团假勤专员创建"研发部特休日额度规则"后，需要手动将该额度规则分配给研发部门所在的"集团本部.学号"业务组织，共享策略为"分配共享"。

图 2-3-10 研发部特休日额度规则

图 2-3-11 启用并分配研发部特休日

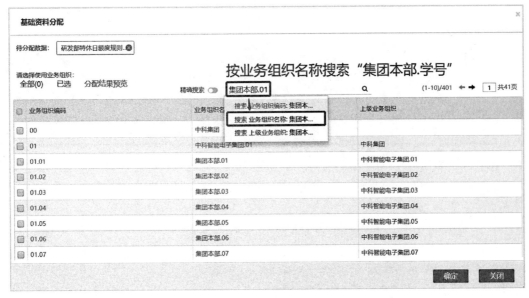

图 2-3-12 搜索分配组织

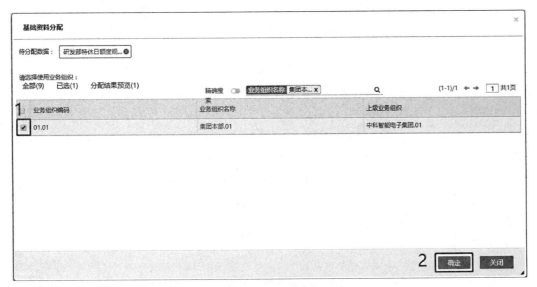

图 2-3-13 分配确认

额度规则创建完成后,完整的额度规则列表如图 2-3-14 所示。

图 2-3-14 额度规则列表

延伸内容

额度值的类型可选"固定值"和"范围"两种。选择固定值时，以一个具体数值作为额度值。选择范围时，需要选择计算的标准，包括工龄、司龄、两者优先取大，其中"工龄"按照员工职业信息表中"参加工作日期"计算；"司龄"系统优先按照员工职业信息中的"加入集团日期"，如没有维护则按照"入职日期"计算。如计算标准选择工龄，可选择首次工龄额度是否折算，并可选起始日期计算基准为首次入集团日期优先、入司日期优先、入职日期优先。

基准方式可选"自然年、雇佣日期、自定义"，"自然年"为每年的1月1日至12月31日；"雇佣日期"为入职日期至次年入职日期的前一天（如2019-04-01至2020-03-31）；选择"自定义"则可以自定义选择周期开始日期。

首年生效日期可选"入职日期、试用期满、入职满一年、自定义"，将按照设定日期开始生效员工的额度规则。

可设置额度延期时长和延期时长单位，允许假期额度延期兑现。

可通过"规则详情"定于额度生效的员工范围。

额度规则详细字段说明如表2-3-32所示。

表2-3-32　假期业务制度字段功能说明

字段	字段说明
折算方式	有天、月、年、不折算可以选择 示例：假设员工2020年6月30日入职，按司龄计算，0～1年（含等号）额度0天，1～5年额度5天，那么该员工2020年额度为0，2021年额度为多少呢？ ① 如果按"天"折算，小于等于1年（第365天是2021年6月29日）是0天，之后开始有额度。按天折算，有额度的天数是2021年6月30日至2021年12月31日共185天，额度为(185/365)*5=2.5天 ② 如果按"月"折算，小于等于1年（第12月是2021-05）是0天，之后开始有额度。按月折算，有额度的月数是2021年6月至2021年12月共7个月，额度为(7/12)*5=2.9天 ③ 如果按"年"折算，只要有一天在额度区间内，就是满额度，所以2021年的额度为5天 ④ 如果是"不折算"：则在满一年之前都是0天，满一年那一天开始，额度变为5天
基准方式	有自然年、雇佣日期、自定义可选择，控制生成额度周期的开始日期 ① 自然年，则额度周期是从××××年1月1日开始 ② 雇佣日期，若入职日期是××××年6月30日，则额度周期从××××年6月30日开始 ③ 自定义，若自定义周期开始日期是××××年6月30日，则额度周期从××××年6月30日开始
首年生效日期	控制首年额度什么时候可使用 若入职首年计算额度，则有入职日期、试用期满、入职满一年、自定义可选；若入职满一年再计算额度，则首年生效日期就是入职满一年
起始日期计算基准	有首次入集团日期优先、入司日期优先、入职日期优先可选择 计算标准选择"司龄"时，用于计算司龄；计算标准选择"工龄"，且首次工龄额度是否折算勾选时，用于判断在公司的时间，折算首次工龄的额度 ① 选择"首次入集团日期优先"时，若首次入集团日期为空，则再查找入司日期，入司日期为空时，则再查找入职日期 ② 选择"入司日期优先"时，若入司日期为空时，则再查找入职日期 ③ 选择"入职日期优先"时，则直接查找入职日期
按跨业务组织调动的生效日期折算	员工发生跨假期业务组织调动或者是手动委托到其他的业务组织，则在新的业务组织下，生成假期额度，需要按新业务组织的生效日期进行额度折算，与"折算方式"设置的折算方式一致

3.1.3 调休规则管控

员工在工作日非正常工作时间或休息日加班,可以享受因加班而产生的调休假。调休规则是调休加班小时数转调休假的规则设置,是假期管理的基础数据规则定义。在使用人力资源系统处理员工的调休业务前,需要先完善调休规则设置。

[操作背景]:中科智能电子集团调休假额度来自加班单的时长转换,以自然年为周期,当年调休额度不累计至下年。工作日调休比率为1∶1,休息日调休比率为1∶1,法定节假日加班按国家规定以加班费(1∶3)或调休(1∶1)作为补偿形式。集团的调休额度使用规则要求先休完工作日调休额度,再休休息日额度,最后休法定节假日额度。

[操作路径]:【假期管理】→【假期业务设置】→【调休规则】。

[操作角色]:集团假勤专员孙俊,账号密码为"JT07.学号"。

[操作步骤]:进入【调休规则】功能节点,点击【创建】,按照表2-3-9数据填写电子集团调休规则表,并点击【保存】—【启用】。详细步骤见图2-3-15、图2-3-16。

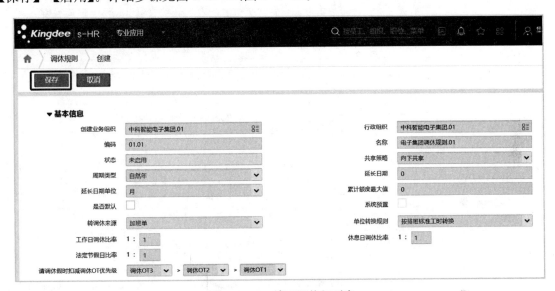

图 2-3-15　填写调休规则表

图 2-3-16　启用调休规则表

延伸内容

调休规则字段功能说明如表2-3-33所示。

表2-3-33 调休规则字段功能说明

功能	功能说明
创建业务组织	创建调休规则归属的HR组织
共享策略	设置该基础资料的使用权,包括全局共享、向下共享、分配共享
周期类型	选择加班转调休的时间范围,可选自然月、自然季度、考勤周期、天、自然年
延期日期和单位	调休假延期的时间范围,单位有年、月、天
累计额度最大值	设置有效时间范围内有效的调休假最大值。比如设置43,则在调休假有效范围内调休假累计达43个小时,在提交加班申请就不能选择补偿方式为调休的加班申请。当累计额度最大值设置为"0"时,表示此处不设上限值
加班转调休假换算比例	可分别设置工作日、公休日、法定节假日加班转调休假的比例,系统默认的都是1∶1换算
请调休假时扣减调休OT优先级	设置不同日期类型的加班时长转调休假的扣减顺序,用于休调休假时扣减顺序进行额度扣减,默认的扣减优先顺序是:调休OT3＞调休OT2＞调休OT1
请调休假时扣减调休OT优先级含义	调休OT1指"工作日调休",是班次维护中的班次类型设置为"工作日"的情况下,职员在考勤起始日期内的加班时间之和;OT2指"休息日调休",是班次维护中的班次类型设置为"公休息日"的情况下,职员在考勤起始日期内的加班时间之和;OT3指"法定节假日调休",是班次维护中的班次类型设置为"法定假日"的情况下,职员在考勤起始日期内的加班时间之和
调休规则删除	注意启用和禁用状态的调休规则不能删除,只有未启用状态的可以删除
调休规则启用	选择需要启用的调休规则,点击工具栏中的"启用"按钮,只有禁用和未启用状态的调休规则可以启用
调休规则禁用	选择需要禁用的调休规则,点击工具栏中的"禁用"按钮,只有启用状态的调休规则可以禁用,禁用成功后,调休规则的可使用记录也变成撤销分配状态,在后续业务的调休规则中不能使用
调休规则分配	将共享策略为分配共享的调休规则,分配给创建业务组织之外的HR组织使用,包含分配、撤销分配、分配查看
查看可使用	进入可使用的调休规则查看列表,显示用户权限范围内所有可以使用的调休规则

3.1.4 员工假期业务组织设置

假期业务组织设置用于维护员工的假期业务组织,可查看员工的假期业务管理关系;假期业务组织设置后,员工对应的假期业务组织可管理该员工的假期业务。

[操作背景]:员工的假期业务组织为公司统一管理,以集团本部为例,请本部假勤专员文发茂在HR系统中完成对本部员工的假期业务组织设置。

[操作路径]:【假期管理】→【日常假期管理】→【假期业务组织设置】。

[操作角色]:本部假勤专员文发茂,账号密码为"BB04.学号"。

[操作步骤]:进入【假期业务组织设置】功能节点,可查看系统内置员工已存在假期业务组织,而新设员工仍未设置假期业务组织,因此,在该步骤需要把新设员工的假期业务组织设置完成。首先点击工具栏的【批量设置】按钮,如图2-3-17所示。

图 2-3-17　员工假期业务组织设置步骤(1)

进入批量设置界面，员工假期业务组织设置的具体步骤如图 2-3-18 所示。

第一步，点击【添加员工】，除内置员工 BB01-BB07 外，其余员工全选添加，如图 2-3-19 所示（注意翻页选择）；

第二步，假期业务组织选择为"集团本部.学号"；

第三步，生效日期选择为"2020-01-01"；

第四步，点击【生成预览】；

第五步，最后点击【提交并接收】。

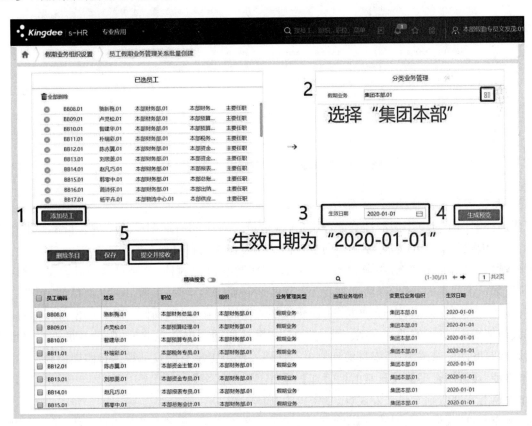

图 2-3-18　员工假期业务组织设置步骤(2)

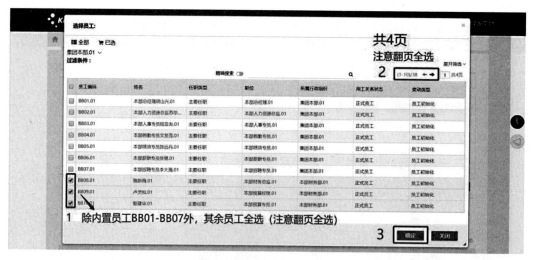

图 2-3-19　添加员工步骤

完成员工假期业务组织的设置后,将弹出创建员工假期档案提示框,点击【创建档案】,即完成对员工的假期档案创建,如图 2-3-20 所示。

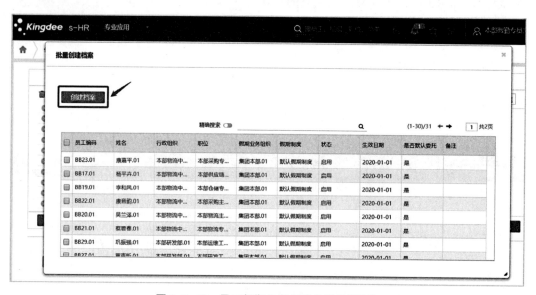

图 2-3-20　员工假期业务组织设置步骤(4)

3.1.5　员工假期档案维护

员工假期档案用于对员工假期档案进行维护,维护员工对应的假期制度等。进入员工假期档案列表时,显示的是已创建档案的列表,可以切换到未建档案列表查看没有建档案的员工。

[操作背景]:根据前述案例,中科智能电子集团假期制度包含两种,分别是全员共享的"默认假期制度"以及研发部员工特有的"研发部假期制度",默认假期制度包含年假、事假、病假、调休假、婚假、产假、陪产假、节育假、工伤假、探亲假、丧假、产检假;而研发部假期制度在上述基础上新增"研发部特休日"。

员工假期档案中,员工假期制度系统默认匹配为"默认假期制度",在此处,假勤专员需要对本部研发部员工的假期制度匹配修改为"研发部假期制度",使研发部员工享有研发部特休日假期福利。

[操作路径]:【假期管理】→【日常假期管理】→【员工假期档案】。

[操作角色]:本部假勤专员文发茂,账号密码为"BB04.学号"。

[操作步骤]:进入【员工假期档案】功能节点,按照图 2-3-21 步骤选择"本部研发部.学号"行政组织,进入研发部员工假期档案列表。

按照图 2-3-22 步骤全选研发部员工,并点击【批量维护】,进入赋值界面。

进入赋值界面,点击【批量赋值】,显示出赋值表单;选择假期业务组织为"集团本部.学号",选择假期制度为"研发部假期制度",选择生效日期为"2020-01-01";完成表单填写后,点击【批量赋值】—【保存】。详细步骤见图 2-3-23、图 2-3-24。

至此,完成对本部研发部员工假期制度的"研发部假期制度"更改与赋值。

图 2-3-21 选择本部研发部

图 2-3-22 批量维护假期档案

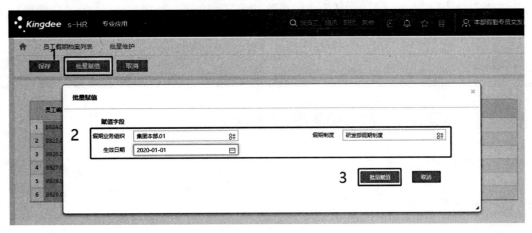

图 2-3-23 批量赋值

实操3 假勤管理

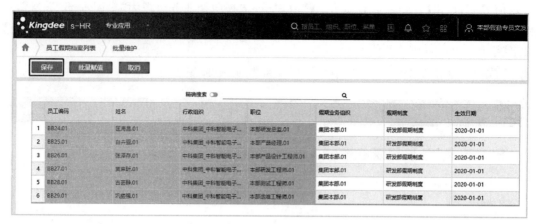

图 2-3-24 保存操作

3.1.6 员工假期额度生成

系统可根据假期规则,自动判断员工是否已满足假期额度规则、是否应生成额度,并应生成多少假期额度。人力资源系统假期额度功能,支持查询和维护员工的额度数据,包括假期的类型、标准额度、已用、冻结、剩余额度等。

[操作背景]:在上述案例中,已完成假期类型的维护、额度规则及调休规则的配置、员工假期档案的匹配,见表 2-3-34。在本功能节点,需要根据上述已配置规则,对员工生成相应的假期额度。请以集团本部为例,对本部员工生成年假及对研发部员工生成研发部特休日假期额度。

对于调休假,将于 3.3.6.2 "加班转调休假汇算"中,经加班业务再关联生成;婚假、产假、陪产假不统一生成额度,休假者需单独申请并经假勤专员审核。

表 2-3-34 已完成配置

行政组织(集团层)	行政组织(公司层)	行政组织(部门层)	假期类型	假期制度
中科智能电子集团	集团本部	集团本部其余部门	年假、婚假、陪产假、调休假	默认假期制度
		本部研发部	研发部特休日、年假、婚假、陪产假、调休假	研发部假期制度
	深圳销售公司	……	……	……
	广州销售有限责任公司	……	……	……

[操作路径]:【假期管理】→【日常假期管理】→【假期额度】。
[操作角色]:本部假勤专员文发茂,账号密码为"BB04.学号"。
[操作步骤]:进入【假期额度】,点击【生成额度】,并按照表 2-3-10、表 2-3-11 信息分别填写年假及研发部特休日的额度生成表单,填写完毕后点击【生成】。详细步骤见图 2-3-25、图 2-3-26、图 2-3-27。

图 2-3-25 生成额度

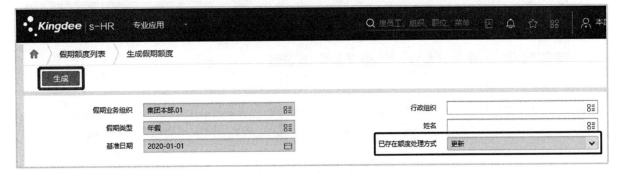

图 2-3-26　生成年假额度

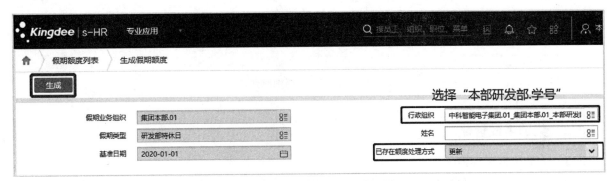

图 2-3-27　生成研发部特休日额度

年假、研发部特休日额度生成完成后,返回假期额度列表,按照图 2-3-28 步骤设置过滤时间段为"2020-01-01"至"2020-01-31",可查看员工假期额度如图 2-3-29 所示。

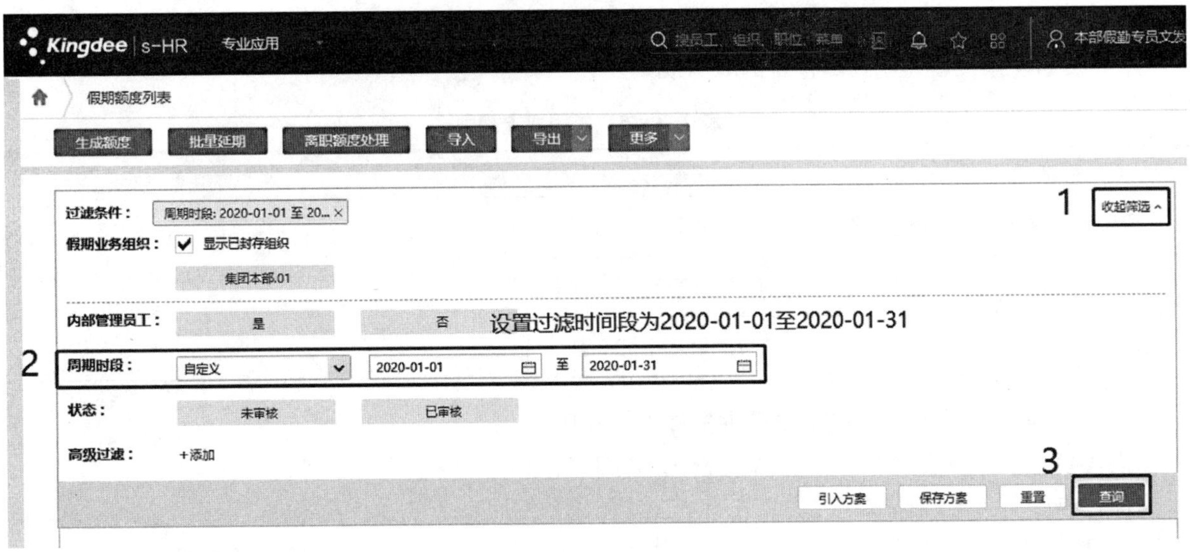

图 2-3-28　设置筛选条件

实操 3　假勤管理

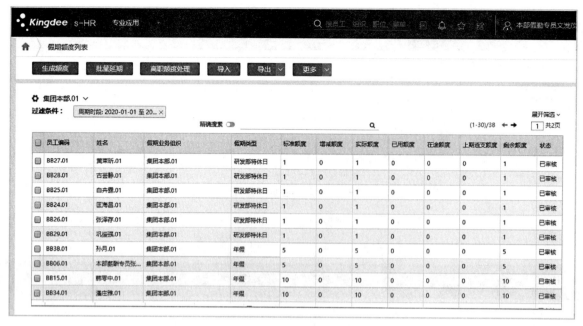

图 2-3-29 假期额度列表

3.2 集团考勤管控

3.2.1 取卡规则管控

取卡规则用于查看和维护取卡规则,设置上下班取卡的时间范围、免打卡点是否按实际打卡填充等信息,支持共享与分配。取卡规则设置分一段班、二段班、三段班,和班次设置的段次一一对应。取卡规则分成段头、段尾、段间。一段班只有段头和段尾(如取卡时间为 9:00—18:00);两段班有段头和段尾,及一个段间(如取卡时间为 9:00—12:00,14:00—18:00);三段班有段头和段尾,及两个段间(如取卡时间为 9:00—12:00,14:00—17:00,19:00—21:00)。两段班的第一段下班和第二段的上班为段间打卡点。同理,三段班的第二段下班和第三段的上班为第二个段间的打卡点。

[操作背景]:中科智能电子集团根据旗下各公司及各部门特性设计不同的考勤制度,全集团包含三种取卡制度,分别为一段班取卡规则、二段班取卡规则、三段班取卡规则,如表 2-3-35 所示。请集团假勤专员孙俊登录 HR 系统新建全集团包含的取卡规则。

表 2-3-35 集团取卡规则

取卡规则	适用情况	上班下班取卡规则
一段班取卡规则	适用于一段班(比如行政班两个打卡点)	上班取最早卡,下班取最晚卡,其中上班前 3 小时、后 4 小时范围内可打卡,下班前 4 小时后 3 小时范围内可打卡,其余时间段内打卡为无效卡,不计入考勤范围
二段班取卡规则	适用于二段班(比如固定加班日四个打卡点)	
三段班取卡规则	适用于三段班(比如生产班六个打卡点)	

[操作路径]:【考勤管理】→【排班管理】→【取卡规则】
[操作角色]:集团假勤专员孙俊,账号密码为"JT07.学号"
[操作步骤]:进入【取卡规则】功能节点,点击【创建】,按照表 2-3-12、表 2-3-13、表 2-3-14 信息表分别填写一段、二段、三段班取卡规则,填写完毕后点击【保存】→【启用】,详细步骤如下。

① 一段班取卡规则:按照表 2-3-12 填写一段班取卡规则并启用,详细步骤如图 2-3-30、图 2-3-31 所示。

图 2-3-30　创建一段卡取卡规则

图 2-3-31　启用一段班取卡规则

② 二段班取卡规则：按照表 2-3-13 填写一段班取卡规则并启用，详细步骤如图 2-3-32、图 2-3-33 所示。

图 2-3-32 创建二段班取卡规则

图 2-3-33 启用二段班取卡规则

③ 三段班取卡规则：按照表 2-3-14 填写一段班取卡规则并启用，详细步骤如图 2-3-34、图 2-3-35 所示。

图 2-3-34 创建三段班取卡规则

图 2-3-35 启用三段班取卡规则

至此,已完成中科智能电子集团一段班、二段班、三段班的取卡规则设置并启用;返回取卡规则列表,可查看列表信息如图 2-3-36 所示。

图 2-3-36　取卡规则列表

3.2.2　班次信息管控

班次是定义上班下班的时间及其他的控制参数,包括上下班时间点、取打卡规则的匹配、是否需要打卡等。班次可以设置一段班班次、二段班班次、三段班班次,与取卡规则的适用段次一一对应。

[**操作背景**]:中科智能电子集团根据各公司及各部门的特征属性设计不同的班次,全集团包含行政班、生产班、早班、中班、晚班、限时弹性班、全天弹性班、固定加班日特定班,如表 2-3-36 所示。请集团假勤专员孙俊登录 HR 系统新建全集团包含的班次设置。

表 2-3-36　电子集团班次设置

班次设置	适用场景	取卡规则	班次时间	休息时间	是否上下班需打卡
行政班	适用于行政办公(一天打两次卡)	一段班取卡规则	09:00—18:00	12:00—13:00	是
早班	适用于 24 小时都需要有人在岗的情况(结合中班、晚班使用)	一段班取卡规则	00:00—08:00	/	是
中班	适用于 24 小时都需要有人在岗的情况(结合早班、晚班使用)	一段班取卡规则	08:00—16:00	/	是
晚班	适用于 24 小时都需要有人在岗的情况(结合早班、中班使用)	一段班取卡规则	16:00—00:00	/	是
限时弹性班	适用于上下班有一个小时弹性范围的情况,在弹性范围内上满标准工时无异常	一段班取卡规则	09:00—18:00	12:00—13:00	是
全天弹性班	适用于全天弹性上班时间的情况,一天上满标准工时(8 小时)即可	一段班取卡规则	09:00—18:00	12:00—13:00	是
固定加班日特定班	适用于晚上还需要固定加班的情况,但如果没有加班也不会算异常	二段班取卡规则	① 第一段班:09:00—18:00　② 第二段班:19:00—20:00(不强制约束)	12:00—13:00	是

[**操作路径**]:【考勤管理】→【排班管理】→【班次设置】。

[**操作角色**]:集团假勤专员孙俊,账号密码为"JT07.学号"。

[**操作步骤**]:进入【班次设置】,点击【创建】,分别填写行政班、早班、中班、晚班、限时弹性班、全天弹性班、固定加班日特定班的班次信息,完成后点击【保存】—【启用】,完成对中科智能电子集团的班次设置,详细步骤如下。

① 行政班:按照表2-3-15完成对行政班的班次信息填写,详细步骤见图2-3-37、图2-3-38。

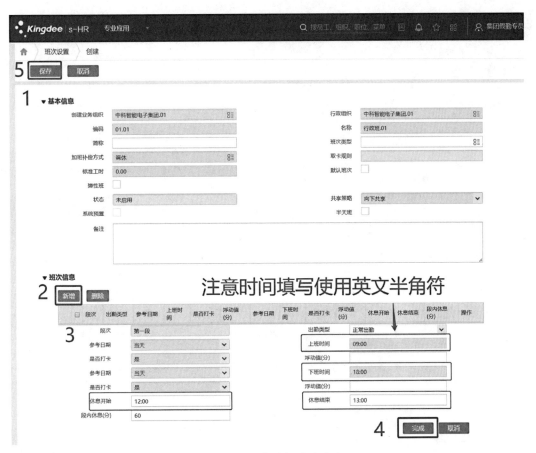

图 2-3-37 创建行政班班次

图 2-3-38 启用行政班班次

② 早班：照表 2-3-16 完成对早班的班次信息填写，详细步骤见图 2-3-39、图 2-3-40。

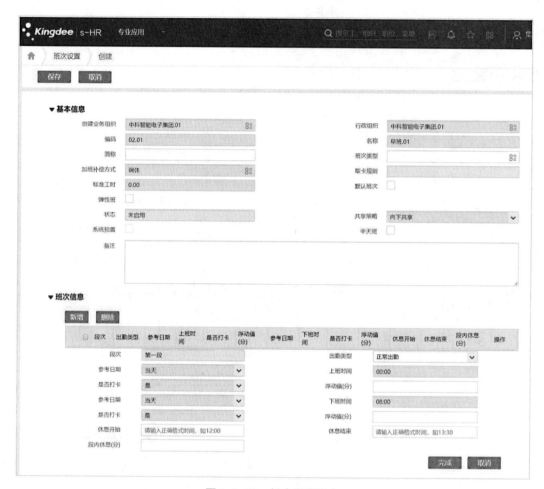

图 2-3-39 创建早班班次

图 2-3-40 启用早班班次

③ 中班：照表 2-3-17 完成对行政班的班次信息填写，详细步骤见图 2-3-41、图 2-3-42。

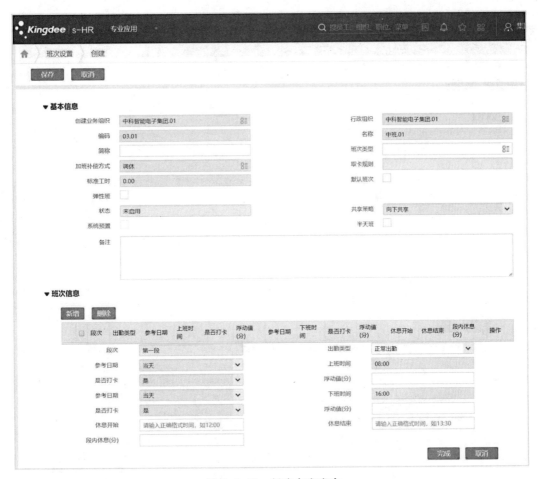

图 2-3-41　创建中班班次

图 2-3-42　启用中班班次

④ 晚班:照表 2-3-18 完成对行政班的班次信息填写,注意夜班下班时间"00:00"属于第二天,则对应下班时间的参考日期需选择"后一天",详细步骤见图 2-3-43、图 2-3-44。

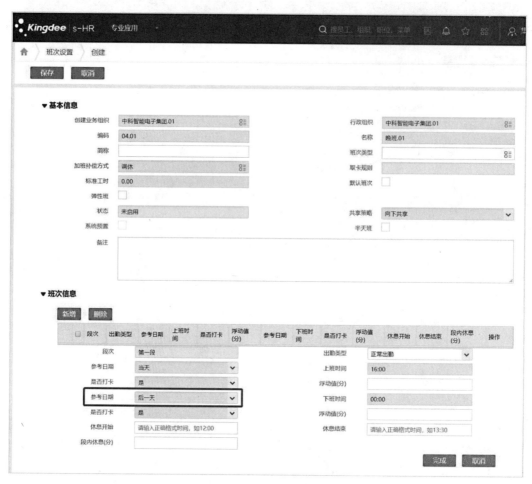

图 2-3-43　创建晚班班次

图 2-3-44　启用晚班班次

⑤ 限时弹性班次：照表 2-3-19 完成对行政班的班次信息填写，详细步骤见图 2-3-45、图 2-3-46。

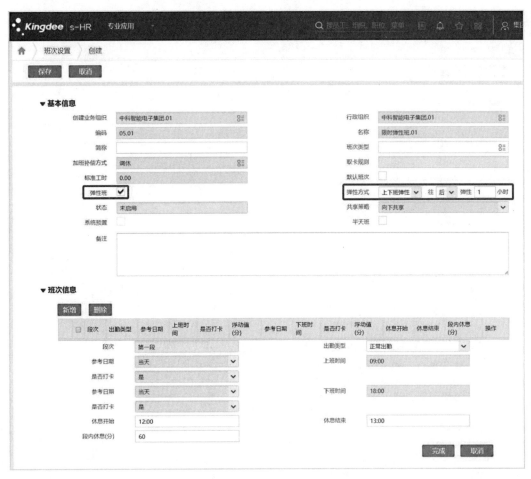

图 2-3-45　创建限时弹性班班次

图 2-3-46　启用限时弹性班次

⑥ 全天弹性班次：照表 2-3-20 完成对行政班的班次信息填写，详细步骤见图 2-3-47、图 2-3-48。

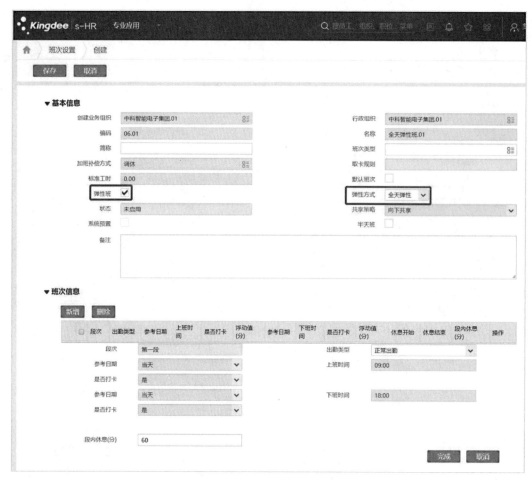

图 2-3-47　创建全天弹性班次

图 2-3-48　启用全天弹性班次

⑦ 固定加班特定日：照表 2-3-21 完成对行政班的班次信息填写，详细步骤见图 2-3-49、图 2-3-50。

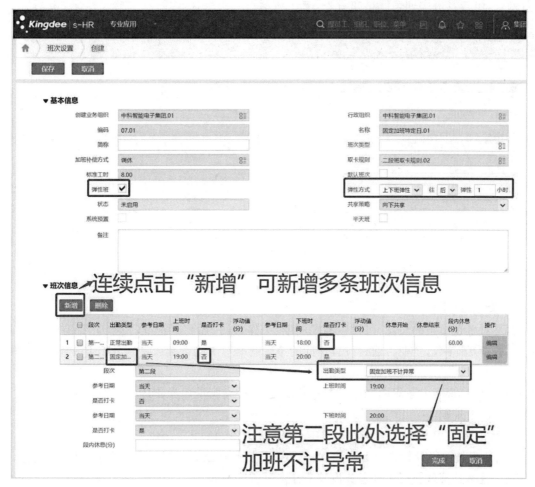

图 2-3-49　创建固定加班特定日

图 2-3-50　启用固定加班特休日

至此，中科智能电子集团所有班次已设置完毕，并通过"向下共享"自动配置给集团旗下公司企业。返回班次设置列表，可查看班次列表信息如图 2-3-51 所示。

图 2-3-51　班次列表

3.2.3　考勤制度管控

考勤制度是对考勤参数的设置，可设置考勤周期、工作日历、迟到早退允许值、旷工起始值、加班补偿方式（调休、加班费）等参数，企业可通过设置不同的考勤制度对不同考勤人员划分归类并实行不同的考勤制度。

[操作背景]：中科智能电子集团制定集团考勤制度，请中科智能电子集团考勤专员在 HR 系统考勤制度功能节点设置以下规则：

① 旷工起始值为 240 分钟，即迟到超过 240 分钟内视为旷工。

② 工作日、休息日加班补偿方式为调休，法定节假日加班补偿方式视国家规定为加班费、调休。

[操作路径]：【考勤管理】→【考勤业务设置】→【考勤制度】。

[操作角色]：集团假勤专员孙俊，账号密码为"JT07.学号"。

[操作步骤]：进入【考勤制度】，点击【创建】按钮，按照表 2-3-22 数据分别进入左侧"基本信息""异常""加班"页签录入考勤制度，录入完毕后点击【保存】。具体步骤见图 2-3-52、图 2-3-53、图 2-3-54、图 2-3-55。

图 2-3-52　考勤制度基本信息

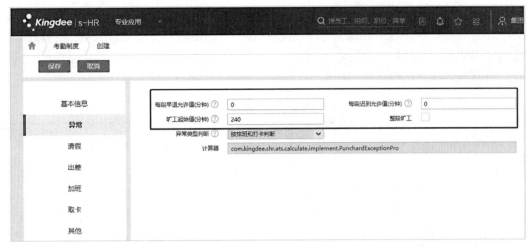

图 2-3-53 考勤制度-异常

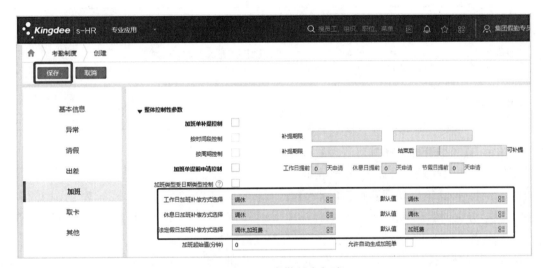

图 2-3-54 考勤制度-加班

图 2-3-55 启用考勤制度

至此，中科智能电子集团考勤制度已设置完毕，并通过"向下共享"自动配置给集团旗下公司企业。

3.2.4 轮班规则管控

轮班规则支持查看和设置轮班的规则，设置有规律重复性上班的规则，便于员工快速排班。在轮班规则中支持多种场景，包括常见的双休轮班规则、大小周轮班规则、三班倒轮班规则及更复杂的轮班场景。

[操作背景]：中科智能电子集团根据旗下不同公司部门特性设计出多种轮班规则，包含双休＋行政班、双休＋全天弹性班、双休＋三班倒、双休＋限时弹性班＋固定加班特定日、大小周＋行政班场景，对此，中科智能电子集团假勤专员依据集团政策，在 HR 系统轮班规则功能节点中设置轮班规则，并分配给旗下公司企业。具体规则信息如表 2-3-37 所示。

表 2-3-37 轮班规则

轮班规则	班次时间	轮班天数
双休＋行政班	09：00—18：00	固定周末双休
双休＋全天弹性班	标准班次为 09：00—18：00，工作时长为 8 小时，则全天打卡时长满 8 小时即可	固定周末双休
双休＋三班倒	早班 00：00—08：00； 中班 08：00—16：00； 晚班 16：00—00：00	每排班 6 天休息 2 天
双休＋限时弹性班＋固定加班特定日	① 标准班次 09：00—18：00，上下班有一个小时弹性范围，在弹性范围内上满标准工时无异常 ② 每周二、四晚 19：00—20：00 固定加班（建议但不强制，没有加班也不算异常）	固定周末双休
大小周＋行政班	09：00—18：00	单周排班 6 天休息 1 天 双周排班 5 天休息 2 天

[操作路径]：【考勤管理】→【排班管理】→【轮班规则】。
[操作角色]：集团假勤专员孙俊，账号密码为"JT07.学号"。
[操作步骤]：进入【轮班规则】，点击【创建】按钮，按照表 2-3-23、表 2-3-24、表 2-3-25、表 2-3-26、表 2-3-27 数据分别创建双休＋行政班、双休＋全天弹性班、双休＋大小周、双休＋限时弹性班＋固定加班特定日、大小周＋行政班，录入完毕后点击【保存】—【启用】。

① 双休＋行政班：按照表 2-3-23 完成对双休＋行政班轮班规则填写并点击【保存】—【启用】，详细步骤见图 2-3-56、图 2-3-57。

图 2-3-56 双休＋行政班轮班规则

图 2-3-57　启用双休+行政班轮班规则

提示：若班次信息无数据，请返回 2.2"班次信息管控"中，检查班次信息是否已创建并启用。

② 双休+全天弹性班：按照表 2-3-24 完成对双休+全天弹性班轮班规则信息填写并点击【保存】—【启用】，详细步骤见图 2-3-58、图 2-3-59。

图 2-3-58　双休+全天弹性班轮班规则

图 2-3-59　启用双休+全天弹性班轮班规则

③ 双休+三班倒：按照表 2-3-25 完成对双休+三班倒轮班规则信息填写并点击【保存】—【启用】，详细步骤见图 2-3-60、图 2-3-61。

图 2-3-60　双休＋三班倒轮班规则

图 2-3-61　启用双休＋三班倒轮班规则

④ 双休＋限时弹性班＋固定加班特定日：按照表 2-3-26 完成对双休＋限时弹性班＋固定加班特定日轮班规则信息填写并点击【保存】—【启用】，详细步骤见图 2-3-62、图 2-3-63。

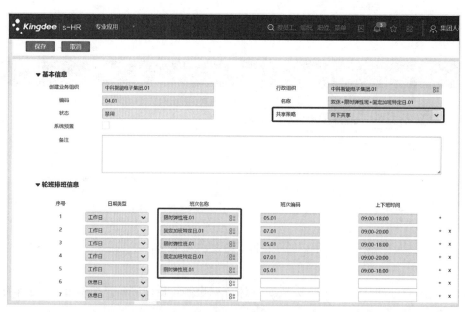

图 2-3-62　双休＋限时弹性班＋固定加班特定日轮班规则

172　人力资源数字化管理(中级)

图 2-3-63　启用双休＋限时弹性班＋固定加班特定日轮班规则

⑤ 大小周＋行政班：按照表 2-3-27 完成对双休＋限时弹性班＋固定加班特定日轮班规则信息填写并点击【保存】—【启用】，详细步骤见图 2-3-64、图 2-3-65。

图 2-3-64　大小周＋行政班轮班规则

图 2-3-65　启用大小周＋行政班轮班规则

实操 3　假勤管理　173

至此,中科智能电子集团所有轮班规则已设置完毕,并通过"向下共享"自动配置给集团旗下公司企业。返回轮班规则列表,可查看轮班规则数据如图 2-3-66 所示。

图 2-3-66　轮班规则列表

3.2.5　员工考勤业务组织设置

考勤业务组织设置维护员工的考勤业务组织,可查看员工的考勤业务管理关系,是创建员工考勤档案的前提条件。考勤业务组织设置后,员工对应的考勤业务组织可管理该员工的考勤业务。

[操作背景]:员工的考勤业务组织为公司统一管理,以集团本部为例,请本部假勤专员文发茂在 HR 系统中完成对本部员工的考勤业务组织设置。

[操作路径]:【考勤管理】→【日常考勤】→【考勤业务组织设置】。

[操作角色]:本部假勤专员文发茂,账号密码为"BB04.学号"。

[操作步骤]:进入【考勤业务组织设置】,可查看系统内置员工已存在考勤业务组织,而新设员工仍未设置考勤业务组织,因此,在该步骤需要把新设员工的考勤业务组织设置完成。首先点击工具栏的【批量设置】按钮,如图 2-3-67 所示。

图 2-3-67　员工考勤业务组织设置步骤(1)

进入批量设置界面,员工考勤业务组织设置的具体步骤如图 2-3-68 所示。

第一步,点击【添加员工】,除内置员工 BB01-BB07 外,其余员工全选添加,如图 2-3-69 所示(注意翻页选择);

第二步,考勤业务组织选择为"集团本部.学号";

第三步,生效日期选择为"2020-01-01";

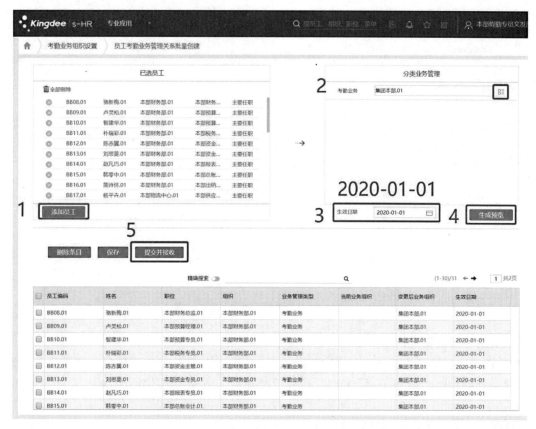

图 2-3-68　员工考勤业务组织设置步骤(2)

图 2-3-69　添加员工步骤

第四步,点击【生成预览】;

第五步,最后点击【提交并接收】。

完成员工考勤业务组织的设置后,将弹出创建员工考勤档案提示框,点击【创建档案】,即完成对员工的考勤档案创建。如图 2-3-70 所示。

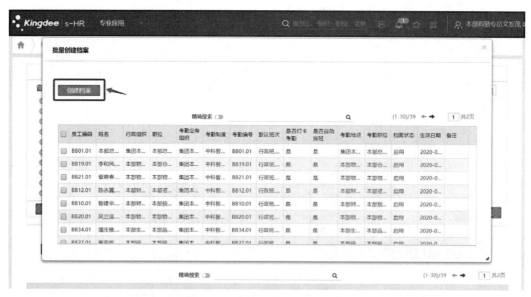

图 2-3-70　考勤档案创建步骤

3.2.6　员工考勤档案维护

员工考勤档案维护用于维护员工对应的考勤编码、考勤制度、默认班次等信息。进入员工考勤档案列表时，显示的是已创建档案的列表，可以切换到未建档案列表查看没有建档案的员工，并新建员工考勤档案。

[操作背景]：在对员工进行排班前，需要在 HR 系统中新建员工考勤档案。

在上一步"员工考勤业务组织设置"节点中，已完成了对员工考勤档案的创建，因此在此步骤中查看即可，无须重复操作。

[操作路径]：【考勤管理】→【日常考勤】→【考勤档案】。

[操作角色]：本部假勤专员文发茂，账号密码为"BB04.学号"。

[操作步骤]：进入【考勤档案】，可查看员工考勤档案已创建，如图 2-3-71 所示。

图 2-3-71　考勤档案界面

提示：如考勤档案未创建，即查看"未建档案"页签内有数据，请按照以图 2-3-72、图 2-3-73 步骤重新操作：

图 2-3-72　新增考勤档案步骤(1)

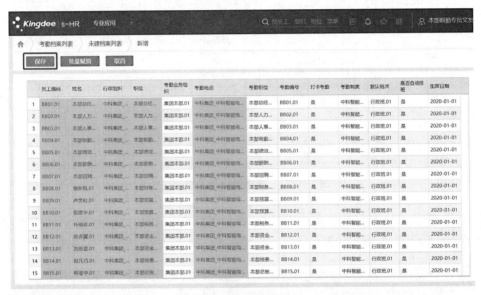

图 2-3-73　新增考勤档案步骤(2)

3.2.7　员工排班

员工排班支持日历式排班和列表样排班,通过轮班规则和批量复制排班等方式快速给员工在规定时间段内进行排班。

[操作背景]:在上述案例中,集团假勤专员已完成对取卡规则、班次设置、考勤制度、轮班规则的设置并分配给旗下企业公司,接下来以集团本部为例,引用已分配资源完成对本部员工在 2020 年 1 月 1 日至 2020 年 1 月 31 日的段内排班,排班制度如下:

① 集团本部(直属)、本部财务部、本部行政部、本部法务部员工采用双休+行政班排班制度;
② 本部物流中心员工采用大小周+行政班排班制度;
③ 本部研发部员工采用双休+限时弹性班+固定加班特定日排班制度;
④ 本部生产部采用双休+三班倒排班制度。

[操作路径]:【考勤管理】→【排班管理】→【员工排班】。

[操作角色]:本部假勤专员文发茂,账号密码为"BB04.学号"。

[操作步骤]:使用本部假勤专员文发茂"BB04.学号"账号登录 HR 系统,按照图 2-3-73 路径进入【员工排班】功能节点。

(1)集团本部(直属)、本部财务部、本部行政部、本部法务部员工排班(双休+行政班排班制度)。

① 选择员工。在表头设置时间处,设置开始日期为"2020-01-01",结束日期为"2020-01-31";点击【选择员工】,分别在行政组织处选择"集团本部""本部财务部""本部行政部""本部法务部"查询并添加员工,最后点击【保存】。首先完成对集团本部(直属)员工的新增,如图 2-3-74 所示。如点击【查询】后无员工显示,请返回"2.6 员工考勤档案维护"节点中检查是否已完成员工的考勤档案生成。

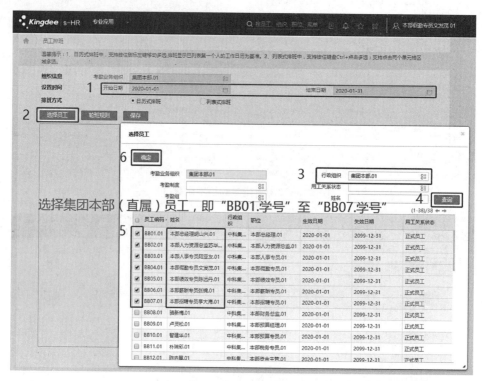

图 2-3-74　选择排班员工步骤(1)

完成集团本部(直属)员工的添加后,再次点击【选择员工】,并以相同的方式添加"本部财务部""本部行政部""本部法务部"员工,最后点击【确定】。详细步骤见图 2-3-75、图 2-3-76、图 2-3-77、图 2-3-78 所示。

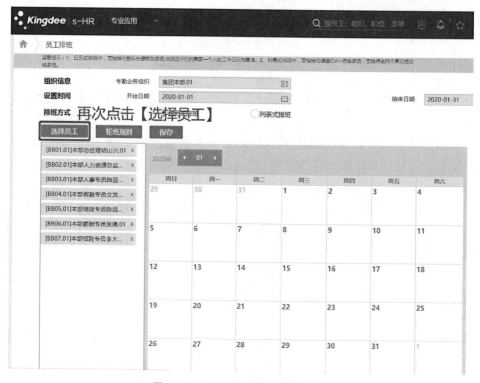

图 2-3-75　选择排班员工步骤(2)

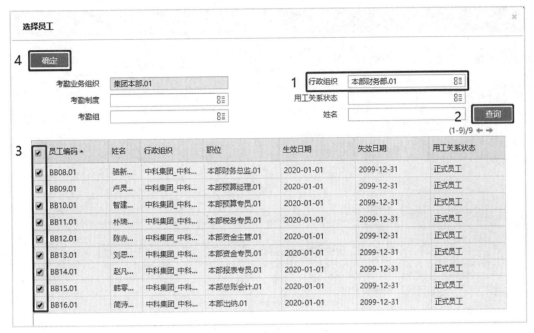

图 2-3-76　选择排班员工步骤(3)

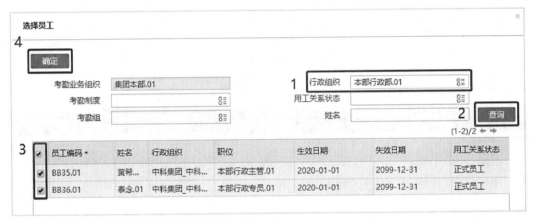

图 2-3-77　选择排班员工步骤(4)

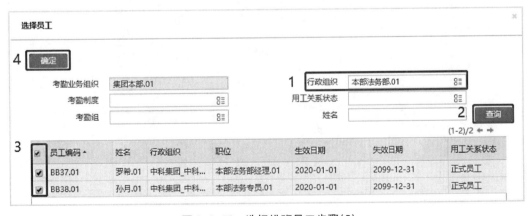

图 2-3-78　选择排班员工步骤(5)

② 选择轮班规则。点击【轮班规则】,选择轮班规则为"双休＋行政班.学号",轮班规则开始序号为"4",并点击【确定】—【保存】,详细步骤如图 2-3-79、图 2-3-80 所示。

实操 3　假勤管理　179

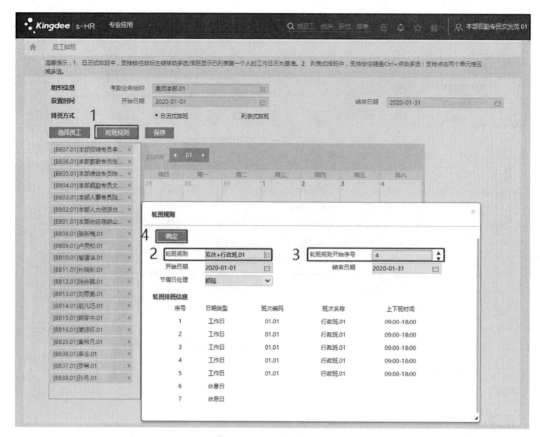

图 2-3-79 选择轮班规则

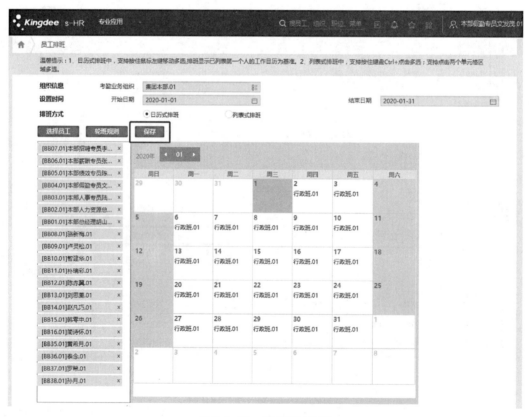

图 2-3-80 保存员工排班

提示：若轮班规则无数据，请返回 2.4 "轮班规则管控"小节中，检查轮班规则是否已创建并启用。

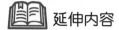
延伸内容

"轮班规则"定义了一个排班循环的模板,实际上员工排班需要在设置的排班时间内,以一个轮班规则模板进行循环顺延。例如,一个月中固定每个星期做五休二,则需要以一个"五天工作日+两天休息日"的轮班规则循环顺延4次,以达到排班一个月的效果。

此处需要观察,排班月份首天工作日是星期几,则"轮班开始序号"为对应的序号;如2020年1月份首天工作日为周四,则"轮班开始序号"填写为"4"。如图2-3-81所示。

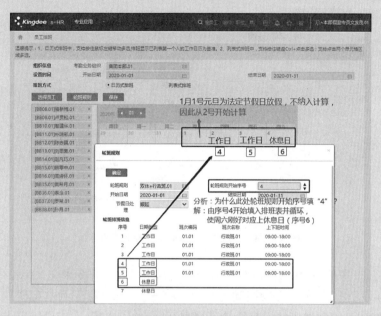

图 2-3-81　轮班规则开始序号解析

（2）本部物流中心员工排班(大小周+行政班)。

维护开始时间为"2020-01-01",结束时间为"2020-01-31",选择员工为本部物流中心员工,轮班规则选择为"大小周+行政班",轮班规则开始序号为"4",完成设置后点击【保存】,即完成对本部物流中心员工的排班。

详细操作步骤如图2-3-82所示。

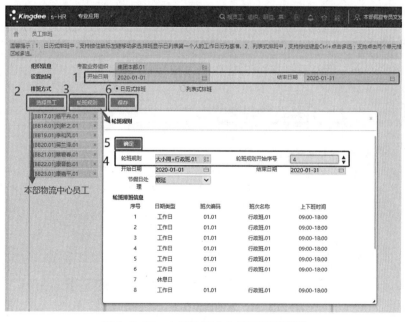

图 2-3-82　本部物流中心员工排班步骤

实操3　假勤管理　181

本部物流中心员工排班效果图如图2-3-83所示，可见已对本部物流中心员工完成大小周＋行政班排班，单周单休、双周双休。

图2-3-83　本部物流中心员工排班效果图

（3）本部研发部员工排班（双休＋限时弹性班＋固定加班特定日排班制度）。

维护开始时间为"2020-01-01"，结束时间为"2020-01-31"，选择员工为本部研发部员工，轮班规则选择为"双休＋限时弹性班＋固定加班特定日"，轮班规则开始序号为"4"，完成设置后点击【保存】，即完成对本部研发部员工的排班。

详细操作步骤如图2-3-84所示。

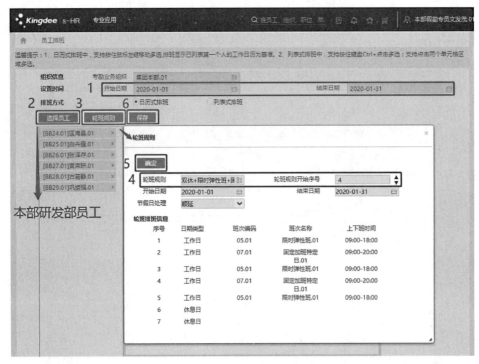

图2-3-84　本部研发部员工排班步骤

本部研发部员工排班效果图如图 2-3-85 所示,可见已对本部研发部员工完成排班,实行双休及弹性班制度,且每周二、周四为固定加班特定日。

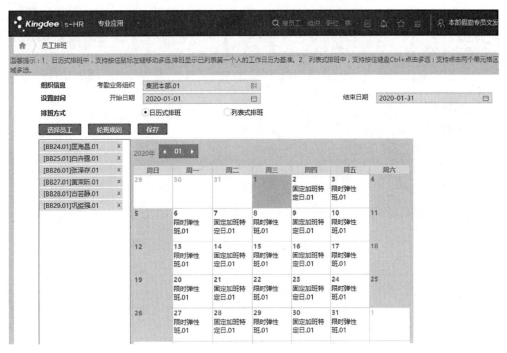

图 2-3-85　本部研发部员工排班效果

（4）本部生产部员工排班（双休＋三班倒）。

维护开始时间为"2020-01-01"、结束时间为"2020-01-31"、选择员工为本部生产部员工、轮班规则选择为"双休＋三班倒"、轮班规则开始序号为"4",完成设置后点击【保存】,即完成对本部生产部员工的排班。

详细操作步骤如图 2-3-86 所示。

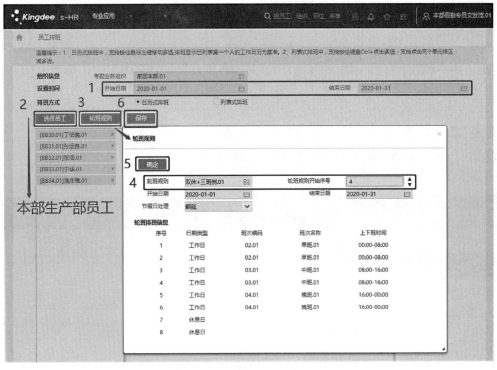

图 2-3-86　本部生产部员工排班步骤

本部生产部员工排班效果图如图 2-3-87 所示,可见已对本部生产员工完成排班,实行双休＋三班倒制度,每上 6 个工作日配 2 个休息日,其中,工作日由早班 2 天＋中班 2 天＋晚班 2 天构成,实现三班倒排班效果。

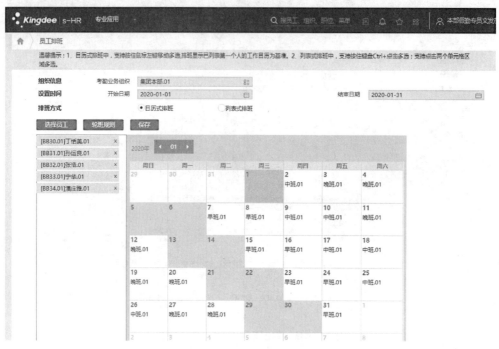

图 2-3-87　本部生产部员工排班效果

3.3　日常假勤业务

3.3.1　加班单

在集团企业中,加班流程一般由员工本人申请提起,之后由员工直接上级进行审批,最后在考勤周期结束时由假勤专员对员工进行假勤结果汇算并结转。

[操作背景]:本部人事专员陆亚友于 2020 年 01 月 11 日 09:00—18:00 加班一个休息日,陆亚友在个人员工自助平台上提出加班申请单,并由其直接上级本部人力资源总监苏毕丘进行审批,需要为薪酬结算记录考勤数据。因在【假期管理】—【调休规则】中已设置休息日加班转调休假的比例为 1:1,在该加班单中,除去标准班次中间的 1 小时休息时间,陆亚友加班小时数 8 小时可转调休时数 8 小时。

3.3.1.1　提出加班申请单

[操作路径]:【员工自助】→【我的假勤】→【我要加班】。

[操作角色]:本部人事专员陆亚友,账号密码为"BB03.学号"。

[操作步骤]:由图 2-3-88、图 2-3-89 路径进入【我要加班】功能节点。

图 2-3-88　员工自助平台进入路径

图 2-3-89 "我要加班"进入路径

按照表 2-3-28 信息填写加班单,并点击【提交】进行工作流审批,系统将加班申请单据由申请人(即本部人事专员陆亚友)推送至审单人处(即本部人力资源总监苏毕丘),如图 2-3-90 所示。

图 2-3-90 创建加班单并提交

3.3.1.2 加班单据审批

[**操作路径**]:个人待办通知。

[**操作角色**]:本部人力资源总监苏毕丘,账号密码为"BB02.学号"。

[**操作步骤**]:根据图 2-3-91、图 2-3-92、图 2-3-93 步骤进行加班单据审批。

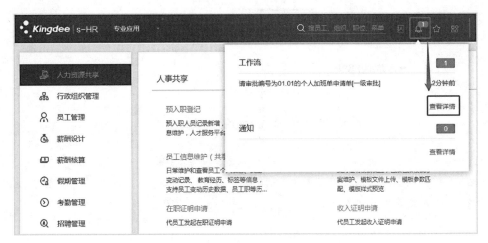

图 2-3-91 待办通知

实操 3 假勤管理

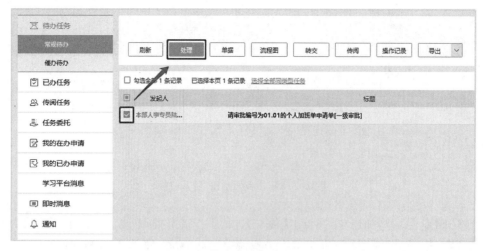

图 2-3-92 加班单据处理

图 2-3-93 加班单据审核

📖 延伸内容

员工个人加班单列表查看方式:在【我要加班】功能节点,点击页面上方【员工列表】,即可显示员工个人加班单列表,如图 2-3-94 所示。

图 2-3-94 加班列表进入方式

未审批状态下的加班单撤回/删除方式:在未审批状态下,若遇到加班单填写错误等情况需要撤回/删除加班单,可进入上述【员工列表】,删除默认筛选条件并勾选对应加班单,点击【撤回】或【撤回】—【删除】,即可完成员工加班单的撤回/删除,如图 2-3-95、图 2-3-96 所示。

图 2-3-95　删除默认筛选条件方式

图 2-3-96　撤回/删除加班单方式

员工端的单据撤回/删除需未经上级审批的情况下进行,如在审批人已审批的情况下,员工不能自主撤回/删除加班单。

【撤回】意为员工撤回提交的加班单,但未删除,原加班单仍保留在加班列表内,员工仍可基于原加班单进行重新【提交】;【删除】则需要在【撤回】后进行,意为撤回原加班单并失效,单据在加班列表内移除。

已审批下的加班单撤回/删除方式:①在审批节点时直接点击单据不通过,则单据恢复未提交状态;②若单据已审批通过,需要单据反审批后才可删除,可进入【专业应用】—【考勤管理】—【日常考勤】—【加班单】,设置过滤时间并筛选出对应单据,如在本案例中,可设置过滤时间为"2020-01-01"至"2020-01-31",点击【查询】后勾选单据,点击【反审批】—【删除】即可删除加班单据,具体步骤如图 2-3-97、图 2-3-98 所示。

图 2-3-97　设置过滤条件方式

实操3　假勤管理　187

图 2-3-98　单据反审并删除方式

除员工个人提出加班申请单外,还可以 HR 替员工录入加班单,并查看员工的加班单数据。支持单人加班单依次录入和多人加班单批次录入。在加班单列表界面,查看员工的加班情况。加班单查询,可以根据假期业务组织、行政组织、加班时段、单据的状态等进行数据过滤,高级过滤中还可以设置复杂的查询条件,进行数据查询。

路径:【专业应用】—【考勤管理】—【日常考勤】—【加班单】,如图 2-3-99 所示。

（因上述实验已完成加班单的业务操作,因此此处无须操作,只需查看即可）

图 2-3-99　加班单进入路径

3.2　出差单

在集团企业中,出差流程一般从出差任务下达后,由员工本人提起出差单,之后由员工直接上级进行审批,最后在考勤周期结束时由假勤专员对员工进行假勤结果汇算并结转。

[操作背景]:本部人事专员陆亚友因需在北京召开校园招聘会,于 2020 年 1 月 13 日 9:00 至 17 日 18:00 乘坐飞机从深圳前往北京出差,陆亚友在个人员工自助平台上提出出差申请单,并由其直接上级本部人力资源总监苏毕丘进行审批,以备于为薪酬结算记录考勤数据。

陆亚友在出差过程中,因工作开展问题临时需要多停留 1 天,即实际出差时间为 2020 年 1 月 13 日 9:00 至 2020 年 1 月 18 日 18:00;基于此,陆亚友需根据实际出差时长录入出差确认单,以备正确记录假勤数据。

3.3.2.1　提出加班申请单

[操作角色]:本部人事专员陆亚友,账号密码为"BB03.学号"。

[操作路径]:【员工自助】→【我的假勤】→【我要出差】。

使用本部人事专员陆亚友俊"BB03.学号"账号登录 HR 系统，按照图 2-3-100 路径进入【我要出差】功能节点。

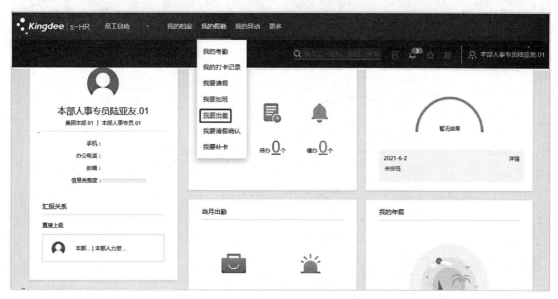

图 2-3-100 "我要出差"进入路径

按照表 2-3-29 信息填写出差单，并点击【提交】进行工作流审批，系统将出差单据由申请人（即本部人事专员陆亚友）推送至审单人处（即本部人力资源总监苏毕丘），如图 2-3-101 所示。

图 2-3-101 创建出差单并提交

3.3.2.2 出差单据审批

[操作角色]：本部人力资源总监苏毕丘，账号密码为"BB02.学号"。

[操作路径]：个人待办通知。

[操作步骤]：使用本部人力资源总监苏毕丘"BB02.学号"账号（密码与账号同号）登录人力资源系统，点击待办通知图标，可显示陆亚友出差单已推送至本部人力资源总监苏毕丘的个人待办处，在工作流栏处

点击【查看详情】并进行审批处理,详细审批步骤见图 2-3-102、图 2-3-103、图 2-3-104 所示。

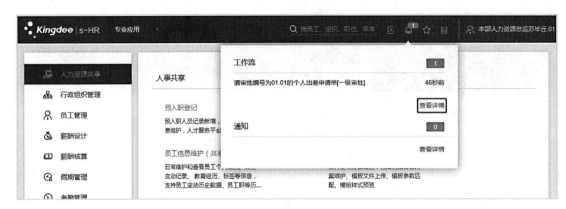

图 2-3-102　待办通知

图 2-3-103　出差单据处理

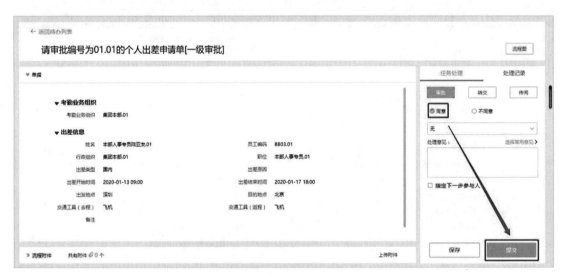

图 2-3-104　出差单据审核

3.3.2.3　出差确认

出差确认用于对员工实际出差状况的确认,可对审核通过的出差单进行出差确认处理,常见有按计划正常出差、部分出差、延长出差、取消出差几种确认情况。

[操作角色]:本部人事专员陆亚友,账号密码为"BB03.学号"。

[操作路径]:【员工自助】→【我的假勤】→【我要出差】。

[操作步骤]:使用本部人事专员陆亚友"BB03.学号"账号登录 HR 系统,按照图 2-3-105 路径进入【我要出差】功能节点,并点击【出差列表】查看员工出差单详情,如图 2-3-105 所示。

删除筛选条件,并勾选原出差单点击【出差确认】按钮,如图 2-3-106、图 2-3-107 所示。

图 2-3-105　进入出差列表

图 2-3-106　删除默认筛选条件

图 2-3-107　出差确认

关联原出差单生成出差确认单,此时,我们需要填入出差确认单编号为"01.学号",并根据案例需求,将"实际结束时间"由"2020-01-17 18:00"更改为"2020-01-18 18:00",如图 2-3-108 所示;完成后点击【提交】,系统自动将单据由制单人(即本部人事专员陆亚友)推送至审单人处(即本部人力资源总监苏毕丘)。

图 2-3-108　填写出差确认单

3.3.2.4　出差确认单审批

[操作角色]：本部人力资源总监苏毕丘，账号密码为"BB02.学号"。

[操作路径]：个人待办通知。

[操作步骤]：使用本部人力资源总监苏毕丘"BB02.学号"账号（密码与账号同号）登录人力资源系统，点击待办通知图标，可显示陆亚友出差确认单已推送至本部人力资源总监苏毕丘的个人待办处，在工作流栏处点击【查看详情】并进行审批处理，详细审批步骤见图 2-3-109、图 2-3-110、图 2-3-111 所示。

图 2-3-109　待办通知

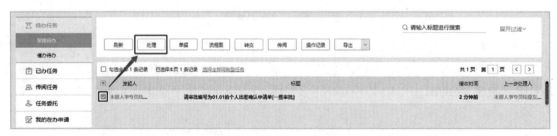

图 2-3-110　处理出差确认单

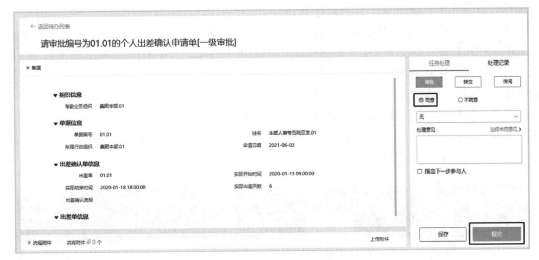

图 2-3-111　出差确认单审批

至此陆亚友出差确认单已审批完成,实际出差时长以确认单为准,共为 6 天。

延伸内容

除员工个人提出差单外,还可以 HR 替员工录入出差单,并查看员工的出差数据。支持单人出差单依次录入和多人出差单批次录入。在出差单列表界面,查看员工的出差情况。出差单查询,可以根据假期业务组织、行政组织、出差时段、单据的状态等进行数据过滤,高级过滤中还可以设置复杂的查询条件,进行数据查询。

路径:【专业应用】—【考勤管理】—【日常考勤】—【出差单】,如图 2-3-112 所示。

(因上述实验已完成出差单的业务操作,因此此处无须操作,只需查看即可)

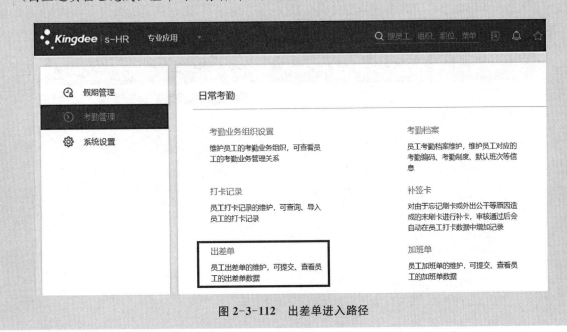

图 2-3-112　出差单进入路径

3.3.3　请假单

在集团企业中,请假流程一般由员工本人申请提起,而后由员工直接上级进行审批,最后在考勤周期结束时由假勤专员对员工进行假勤结果汇算并结转。

[操作背景]:2020 年 1 月 20 日 09:00 至 21 日 18:00,中科智能电子集团本部人事专员陆亚友因个人原因需请年假两天,陆亚友在个人员工自助平台上提出请假申请单,并由其直接上级本部人力资源总监苏

毕丘进行审批,以备于为薪酬结算记录考勤数据。

陆亚友因个人事务提前完成而需销假2020-01-21年假一天,因此陆亚友在个人员工自助平台进行销假,并由其直接上级本部人力资源总监苏毕丘进行审批;则陆亚友实际请假时间为2020年1月20日一天。

3.3.3.1 提出请假申请单

[操作角色]:本部人事专员陆亚友,账号密码为"BB03.学号"。

[操作路径]:【员工自助】→【我的假勤】→【我要请假】。

[操作步骤]:使用本部人事专员陆亚友俊"BB03.学号"账号登录HR系统,按照图2-3-113路径进入【我要请假】功能节点。

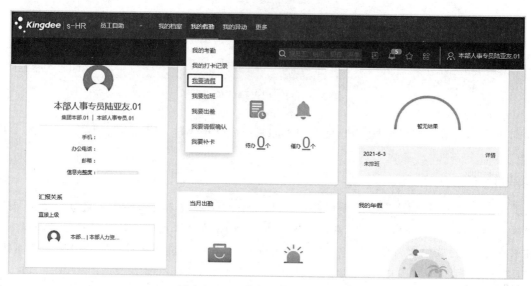

图2-3-113 "我要请假"进入路径

按照表2-3-30信息填写请假单,并点击【提交】进行工作流审批,系统将请假单据由申请人(即本部人事专员陆亚友)推送至审单人处(即本部人力资源总监苏毕丘),如图2-3-114所示。

图2-3-114 创建请假单并提交

注:若年假无额度,需返回"3.1.6 员工假期额度生成"功能节点检查是否已完成。

3.3.3.2 请假单据审批

[操作角色]:本部人力资源总监苏毕丘,账号密码为"BB02.学号"。

[操作路径]:【待办通知】。

[操作步骤]:使用本部人力资源总监苏毕丘"BB02.学号"账号(密码与账号同号)登录人力资源系统,点击待办通知图标,可显示陆亚友请假单已推送至本部人力资源总监苏毕丘的个人待办处,在工作流栏处点击【查看详情】并进行审批处理,详细审批步骤见图 2-3-115、图 2-3-116、图 2-3-117 所示。

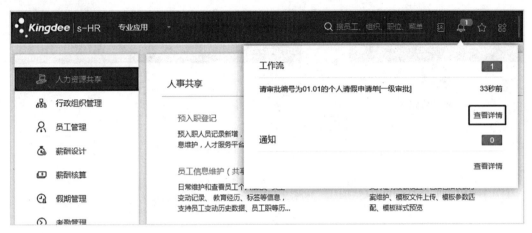

图 2-3-115　待办通知

图 2-3-116　请假单据处理

图 2-3-117　请假单据审核

至此陆亚友请假单据已审批完成。

3.3.3.3 请假确认单

请假确认用于对员工实际请假状况的确认,可对审核通过的请假单进行请假确认处理,常见有按计划正常请假、部分请假、延长请假、取消请假几种确认情况。

依据案例,陆亚友因个人事务提前完成而需销假 2020 年 1 月 21 日年假一天,因此陆亚友在个人员工自助平台进行销假,并由其直接上级本部人力资源总监苏毕丘昌进行审批。

[操作角色]:本部人事专员陆亚友,账号密码为"BB03.学号"。

[操作路径]:【员工自助】→【我的假勤】→【我要请假确认】。

[操作步骤]:使用本部人事专员陆亚友"BB03.学号"账号登录 HR 系统,按照图 2-3-118 路径进入【我要请假确认】功能节点。

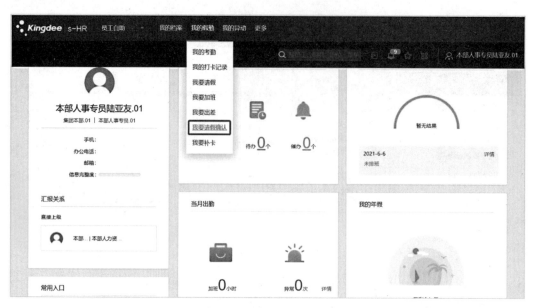

图 2-3-118　进入"我要请假确认"路径

填写请假确认单【单据编号】为"01.学号",选择【请假单】为原陆亚友请假单,将【实际结束时间】由"2020-01-21 18:00"改为"2020-01-20 18:00",此时【实际请假时长】由原来的"2"自动更改为"1",最后点击【提交】按钮;至此,完成对陆亚友请假确认单的填写,具体如图 2-3-119 所示。

图 2-3-119　填写请假确认单

3.3.3.4　请假确认单审批

[操作角色]:本部人力资源总监苏毕丘,账号密码为"BB02.学号"。

[操作路径]:个人待办任务。

[**操作步骤**]:使用本部人力资源总监苏毕丘"BB02.学号"账号(密码与账号同号)登录人力资源系统,点击待办通知图标,可显示陆亚友请假确认单已推送至本部人力资源总监苏毕丘的个人待办处,在工作流栏处点击【查看详情】并进行审批处理,详细审批步骤见图 2-3-120、图 2-3-121、图 2-3-122 所示。

至此陆亚友请假确认单已审批完成,实际请假时长以确认单为准,为 1 天。

图 2-3-120　待办通知

图 2-3-121　处理请假确认单

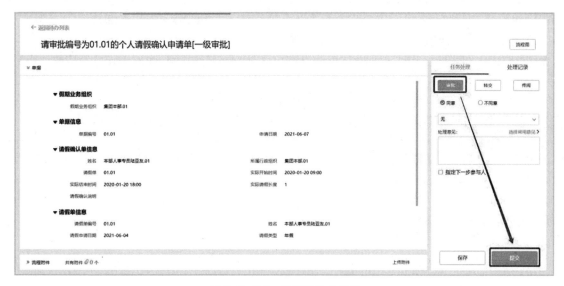

图 2-3-122　请假确认单审批

延伸内容

除员工个人提请假单外，还可以HR替员工录入请假单，并查看员工的请假数据。支持单人请假单依次录入和多人请假单批次录入。请假单查询，可以根据假期业务组织、行政组织、请假时段、单据的状态等进行数据过滤，高级过滤中还可以设置复杂的查询条件，进行数据查询。

路径：【专业应用】—【假期管理】—【日常假期管理】—【请假单】，如图2-3-123所示。
（因上述实验已完成请假单的业务操作，因此此处无须操作，只需查看即可。）

图2-3-123 请假单进入路径

3.3.4 打卡记录

打卡记录用于维护员工的打卡记录，在打卡记录列表，可以同步员工在打卡机的签到记录，并支持对员工打卡记录进行作废和反作废。

[操作背景]：因本教学实验中未对接外部打卡机器，因此HR直接在人力资源系统上维护员工的打卡记录。根据前述排班案例，员工标准出勤的条件如下：①集团本部（直属）、本部行政部、本部财务部、本部法务部需满足双休＋行政班制度；②本部生产部需满足双休＋三班倒制度；③本部物流中心需满足大小周＋行政班制度；④本部研发部需满足双休＋限时弹性班＋固定加班特定日制度。

本案例以集团本部陆亚友为例，根据其实际出勤情况导入HR系统中，陆亚友实际出勤情况如表2-3-38所示。

表2-3-38 本部人事专员陆亚友1月份实际出勤情况

周日	周一	周二	周三	周四	周五	周六
			1	2	3	4
			元旦节 法定节假日 不打卡	9:00—18:00	9:00—18:00	9:00—18:00
5	6	7	8	9	10	11
	9:00—18:00	9:00—18:00	9:00—18:00	9:00—18:00	9:00—18:00	9:00—18:00 （加班）
12	13	14	15	16	17	18
	9:00—18:00 （出差）	9:00—18:00 （出差）	9:00—18:00 （出差）	9:00—18:00 （出差）	9:00—18:00 （出差）	9:00—18:00 （出差）

（续表）

周日	周一	周二	周三	周四	周五	周六
19	20	21	22	23	24	25
	/ （请假）	9:00—18:00	9:00—18:00	9:00—18:00	9:00—18:00	
26	27	28	29	30	31	
	9:00—18:00	9:00—17:00 （早退 1 小时）	10:00—18:00 （迟到 1 小时）	14:00—18:00 （迟到超过 240 分钟自动算旷班）	18:00 （漏上班卡）	

[操作路径]:【考勤管理】→【日常考勤】→【打卡记录】。

[操作角色]:本部假勤专员文发茂，账号密码为“BB04.学号”。

[操作步骤]:因本实验中没有对接外部打卡器进行实际打卡，因此在这里我们直接导入打卡记录作为打卡方式。点击【导入】—【模板下载】，并按照案例中员工的打卡数据填充模板，具体见表 2-3-38；而后再次点击【导入】—【上传模板】进行打卡记录上传。

提示：可直接扫描二维码，下载“打卡记录导入”模板，点击【导入】—【上传模板】进行数据导入，注意需要把模板中的“学号”全部替换为个人匹配的学号再导入。数据模板如图 2-3-124 所示。

打卡记录导入模板

	A	B	C	D	E	F	G	H
1	导入方式	新增	实体名称	原始打卡记录实	实体表	T_HR_ATS_PunchCardRecord		
2	1、红色字体是必录项。 2、为避免长时间等待，建议导入数据量不超过500条。							
3	考勤编号	打卡日期	打卡时间	打卡位置				
4	BB03.学号	2020-01-02	09:00					
5	BB03.学号	2020-01-02	18:00					
6	BB03.学号	2020-01-03	09:00					
7	BB03.学号	2020-01-03	18:00					
8	BB03.学号	2020-01-06	09:00					
9	BB03.学号	2020-01-06	18:00					
10	BB03.学号	2020-01-07	09:00					
11	BB03.学号	2020-01-07	18:00					
12	BB03.学号	2020-01-08	09:00					
13	BB03.学号	2020-01-08	18:00					
14	BB03.学号	2020-01-09	09:00					
15	BB03.学号	2020-01-09	18:00					
16	BB03.学号	2020-01-10	09:00					
17	BB03.学号	2020-01-10	18:00					
18	BB03.学号	2020-01-11	09:00					
19	BB03.学号	2020-01-11	18:00					
20	BB03.学号	2020-01-13	09:00					
21	BB03.学号	2020-01-13	18:00					
22	BB03.学号	2020-01-14	09:00					
23	BB03.学号	2020-01-14	18:00					
24	BB03.学号	2020-01-15	09:00					
25	BB03.学号	2020-01-15	18:00					
26	BB03.学号	2020-01-16	09:00					
27	BB03.学号	2020-01-16	18:00					
28	BB03.学号	2020-01-17	09:00					
29	BB03.学号	2020-01-17	18:00					
30	BB03.学号	2020-01-18	09:00					
31	BB03.学号	2020-01-18	18:00					
32	BB03.学号	2020-01-21	09:00					

DataSheet +

注：需要把模板中的“学号”改为个人学号再导入。

图 2-3-124　打卡记录导入模板

至此,员工打卡数据成功导入至人力资源系统当中。在条件过滤栏中填写"打卡时段"为自定义、2020-01-01 至 2020-01-31,点击【查询】;如图 2-3-125 所示。

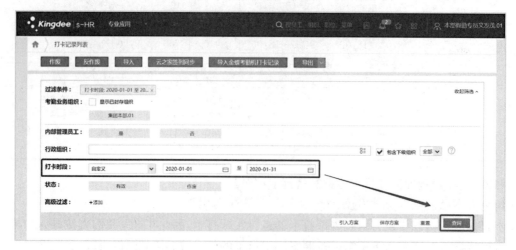

图 2-3-125　搜索打卡记录方式

员工打卡记录列表如图 2-3-126 所示。

图 2-3-126　打卡记录

3.3.5　补签卡

补签卡对于忘记刷卡或外出办公等原因造成的未刷卡进行补卡,审核通过后会自动在员工打卡列表中增加数据。补签卡在人力资源系统中有两种实现方式:①由 HR 代员工处理补签卡业务;②员工在员工自助平台中自行提出补签业务,HR 或上级领导进行审核。

[操作背景]:2020 年 2 月初,假勤专员通过系统平台向全体员工发送通知,提醒员工关注并检查自身 1 月份的考勤情况,如有漏卡情况需及时提出补卡申请,以备考勤核算正确无误。中科智能电子集团本部人事专员陆亚友因 2020 年 1 月 31 日忘记打上班卡,需要进行补签业务,对此,陆亚友在个人员工自助平台中提交补打卡申请,并由其直接上级本部人力资源总监苏毕丘进行审批。

3.3.5.1　提出补卡申请单

[操作角色]:本部人事专员陆亚友,账号密码为"BB03.学号"。

[操作路径]:【员工自助】→【我的假勤】→【我要补卡】。

[操作步骤]：进入【我要补卡】功能节点，按照表 2-3-31 信息填写补签卡单据，并点击【提交】进行工作流审批，系统将补签卡单据由申请人（即本部人事专员陆亚友）推送至审单人处（即本部人力资源总监苏毕丘），如图 2-3-127 所示。

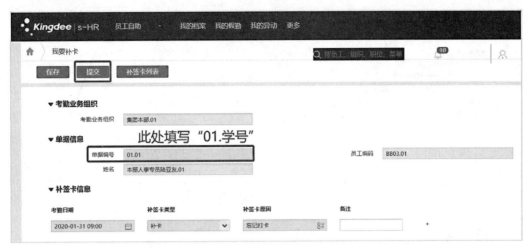

图 2-3-127　补签卡单据

3.3.5.2　补签卡单据审批

[操作角色]：本部人力资源总监苏毕丘，账号密码为"BB02.学号"。

[操作路径]：个人待办通知。

使用本部人力资源总监苏毕丘"BB02.学号"账号登录人力资源系统，点击待办通知图标，对陆亚友补签卡单据进行审批。

[操作步骤]：使用本部人力资源总监苏毕丘"BB02.学号"账号（密码与账号同号）登录人力资源系统，点击待办通知图标，可显示陆亚友补签卡单据已推送至本部人力资源总监苏毕丘的个人待办处，在工作流栏处点击【查看详情】并进行审批处理，详细审批步骤见图 2-3-128、图 2-3-129、图 2-3-130 所示。

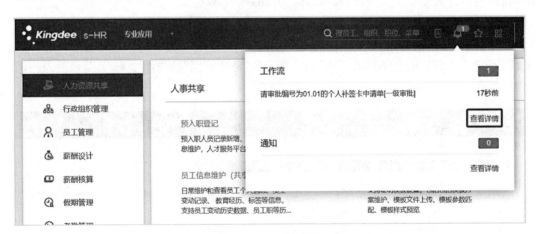

图 2-3-128　待办通知

图 2-3-129　单据处理

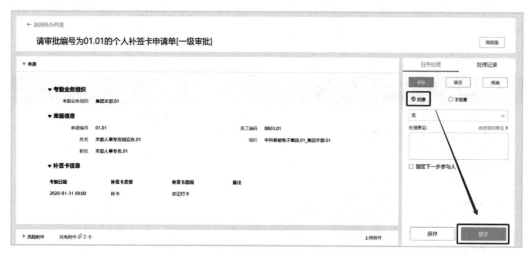

图 2-3-130 补签卡审批

3.3.6 假勤结果计算及应用

3.3.6.1 考勤计算

考勤计算具有考勤看板功能，可以查看核对员工的考勤明细及汇总数据，并进行计算、修改、审核、汇总计算、转薪资等操作，将考勤汇总数据和薪资关联起来。因人力资源系统的出现与使用，将原本繁琐的考勤计算工作缩减为一键生成，系统可自动汇集各员工的排班状况、考勤状况等数据实现快速运算，大大缩减了 HR 在考勤计算上的工作量及人力成本投入。

[**操作背景**]：2020 年 1 月份的考勤数据（包括打卡记录、补打卡记录、缺漏卡记录、加班情况、请假情况、出差情况等）汇集于考勤专员处，2 月初，本部考勤专员文发茂对集团本部员工 1 月的考勤结果进行汇总计算、审核、转薪资，以此对薪酬计算提供依据。请以本部人事专员陆亚友为例，完成考勤结果汇算并转薪资。

[**操作角色**]：本部假勤专员文发茂，账号密码为"BB04.学号"。

[**操作路径**]：【考勤管理】→【日常考勤】→【考勤计算】。

[**操作步骤**]：进入【考勤计算】功能节点，在条件筛选栏中录入筛选条件从而筛选出目标计算员工；在"考勤制度"处选择"中科智能电子集团考勤制度.学号"，"考勤周期"处选择"202001"，最后点击【查询】，如图 2-3-131 所示。

图 2-3-131 设置筛选条件

筛选过滤出"本部人事专员陆亚友"信息行,勾选并点击【计算选中】,该处需计算2020年1月份的考勤数据,因此维护"开始时间"为"2020-01-01",结束时间为"2020-01-31",最后点击【确认】运行考勤计算,如图2-3-132所示。

图 2-3-132　考勤计算

计算完毕显示出考勤结果列表(见图2-3-133),点击具体考勤员工姓名可显示出该员工的考勤状况总览(见图2-3-134),点击具体日期可显示出该员工考勤状况明细(见图2-3-135)。

图 2-3-133　考勤计算结果列表

图 2-3-134　考勤详情总览

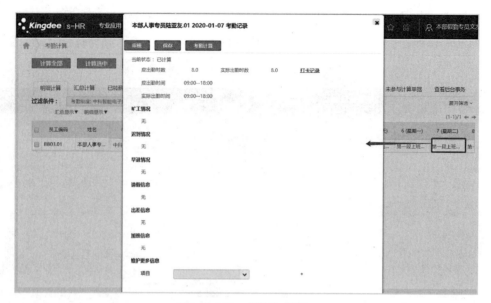

图 2-3-135 考勤状况明细

检查考勤结果无误后,选择员工,并点击【审核】—【汇总】,如图 2-3-136 所示。

图 2-3-136 审核并汇总考勤明细

如要考勤数据转薪资,应点击"汇总计算"页签,在条件筛选栏中录入筛选条件从而筛选出目标员工;在"考勤制度"处选择"中科智能电子集团考勤制度.学号","考勤周期"处选择"202001",最后点击【查询】,如图 2-3-137 所示。

图 2-3-137 汇总计算过滤条件筛选界面

选中列表员工,点击【审核】并点击【转薪资】,转薪资的周期为"2020年1月1次",代表该考勤数据关联至2020年1月的薪酬核算,最后点击【确定】,如图2-3-138、图2-3-139所示。

图2-3-138 汇总审核界面

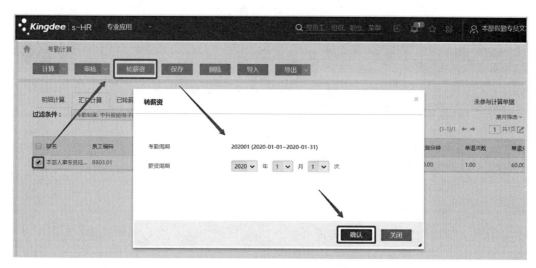

图2-3-139 转薪资确认界面

点击【已转薪资】界面,可查看已转薪资员工。同样在条件筛选栏中录入筛选条件从而筛选出目标员工;在"考勤制度"处选择"中科智能电子集团考勤制度.学号","考勤周期"处选择"202001",最后点击【查询】。查询结果如图2-3-140所示。

图2-3-140 已转薪资列表

3.3.6.2 加班转调休假汇算

加班转调休是在满足以下条件前提下进行的调休假期汇算:①员工存在已审核的加班单或存在固定加班情况;②在加班时间段内有打卡数据。

[操作背景]:在上述案例中,本部人事专员陆亚友于2020年1月11日加班一个休息日,加班时长为

8小时;在"3.1.3调休规则管控"章节中,已设置休息日换调休假比例为1∶1,即陆亚友可换取8小时调休。请本部假勤专员文发茂对陆亚友进行加班转调休汇算。

[操作角色]:本部假勤专员文发茂,账号密码为"BB04.学号"。

[操作路径]:【假期管理】→【日常假期管理】→【假期额度】。

[操作步骤]:进入【假期额度】功能节点,点击【生成额度】,选择假期业务组织为"集团本部.学号"、假期类型为"调休假"、基准日期为"2020-01-01",最后点击【生成】,具体步骤如图2-3-141、图2-3-142所示。

图2-3-141 额度生成

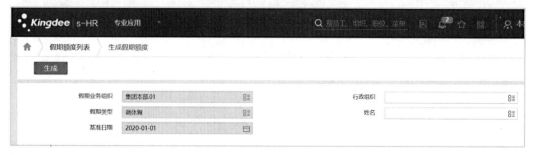

图2-3-142 额度生成表单

加班转调休假汇算成功后,返回假期额度列表,可查看已成功对本部人事专员陆亚友生成8个小时的调休假,如图2-3-143所示。

图2-3-143 假期额度列表

提示:如调休假额度生成失败,请检查①是否在"3.1.3调休规则管控"节点中已设置集团调休规则;②是否在"3.2.7员工排班"节点中已完成员工排班;③是否在"3.3.1加班单"节点中已完成陆亚友的加班单申请并审核;④是否在"3.3.4 打卡记录"节点中完成对陆亚友打卡记录的导入;⑤是否在"3.3.6.1 考勤计算"节点中完成对陆亚友的考勤汇算操作。

3.3.6.3 假期汇总表

假期汇总表是对员工已休假期汇总的查询。在假期汇总表列表界面可以按假期业务组织、内部管理员工、行政组织、时间周期进行数据查询。

[操作背景]:本部假勤专员需查询员工1月份的请假汇总数据,以动态掌握员工的请假状况。在前述案例中,本部人事专员陆亚友于2020年1月20日实际休年假一天,因此可在假期汇总表显示该员工的请假情况。

[操作角色]:本部假勤专员文发茂,账号密码为"BB04.学号"。

[操作路径]:【假期管理】→【假期报表】→【假期汇总表】。

[操作步骤]:使用本部假勤专员文发茂"BB04.学号"账号登录 HR 系统,按照图 2-3-144 路径进入【假期汇总表】功能节点。

图 2-3-144 假期汇总表进入路径

点击页面右上方【展开筛选】显示条件筛选栏,选择"时间周期"为自定义"2020-01-01"至"2020-01-31",点击【查询】,如图 2-3-145 所示。

图 2-3-145 输入筛选条件

生成集团本部 2020 年 1 月份员工假期休假汇总表,可查看本部人事专员陆亚友已休年假一天,如图 2-3-146 所示。

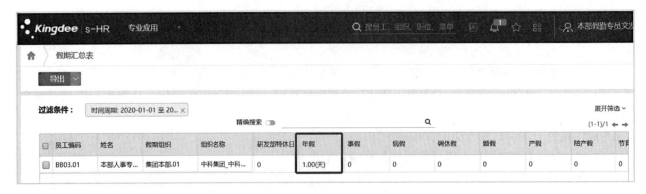

图 2-3-146　假期汇总表

3.3.6.4　调休明细表

调休明细表是对员工调休假使用明细的查询,即员工加班转调休额度、已休调休假、剩余调休假查询。在调休明细表列表界面,可以按假期业务组织、内部管理员工、行政组织、周期范围、查询方式进行数据查询,选择条件后,点击【查询】按钮,可以查询出符合过滤条件的调休明细数据。

[操作背景]:集团本部假勤专员需查询员工 1 月份的调休明细表,以动态掌握员工的调休假请假状况。在前述案例中,本部人事专员陆亚友于 2020 年 1 月 11 日加班一个休息日,即 8 小时;根据前置调休假转换比例设置(休息日 OT2 加班转调休比例为 1∶1),应转换陆亚友调休假 8 小时,并可在调休明细表显示该员工的调休假情况。

[操作角色]:本部假勤专员文发茂,账号密码为"BB04.学号"。

[操作路径]:【假期管理】→【假期报表】→【调休明细表】。

[操作步骤]:使用本部假勤专员文发茂"BB04.学号"账号登录 HR 系统,按照图 2-3-147 路径进入【调休明细表】功能节点。

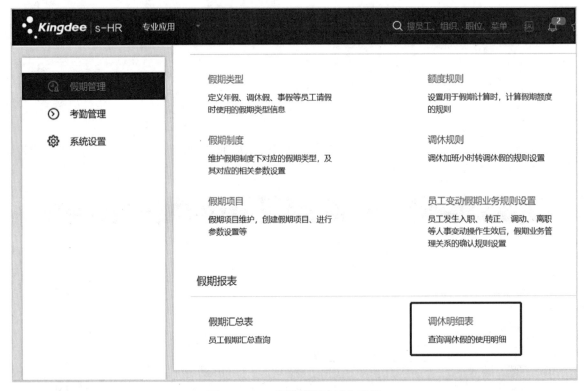

图 2-3-147　调休明细表进入路径

点击页面右上方【展开筛选】显示条件筛选栏,选择"周期范围"为"自定义"、"2020-01-01"至"2020-01-31",点击【查询】,如图 2-3-148 所示。

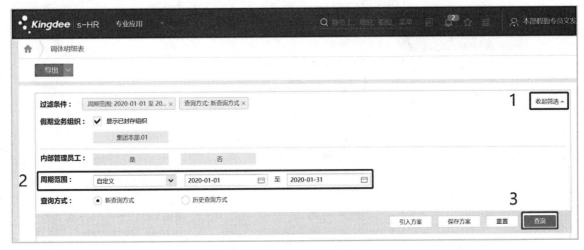

图 2-3-148　输入筛选条件

生成集团本部 2020 年 1 月份员工调休明细表,可查看本部人事专员陆亚友调休额度为 8 小时,如图 2-3-149 所示。

图 2-3-149　调休明细表

3.3.6.5　考勤结果明细

考勤结果明细用于查询职员的考勤明细数据,可进行考勤明细数据导出。在考勤明细表中,以时间序列每人每天显示一条记录,明细项目显示在考勤项目中设置的明细显示的考勤项目。

[操作背景]:本部考勤专员文发茂进入考勤结果明细节点,对员工 1 月份的考勤结果进行明细查询。

[操作角色]:本部假勤专员文发茂,账号密码为"BB04.学号"。

[操作路径]:【考勤管理】→【考勤报表】→【考勤结果明细】。

[操作步骤]:使用本部假勤专员文发茂"BB04.学号"账号登录 HR 系统,按照图 2-3-150 路径进入【考勤结果明细】功能节点。

点击页面右上方【展开筛选】显示条件筛选栏,选择"考勤日期"为"自定义""2020-01-01"至"2020-01-31",点击【查询】,如图 2-3-151 所示。

生成集团本部员工 2020 年 1 月 1 日至 2020 年 1 月 31 日的考勤结果明细表,以时间序列每人每天显示一条记录,如图 2-3-152 所示。因 2020 年 1 月 1 日为法定节假日,无排班及员工打卡,因此该天无显示打卡记录。

图 2-3-150　考勤结果明细进入路径

图 2-3-151　筛选条件录入

图 2-3-152　考勤结果明细表

3.3.6.6 考勤结果汇总

考勤结果汇总支持对员工在自定义时间范围内的考勤结果进行汇总查询。汇总查询时,有员工和行政组织汇总、员工和考勤组织汇总、员工汇总三种方式可供选择。

[操作背景]:中科智能电子集团本部考勤专员进行考勤计算后,进入考勤结果汇总节点对员工1月份的考勤结果进行汇总查询,根据前述操作,考勤结果数据如表2-3-39所示。

表 2-3-39 考勤汇总

姓名	出勤情况	出勤结果
本部人事专员陆亚友	① 2020年1月11日休息日(OT2)加班8小时 ② 2020年1月13日至18日出差6天 ③ 2020年1月20日请年假一天 ④ 2020年1月28日17:00打下班卡 ⑤ 2020年1月29日10:00打上班卡 ⑥ 2020年1月30日14:00打上班卡 　(迟到超过240分钟自动算旷班) ⑦ 2020年1月31日漏打上班卡,后进行补卡	① 加班时长8.00小时,调休OT2小时数8.00小时 ② 出差次数6次,出差时长6天 ③ 请假时长1天,年假次数1次 ④ 早退次数1次,早退60分钟 ⑤ 迟到次数1次,迟到60分钟 ⑥ 旷工次数1次,旷工小时数8小时 ⑦ 缺卡次数1次,补卡次数1次 ⑧ 应出勤天数22.00天,实际出勤天数19.76天

[操作角色]:本部假勤专员文发茂,账号密码为"BB04.学号"。

[操作路径]:【考勤管理】→【考勤报表】→【考勤结果汇总】。

[操作步骤]:使用本部假勤专员文发茂"BB04.学号"账号登录HR系统,按照图2-3-153路径进入【考勤结果汇总】功能节点。

图 2-3-153 考勤结果汇总进入路径

点击页面右上方【展开筛选】显示条件筛选栏,选择"汇总时段"为"自定义""2020-01-01"至"2020-01-31",点击【查询】,如图2-3-154所示。

图 2-3-154 输入筛选条件

可根据筛选条件中汇总时间段生成员工本部人事专员陆亚友在 2020 年 1 月 1 日至 2020 年 1 月 31 日的考勤汇总表,包括应出勤天数、实际出勤天数、加班小时数、调休小时数、迟到次数与分钟数、早退次数与分钟数、出差次数与天数、旷工次数与小时数、缺卡次数、补卡次数等信息,如图 2-3-155 所示。

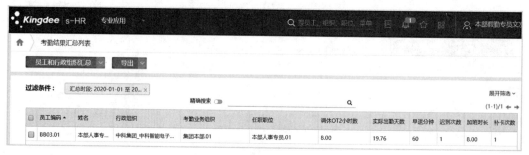

图 2-3-155 考勤结果汇总表

实操 4 绩 效 管 理

学习目标

- 了解常见 HR 系统绩效管理的基本设置;
- 能够在 HR 系统中进行员工绩效组织匹配,生成员工绩效档案;
- 能够在 HR 系统中进行员工绩效管理的规则设定,包括评分分制、绩效等级、员工考核规则的制定;
- 能够在 HR 系统中进行员工绩效管理的实施,包括员工考核计划建立、员工考核计划执行、员工绩效考核卡、员工绩效考核结果运用等。

应用场景

人力资源系统绩效管理系统基于企业战略目标分解,支持企业构建绩效指标库,以及 KPI、PBC、BSC 等多种绩效模式考评和 360 问卷评估在系统中落地执行,帮助企业对员工绩效做出客观评估,并将评估结果与薪资相结合,塑造健康良性的企业绩效文化。

具体说明:

2020 年初,集团人力资源部颁布《中科智能电子集团绩效管理方法(2020)》,作为集团绩效管理指导,具体内容为:集团采用 KPI 与 BSC 的绩效结合管理办法,将绩效指标设为财务类指标、客户类指标、运营类指标、学习发展类指标四类,其中财务类指标、客户类指标、运营类指标三项指标由上级领导下达决定,学习发展类指标由员工个人自设而定,强调自上而下层层分解目标,自下而上层层承诺绩效目标,体现员工对公司战略目标的承担,促进组织绩效与个人绩效共同提升。

(1) 评估指标类型及权重。

评估指标类型包括财务类指标、客户类指标、运营类指标和学习发展类指标,指标权重根据所属组织、部门、职位实行差异化设置,如表 2-4-1 所示。

表 2-4-1 评估指标类型及权重

公司	部门	财务类指标	客户类指标	运营类指标	学习发展类指标
集团本部	集团本部(直属)	30	30	30	10
	本部财务部	20	30	40	10
	本部物流中心	20	30	40	10
	本部研发部	20	30	40	10
	本部生产部	20	30	40	10
	本部办公室	20	30	40	10

(续表)

公司	部门	财务类指标	客户类指标	运营类指标	学习发展类指标
深圳销售公司	深圳销售公司(直属)	30	30	30	10
	深圳公司财务部	20	30	40	10
	深圳公司物流中心	20	30	40	10
	深圳公司销售部	20	30	40	10
广州销售有限责任公司	广州销售有限责任公司(直属)	30	30	30	10
	广州公司财务部	20	30	40	10
	广州公司物流中心	20	30	40	10
	广州公司销售部	20	30	40	10

（2）评估对象。

中科智能电子集团在职员工，需参与绩效考核。对于考核期内出现异动的人员（组织、子公司、机构及部门之间调动），根据调动日期分段绩效评估，并由相应的直接上级进行绩效评估和奖金分配。

（3）考核指标。

中科智能电子集团旗下企业根据集团绩效考核办法，分别对各部门、岗位、员工层层分解并下达考核指标。以本部人力资源总监岗位为例，从表2-4-1评估指标类型及权重表格可查看，对于本部人力资源总监所在行政组织，即集团本部（直属），其在财务类、客户类、运营类、学习发展类指标的评估指标权重分别为30%、30%、30%、10%。绩效分解后，其绩效指标如表2-4-2所示。

表2-4-2 本部人力资源总监考核指标

指标类型	指标名称	指标描述	评价标准	权重
财务类指标（总权重30%）	人工成本控制率.学号	人工成本控制率≤100%（包括薪酬、社保、福利、股权激励费用等人工费用）	实际人工成本/人工成本计划 若≤1，则获100分； 若>1，则1÷计算比例×100＝绩效分数	10%
	人力资源费用预算控制率.学号	人力资源费用控制率≤100%（包括培训费用、文化活动费用、咨询费、外包费用，以及其他人力费用）	实际人力资源费用发生额/预算费用额 若≤1，则获100分； 若>1，则1÷计算比例×100＝绩效分数	10%
	人力资源投资回报率.学号	人力资源投资回报率≥50%	企业净利润/员工薪酬福利总额 若≥0.5，则获100分； 若<0.5，则计算比例÷0.5×100＝绩效分数	10%
客户类指标（总权重30%）	部门协作满意度.学号	部门协作满意度90分以上	员工满意度调查 若满意度≥90分，则获绩效分100分； 若满意度<90分，则实际满意度分数÷90×100＝绩效分数	10%
	关键员工保有率.学号	关键员工保有率≥90%	年末公司关键员工数/年初公司关键员工数×100% 若≥0.9，则获绩效分100分； 若<0.9，则计算比例÷90×100＝绩效分数	10%
	员工流失率.学号	员工流失率≤10%	员工流失率若≤10%，则获100分； 若>10%，则[1－(员工流失率－0.1)÷0.9]×100＝绩效分数	10%

(续表)

指标类型	指标名称	指标描述	评价标准	权重
运营类指标（总权重30%）	组织体系建设.学号	主导客户导向型组织建设,包括组织架构优化、业务流程优化、权限优化	统计组织体系建设任务完成情况	15%
	制度和流程建设.学号	设计并实施BSC绩效管理制度、宽带薪酬制度、任职资格体系建设	统计制度与流程建设任务完成情况	15%
学习发展类指标（总权重10%）	战略技能培训计划达成率	面向员工至少展开人均4次战略技能培训（每季度均一次）,完成率100%	实际完成人均培训次数/计划完成人均次数×100=绩效分数	5%
	人力资源信息化建设	推进人力资源信息化建设,主动学习人力资源信息化知识	完成人力资源数字化课程学习获绩效分100分,未完成则按实际完成率(%)转换为绩效分数。	5%

(4) 评估流程。

① 绩效自评:回顾并总结本绩效周期内实际达成业绩的情况,并根据每项指标的计分规则和实际完成数据,自评个人绩效,提交上级评估。

② 直接上级评分定级:直接上级对绩效结果的公正、客观性、准确性负责;如有矩阵式管理或跨部门团队,直接上级在评价时需参考矩阵管理或跨部门团队负责人的绩效建议。

③ 绩效沟通与反馈:上下级针对绩效周期内的工作进行总结沟通和绩效结果反馈,并明确工作亮点与不足,同时给予指导和建议。

④ 绩效改进计划:全员要根据绩效目标达成情况,结合公司战略的要求、个人能力提升及发展规划,制订年度绩效改进计划,以创造高绩效、高价值。

(5) 评估结果。

绩效评分分制采用百分制,指标得分精确到小数点后两位。绩效等级分布如表2-4-3所示。

表2-4-3 绩效等级分布

系统等级	绩效等级	等级分数范围	对应默认分数
S	优秀	100～90	95
A	良好	90～80	85
B	一般	80～60	70
C	较差	60～00	40

(6) 结果应用。

绩效得分代表绩效周期内员工绩效目标的达成情况,应用于绩效奖金计算,绩效奖金计算方式为:个人绩效奖金=个人目标绩效奖金*(绩效得分/100)。

实验任务

- 进入【评分分制】,录入评分分制;
- 进入【绩效等级】,录入绩效等级;

- 进入【员工绩效档案】,开启员工档案;
- 进入【员工考核规则】,录入考核规则;
- 进入【员工考核计划建立】,制订考核计划;
- 进入【员工考核计划执行】,开展绩效考核业务;
- 进入【绩效考核卡】,查看员工的考核结果汇总;
- 进入【员工考核结果转薪资】,对员工进行考核结果转薪资处理。

 实验数据

(1) 评分分制。

评分分制数据如表 2-4-4 所示。

表 2-4-4 评分分制

创建业务组织	分制编码	分制名称	最高分	最低分	共享策略
中科智能电子集团.学号	01.学号	百分制.学号	100	0	向下共享

(2) 绩效等级。

绩效等级数据如表 2-4-5 所示。

表 2-4-5 绩效等级

创建业务组织	等级编码	等级名称	等级评分分制	等级应用	共享策略	系统等级	绩效等级	等级分数范围	对应默认分数
中科智能电子集团.学号	01.学号	中科智能电子集团绩效等级.学号	百分制.学号	考核结果整体等级	向下共享	S	优秀	100~90	95
						A	良好	90~80	85
						B	一般	80~60	70
						C	较差	60~00	40

(3) 考核规则表。

考核规则数据如表 2-4-6 所示。

表 2-4-6 考核规则表

规则编码	规则名称	绩效业务组织	所属行政组织
01_学号	本部人力资源总监考核规则_学号	集团本部.学号	集团本部.学号
考核模式	分制	绩效等级	
KPI	百分制.学号	中科智能电子集团绩效等级.学号	

(4) 考核计划表。

考核计划表数据如表 2-4-7 所示。

表 2-4-7 考核计划表

考核计划编码	考核计划名称	绩效业务组织	所属行政组织
01_学号	本部人力资源总监考核计划_学号	集团本部.学号	集团本部.学号

(续表)

考核规则	考核周期频度	默认评估流程
本部人力资源总监考核规则_学号	年	本部人力资源总监评估流程.学号

实验步骤

4.1 绩效管理软件应用

4.1.1 评分分制

评分分制用于设置绩效考核分数范围。

[操作背景]：中科智能电子集团绩效考核分制采用百分制，即分数区间为0~100分。集团绩效专员廖嘉云需在人力资源系统中创建百分制政策。

[操作角色]：集团绩效专员廖嘉云，账号密码为"JT09.学号"。

[操作路径]：【绩效管理】→【绩效业务设置】→【评分制度】。

[操作步骤]：进入【评分制度】，点击"可维护"页签，切换至评分分制维护界面，点击【创建】，如图2-4-1所示。

图2-4-1 创建路径

按照表2-4-4数据填写评分分制表格，点击【保存】—【启用】，如图2-4-2、图2-4-3所示。

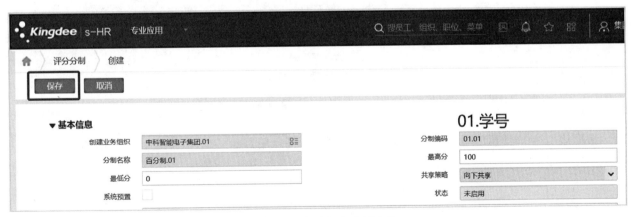

图2-4-2 创建评分分制表单

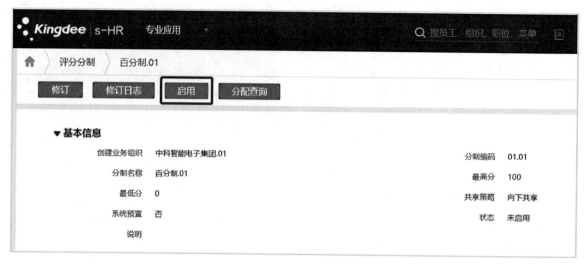

图 2-4-3 启用评分分制

4.1.2 绩效等级

绩效等级用于设置绩效考核等级信息。

[操作背景]:中科智能电子集团引用百分制评分政策,将 0~100 分为四个等级区间,分别为 S、A、B、C,其中 S 为 100~90 分,A 为 90~80,B 为 80~60,C 为 60~0(当评分为临界值时默认定为上一等级,如当评分为 90 时,默认评定为"S"),集团绩效专员需在人力资源系统中创建绩效等级政策。

[操作角色]:集团绩效专员廖嘉云,账号密码为"JT09 学号"。

[操作路径]:【绩效管理】→【绩效业务设置】→【绩效等级】。

[操作步骤]:进入【绩效等级】,点击"可维护"页签,切换至绩效等级维护界面,点击【创建】,如图 2-4-4 所示。

图 2-4-4 创建绩效等级路径

按照表 2-4-5 数据填写绩效等级表格,点击【保存】—【启用】,如图 2-4-5、图 2-4-6 所示。

图 2-4-5 填写绩效等级表单

图 2-4-6 启用绩效等级

提示：如"等级评分分制"字段无数据，请返回"4.1.1 评分分制"节点检查评分分制是否新建并启用。

> **延伸内容**
>
> 等级应用包括目标评分等级与考核结果整体等级两个选项；
>
> 目标评分等级应用在各目标明细打分环节,根据目标分数明细分别关联生成,即被考核员工有多少个绩效目标则生成多少个目标绩效等级；
>
> 考核结果整体等级应用在最终的考核分数汇算环节,系统根据各目标明细分数汇算形成最终的考核分数结果,并根据最终分数关联生成考核结果整体等级。

4.1.3 绩效档案

绩效档案用于管理员工绩效考核档案,当员工发生入转调离等变动操作时,系统会自动生成新绩效档案,绩效业务管理员可根据实际业务需求启用或停用相应档案来进行员工所在考核部门管理,在具体的考核计划中,选择对应的员工绩效档案。

[操作背景]:以集团本部为例,使用本部绩效专员角色进入人力资源系统中绩效档案功能节点,启用员工绩效档案。

[操作角色]:本部绩效专员陈远丹,账号密码为"BB05.学号"。

[操作路径]:【绩效管理】→【绩效业务】→【员工绩效档案】。

[操作步骤]:进入【员工绩效档案】,删除表头默认筛选条件,显示出集团本部全员绩效档案,如图2-4-7所示。

图 2-4-7　删除筛选条件

全选员工列表,并点击【启用】,如图2-4-8所示。

图 2-4-8　启用员工绩效档案

4.1.4 员工考核规则

员工考核规则主要用于实现目标管理(MBO)、KPI、BSC等考核业务,包括引用考核规则,建立考核周期、维护评估对象、设置绩效分组、统一下达目标等步骤。

[**操作背景**]:使用本部绩效专员角色进入人力资源系统中员工考核规则节点,完成员工考核规则新建并执行。

[**操作角色**]:本部绩效专员陈远丹,账号密码为"BB05.学号"。

[**操作路径**]:【绩效管理】→【绩效业务】→【员工考核规则】。

[**操作步骤**]:使用绩效专员陈远丹"BB05.学号"账号登录HR系统,进入【员工考核规则】功能节点。

① 创建考核规则:点击【创建】,按照表2-4-2数据创建本部人力资源总监考核规则,并点击【保存】,如图2-4-9所示。

图2-4-9 创建员工考核规则

② 设置评估表单模板:点击新建的考核规则,进入编辑界面,如图2-4-10所示。

图2-4-10 考核规则设置进入路径

编辑评估表单界面默认显示员工信息区域,此外还需要在模板基础上添加评估表;点击【添加区域】,勾选"评估表",并点击【确定】,如图 2-4-11 所示。

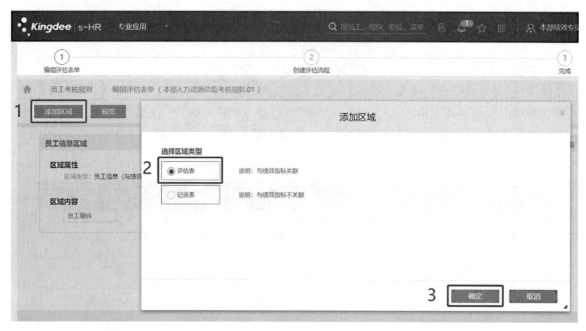

图 2-4-11　添加评估表

评估表区域默认包含"指标名称""权重""打分区域",此时还需新增"指标类型""指标描述""评价标准"字段,以标识绩效指标所对应的指标内容及标准。点击【编辑】,在底端"区域内容"处点击【+添加字段】,勾选"指标类型""指标描述""评价标准",并点击【确定】—【保存】。具体步骤如图 2-4-12、图 2-4-13、图 2-4-14 所示。

③ 创建评估流程表:在上步骤中,已完成创建评估表单步骤,接下来需在此基础上创建评估流程,以定义评估流程级数、评估人类型、评估人权重等信息。

点击页面上方导向条中【创建评估流程】节点,进入评估流程创建界;点击【创建】,填写评估流程名称为"本部人力资源总监评估流程.学号";评估流程包含本人自评、直接上级他评两个层级,因此在"流程级数"处填写为"2";"允许添加开发节点"默认为"否";最后点击【保存】,如图 2-4-15 所示。

图 2-4-12　编辑评估表

图 2-4-13 评估表添加字段

图 2-4-14 保存评估表

图 2-4-15 创建评估流程

延伸内容

"流程级数"意为该评估流程包含的流程层级数目,当第一层流程完成后系统才可触发第二层;"允许添加并发点"功能可设置在同一层级内是否允许有多种评估人类型同时对被评估人展开评估,包括关系(本人、直接上级、间接上级、直接下级、同级)、指定员工、指定职位,如"是"则可同时评估,如"否"则每个层级只能有一种评估人类型发起评估。

例如,某公司高层绩效考核采用360度考核方式,第一层由本人自评,第二层由直接上级与间接上级评,第三层由同级评,第四层由直接下级评,那么如何创建该评估流程?

该流程具有四个评估层级,因此在"流程级数"应该填"4";而第二层又具有两种评估人类型,分别为直接上级和间接上级,因此在"允许添加并发节点"处应该填"是"。

④ 填写评估流程表:点击新建的评估流程表,进入流程编辑详情界面,如图2-4-16所示。

图 2-4-16 流程名称界面

第一级层处理人为本人,权重为20%,第二层处理人为直接上级,权重为80%;在"节点属性选项"处选择"评分";最后点击【保存】—【确定】,如图2-4-17所示。

图 2-4-17 评估流程设置界面

⑤ 启用评估流程表及考核规则表:评估流程保存后需启动。再次点击页面顶端导向条"②创建评估流程",选中评估流程表单,点击【启用】。具体步骤如图2-4-18、图2-4-19所示。

图 2-4-18 返回评估流程列表

图 2-4-19 启用评估流程表

最后点击导向条"③完成",进入考核规则表界面。勾选"本部人力资源总监考核规则.学号"表单,点击【启用】,即完成对考核规则的制定及启用全流程。具体步骤如图 2-4-20、图 2-4-21 所示。

图 2-4-20 完成考核规则设定

图 2-4-21　启用考核规则

4.1.5　员工考核计划建立

员工考核规则主要引用考核规则，建立考核周期、维护评估对象、设置绩效分组、统一下达目标。

[操作背景]：使用本部绩效专员角色进入人力资源系统中员工考核计划建立节点，完成员工考核计划建立。

4.1.5.1　员工考核计划建立

[操作角色]：本部绩效专员陈远丹，账号密码为"BB05.学号"。

[操作路径]：【绩效管理】→【绩效业务】→【员工考核计划建立】。

[操作步骤]：使用绩效专员陈远丹"BB05.学号"账号登录 HR 系统，进入【员工考核计划建立】功能节点。

① 创建考核计划表：进入【员工考核计划建立】功能节点，点击【创建】，按照表 2-4-7 数据填写考核计划表，完成后点击【保存】，如图 2-4-22 所示。

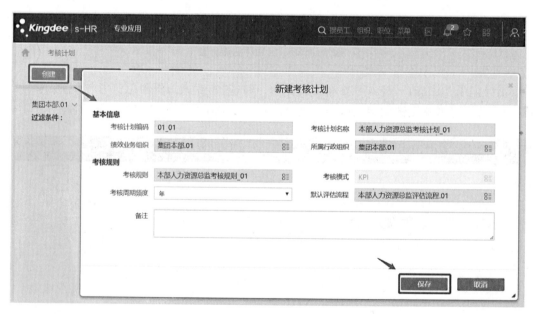

图 2-4-22　员工考核计划表建立

② 划定考核周期：勾选新建完成的考核计划表，点击【考核周期】，对该考核计划表划定考核周期，如图 2-4-23 所示。

图 2-4-23　考核周期设定

点击【添加考核周期】按钮,弹出时间周期范围设定栏;因本案例场景以 2020 年为背景,因此需要将"年"修订为"2020 年"。详细步骤见图 2-4-24、图 2-4-25。

图 2-4-24　考核周期添加

图 2-4-25　考核周期修改

考核周期设定完成后,点击左上角处小标题处返回考核计划列表界面,最后勾选该考核计划表,点击【启用】,即可对考核计划表生效。详细步骤见图 2-4-26、图 2-4-27。

图 2-4-26　返回考核计划列表路径

图 2-4-27　考核计划表启用

③ 添加被考核人：按照图 2-4-28 步骤，点击考核计划表名称进入计划设定界面，添加被考核人员。

图 2-4-28　考核计划表进入路径

根据案例可得，在本案例中被考核人应为"本部人力资源总监苏毕丘.学号"；因此，需点击【添加人员】按钮，在"从考核档案清单中选择"处选中"本部人力资源总监苏毕丘.学号"，点击【确定】。详细步骤见图 2-4-29、图 2-4-30、图 2-4-31。

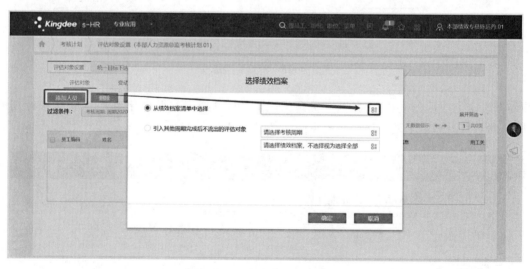

图 2-4-29　考核人员添加路径

图 2-4-30 考核人员添加步骤(1)

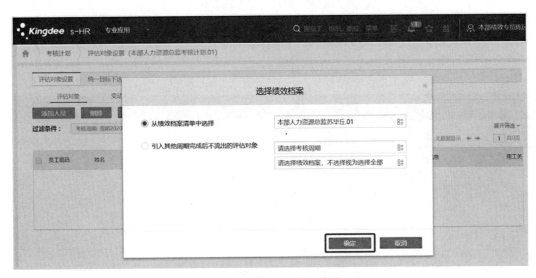

图 2-4-31 考核人员添加步骤(2)

提示:若在此步骤选取不了被考核人,请返回"4.1.3 绩效档案"节点处查看是否已启用员工绩效档案。

④ 添加目标下达人:在本案例中,绩效目标下达人应为被考核人的直接上级,即"本部总经理胡山兴.学号";因此,需勾选指定被考核人,点击【目标下达人】—【添加目标下达人】按钮,选中目标下达人为"本部总经理胡山兴.学号",最后点击【确定】。详细步骤见图 2-4-32、图 2-4-33。

图 2-4-32 添加目标下达人路径

图 2-4-33　添加目标下达人步骤

⑤ 指定分组：点击【统一目标下达】页签切换界面，添加指定分组，勾选考核人并点击【指定分组】，选择自带的"空白分组"，即完成对考核员工的考核分组设定。如图 2-4-34 所示。

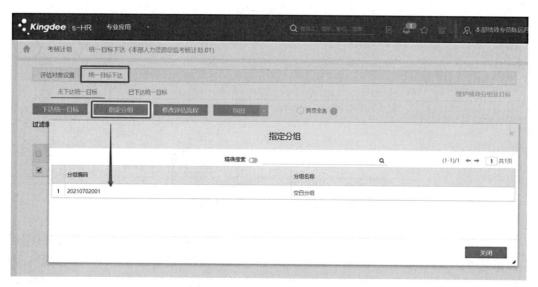

图 2-4-34　指定分组步骤

⑥ 下达考核目标：勾选考核人信息行，点击【下达统一目标】，弹出下达方式选择框，选中"统一下达目标"，并点击【确定】，如图 2-4-35 所示，即可进目标设定及目标下达环节。

4.1.5.2　本人设置个人绩效目标

[操作角色]：本部人力资源总监苏毕丘，账号密码为"BB02. 学号"。

[操作路径]：【员工自助】→【更多】→【绩效考核】→【绩效工作台】。

[操作步骤]：根据本案例要求，中科智能电子集团绩效考核计划包含个人目标自置和上级下达目标两个环节，其中学习发展类指标（10%）为员工个人自设，财务类指标（30%）、客户类指标（30%）、运营类指标（30%）为上级下达。因此，需要以本部人力资源总监苏毕丘身份进行个人目标设置。

① 进入【绩效工作台】界面，在"我的考核目标填报"处显示数字"1"，代表有一条任务待完成。点击该数字"1"进入目标制定界面，如图 2-4-36 所示。

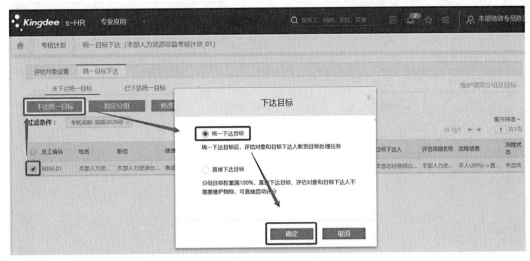

图 2-4-35　下达统一目标步骤

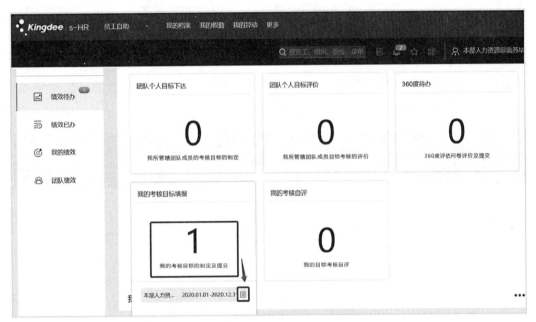

图 2-4-36　个人考核目标填报步骤(1)

本部人力资源总监苏毕丘学习发展类绩效指标自设如表 2-4-8 所示。

表 2-4-8　苏毕丘学习类指标

指标类型	指标名称	指标描述	评价标准	权重
学习发展类指标（总权重10%）	战略技能培训计划达成率.学号	面向员工至少展开人均4次战略技能培训（每季度均1次），完成率100%	实际完成人均培训次数/计划完成人均次数×100=绩效分数	5%
	人力资源信息化建设.学号	推进人力资源信息化建设，主动学习人力资源信息化知识	完成人力资源数字化课程学习则获绩效分100分，未完成则按实际完成率（%）转换为绩效分数	5%

② 进入指标创建界面，首先点击底部【添加绩效指标】按钮，"选择添加数量"设置为"2"，代表需添加2条绩效目标，最后点击【确定】，如图 2-4-37 所示。

实操4　绩效管理　231

图 2-4-37 个人考核目标填报步骤(2)

逐一点击左侧评估表区域,并按照表 2-4-8 填写绩效目标(指标名称、指标类型、权重为必填项),权重各占 5%。两项学习类指标填写完毕后,最后点击【保存】,如图 2-4-38 所示。

图 2-4-38 个人考核目标填报步骤(3)

4.1.5.3 上级下达绩效目标

[**操作角色**]:本部总经理胡山兴,账号密码为"BB01.学号"。

[**操作路径**]:【员工自助】→【更多】→【绩效考核】→【绩效工作台】。

[**操作步骤**]:进入【绩效工作台】界面,在"团队个人目标下达"处显示数字"1",代表有一条任务待完成。点击该数字"1"进入目标下达操作界面,如图 2-4-39 所示。

勾选"本部人力资源总监苏毕丘",并点击【添加目标】,再次勾选员工,点击【确定】,进入目标下达界面,如图 2-4-40 所示。

图 2-4-39　团队个人目标下达步骤(1)

图 2-4-40　团队个人目标下达步骤(2)

结合集团年度目标分解,及岗位工作职责、能力评定等因素,对苏毕丘设定年度绩效目标,如表 2-4-9 所示。

表 2-4-9　苏毕丘财务类、客户类、运营类指标

指标类型	指标名称	指标描述	评价标准	权重
财务类指标 (总权重30%)	人工成本控制率.学号	人工成本控制率≤100% (包括薪酬、社保、福利、股权激励费用等人工费用)	实际人工成本/人工成本计划 若≤1,则获100分; 若>1,则 1÷计算比例×100=绩效分数	10%
	人力资源费用预算控制率.学号	人力资源费用控制率≤100% (包括培训费用、文化活动费用、咨询费、外包费用,以及其他人力费用)	实际人力资源费用发生额/预算费用额 若≤1,则获100分; 若>1,则 1÷计算比例×100=绩效分数	10%
	人力资源投资回报率.学号	人力资源投资回报率≥50%	企业净利润/员工薪酬福利总额 若≥0.5,则获100分; 若<0.5,则计算比例÷0.5×100=绩效分数	10%

(续表)

指标类型	指标名称	指标描述	评价标准	权重
客户类指标（总权重30%）	部门协作满意度.学号	部门协作满意度90分以上	员工满意度调查 若满意度≥90分,则获绩效分100分; 若满意度<90分,则实际满意度分数÷90×100＝绩效分数	10%
	关键员工保有率.学号	关键员工保有率≥90%	年末公司关键员工数/年初公司关键员工数×100% 若≥0.9,则获绩效分100分; 若<0.9,则计算比例÷90×100＝绩效分数	10%
	员工流失率.学号	员工流失率≤10%	员工流失率若≤10%,则获100分; 若＞10%,则[1－(员工流失率－0.1)÷0.9]×100＝绩效分数	10%
运营类指标（总权重30%）	组织体系建设.学号	主导客户导向型组织建设,包括组织架构优化、业务流程优化、权限优化	统计组织体系建设任务完成情况	15%
	制度和流程建设.学号	设计并实施BSC绩效管理制度、宽带薪酬制度、任职资格体系建设	统计制度与流程建设任务完成情况	15%

进入指标创建界面,首先点击底部【添加绩效指标】按钮,"选择添加数量"设置为"8",代表需新增8条绩效目标,最后点击【确定】,如图2-4-41所示。

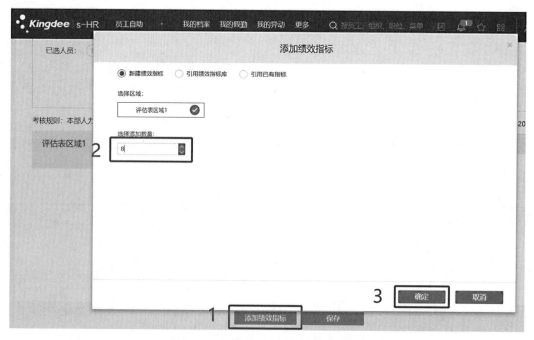

图2-4-41 团队个人目标下达步骤(3)

逐一点击左侧评估表区域,并按照表2-4-9填写绩效目标(指标名称、指标类型、权重为必填项)。8项财务类指标、客户类指标、运营类指标填写完毕后,点击【保存】,如图2-4-42所示。

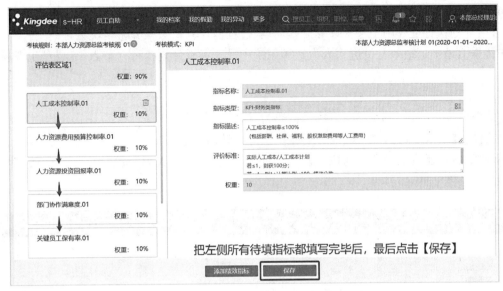

图 2-4-42　团队个人目标下达步骤(4)

绩效指标填写并保存完毕后,点击页面顶端右上角【关闭】按钮,返回团队个人目标界面,如图 2-4-43 所示。

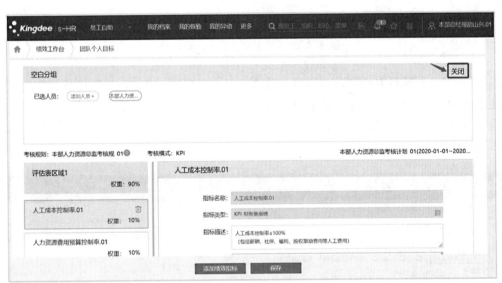

图 2-4-43　返回团队个人目标界面步骤

经苏毕丘本人绩效目标自设及上级领导目标下达后,可见本部人力资源总监苏毕丘个人目标权重已达 100%。勾选苏毕丘行,点击【提交目标】—【下达目标】,即完成对苏毕丘年度绩效指标的设立、提交并下达,如图 2-4-44 所示。

图 2-4-44　团队个人目标下达步骤(5)

4.1.6 员工考核计划执行

员工考核计划执行主要用于考核评分流程启动、过程监控以及考核异常情况处理。

[操作背景]：请本部绩效专员进入人力资源系统中员工考核计划执行立节点，完成员工考核执行的相关事项。

4.1.6.1 启动评分任务

[操作角色]：本部绩效专员陈远丹，账号密码为"BB05.学号"。

[操作路径]：【绩效管理】→【绩效业务】→【员工考核计划执行】。

[操作步骤]：进入【员工考核计划执行】功能节点，并点击"本部人力资源总监考核计划_学号"进入员工考核计划表，如图2-4-45所示。

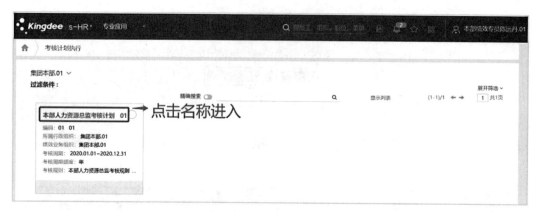

图 2-4-45　员工考核计划执行路径

进入【员工考核计划执行】功能节点后，可查看页面具有"未下达""未发送""已发送""已评分"四个页签。在前述步骤中，已完成目标下达人对被考核人的目标下达，因此在该步骤中，需要以绩效专员身份统一启动绩效评分任务。点击"未发送"查看未发送绩效指标界面，勾选考核人信息行，并点击【启用评分任务】，如图2-4-46所示。

图 2-4-46　启动评分任务步骤

完成此步骤后，系统启动评分任务，下一步骤即绩效打分环节。

4.1.6.2 自评

[操作角色]：本部人力资源总监苏毕丘，账号密码为"BB02.学号"。

[操作路径]：【员工自助】→【更多】→【绩效考核】→【绩效工作台】。

[操作步骤]：进入【绩效工作台】功能节点，按照图2-4-47步骤，在"我的考核自评"处点击相应数字，即能显示待自评任务行，点击该任务行右侧的图标按钮，进入自评界面。

模拟自评环节，逐一点击左侧指标项，分别在右侧评分处进行评分（评分可自拟，此处全部以98分为例），点击【下一个】可快速跳转，如图2-4-48所示。

所有绩效指标项都已评分完毕后，按照图2-4-49步骤点击【提交】，即完成自评操作。

图 2-4-47　员工自评步骤(1)

图 2-4-48　员工自评步骤(2)

图 2-4-49　员工自评步骤(3)

4.1.6.3 他评

经年末工作总结及数据整理,被考核人苏毕丘年度绩效指标完成情况如表2-4-10所示,请根据表中的指标数据及评价标准计算出各指标分数(结果保留两位小数),并填写至表格最右栏及HR系统中。绩效指标分数答案可扫二维码查看。

表2-4-10 苏毕丘绩效指标完成情况

指标类型	指标名称	指标描述	评价标准	权重	指标数据	指标分数
财务类指标（总权重30%）	人工成本控制率.学号	人工成本控制率≤100%（包括薪酬、社保、福利、股权激励费用等人工费用）	实际人工成本/人工成本计划 若≤1,则获100分; 若>1,则1÷计算比例×100=绩效分数	10%	目标值: 280 000 000元 实际值: 272 700 330元	（ ）
	人力资源费用预算控制率.学号	人力资源费用控制率≤100%（包括培训费用、文化活动费用、咨询费、外包费用、以及其他人力费用）	实际人力资源费用发生额/预算费用额 若≤1,则获100分; 若>1,则1÷计算比例×100=绩效分数	10%	目标值: 4 500 000元 实际值: 4 896 700元	（ ）
	人力资源投资回报率.学号	人力资源投资回报率≥50%	企业净利润/员工薪酬福利总额 若≥0.5,则获100分; 若<0.5,则计算比例÷0.5×100=绩效分数	10%	净利润: 133 000 000元 员工薪酬总额: 272 700 330元	（ ）
客户类指标（总权重30%）	部门协作满意度.学号	部门协作满意度90分以上	员工满意度调查 若满意度≥90分,则获绩效分100分; 若满意度<90分,则实际满意度分数÷90×100=绩效分数	10%	92分	（ ）
	关键员工保有率.学号	关键员工保有率≥90%	年末公司关键员工数/年初公司关键员工数×100% 若≥0.9,则获绩效分100分; 若<0.9,则计算比例÷90×100=绩效分数	10%	年初关键员工数: 658个 年末关键员工数: 612个	（ ）
	员工流失率.学号	员工流失率≤10%	员工流失率若≤10%,则获100分; 若>10%,则[1－(员工流失率－0.1)÷0.9]×100=绩效分数	10%	15%	（ ）
运营类指标（总权重30%）	组织体系建设.学号	主导客户导向型组织建设,包括组织架构优化、业务流程优化、权限优化	统计组织体系建设任务完成情况	15%	100%完成	（ ）
	制度与流程建设.学号	设计并实施:BSC绩效管理制度、宽带薪酬制度、任职资格体系建设	统计制度与流程建设任务完成情况	15%	100%完成	（ ）
学习发展类指标（总权重10%）	战略技能培训计划达成率.学号	面向员工至少展开人均4次战略技能培训（每季度均一次）,完成率100%	实际完成人均培训次数/计划完成人均次数×100=绩效分数	5%	目标人均培训次数:4次 实际人均培训次数:4次	（ ）
	人力资源信息化建设.学号	推进人力资源信息化建设,主动学习人力资源信息化知识	完成人力资源数字化课程学习获绩效分100分,未完成则按实际完成率(%)转换为绩效分数。	5%	100%完成	（ ）

[操作角色]:本部总经理胡山兴,账号密码为"BB01.学号"。
[操作路径]:【员工自助】→【更多】→【绩效考核】→【绩效工作台】。
[操作步骤]:进入【绩效工作台】功能节点,按照图 2-4-50,在"团队个人目标评价"处点击相应数字,进入他评界面。

图 2-4-50　直接上级评价步骤(1)

按照图 2-4-51 步骤点击进入具体待评价人信息行。

图 2-4-51　直接上级评价步骤(2)

进入苏毕丘绩效评分表,逐一点击左侧指标项,并分别在右侧评分处进行评分(请按照计算结果填写),点击【下一个】可快速跳转,如图 2-4-52 所示。

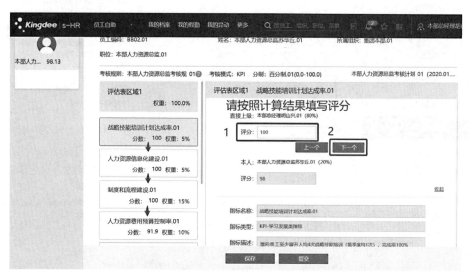

图 2-4-52　直接上级评价步骤(3)

所有绩效指标项都已评分完毕后，按照图 2-4-53 步骤点击【提交】，即完成自评操作。

图 2-4-53　直接上级评价步骤(4)

延伸内容

在上述操作中，如因计算错误导致录入 HR 系统评分数据错误，可进入专业应用界面，进入【绩效管理】—【绩效业务】—【员工考核计划执行】节点，点击进入考核计划表，切换至"已评分"页签，勾选员工行并点击【重新评分】，选中需重新评分的评分人，再次点击【重新评分】，即可打回已评分分数，并重新推送评分表至选定评分人处，具体步骤见图 2-4-54、图 2-4-55、图 2-4-56、图 2-4-57。

图 2-4-54　绩效重新打分步骤(1)

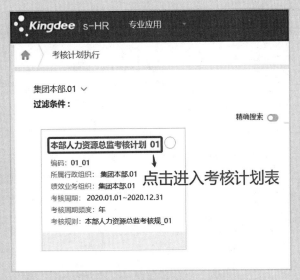

图 2-4-55 绩效重新打分步骤(2)

图 2-4-56 绩效重新打分步骤(3)

图 2-4-57 绩效重新打分步骤(4)

点击【重新评分】后,进入【员工自助】→【更多】→【绩效考核】→【绩效工作台】节点,即可按照前述步骤重新打分,绩效工作台界面如图 2-4-58 所示。

实操4 绩效管理

图 2-4-58　绩效重新打分步骤(5)

4.1.6.4　分数最终审核

绩效评分经员工自评及上级评分完成后,系统自动根据前设规则计算得出最终分数。由于在前述已设置自评分数占比 20%,直接上级评分占比 80%,所以最终分数计算公式为:自评分×20%+直接上级评分×80%=最终分数。最终评分分数生成后,本部绩效专员需进入 HR 系统中进行绩效分数最终审核。

[操作角色]:本部绩效专员陈远丹,账号密码为"BB05.学号"。
[操作路径]:【绩效管理】→【绩效业务】→【员工考核计划执行】。
[操作步骤]:按照图 2-4-59 点击名称进入考核计划,可查看该考核计划执行进度。

图 2-4-59　进入考核计划步骤

242　人力资源数字化管理(中级)

点击进入【已评分】页签,在"分数"列中可查看 HR 系统已根据前置所制定的各指标项权重、各评分角色打分权重,自动计算出最终分数;并根据前置设定的绩效等级,依据最终分数匹配出最终等级。检查无误后,勾选考核人信息行,点击【审核】,如图 2-4-60 所示。

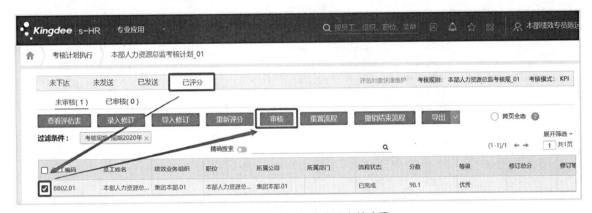

图 2-4-60　最终考核结果审核步骤

4.1.6.5　结束考核周期任务

绩效审核无误后,最后进入结束考核周期任务环节。按照图 2-4-61,点击进入【已审核】页签,勾选被考核人信息行,点击【结束考核周期】,即完成绩效计划的全流程操作。

图 2-4-61　结束考核周期步骤

按照图 2-4-62 步骤点击【查看评分表】,可查看员工的不同考核环节、不同考核指标的具体评分。绩效评估表样式如图 2-4-63 所示。

图 2-4-62　员工考核评估表查看步骤

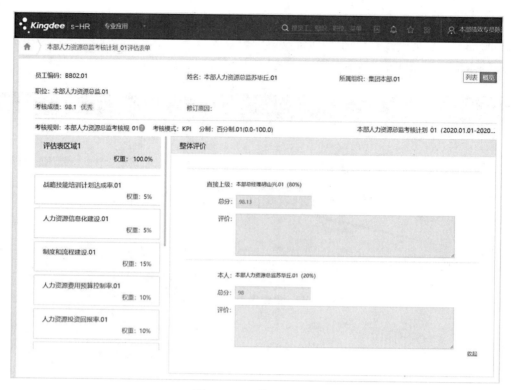

图 2-4-63 绩效评估表

4.1.7 员工考核结果转薪资

绩效结果转薪资主要应用于员工绩效评估周期结束后,根据绩效考核结果转换绩效奖金的过程。

[操作背景]:在上述操作当中,已完成了对"本部人力资源总监苏毕丘"的绩效评估全流程,并得出相应的绩效评估分数与等级。本部绩效专员陈远丹需要在 HR 系统中对苏毕丘进行绩效结果转薪资,以作后续年终奖核算的数据依据。

[操作角色]:本部绩效专员陈远丹,账号密码为"BB05.学号"。

[操作路径]:【绩效管理】→【考核结果】→【员工考核结果转薪资】。

[操作步骤]:使用本部绩效专员陈远丹"BB05.学号"账号登录 HR 系统,按照图 2-4-64 路径进入【员工考核结果转薪资】功能节点。

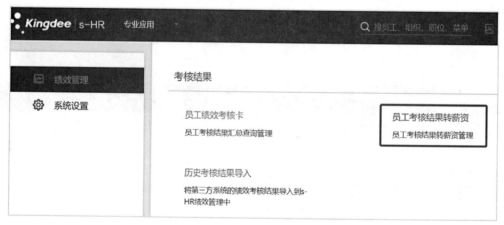

图 2-4-64 员工考核结果转薪资进入路径

勾选"本部人力资源总监苏毕丘"绩效结果行,点击【结转】,弹出结转信息维护框。由于本案例背景为 2020 年 12 月由绩效结果转年终奖,因此选择"薪资期次"为"2020 年 12 月 1 次",填写结转单名称为 "2020 年绩效转年终奖结转单.学号",选择"行政组织"与"业务组织"为"集团本部.学号",最后点击【生成结转单】。具体步骤如图 2-4-65 所示。

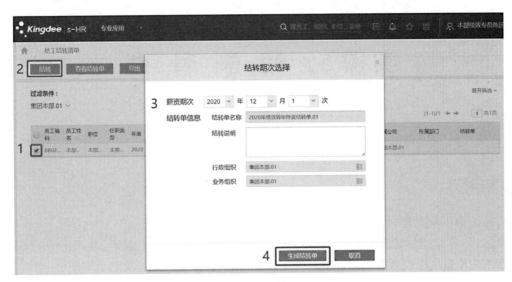

图 2-4-65　员工考核结果转薪资步骤

4.1.8　绩效考核卡

绩效考核卡用于对员工考核结果汇总的查询管理。

[操作背景]：在前述环节中已完成对本部人力资源总监苏毕丘的绩效考核评分,考核任务完成后,绩效专员可以通过员工绩效考核卡查看员工考核结果汇总。

[操作角色]：本部绩效专员陈远丹,账号密码为"BB05.学号"。

[操作路径]：【绩效管理】→【考核结果】→【员工绩效考核卡】。

[操作步骤]：使用本部绩效专员陈远丹"BB05.学号"进入 HR 系统,根据图 2-4-66 进入【员工绩效考核卡】功能节点,可查看员工绩效考核汇总,如图 2-4-67 所示。

图 2-4-66　员工绩效考核卡进入路径

图 2-4-67　绩效考核卡

实操 5　薪 酬 管 理

学习目标

- 了解常见 HR 系统薪酬管理的基本设置；
- 能够在 HR 系统中设置社保基础信息，包括户籍类型、参保地区、社保险种、参保规则、社保险种分类；
- 能够在 HR 系统中设置及更新员工的社保档案，办理社保迁入迁出流程；
- 能够在 HR 系统中进行员工福利管理；
- 能够在 HR 系统中进行五险一金及补充保险汇算；
- 能够在 HR 系统中设置薪酬结构，包括薪点制和宽带薪酬制度；
- 能够在 HR 系统中建立员工薪酬档案；
- 能够依据员工的薪酬结构、假勤状况、绩效结果、参保规则等数据，核定员工薪酬。

应用场景

薪酬管理系统支持集团多组织、多制度、多标准的薪酬管理，可以将员工的定薪、调薪、发薪、社保、人工成本等业务划定到对应的业务组织，实现以"人"为中心的多业务组织协同服务；相对于传统薪酬核算方式，采用导航式薪酬核算、假勤及绩效考核数据自动读取、内置新个税计算公式、智能薪酬机器人检测、人工成本自动转薪酬凭证等设计，实现易用、高效、精准的薪酬管理。

具体说明：

(1) 中科智能电子集团架构包括集团本部（注册地为深圳）、深圳销售公司（注册地为深圳）、广州销售有限责任公司（注册地为广州），依据本部及分子公司工作所在地分别将参保地区设为深圳与广州。

(2) 根据深圳市及广州市的社保政策规定，深圳市以深户、非深户为投保类型划分，广州市实行统一投保政策，不以户籍类型划分；因此，需要在人力资源系统中设置参保户籍类型为深户、非深户、广州三大户籍类型。

(3) 中科智能电子集团为所有员工购置社会保险及住房公积金，社保缴纳基数范围及比例遵循深圳、广州两地的社保政策，如表 2-5-1 至表 2-5-3 所示。

表 2-5-1　深户社保公积金缴纳基数范围及比例

深圳-深户				
社保公积金种类	缴费基数		缴费比例	
	最低	最高	单位	个人
养老保险	2 200	22 941	15.00%	8.00%
医疗保险	6 972	34 860	5.20%	2.00%
失业保险	2 200	2 200	0.70%	0.30%
工伤保险	本单位职工上年度工资总额	本单位职工上年度工资总额	0.14%	/
生育保险	2 200	34 860	0.45%	/
住房公积金	2 200	34 860	10%	10%

表 2-5-2 非深户社保公积金缴纳基数及比例

社保公积金种类	深圳-非深户			
	缴费基数		缴纳比例	
	最低	最高	单位	个人
养老保险	2 200	22 941	14.00%	8.00%
医疗保险	11 620	11 620	0.60%	0.20%
失业保险	2 200	2 200	0.70%	0.30%
工伤保险	本单位职工上年度工资总额	本单位职工上年度工资总额	0.14%	/
生育保险	2 200	34 860	0.45%	/
住房公积金	2 200	34 860	10%	10%

表 2-5-3 广州社保公积金缴纳基数及比例

社保公积金种类	广州			
	缴费基数		缴纳比例	
	最低	最高	单位	个人
养老保险	4 588	22 941	14.00%	8.00%
医疗保险	6 757	33 786	5.50%	2.00%
失业保险	2 100	33 786	0.80%	0.20%
工伤保险	本单位职工上年度工资总额	本单位职工上年度工资总额	0.20%	/
生育保险	6 757	33 786	0.85%	/
重大疾病医疗补助	11 262	11 262	0.26%	0.26%
住房公积金	2 100	33 786	10%	10%

（4）中科智能电子集团对全集团员工提供企业年金作可选补充福利，公司缴纳比例为工资总额的8%，个人缴纳比例为工资的4%。

（5）中科智能电子集团优化集团薪酬体系，采用薪点制、宽带薪酬制定员工薪酬制度，并以此定调薪，激励员工向上发展。

（6）需要新增"中科智能电子集团"作纳税单位。

（7）需要在人力资源系统上设置计算公式并参与员工薪酬计算，其中员工考勤数据、绩效数据已通过系统自动推送至薪酬计算环节（以本部人力资源总监苏毕丘、本部人事专员陆亚友为例）。

实验任务

- 进入【参保地区】，新建深圳、广州参保地；
- 进入【户籍类型】，新建深户、非深户、广州三大户籍类型；
- 进入【社保险种】，查看失业保险、生育保险、医疗保险、养老保险、工伤保险、住房公积金，并新增"企业年金"和"重大疾病医疗补助"两个社保险种；

- 进入【参保规则】,设置个人缴纳比例、单位缴纳比例、个人固定额、单位固定额、个人缴纳基数上限、个人缴纳基数下限、单位缴纳基数上限、单位缴纳基数下限、个人缴纳基数、单位缴纳数据;
- 进入【社保险种分类】,查看社会保险(即五险)、住房公积金(即一金)、其他三大类社保险种;
- 进入【员工社保档案】,维护和查询员工参保险种、参保基数等信息;
- 进入【薪酬标准】,制定薪点制、宽带薪制薪酬制度;
- 进入【员工定调薪】,引用薪酬标准对员工定薪;
- 进入【纳税单位】,新增"中科智能电子集团"纳税单位;
- 进入【计算规则】,创建计算规则表,并完成薪酬项目引入及计算公式设置;
- 进入【薪酬核算向导】,按照步骤向导进行薪酬核算,分别为选择薪酬核算表、选择核算员工、进行薪酬核算、进行薪酬发放、结账;
- 进入【员工薪酬查询】,查询以员工个人为维度的员工薪酬报表;
- 进入【薪酬汇总表】,查询以单位组织为维度的薪酬汇总表。

 实验数据

(1) 户籍类型。

户籍类型表单信息如表 2-5-4 所示。

表 2-5-4 户籍类型表单信息

编码	名称	创建业务组织	共享策略
01.学号	深户.学号	中科智能电子集团.学号	向下共享
02.学号	非深户.学号	中科智能电子集团.学号	向下共享
03.学号	广州.学号	中科智能电子集团.学号	向下共享

(2) 参保地区。

参保地区表单信息如表 2-5-5 所示。

表 2-5-5 参保地区表单信息

编码	名称	创建业务组织	共享策略
01.学号	深圳.学号	中科智能电子集团.学号	向下共享
02.学号	广州.学号	中科智能电子集团.学号	向下共享

(3) 社保险种。

社保险种表单信息如表 2-5-6 所示。

表 2-5-6 社保险种表单信息

编码	名称	创建业务组织	共享策略	险种分类
01.学号	企业年金.学号	中科智能电子集团.学号	向下共享	其他
02.学号	重大疾病医疗补助.学号	中科智能电子集团.学号	向下共享	其他

(4) 参保规则。

深户、非深户、广州的参保规则分别如表 2-5-7、表 2-5-8、表 2-5-9 所示。

表 2-5-7　深户参保规则

基础资料
编码:01.学号 名称:深户参保规则.学号 创建业务组织:中科智能电子集团.学号 共享策略:向下共享 参保地区:深圳.学号 户籍类型:深户.学号 生效日期:2020-01-01

险种名称	个人缴纳比例 %	单位缴纳比例 %	个人固定额	单位固定额	个人缴费基数上限	个人缴费基数下限	单位缴费基数上限	单位缴费基数下限	个人缴费基数	单位缴费基数
失业保险	0.3	0.7	0	0	2 200	2 200	2 200	2 200	/	/
生育保险	0	0.45	0	0	0	0	34 860	2 200	/	/
医疗保险	2	5.2	0	0	34 860	6 972	34 860	6 972	/	/
养老保险	8	15	0	0	22 941	2 200	22 941	2 200	/	/
工伤保险	0	0.14	0	0	0	0	22 941	2 200	/	/
住房公积金	10	10	0	0	34 860	2 200	34 860	2 200	/	/
企业年金	4	8	0	0	100 000	/	100 000	/	/	/

表 2-5-8　非深户参保规则

基础资料
编码:02.学号 名称:非深户参保规则.学号 创建业务组织:中科智能电子集团.学号 共享策略:向下共享 参保地区:深圳.学号 户籍类型:非深户.学号 生效日期:2020-01-01

险种名称	个人缴纳比例 %	单位缴纳比例 %	个人固定额	单位固定额	个人缴费基数上限	个人缴费基数下限	单位缴费基数上限	单位缴费基数下限	个人缴费基数	单位缴费基数
失业保险	0.3	0.7	0	0	2 200	2 200	2 200	2 200	/	/
生育保险	0	0.45	0	0	0	0	34 860	2 200	/	/
医疗保险	0.2	0.6	0	0	11 620	11 620	11 620	11 620	/	/
养老保险	8	14	0	0	22 941	2 200	22 941	2 200	/	/
工伤保险	0	0.14	0	0	0	0	22 941	2 200	/	/
住房公积金	10	10	0	0	34 860	2 200	34 860	2 200	/	/
企业年金	4	8	0	0	100 000	/	100 000	/	/	/

表 2-5-9 广州参保规则

基础资料
编码:03.学号
名称:广州参保规则.学号
创建业务组织:中科智能电子集团.学号
共享策略:向下共享
参保地区:广州.学号
户籍类型:广州.学号
生效日期:2020-01-01

险种名称	个人缴纳比例%	单位缴纳比例%	个人固定额	单位固定额	个人缴费基数上限	个人缴费基数下限	单位缴费基数上限	单位缴费基数下限	个人缴费基数	单位缴费基数
失业保险	0.2	0.8	0	0	33 786	2 100	33 786	2 100	/	/
生育保险	0	0.85	0	0	0	0	33 786	6 757	/	/
医疗保险	2	5.5	0	0	33 786	6 757	33 786	6 757	/	/
养老保险	8	14	0	0	22 941	4 588	22 941	4 588	/	/
工伤保险	0	0.2	0	0	0	0	22 941	2 100	/	/
住房公积金	10	10	0	0	33 786	2 100	33 786	2 100	/	/
企业年金	4	8	0	0	100 000	/	100 000	/	/	/
重大疾病医疗补助	0.26	0.26	0	0	11 262	11 262	11 262	11 262	/	/

(5) 薪点制基础表单。

人事专员岗薪点制基础表单信息如表 2-5-10 所示。

表 2-5-10 薪点制基础表单信息

编码	名称	创建业务组织	年/月薪标准	生效日期	共享策略
01.学号	人事专员岗薪点制度-月薪.学号	中科智能电子集团.学号	月薪标准	2020-01-01	向下共享

(6) 薪点制薪酬标准。

专员岗薪点制薪酬标准明细如表 2-5-11 所示。

表 2-5-11 薪点制薪酬标准明细

薪等	固浮比例	月薪		
		3	2	1
A	1	10 000	9 500	9 000
B	1	8 500	8 000	7 500
C	1	7 000	6 500	6 000

(7) 宽带薪酬制。

人力资源总监岗宽带年薪制度基础表单信息如表 2-5-12 所示。

表 2-5-12　薪酬宽带制基础表单信息

编码	名称	创建业务组织	年/月薪标准	生效日期	共享策略
02.学号	人力资源总监岗宽带薪酬制度-年薪.学号	中科智能电子集团.学号	年薪标准	2020-01-01	向下共享

(8) 宽带薪酬制薪酬标准。

人力资源总监岗宽带年薪制度薪酬标准明细如表 2-5-13 所示。

表 2-5-13　薪酬宽带制薪酬标准明细

薪等	固浮比例	月薪		
		上限	中位值	下限
A	0.9	625 000	400 000	225 000
B	0.9	324 000	225 000	144 000
C	0.9	196 000	144 000	108 000

(9) 月薪定薪。

本部人事专员月薪定薪表如表 2-5-14 所示。

表 2-5-14　本部人事专员月薪定薪表

单据信息					
定调薪业务组织		行政组织		单据编号	
集团本部.学号		集团本部.学号		01.学号	
定调薪单分分录(点击【批量新增】)					
员工姓名	薪酬项目	薪酬标准	薪等	金额	生效日期
本部人事专员陆亚友.学号	月薪	人事专员岗薪点制度-月薪.学号	B2	8 000	2020-01-01

(10) 年薪定薪。

本部人力资源总监年薪定薪表如表 2-5-15 所示。

表 2-5-15　本部人力资源总监年薪定薪表

单据信息					
定调薪业务组织		行政组织		单据编号	
集团本部.学号		集团本部.学号		02.学号	
定调薪单分分录(点击【批量新增】)					
员工姓名	薪酬项目	薪酬标准	薪等	金额	生效日期
本部人力资源总监苏毕丘.学号	年薪	人力资源总监岗宽带薪酬制度-年薪.学号	A-中位值	400 000	2020-01-01

(11) 员工社保档案。

本部人事专员陆亚友社保档案明细分别如表 2-5-16 所示。

表 2-5-16　本部人事专员陆亚友社保档案明细

社保主体	参保规则	参保日期
集团本部.学号	非深户深户参保规则.学号	2020-01-01
参保规则明细		
险种名称	个人基数	单位基数
失业保险	8 000	8 000
生育保险	0	8 000
医疗保险	8 000	8 000
养老保险	8 000	8 000
工伤保险	0	8 000
住房公积金	8 000	8 000
企业年金	8 000	8 000

(12) 计算规则。

月度薪资计算规则数据表如表 2-5-17 所示。

表 2-5-17　月度薪资计算规则表数据

编码	名称	所属行政组织	纳税单位	发薪业务组织
01.学号	集团本部(直属)月度薪资计算规则.学号	集团本部.学号	中科智能电子集团.学号	集团本部.学号
结账周期	起始日期	结束日期	统计年	统计月
月度	2020-01-01	2020-01-31	2020	1
勾选项				
取考勤数据(勾选) 取绩效考核数据(勾选) 取假期数据(勾选)				

月度薪资计算公式表如图 2-5-18 所示。

表 2-5-18　月度薪资计算公式

公式名称	执行顺序 (请务必严格填写执行顺序,否则影响计算结果)	计算公式
养老个人扣除	1	养老个人扣除＝取四舍五入值(取社保及公积金缴纳值("004",0),2) 提示： 1. 取四舍五入值在函数—数学函数中选取 2. 取社保及公积金缴纳值在函数—取社保公积金函数中选取
医疗个人扣除	3	医疗个人扣除＝取四舍五入值(取社保及公积金缴纳值("003",0),2)

(续表)

公式名称	执行顺序（请务必严格填写执行顺序，否则影响计算结果）	计算公式
失业个人扣除	5	失业个人扣除＝取四舍五入值(取社保及公积金缴纳值("001",0),2)
社保个人扣除合计	7	社保个人扣除合计＝养老个人扣除＋医疗个人扣除＋失业个人扣除
公积金个人扣除	9	公积金个人扣除＝取四舍五入值(取社保及公积金缴纳值("006",0),2)
企业年金个人扣除	11	企业年金个人扣除＝取四舍五入值(取社保及公积金缴纳值("01.学号",0),2) 提示： 请将"学号"更改为自己匹配的学号再录入
月薪	13	月薪＝取定薪调薪值("月薪",1) 提示： 取定薪调薪值在函数－取定调薪数据函数中选取
应出勤天数	15	应出勤天数＝取考勤数据("KQXM000048Y","") 提示： 取考勤数据在函数－取考勤绩效函数中选取
实际出勤天数	17	实际出勤天数＝取考勤数据("KQXM000049Y","")
病假天数	19	病假天数＝取假勤数据("病假时长(天)",0,"中科集团",1) 提示： 1. 此处公式右侧的"病假时长(天)"与"中科集团"需手动输入 2. 取假勤数据在函数－取考勤绩效函数中选取，注意需选择"取假勤数据"函数，非"取考勤数据"函数
病假扣除	21	病假扣除＝取四舍五入值(月薪/应出勤天数*病假天数*0.4,2)
事假天数	23	事假天数＝取假勤数据("事假时长(天)",0,"中科集团",1) 提示： 1. 此处公式右侧的"事假时长(天)"与"中科集团"需手动输入 2. 取假勤数据在函数－取考勤绩效函数中选取，注意需选择"取假勤数据"函数，非"取考勤数据"函数
事假扣除	25	事假扣除＝取四舍五入值(月薪/21.75*事假天数,2)
法定加班天数	27	法定加班天数＝取假勤数据("计加班费OT3小时数",0,"中科集团",1) 提示： 1. 此处公式右侧的"计加班费OT3小时数"与"中科集团"需手动输入 2. 注意需选择"取假勤数据"函数，非"取考勤数据"函数
加班工资	29	加班工资＝取四舍五入值(月薪/21.75*法定加班天数*3,2)
应发合计	31	应发合计＝月薪/应出勤天数*实际出勤天数＋加班工资－病假扣除－事假扣除
专项扣除	33	专项扣除＝子女教育专项扣除＋赡养老人专项扣除＋住房贷款专项扣除＋住房租金专项扣除＋继续教育专项扣除
税前工资	35	税前工资＝应发合计－社保个人扣除合计－公积金个人扣除－专项扣除

(续表)

公式名称	执行顺序（请务必严格填写执行顺序，否则影响计算结果）	计算公式
个税起征点	37	**如果**[核算次数]="1"**那么**个税起征点=取个税起征点()**其余**个税起征点=0 提示： 1. "如果""那么""其余"在页面小键盘中选择 2. [核算次数]在左侧信息集-核算信息集-计算规则中选择 3. 取个税起征点()在函数-计税函数中选择
累计专项附加扣除	39	累计专项附加扣除=取计税累计项目值("70",2)+专项扣除 提示： 取计税累计项目值在函数-计税函数中选择
累计收入	41	累计收入=取计税累计项目值("20",2)+应发合计
累计社保扣除	43	累计社保扣除=取计税累计项目值("50",2)+社保个人扣除合计
累计住房公积金扣除	45	累计住房公积金扣除=取计税累计项目值("60",2)+公积金个人扣除
累计基本减除费用	47	**如果**上年完整纳税且不超六万="是"**那么**累计基本减除费用=60 000**其余**累计基本减除费用=取计税累计项目值("40",2)+取个税起征点()
累计预扣预缴应纳税所得额	49	累计预扣预缴应纳税所得额=累计收入-累计免税收入-累计基本减除费用-累计社保扣除-累计住房公积金扣除-累计专项附加扣除-累计依法确定的其他扣除
累计预扣税额	51	累计预扣税额=取计税累计项目值("90",2)
代扣税	53	**如果**(取累计代扣税(累计预扣预缴应纳税所得额,1)-累计预扣税额)<0**那么**代扣税=0**其余**代扣税=取累计代扣税(累计预扣预缴应纳税所得额,1)-累计预扣税额 提示： 取累计代扣税在函数-计税函数中选取
实发合计	55	实发合计=税前工资-代扣税+专项扣除

年终奖计算规则数据表如表2-5-19所示。

表2-5-19 年终奖计算规则表数据

编码	名称	所属行政组织	纳税单位	发薪业务组织
02.学号	年终奖计算规则.学号	集团本部.学号	中科智能电子集团.学号	集团本部.学号
结账周期	起始日期	结束日期	统计年	统计月
年度	2020-01-01	2020-01-31	2020	12
勾选项				
取考勤数据（勾选） 取绩效考核数据（勾选） 取假期数据（勾选）				

年终奖计算公式如表 2-5-20 所示。

表 2-5-20　年终奖计算公式

公式名称	执行顺序（请务必严格填写执行顺序，否则影响计算结果）	计算公式
年薪	1	年薪＝取定薪调薪值（"年薪"，1） 提示：取定薪调薪值在函数—取定调薪数据函数中选取
固浮比	3	固浮比＝取定薪调薪固浮比（"年薪"，1）
年终奖基数	5	年终奖基数＝年薪＊（1－字符串转数值（固浮比）） 提示： 字符串转数值在函数—类型转换函数中选取 注意此处需要把字符串转数值自带的引号""去掉)
绩效系数	7	绩效系数＝取考核分数（"KPI"，1，0，1）/100 提示：取考核分数在函数—取考勤绩效函数中选取
年终奖金	9	年终奖金＝年终奖基数＊绩效系数

5.1　社保福利管理

5.1.1　户籍类型

[操作背景]：中科智能电子集团架构包括集团本部（注册地为深圳）、深圳销售公司（注册地为深圳）、广州销售有限责任公司（注册地为广州）。根据深圳市及广州市的社保政策规定，深圳市以深户、非深户为投保类型划分，广州市实行统一投保政策，不以户籍类型划分；因此，需要在人力资源系统中设置参保户籍类型为深户、非深户、广州三大户籍类型。使用集团薪酬专员角色在人力资源系统中完成对所需户籍类型的设置。

[操作角色]：集团薪酬专员可齐心，账号密码为"JT11.学号"。

[操作路径]：【系统设置】→【薪酬数据设置】→【社保基础数据】→【户籍类型】。

[操作步骤]：进入【社保基础数据】功能节点，在【户籍类型】的【可维护基础资料】处点击对应数字进入维护界面，如图 2-5-1 所示。

图 2-5-1　户籍类型进入路径

点击【创建】，根据表 2-5-4 户籍类型表单信息分别创建深户、非深户、广州的户籍类型，并点击【保存】，如图 2-5-2、图 2-5-3、图 2-5-4 所示。

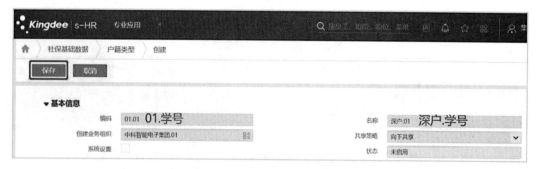

图 2-5-2　深户户籍类型新建表单

图 2-5-3　非深户户籍类型新建表单

图 2-5-4　广州户籍类型新建表单

深户、非深户、广州户籍类型创建完毕后,返回户籍类型列表,全选新建完成的户籍类型,并点击【启用】,如图 2-5-5 所示。

图 2-5-5　户籍类型列表及启用

5.1.2　参保地区

[操作背景]:中科智能电子集团架构包括集团本部(注册地为深圳)、深圳销售公司(注册地为深圳)、广州销售有限责任公司(注册地为广州),依据本部及分子公司工作所在地分别将参保地区设为深圳与广州。

[操作角色]:集团薪酬专员可齐心,账号密码为"JT11.学号"。

[操作路径]:【系统设置】→【薪酬数据设置】→【社保基础数据】→【参保地区】。

[操作步骤]:进入【社保基础数据】功能节点,在【参保地区】的【可维护基础资料】处点击对应数字进入维护界面,如图 2-5-6 所示。

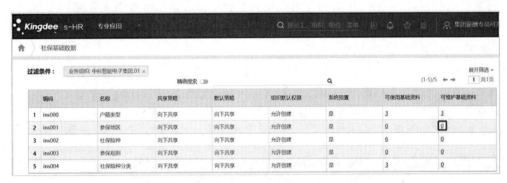

图 2-5-6　参保地区进入路径

点击【创建】,根据表 2-5-5 参保地区表单信息分别创建深圳、广州的户籍类型,并点击【保存】,如图 2-5-7、图 2-5-8 所示。

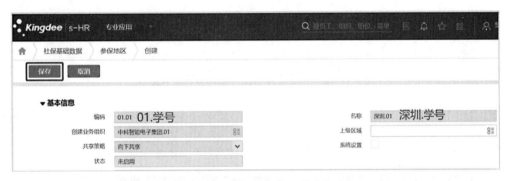

图 2-5-7　深圳参保地区新建表单

图 2-5-8　广州参保地区新建表单

深圳、广州参保地区创建完毕后,返回参保地区列表,全选新建完成的参保地区,并点击【启用】—【启用】,如图 2-5-9 所示。

图 2-5-9　参保地区列表并启用

实操 5　薪酬管理

5.1.3 社保险种

[操作背景]:按照劳动法规定,企业需为员工购置社会保险与住房公积金。根据地方性社保及公积金政策,深圳社会保险及住房公积金包含五险一金,即失业保险、生育保险、医疗保险、养老保险、工伤保险、住房公积金;而广州除五险一金外,还需购置重大疾病医疗补助。中科智能电子集团对全集团员工提供企业年金作为可选补充福利,公司缴纳比例为工资总额的 8%,个人缴纳比例为工资的 4%。请集团薪酬专员在 HR 系统中完成对社保险种的增设工作。

[操作角色]:集团薪酬专员可齐心,账号密码为“JT11.学号”。

[操作路径]:【系统设置】→【薪酬数据设置】→【社保基础数据】→【社保险种】。

[操作步骤]:进入【社保基础数据】功能节点,首先在【社保险种】的【可使用基础资料】处点击对应数字查看可使用列表内容,如图 2-5-10 所示。

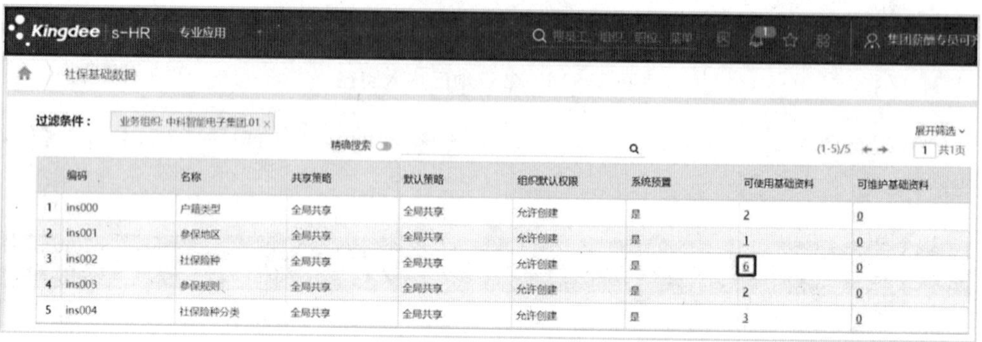

	编码	名称	共享策略	默认策略	组织默认权限	系统预置	可使用基础资料	可维护基础资料
1	ins000	户籍类型	全局共享	全局共享	允许创建	是	2	0
2	ins001	参保地区	全局共享	全局共享	允许创建	是	1	0
3	ins002	社保险种	全局共享	全局共享	允许创建	是	6	0
4	ins003	参保规则	全局共享	全局共享	允许创建	是	2	0
5	ins004	社保险种分类	全局共享	全局共享	允许创建	是	3	0

图 2-5-10 社保险种可使用基础资料进入路径

进入社保险种可使用基础资料列表中可查看,人力资源系统已内置常用的五险一金,即失业保险、生育保险、医疗保险、养老保险、工伤保险、住房公积金,而缺“重大疾病医疗补助”“企业年金”两项所需的社保险种,如图 2-5-11 所示。因此,只需增设“重大疾病医疗补助”“企业年金”即可。

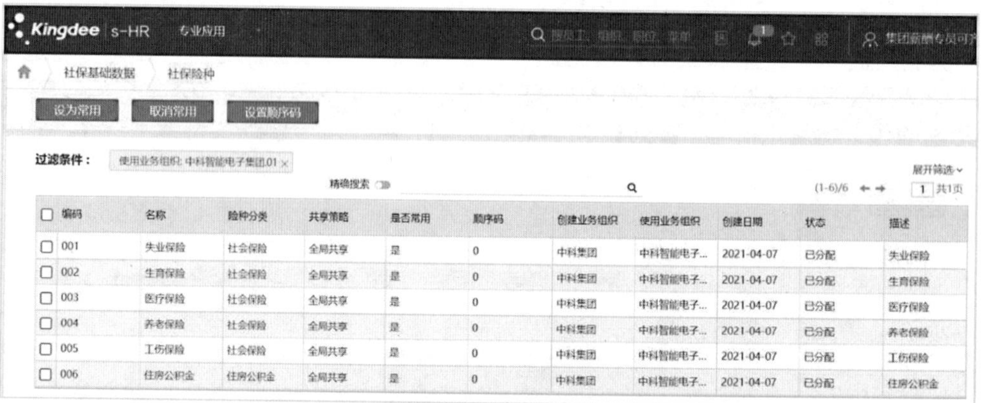

编码	名称	险种分类	共享策略	是否常用	顺序码	创建业务组织	使用业务组织	创建日期	状态	描述
001	失业保险	社会保险	全局共享	是	0	中科集团	中科智能电子...	2021-04-07	已分配	失业保险
002	生育保险	社会保险	全局共享	是	0	中科集团	中科智能电子...	2021-04-07	已分配	生育保险
003	医疗保险	社会保险	全局共享	是	0	中科集团	中科智能电子...	2021-04-07	已分配	医疗保险
004	养老保险	社会保险	全局共享	是	0	中科集团	中科智能电子...	2021-04-07	已分配	养老保险
005	工伤保险	社会保险	全局共享	是	0	中科集团	中科智能电子...	2021-04-07	已分配	工伤保险
006	住房公积金	住房公积金	全局共享	是	0	中科集团	中科智能电子...	2021-04-07	已分配	住房公积金

图 2-5-11 社保险种已内置部分

返回【社保基础数据】界面,点击【社保险种】处的【可维护基础资料】进行新增,如图 2-5-12 所示。

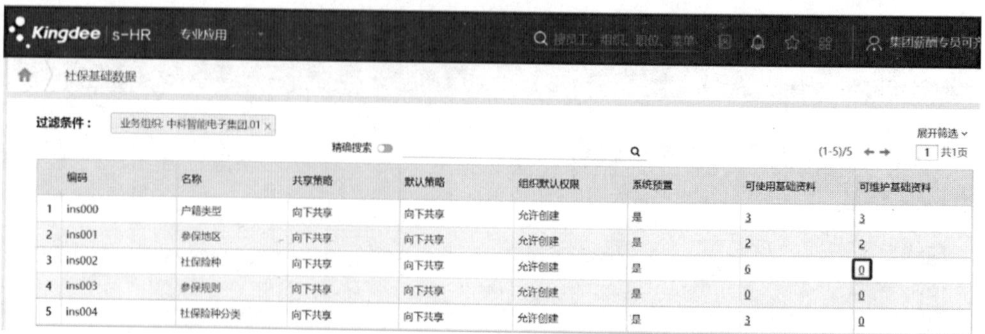

	编码	名称	共享策略	默认策略	组织默认权限	系统预置	可使用基础资料	可维护基础资料
1	ins000	户籍类型	向下共享	向下共享	允许创建	是	3	3
2	ins001	参保地区	向下共享	向下共享	允许创建	是	2	2
3	ins002	社保险种	向下共享	向下共享	允许创建	是	6	0
4	ins003	参保规则	向下共享	向下共享	允许创建	是	0	0
5	ins004	社保险种分类	向下共享	向下共享	允许创建	是	3	0

图 2-5-12 社保险种进入路径

点击【创建】，根据表 2-5-6 社保险种表单信息分别选择"企业年金""重大疾病医疗补助"，并点击【保存】，如图 2-5-13、图 2-5-14 所示。

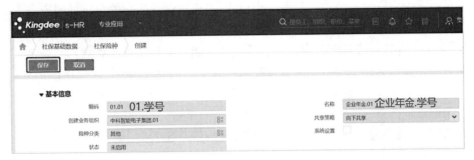

图 2-5-13　企业年金创建表单

图 2-5-14　重大疾病医疗补助创建表单

"重大疾病医疗补助""企业年金"社保险种创建完毕后，返回社保险种列表，全选新建完成的社保险种，并点击【启用】—【启用】，如图 2-5-15 所示。

图 2-5-15　启用社保险种

重新进入社保险种可使用基础资料列表中可查看，新增的社保险种已进入可使用列表内，如图 2-5-16 所示。如未出现，则返回上一步检查是否已新增并启用。

图 2-5-16　社保险种可使用列表

实操 5　薪酬管理

5.1.4 参保规则

[操作背景]：中科智能电子集团参保地包括深圳及广州，根据两地社保缴纳规定，需要设置不同的缴纳规则，薪酬专员进入人力资源系统进行参保规则设置，完成深圳及广州的参保规则表。

[操作角色]：集团薪酬专员可齐心，账号密码为"JT11.学号"。

[操作路径]：【系统设置】→【薪酬数据设置】→【社保基础数据】→【参保规则】。

[操作步骤]：参保规则支持手动创建与直接导入形式。因数据量较大，此处建议用直接导入形式，即方式二。

方式一：手动创建。

进入【社保基础数据】功能节点，在【参保规则】的【可维护基础资料】处点击对应数字进入参保规则可维护列表，如图 2-5-17 所示。

图 2-5-17 参保规则可维护基础资料进入路径

点击【创建】，按照表 2-5-7、表 2-5-8、表 2-5-9 参保规则表信息分别创建深户、非深户、广州的参保规则表格，并【保存】，如图 2-5-18、图 2-5-19、图 2-5-20 所示。

图 2-5-18 深户参保规则

260 人力资源数字化管理（中级）

图 2-5-19　非深户参保规则

图 2-5-20　广州参保规则

"深户参保规则""非深户参保规则""广州参保规则"社保规则创建完毕后,返回社保规则表,全选新建完成的社保规则,并点击【启用】—【启用】,如图 2-5-21 所示。

方式二:直接导入。

进入【社保基础数据】功能节点,首先在【参保规则】的【可维护基础资料】处点击对应数字进入维护界面,如图 2-5-22 所示。

点击【导入】—【导入模板下载】下载导入模板,按照表 2-5-7、表 2-5-8、表 2-5-9 完善参保规则模板;再次点击【导入】—【上传数据文件】进行模板上传。

实操 5　薪酬管理　261

图 2-5-21　启用参保规则

图 2-5-22　参保规则可维护基础资料进入路径

参保规则导入模板

提示：可直接扫描二维码，下载"参保规则导入模板"，点击【导入】—【上传数据文件】进行数据导入，注意需要把模板中的"学号"全部替换为个人匹配的学号再导入。数据模板如图2-5-23所示。

注：需要把模板中的"学号"改为个人学号再导入。

图 2-5-23　参保规则导入模板

导入成功后，全选导入成功的参保规则，并点击【启用】—【启用】，如图2-5-24所示。

图 2-5-24　启用参保规则步骤

5.1.5 社保险种分类

[操作背景]:中科智能电子集团将社保险种分类分为社会保险(即五险)、住房公积金(即一金)、其他三大类。人力资源系统中已完成内置,只需查看即可,无须重复操作。

[操作角色]:集团薪酬专员可齐心,账号密码为"JT11.学号"。

[操作路径]:【系统设置】→【薪酬数据设置】→【社保基础数据】→【社保险种分类】。

[操作步骤]:进入【社保基础数据】功能节点,在【社保险种分类】的【可使用基础资料】处点击对应数字查看可使用列表内容,如图2-5-25所示。

图 2-5-25 社保险种分类可使用基础资料进入路径

进入社保险种分类可使用列表可见,人力资源系统中已内置社会保险(即五险)、住房公积金(即一金)、其他三大类,如图2-5-26所示,只需查看即可,无须重复操作。

图 2-5-26 社保险种分类列表

5.1.6 员工社保档案

员工社保档案可维护和查询员工参保险种、参保基数等信息。在社保档案信息界面中,可以进行社保基本信息导入、社保缴纳基数导入、员工社保缴纳状况维护、社保档案失效处理、导出档案及删除档案。

[操作背景]:中科智能电子集团参保险种包括失业保险、生育保险、医疗保险、养老保险、工伤保险、住房公积金、重大疾病医疗补助、企业年金等;员工社会保险缴纳基数由上一年度本人工资收入的月平均额计算得出,根据员工的户籍所在地、参保地区、上年度月收入平均额等信息,薪酬专员整理出2020年度员工的社保档案信息,并在人力资源系统中完成对员工社保档案录入、员工社保缴纳状态维护,作为员工薪酬计算的依据。请以本部人事专员陆亚友为例维护员工社保档案,该员工参与的社保规则为"非深户参保规则",社保基数为8 000。

[操作角色]:本部薪酬专员张锦,账号密码为"BB06.学号"。

[操作路径]:【薪酬核算】→【员工薪酬档案】→【员工社保档案】。

(1)维护员工社保档案。

进入【员工社保档案】功能节点,员工社保档案初始状态为空白状态。在该案例中,首先需要维护本部人事专员陆亚友社保档案,在档案列表中查找到"本部人事专员陆亚友"并点击进入,如图2-5-27所示。

图 2-5-27 社保档案明细进入路径

点击【新增】，按照表 2-5-16 信息维护本部人事专员陆亚友的社保档案，并点击【保存】，具体步骤见图 2-5-28、图 2-5-29。

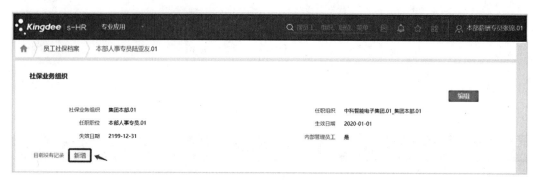

图 2-5-28 社保档案维护步骤(1)

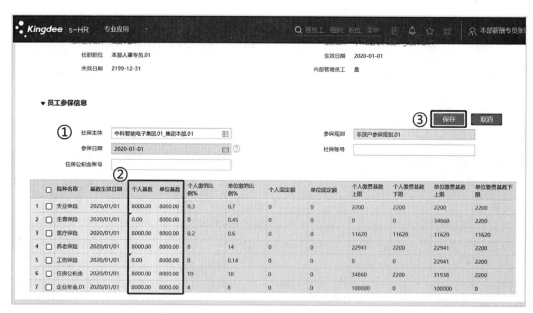

图 2-5-29 社保档案维护步骤(2)

（2）员工社保缴纳状况维护。

完成对员工社保档案数据的维护后，下一步需要维护员工社保缴纳状态，以确保员工社保正常缴纳。返回员工社保档案列表，勾选"本部人事专员陆亚友"，点击【员工社保缴纳状态维护】，如图 2-5-30 所示。

图 2-5-30　员工社保缴纳状态列表进入路径

进入员工社保缴纳状态界面,继续勾选"本部人事专员陆亚友",并点击【正常缴纳】;在弹出的维护界面框内勾选"社会保险""住房公积金""其他",并在"生效日期"处填写"2020-01-01",最后点击【确定】;具体步骤如图 2-5-31、图 2-5-32 所示。

图 2-5-31　员工社保缴纳状态维护步骤(1)

图 2-5-32　员工社保缴纳状态维护步骤(2)

此时,在员工社保缴纳状态列表内,分别对"本部人事专员陆亚友"的"社会保险""住房公积金""其他"生成 3 条数据,用以记录员工不同险种分类的缴纳状态,如图 2-5-33 所示。

图 2-5-33　员工社保缴纳状态维护步骤(3)

5.2　薪酬设计

依据岗位支付的薪酬体系中,一般需要先进行薪酬设计。薪酬设计的主要业务流程如下:

第一步首先根据企业的战略、所处的行业及企业文化确定企业的薪酬策略,其次展开对企业的工作分析,确定企业需要什么样的岗位,并建立相关岗位的岗位说明书,这是薪酬体系设计的基础。

第二步是建立一套科学的岗位评价方法,评价各个岗位的重要性或"相对价值",并将所有的岗位都纳入一个薪酬系统中,以形成企业的工资级别。比如将整个企业的工资体系设计为 10 级,秘书岗位的工资定为 5 级,而董事长岗位的工资为 10 级。通过这样的办法,可以解决薪酬确定中内部公平性的问题。

第三步展开薪酬调查,并由企业根据自己的薪酬政策确定每个工资级别的薪酬定位,比如采用领先型薪酬策略时,可以将岗位工资级别定位到 75 分位;采用跟随型薪酬策略时,可以将岗位工资级别定位到 50 分位;等等。

第四步确定薪酬结构,这里既包括确定固定工资和浮动工资的比例,也包括确定岗位工资和技能工资的关系等。比较常见的办法是把工资级别设计为一个区间,并在这个区间中划分出不同的档次。同一岗位的不同员工将根据他们的技能、经验、学历的不同,对应不同的工资级档。

薪酬体系设计是一个庞大的工程,是企业全体都参与的过程,是与其他人力资源管理部分紧密结合的过程。每家企业或公司基于不同的薪酬策略(领先型、滞后型、跟随型)、岗位评价方法、所属行业水平、成本管控要求、历史薪酬水平等要素来审批和确定企业的薪酬标准。

薪酬体系设计的过程不会在系统体现,但薪酬体系的结果形成的薪酬结构和薪酬标准需要在系统中进行落地。目前系统支持多种薪酬设计模式,企业用的最多的是宽带薪酬和薪点制,以下分两种常用场景进行系统方案设置。

5.2.1　薪点制

薪点工资是指以管理岗位为主要实施对象,以薪点数为标准,根据企业经济效益情况,按企业结算工资总额确定薪点值,以岗位贡献为依据,以员工贡献大小为基础,确定岗位劳动报酬的一种弹性工资分配制度。

[操作背景]:以本部人事专员月薪为例,将人事专员划分为初级(C)、中级(B)、高级(A)三个薪等,又将 3 个薪等分别划分为 1,2,3 三个薪级,共形成 A1、A2、A3、B1、B2、B3、C1、C2、C3 九个薪点值,结构示意如表 2-5-21 所示。使用集团薪酬专员角色,在 HR 系统中完成对薪点制的设置。

表 2-5-21　人事专员薪点制

薪等	固浮比例	薪级	基本工资
A	1	A3	10 000
		A2	9 500
		A1	9 000

(续表)

薪等	固浮比例	薪级	基本工资
B	1	B3	8 500
		B2	8 000
		B1	7 500
C	1	C3	7 000
		C2	6 500
		C1	6 000

[操作角色]：集团薪酬专员可齐心，账号密码为"JT11.学号"。
[操作路径]：【薪酬设计】→【薪酬标准】→【薪酬标准】。
[操作步骤]：进入【薪酬标准】功能节点，点击【创建】，按照表 2-5-10 信息创建人事专员岗薪点制度，并点击【保存】—【启用】，如图 2-5-34、图 2-5-35 所示。

图 2-5-34 人事专员岗薪点制度表单信息

图 2-5-35 人事专员岗薪点制度表单启用

提示：请勿填写"所属行政组织"，否则意为只能该行政组织可使用该薪酬标准，不能实现向下共享效果。

人事专员岗薪点制度基础表单新建并启用完毕后，需要基于该制度创建薪酬标准表。点击右侧【薪酬标准表】进入薪酬标准表创建界面，如图 2-5-36 所示。

点击界面上方"＋"符创建薪酬标准表，按照表 2-5-11 信息在薪酬标准对照表中分别设置薪等薪级对应的薪点值，并点击【保存】，如图 2-5-37、图 2-5-38 所示。

图 2-5-36 薪酬标准表进入路径

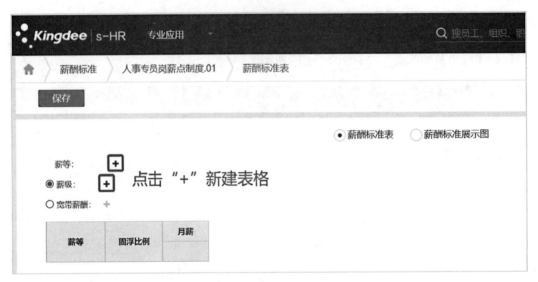

图 2-5-37 创建薪酬标准表格方式

图 2-5-38 薪酬标准表样式

5.2.2 宽带薪酬

宽带薪酬设计是指在组织内用少数跨度较大的工资范围来代替原有数量较多的工资级别的跨度范围，将原来十几甚至二十几、三十几个薪酬等级压缩成几个级别，取消原来狭窄的工资级别带来的工作间明显的等级差别。

[操作背景]：以人力资源总监年薪为例，将岗位年薪划分为 A、B、C 三个等级，并设置各薪等的上限、中位值、下限；固浮比例设为 0.9，意为固定年薪为 90%，浮动工资为 10%，且浮动工资作为年终奖金基数，在年末依据员工本年度内的绩效系数计算发放。具体结构示意如表 2-5-22 所示。使用集团薪酬专员身份，在 HR 系统中完成对人力资源总监岗宽带年薪制的设置。

表 2-5-22　人力资源总监岗宽带年薪制度

薪等	固浮比	基本工资基数		
		上限	中位值	下限
A	0.9	625 000	400 000	225 000
B	0.9	324 000	225 000	144 000
C	0.9	196 000	144 000	108 000

[操作角色]：集团薪酬专员可齐心，账号密码为"JT11.学号"。

[操作路径]：【薪酬设计】→【薪酬标准】→【薪酬标准】。

[操作步骤]：使用集团薪酬专员可齐心"JT11.学号"账号登录 HR 系统，根据图 2-5-39 路径进入【薪酬标准】功能节点。

图 2-5-39　薪酬标准进入路径

点击【创建】，按照表 2-5-12 信息创建人力资源总监岗宽带年薪制度，并点击【保存】—【启用】，如图 2-5-40、图 2-5-41 所示。

注意：请勿填写"所属行政组织"，否则意为只能该行政组织可使用该薪酬标准，不能实现向下共享效果。

人力资源总监宽带薪酬制度基础表单新建并启用完毕后，需要基于该制度创建薪酬标准表。点击右侧【薪酬标准表】进入薪酬标准表创建界面，如图 2-5-42 所示。

图 2-5-40　人力资源总监宽带薪酬制度表单信息

图 2-5-41　人力资源总监宽带薪酬制度启用

图 2-5-42　薪酬标准表进入路径

先勾选"宽带薪酬"选项,并点击界面上方"+"符创建薪酬标准表,按照表 2-5-22 信息在薪酬标准对照表中分别设置宽带薪酬制的对应值,最后点击【保存】,如图 2-5-43、图 2-5-44 所示。

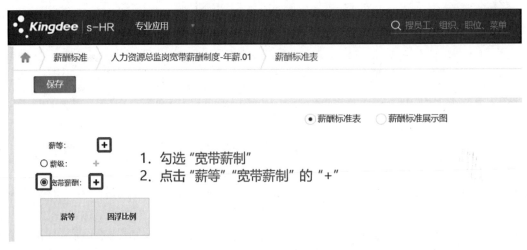

图 2-5-43　创建薪酬标准表格方式

图 2-5-44　人力资源总监宽带薪酬制表单样式

5.2.3　批量定调薪

批量定调薪可以进行员工定调薪、定薪调薪单据修改、定薪调薪单据状态查询等操作,如果是宽带则控制薪制的金额不能超过宽带的上下限。

[操作背景]:使用本部薪酬专员身份,根据以上集团设立的薪点制及宽带薪酬制度,分别完成下述定薪操作,①本部人事专员陆亚友月薪定薪为薪点制的 B2,即 8 000;②本部人力资源总监苏毕丘定年薪为宽带年薪制的 A 的中位值,即 400 000。

[操作角色]:本部薪酬专员张锦,账号密码为"BB06.学号"。

[操作路径]:【薪酬设计】→【定调薪】→【批量定调薪】。

[操作步骤]:使用本部薪酬专员张锦"BB06.学号"账号登录 HR 系统,进入【薪酬设计】功能节点。

(1) 对本部人事专员陆亚友的月薪定薪。

点击【创建】,进入定调薪表单维护界面。按照表 2-5-14 的信息创建本部人事专员陆亚友月薪定薪表单,首先完成上方"单据信息"的填写,而后在下方"定调薪单分录"处点击【批量新增】并完成定调薪分录单的填写,最后点击【提交生效】。具体流程如图 2-5-45、图 2-5-46、图 2-5-47 所示。

图 2-5-45　定调薪表单据信息填写

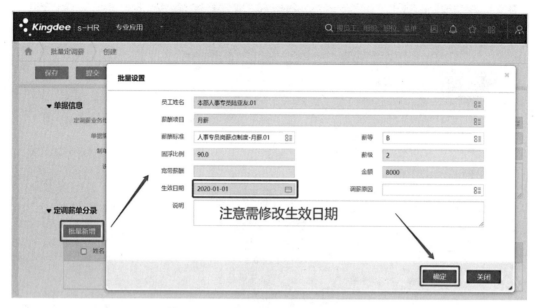

图 2-5-46　定调薪单据分录创建并录入

图 2-5-47　定调薪单据提交生效

提示：如创建定调薪单分录时"薪酬标准"无选项，请返回【薪酬标准】节点检查是否已创建并启用月薪与年薪薪酬标准。

（2）完成对本部人力资源总监苏毕丘的年薪定薪。

进入【批量定调薪】功能节点，点击【创建】，进入定调薪表单维护界面。按照表 2-5-15 的信息创建本部人力资源总监苏毕丘的年薪定薪表单，首先完成上方"单据信息"的填写，之后在下方"定调薪单分录"处点击【批量新增】并完成定调薪分录单的填写，最后点击【提交生效】。具体流程如图 2-5-48、图 2-5-49、图 2-5-50 所示。

图 2-5-48 定调薪表单据信息填写

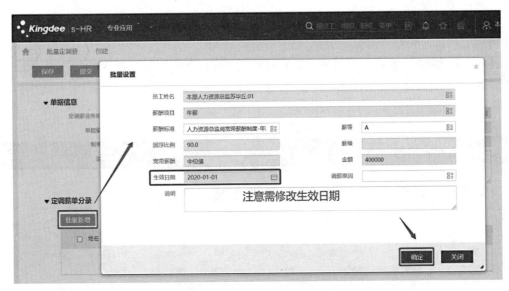

图 2-5-49 定调薪单据分录创建并录入

图 2-5-50 定调薪单据提交生效

至此，已完成对本部人事专员陆亚友的月薪、本部人力资源总监苏毕丘的年薪定薪，返回批量定调薪列表，可查看新增表单，如图2-5-51所示。

图 2-5-51　定调薪表单列表

5.3　薪酬核算

5.3.1　员工薪酬档案

在员工薪酬档案界面中，用户可以选中具体的员工记录来进行发薪、停薪、失效操作。

[操作角色]：本部薪酬专员张锦，账号密码为"BB06.学号"。

[操作路径]：【薪酬核算】→【员工薪酬档案】→【员工薪酬档案】。

[操作步骤]：进入【员工薪酬档案】功能节点，可查看HR系统已对员工薪酬档案自动生成，只需查看即可，如图2-5-52所示。

图 2-5-52　员工薪酬档案界面

5.3.2　纳税单位设置

在纳税单位界面可以维护企业的纳税单位、个税数据是否允许被引用等参数的设置，方便个税报表的过滤、申报以及记录。

[操作背景]：请集团薪酬专员可齐心进入纳税年度设置节点，设置"中科智能电子集团本部.学号"纳税单位。

[操作角色]：集团薪酬专员可齐心，账号密码为"JT11.学号"。

[操作路径]：【薪酬核算】→【薪酬业务设置】→【纳税单位】。

[操作步骤]：进入【纳税单位】功能节点，点击【创建】，填写编码为"01.学号"，名称为"中科智能电子集团.学号"，点击【保存】—【启用】，如图2-5-53、图2-5-54所示。

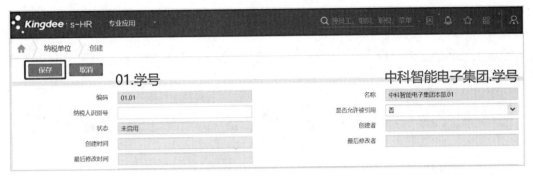

图 2-5-53 维护纳税单位步骤

图 2-5-54 启用纳税单位步骤

5.3.3 薪酬项目

薪酬项目是指参与薪酬核算和发放过程中的项目。

[操作背景]：中科智能电子集团薪酬核算主要包含五险一金、企业年金、个税扣除、考勤状况转薪资、绩效情况转薪资、全年一次性奖金、企业人力成本的计算等；基于此，中科智能电子集团已设置薪酬项目如表 2-5-23 所示。

表 2-5-23 薪酬项目

薪酬项目类	薪酬项目明细			
社保福利类	养老个人扣除	医疗个人扣除	失业个人扣除	公积金个人扣除
	企业年金个人扣除			
个税计算类	专项扣除	子女教育专项扣除	赡养老人专项扣除	住房贷款专项扣除
	住房租金专项扣除	继续教育专项扣除	代扣税	个税起征点
	累计预扣预缴应纳税所得额	累计收入	累计免税收入	累计基本减除费用
	累计社保扣除	累计住房公积金扣除	累计专项附加扣除	累计依法确定的其他扣除
	累计预扣税额			
考勤计算类	病假天数	病假扣除	事假天数	事假扣除
	法定加班天数	加班工资		
职工工资类	应发合计	实发合计	月薪	年薪
	年终奖金			
职工工资成本类	养老企业扣除	医疗企业扣除	失业企业扣除	生育企业扣除
	工伤企业扣除	公积金企业扣除	企业年金企业扣除	应发合计

[操作角色]：本部薪酬专员张锦，账号密码为"BB06.学号"。
[操作路径]：【薪酬核算】→【薪酬业务设置】→【薪酬项目】。
[操作步骤]：进入【薪酬项目】功能节点，点击进入【可使用】页签，薪酬项目已内置于 HR 系统中，查看即可，无须重复操作。见图 2-5-55。

图 2-5-55　薪酬项目可使用列表

5.3.4　计算公式设置

计算规则主要用于结合薪酬核算过程中的项目与计算逻辑，设置成计算规则，便于重复计算规则对不同薪酬发放周期进行核算和发放。在人力资源系统中，薪酬核算计算规则的设置包括以下步骤：①创建计算规则表；②计算规则-薪酬项目设置；③计算规则-计算公式设置。

5.3.4.1　月度薪酬计算公式

[操作背景]：中科智能电子集团根据各部门特性设置不同的薪资结构，薪资结构如表 2-5-24 所示。请以集团本部（直属）为例，根据以下薪酬计算公式细则，在 HR 系统中分别完成月度薪酬计算公式。

表 2-5-24　中科智能电子集团薪资结构

公司	部门	薪资结构
中科智能电子集团	中科智能电子集团（直属）	基本工资＋加班工资＋其他福利
集团本部	集团本部（直属）	基本工资＋加班工资＋其他福利
	本部财务部	基本工资＋加班工资＋其他福利
集团本部	本部物流中心	基本工资＋岗位考核工资＋加班工资＋高温补贴＋其他福利
	本部研发部	基本工资＋加班工资＋其他福利
	本部生产部	计件工资＋岗位考核工资＋加班工资＋高温补贴＋其他福利
	本部办公室	基本工资＋加班工资＋其他福利
深圳销售公司	深圳公司财务部	基本工资＋加班工资＋其他福利
	深圳公司物流中心	基本工资＋岗位考核工资＋加班工资＋高温补贴＋其他福利
	深圳公司销售部	基本工资＋绩效提成工资＋加班工资＋其他福利
广州销售有限责任公司	广州公司财务部	基本工资＋加班工资＋其他福利
	广州公司物流中心	基本工资＋岗位考核工资＋加班工资＋高温补贴＋其他福利
	广州公司销售部	基本工资＋绩效提成工资＋加班工资＋其他福利

月度薪资计算：

① 实发工资＝应发工资＋法定节假日加班工资－病假扣除－事假扣除－五险一金个人扣除－个税扣除。

② 对于五险一金的计算，遵循参保所在地的社保规则进行缴纳，住房公积金比例为10％。

③ 对于个税的计算，遵循国家个人所得税法。对上一完整纳税年度内每月均在同一单位预扣预缴工资、薪金所得的个人所得税且全年工资、薪金收入不超过6万元的居民个人，扣缴义务人在预扣预缴本年度工资、薪金所得个人所得税时，累计减除费用自1月份起直接按照全年6万元计算扣除。在其累计扣除超过6万元的当月及年内后续月份，再预扣预缴个人所得税。

④ 病假扣款按员工本人所在岗位正常出勤的日工资的40％确定。

⑤ 事假扣除按员工本人所在岗位正常出勤的日工资的100％确定。

⑥ 工作日、休息日加班的默认补偿方式为调休，法定节假日的加班工资按本人所在岗位正常出勤的日工资的3倍确定。

[操作角色]：本部薪酬专员张锦，账号密码为"BB06.学号"。

[操作路径]：【薪酬核算】→【薪酬业务设置】→【计算规则】。

[操作步骤]：使用本部薪酬专员张锦"BB06.学号"账号登录HR系统，进入【计算规则】节点。

① 创建计算规则表：点击【创建】，按照表2-5-17填写计算规则表格，点击【保存】并【启用】。具体步骤如图2-5-56、图2-5-57所示。

图2-5-56　集团本部(直属)月度薪资计算规则表

图2-5-57　计算规则表启用

② 计算规则-薪酬项目设置：计算规则基本信息维护好后，点击侧边栏【薪酬项目】（见图2-5-58），维护计算规则中核算发放的薪酬项目。只有添加了薪酬项目，后续环节才可引用已添加的薪酬项目进行计算公式设置。

图2-5-58　薪酬项目添加步骤(1)

进入选定的薪酬项目，系统默认添加了应发合计、实发合计，可以进行添加、设置、删除等操作。点击【添加】按钮，弹出薪酬项目基础资料，选中薪酬项目XC03-XC36，即表2-5-25列表项目（注意需翻页选择）。选择完毕后点击【确定】按钮完成添加，具体步骤如图2-5-59所示。

表2-5-25　需添加薪酬项目列表

XC01	XC02	XC03	XC04	XC05	XC06
应发合计	实发合计	代扣税	养老个人扣除	医疗个人扣除	失业个人扣除
XC07	XC08	XC09	XC10	XC11	XC12
社保个人扣除合计	公积金个人扣除	企业年金个人扣除	专项扣除	应出勤天数	实际出勤天数
XC13	XC14	XC15	XC16	XC17	XC18
病假天数	病假扣除	事假天数	事假扣除	法定加班天数	加班工资
XC19	XC20	XC21	XC22	XC23	XC24
税前工资	个税起征点	子女教育专项扣除	赡养老人专项扣除	住房贷款专项扣除	住房租金专项扣除
XC25	XC26	XC27	XC28	XC29	XC30
继续教育专项扣除	累计免税收入	累计依法确定的其他扣除	上年完整纳税且不超六万	累计预扣预缴应纳税所得额	累计收入
XC31	XC32	XC33	XC34	XC35	XC36
累计基本减除费用	累计社保扣除	累计住房公积金扣除	累计专项附加扣除	累计预扣税额	月薪

薪酬计算项目包括常固定项目及非固定项目，此处专项扣除项目、累计免税收入、累计依法确定的其他扣除、上年完整纳税且不超过6万属常固定项目，即日常变动不大的项目。为方便薪酬计算，可将上述项目设置"带到下期"，即默认下期数额与上期不变，如发生改变，可在原基础上进行修改。

选中XC21—XC28项目，点击【设置】，并在弹出的设置框中全选"带到下期"列，点击【确定】，如图2-5-60、图2-5-61所示。

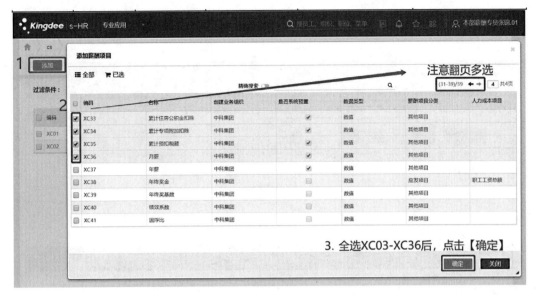

图 2-5-59　薪酬项目添加步骤(2)

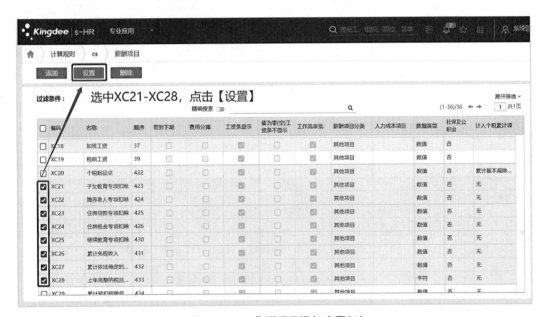

图 2-5-60　薪酬项目添加步骤(3)

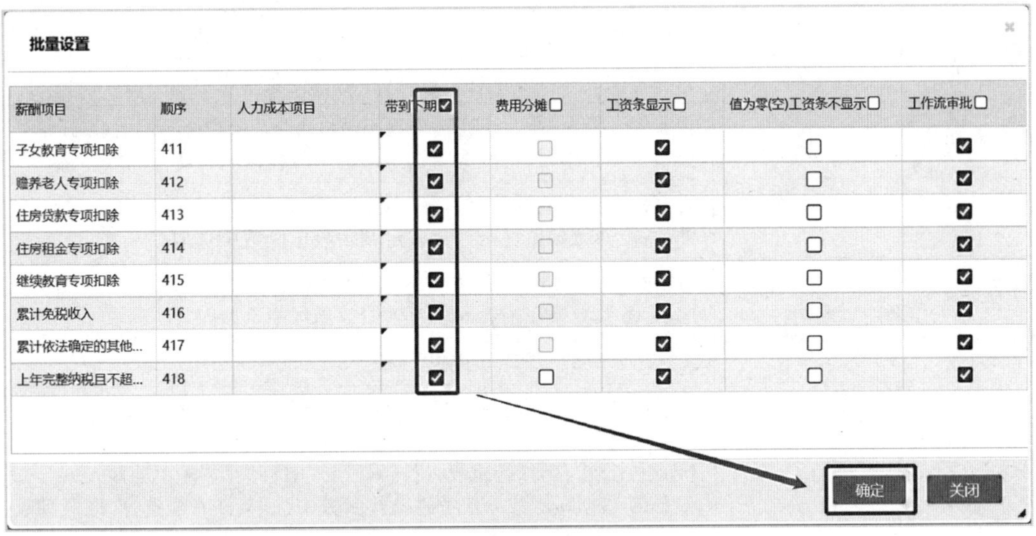

图 2-5-61　薪酬项目添加步骤(4)

实操5　薪酬管理

③ 计算规则-计算公式设置：返回计算规则界面，点击右侧边栏的【计算公式】，进入公式新增界面，用于维护计算规则中的计算公式。具体步骤见图2-5-62、图2-5-63。

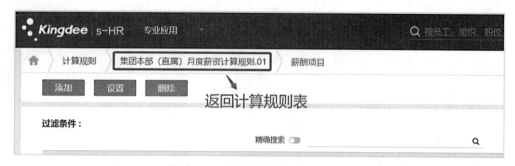

图 2-5-62　返回计算规则界面步骤

图 2-5-63　计算公式录入步骤（1）

按照表2-5-26在公式编辑区逐一录入公式，具体步骤见图2-5-64。

表 2-5-26　月度工资计算公式

公式名称	执行顺序（请务必严格填写执行顺序，否则影响计算结果）	计算公式
养老个人扣除	1	养老个人扣除＝取四舍五入值（取社保及公积金缴纳值（"004",0),2) 提示： 1. 取四舍五入值在函数－数学函数中选取 2. 取社保及公积金缴纳值在函数－取社保公积金函数中选取
医疗个人扣除	3	医疗个人扣除＝取四舍五入值（取社保及公积金缴纳值（"003",0),2)
失业个人扣除	5	失业个人扣除＝取四舍五入值（取社保及公积金缴纳值（"001",0),2)
社保个人扣除合计	7	社保个人扣除合计＝养老个人扣除＋医疗个人扣除＋失业个人扣除
公积金个人扣除	9	公积金个人扣除＝取四舍五入值（取社保及公积金缴纳值（"006",0),2)
企业年金个人扣除	11	企业年金个人扣除＝取四舍五入值（取社保及公积金缴纳值（"01.学号",0),2) 提示：请将"学号"更改为自己匹配的学号再录入
月薪	13	月薪＝取定薪调薪值（"月薪",1) 提示：定薪调薪值在函数－取定调薪数据函数中选取
应出勤天数	15	应出勤天数＝取考勤数据（"KQXM000048Y",""） 提示：考勤数据在函数－取考勤绩效函数中选取
实际出勤天数	17	实际出勤天数＝取考勤数据（"KQXM000049Y",""）
病假天数	19	病假天数＝取假勤数据（"病假时长（天）",0,"中科集团",1) 提示： 1. 此处公式右侧的"病假时长（天）"与"中科集团"需手动输入 2. 假勤数据在函数－取考勤绩效函数中选取，注意需选择"取假勤数据"函数，非"取考勤数据"函数

(续表)

公式名称	执行顺序（请务必严格填写执行顺序，否则影响计算结果）	计算公式
病假扣除	21	病假扣除＝取四舍五入值(月薪/应出勤天数＊病假天数＊0.4,2)
事假天数	23	事假天数＝取假勤数据("事假时长(天)",0,"中科集团",1) 提示： 1. 此处公式右侧的"病假时长(天)"与"中科集团"需手动输入 2. 假勤数据在函数－取考勤绩效函数中选取，注意需选择"取假勤数据"函数，非"取考勤数据"函数
事假扣除	25	事假扣除＝取四舍五入值(月薪/21.75＊事假天数,2)
法定加班天数	27	法定加班天数＝取假勤数据("计加班费OT3小时数",0,"中科集团",1) 提示： 1. 此处公式右侧的"计加班费OT3小时数"与"中科集团"需手动输入 2. 注意需选择"取假勤数据"函数，非"取考勤数据"函数
加班工资	29	加班工资＝取四舍五入值(月薪/21.75＊法定加班天数＊3,2)
应发合计	31	应发合计＝月薪/应出勤天数＊实际出勤天数＋加班工资－病假扣除－事假扣除
专项扣除	33	专项扣除＝子女教育专项扣除＋赡养老人专项扣除＋住房贷款专项扣除＋住房租金专项扣除＋继续教育专项扣除
税前工资	35	税前工资＝应发合计－社保个人扣除合计－公积金个人扣除－专项扣除
个税起征点	37	如果[核算次数]＝"1"那么个税起征点＝取个税起征点()其余个税起征点＝0 提示： 1. "如果""那么""其余"在页面小键盘中选择 2. [核算次数]在左侧信息集－核算信息集－计算规则中选择 3. 个税起征点()在函数－计税函数中选择
累计专项附加扣除	39	累计专项附加扣除＝取计税累计项目值("70",2)＋专项扣除 提示：计税累计项目值在函数－计税函数中选择
累计收入	41	累计收入＝取计税累计项目值("20",2)＋应发合计
累计社保扣除	43	累计社保扣除＝取计税累计项目值("50",2)＋社保个人扣除合计
累计住房公积金扣除	45	累计住房公积金扣除＝取计税累计项目值("60",2)＋公积金个人扣除
累计基本减除费用	47	如果上年完整纳税且不超六万＝"是"那么累计基本减除费用＝6 000其余累计基本减除费用＝取计税累计项目值("40",2)＋取个税起征点()
累计预扣预缴应纳税所得额	49	累计预扣预缴应纳税所得额＝累计收入－累计免税收入－累计基本减除费用－累计社保扣除－累计住房公积金扣除－累计专项附加扣除－累计依法确定的其他扣除
累计预扣税额	51	累计预扣税额＝取计税累计项目值("90",2)
代扣税	53	如果(取累计代扣税(累计预扣预缴应纳税所得额,1)－累计预扣税额)＜0那么代扣税＝0其余代扣税＝取累计代扣税(累计预扣预缴应纳税所得额,1)－累计预扣税额 提示：累计代扣税在函数－计税函数中选取
实发合计	55	实发合计＝税前工资－代扣税＋专项扣除

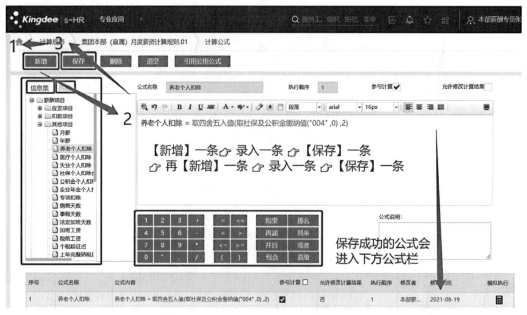

图 2-5-64　计算公式录入步骤(2)

提示：①公式务必按照表 2-5-26 顺序录入；②执行顺序填写必须准确；③公式不能够直接复制粘贴，必须通过左侧选中具体字符来新建；④使用页面蓝色键盘完成数字、标点符号和条件的录入；⑤一次只能录入单条公式，【新增】一条，录入一条，【保存】一条，紧接着点击【新增】第二条公式的录入；⑥如左侧信息集栏中无目标薪酬项目可选，请返回步骤 2"计算规则-薪酬项目设置"中查看是否已添加目标薪酬项目。

至此，月度工资薪酬计算公式创建完成，薪酬计算公式列表如图 2-5-65 所示。

图 2-5-65　月度工资计算公式列表

5.3.4.2 年终奖计算公式

[**操作背景**]：根据以下年终奖薪酬计算公式细则，在 HR 系统中完成对年终奖计算公式的设置。
① 年终奖金＝年终奖金基数×绩效系数。
② 年终奖金基数＝年薪×(1－固浮比例)。
③ 绩效系数＝绩效分数/100。
④ 员工绩效数据已通过人力资源系统自动对接至薪酬模块。

[**操作角色**]：本部薪酬专员张锦，账号密码为"BB06.学号"。

[**操作路径**]：【薪酬核算】→【薪酬业务设置】→【计算规则】。

[**操作步骤**]：使用本部薪酬专员张锦"BB06.学号"账号登录 HR 系统，按照图 2-5-66 路径进入【计算规则】节点。

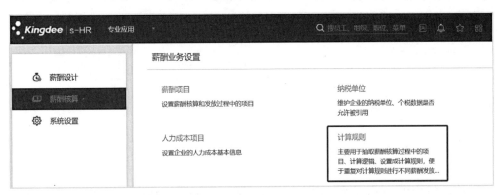

图 2-5-66　计算规则进入路径

① 创建计算规则表：点击【创建】，按照表 2-5-17 表格填写计算规则表格，并点击【保存—启用】。具体步骤如图 2-5-67、图 2-5-68 所示。

图 2-5-67　集团本部(直属)月度薪资计算规则表

② 计算规则-薪酬项目设置：计算规则基本信息维护好后，按照图 2-5-69 步骤点击侧边栏【薪酬项目】，维护计算规则中核算发放的薪酬项目。

进入薪酬项目列表，列表内已默认添加"应发合计"与"实发合计"，因在年终奖计算中无须使用该薪酬项目，因此需要先删除，如图 2-5-70 所示。

图 2-5-68　计算规则表启用

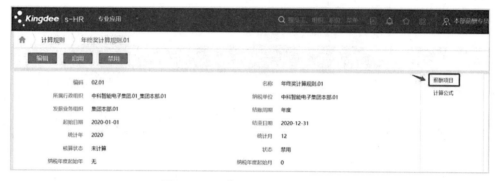

图 2-5-69　薪酬项目添加步骤(1)

图 2-5-70　薪酬项目添加步骤(2)

点击【添加】按钮,弹出薪酬项目基础资料,选中 XC37-XC41 项目,即年终奖金、年终奖基数、绩效系数、固浮比、年薪,如图 2-5-71 所示。

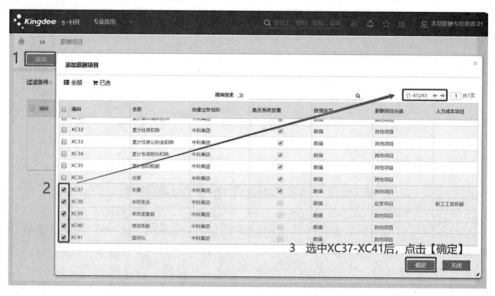

图 2-5-71　薪酬项目添加步骤(3)

③ 计算规则计算公式设置：返回计算规则界，并点击右侧边栏的【计算公式】，进入公式新增界面，用于维护计算规则中薪酬项目的计算公式。具体步骤见图2-5-72、图2-5-73所示。

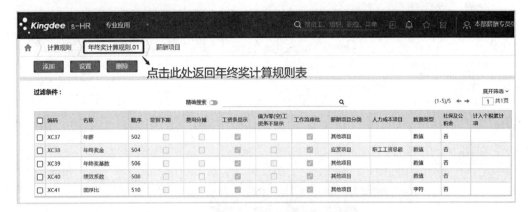

图2-5-72　返回计算规则列表步骤

图2-5-73　年终奖计算公式设置步骤（1）

根据表2-5-27在公式编辑区逐一录入年终奖计算公式，具体步骤如图2-5-74所示。

提示：①公式务必按照表2-5-27的顺序录入；②执行顺序填写必须准确；③公式不能够直接复制粘贴，必须通过左侧选中具体字符来新建；④使用页面蓝色键盘完成数字、标点符号和条件的录入；⑤一次只能录入单条公式，【新增】一条，录入一条，【保存】一条，紧接着点击【新增】第二条公式的录入；⑥如左侧信息集栏中无目标薪酬项目可选，请返回步骤2"计算规则-薪酬项目设置"中查看是否已添加目标薪酬项目。

表2-5-27　年终奖计算公式

公式名称	执行顺序（请务必严格填写执行顺序，否则影响计算结果）	计算公式
年薪	1	年薪＝取定薪调薪值（"年薪"，1） 提示：取定薪调薪值在函数—取定调薪数据函数中选取
固浮比	3	固浮比＝取定薪调薪固浮比（"年薪"，1）
年终奖基数	5	年终奖基数＝年薪*（1－字符串转数值（固浮比）） 提示： 1. 字符串转数值在函数—类型转换函数中选取 2. 注意此处需要把字符串转数值自带的引号""去掉
绩效系数	7	绩效系数＝取考核分数（"KPI"，1，0，1）/100 提示：取考核分数在函数—取考勤绩效函数中选取
年终奖金	9	年终奖金＝年终奖基数*绩效系数

图 2-5-74　年终奖计算公式设置步骤(2)

至此，年终奖计算公式已创建完成，公式列表如图 2-5-75 所示。

图 2-5-75　年终奖计算公式列表

5.3.5　薪酬核算

薪酬核算向导是完成员工薪酬核算的主要操作界面，在此可以针对选中的员工完成薪酬的计算、审核、发放、结账等操作。

在人力资源系统中，完成薪酬核算包括以下步骤：①选择薪酬核算表；②选择核算员工；③薪酬核算；④薪酬发放；⑤结账。

5.3.5.1　月度薪资计算

[操作背景]：2020 年 2 月初，薪酬专员需要在 HR 系统中进行员工薪酬计算、审核、发放与结账。陆亚友薪酬项目情况如表 2-5-28 所示，请以本部人事专员陆亚友为例，在 HR 系统中完成对本部人事专员陆亚友的月度薪资计算。

表 2-5-28　陆亚友薪资项目情况

情况	结果
陆亚友月薪为 8 000 元	基本工资 8 000
陆亚友应出勤 22 天，实际出勤 19.76 天	出勤工资＝月薪÷应出勤天数×实际出勤天数 8 000÷22×19.76＝7 185.45
陆亚友有一孩，为适龄学生，由陆亚友按子女教育专项附加扣除标准的 100% 扣除	子女教育专项附加扣除 1 000 元
陆亚友本人是在职研究生在读	继续教育专项附加扣除 400 元

(续表)

情况	结果
陆亚友去年使用住房公积金贷款购买首套住房,现处于偿还贷款期间,由陆亚友进行住房贷款利息专项附加扣除	住房贷款利息专项附加扣除 1 000 元
陆亚友的父母均已满 60 岁(每月均领取养老保险金),陆亚友与姐姐和弟弟签订书面分摊协议,约定由陆亚友分摊赡养老人专项附加扣除 500 元	赡养老人专项扣除 500 元

[操作角色]:本部薪酬专员张锦,账号密码为"BB06.学号"。
[操作路径]:【薪酬核算】→【薪酬核算】→【薪酬核算向导】。
[操作步骤]:进入【薪酬核算向导】功能节点。

① 选择薪酬核算表:按照图 2-5-76 的步骤选择"集团本部(直属)月度薪资计算规则"薪酬核算表。如果在此步骤没有显示具体可选择的薪酬核算表,请返回"5.3.4 计算公式设置"节点检查薪酬计算规则是否已创建并启用。

图 2-5-76 选择薪酬核算表步骤

② 选择核算员工:进入【核算员工】节点,选择"所有可选员工"处的【查看明细】,勾选"本部人事专员陆亚友.学号",并点击【添加员工】。如图 2-5-77、图 2-5-78 所示。

图 2-5-77 选择核算员工步骤(1)

实操5 薪酬管理 287

图 2-5-78 选择核算员工步骤(2)

③薪酬核算：选择页面上方导向条"③薪酬核算"，蓝色框内容为可填内容，按照表 2-5-29 薪酬项目数据录入薪酬核算表内后，选中具体员工，点击【计算】。检查数据无误后，点击【锁定】—【加锁】、【审核】，具体步骤如图 2-5-79 所示。

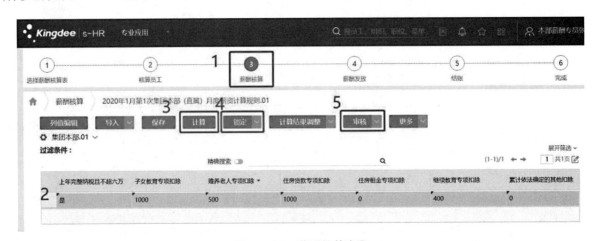

图 2-5-79 薪酬核算步骤

提示：表 2-5-29 薪酬项目在【薪酬项目】步骤中已设置为"带到下期"项目，因此除本第一次（一月）需要录入数据外，次月（二月及以后）将会根据第一期数据自动填充，如实际数据发生变动，可在原数据基础上进行修改。

表 2-5-29 薪酬项目录入数据

上年完整纳税且不超过六万	子女教育专项扣除	赡养老人专项扣除	住房贷款专项扣除	住房租金专项扣除	继续教育专项扣除	累计依法确定的其他扣除	累计免税收入
是	1 000	500	1 000	0	400	0	0

系统将自动关联前置规则设置、定调薪数据、假勤数据自动计算出员工的薪酬数据，前置规则设置主要包括参保规则、员工社保基数、薪酬公式等；定调薪数据为员工月薪薪额；考勤数据为应出勤天数、实际出勤天数、病假天数、事假天数、法定节假日加班天数等。

经系统计算，陆亚友主要薪酬项目数据如表 2-5-30 所示。

表 2-5-30 陆亚友薪酬计算结果

应发合计	实发合计	养老个人扣除	医疗个人扣除	失业个人扣除	社保个人扣除合计
7 185.45	5 715.61	640.00	23.24	6.60	669.84
公积金 个人扣除	企业年金 个人扣除	代扣税	应出勤天数	实际出勤天数	
800.00	320.00	0.00	22.00	19.76	

④ 薪酬发放：选择页面上方导向条"④薪酬发放"，全选员工，点击【审批】—【直接审批】。如图 2-5-80 所示。

审批后可以通过【银行代发】生成银行代发单并实行代发。因本虚拟实验不涉及实际银行代发，则不选择。

图 2-5-80 薪酬发放步骤

⑤ 结账：选择页面上方导向条"⑤结账"，点击【按期结账】。系统将会对当前薪酬周期的核算表数据进行封存，如图 2-5-81 所示。

图 2-5-81 结账步骤

延伸内容

【按期结账】在薪酬计算完毕后，将自动生成下一个核算周期的薪酬核算表，如在一月核算后生成二月薪酬核算表，常用于在一个核算周期内只需要发薪一次的情况。

【按次结算】则在薪酬计算完毕后，生成本核算周期内的下一薪次数据，如一月一次核算、一月二次核算，常用于在同一核算周期内需要多次发薪的情况。

⑥ 完成：结账完毕后，薪酬核算处理完成，自动弹跳到完成界面。如图 2-5-82 所示。

图 2-5-82　薪酬核算完成界面

5.3.5.2　年终奖金计算

[操作背景]：2020 年 12 月末，薪酬专员需要在 HR 系统上进行对员工的年终奖金汇算，请以本部人力资源总监苏毕丘为例，对苏毕丘进行年终奖计算并发放。

[操作角色]：本部薪酬专员张锦，账号密码为"BB06.学号"。

[操作路径]：【薪酬核算】→【薪酬核算】→【薪酬核算向导】。

[操作步骤]：使用本部薪酬专员张锦"BB06.学号"账号登录 HR 系统，进入【薪酬核算向导】功能节点，参考前述月度薪资计算步骤进行对本部人力资源总监苏毕丘的年终奖金计算，此处不再赘述，见图 2-5-83、图 2-5-84、图 2-5-85、图 2-5-86、图 2-5-87、图 2-5-88、图 2-5-89 所示。

图 2-5-83　选择薪酬核算表步骤

图 2-5-84　选择核算员工步骤

图 2-5-85　选择核算员工步骤

图 2-5-86　薪酬核算步骤

图 2-5-87　薪酬发放步骤

图 2-5-88　结账步骤

图 2-5-89　薪酬核算完成界面

经计算,本部人力资源总监苏毕丘的年终奖数据如表 2-5-31 所示。

表 2-5-31　苏毕丘年终奖数据

年终奖金	年终奖基数	绩效系数	固浮比
39 200.00	40 000.00	0.98	0.9

延伸内容

某个薪酬周期对应的核算表在结账后会自动滚动生成下一个新的核算表,如 2020 年 1 月份薪酬核算完毕后,会自动生成 2 月份的核算表;2020 年年度奖金核算完毕后,会自动生成 2021 年的年度奖金核算表;如图 2-5-90 所示。

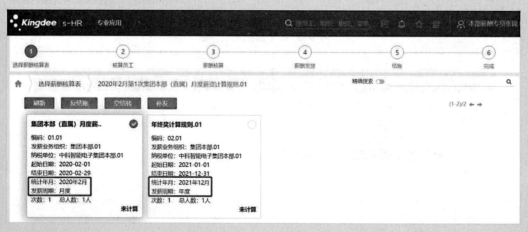

图 2-5-90　发薪周期

实操 6　招 聘 管 理

学习目标

- 了解常见 HR 系统招聘管理的基本设置；
- 掌握企业的招聘需求平台,通过平台采集人员招聘需求信息；
- 掌握与外部招聘网站的集成方法,能够通过网络、新媒体技术发布招聘职位信息；
- 通过招聘网站进行简历的导入、筛选；
- 掌握招聘管理平台应用,包括面试安排、面试官管理、网络面试、面试结果录入、通知发布等；
- 掌握 HR 系统录用操作,设置拟入职部门、拟入职职位,用于提交录用审批流程；
- 掌握 HR 系统关于开展集团企业内部竞聘的方法；
- 能够运用信息化手段对招聘活动评估指标进行统计；
- 能够运用招聘数据对人员招聘工作进行评估。

应用场景

选、育、用、留是企业管理人才的四个阶段,其中位于第一阶段的"选",是企业人才管理闭环中的起始环,也是重要一环。企业招聘管理是基于组织生存和发展需要,根据组织人力资源规划和岗位工作分析的数量与质量要求,采用一定的方法吸纳或寻找具备任职资格和条件的求职者,并采取科学有效的选拔方法,甄选出符合组织所需的合格人才,予以录用的一系列过程管理活动。

招聘管理系统依托集团组织人力编制规划和职位任职资格体系,根据现有人力资源岗位编制/空缺和岗位工作说明书,提供从招聘需求管理、计划制定到简历筛选、面试跟踪、录用等招聘选拔全业务流程管理。系统可根据职位要求进行简历匹配度筛选、在线安排面试及发送通知、在线发起录用审批及发送录用 offer 等,招聘任务看板可以为招聘负责人提供直观准确的应聘者应聘状态、招聘环节任务量、各组织招聘任务完成率等数据,实时掌握招聘工作进度。

同时,系统建立企业战略储备人才库,为企业战略发展奠定人才基础；业务系统与员工自助平台进行交互,将招聘流程、面试管理纳入系统管理,招聘团队实时共享信息,提高招聘效率,为企业集团提供统一报表,及时掌握企业集团人才信息。

招聘管理其关键功能包括:简历管理、需求管理、简历筛选、面试官管理、面试、录用报批、offer、招聘监控及效果分析。

具体说明:

(1) 中科智能电子集团处于人力资源信息化快速转型阶段,亟须对外招聘一名人力资源信息系统经理,以管理集团人力资源系统、推进集团人力资源信息化进程。

(2) 因集团本部"预算经理"岗位出现缺编情况,需要招聘预算经理岗位以支持集团本部财务部正常运行。

(3) 招聘专员统一收集简历后将简历信息录入人力资源系统,共收到李英、陈林、孙欣、杨玉 4 位应聘者的简历。

(4)人力资源系统通过信息解析,智能筛选出不合格简历,之后招聘专员需要对智能筛选后的简历进行进一步简历筛选。

(5)招聘专员进行简历初筛后,筛选通过的简历自动进入待面试环节,在正式开展面试前,招聘专员需要进入面试官管理节点中设置面试官,确定面试官参与面试的范围。

(6)招聘专员在人力资源系统上为候选人录入面试方案,之后根据面试顺序,逐一对候选人与面试官进行邀约。

(7)以线下或线上远程等形式对候选人展开面试,并逐一录入初试-复试-终试分数。

(8)杨玉、孙欣顺利通过面试,需要在录用报批节点中进行录用报批,并在offer节点中发送offer。在正式录用报到前,招聘专员需要在系统上提前对录用人建立档案进行管理。

(9)深圳销售公司因业务扩大,原销售专员已不能满足正常业务开展需求,为了能够快速招聘到熟悉公司业务的销售专员,决定采用内部竞聘的形式招聘深圳公司销售专员。

实验任务

- 进入【职位日常维护】,新增需招聘的新设职位;
- 进入【需求管理】,新增招聘需求单据;
- 进入【简历筛选】,进行候选人简历筛选;
- 进入【面试官管理】,进行面试官录入;
- 进入【面试】,对候选人及面试官进行面试邀约;
- 面试官进入【待办通知】与【员工自助—我是面试官】中接收到面试邀约,并查看面试信息,面试结束后录入面试结果;
- 招聘专员进入【面试】,进行最后面试结果确认;
- 进入【录用报批】,对待录用员工进行录用报批;
- 进入【offer】,进行发送Offer,并转录用人至预入职;
- 进入【预入职】,提交生效预入职单,并关联生成入职单;
- 进入【招聘工作台】,对招聘数量及效果进行查看;
- 进入【竞聘岗位】,发布竞聘需求;
- 进入【竞聘记录】,录入竞聘记录并生效职位调动。

实验数据

(1)新增职位。

"人力资源信息系统经理"职位信息如表2-6-1所示。

表2-6-1 新增"人力资源信息系统经理"职位信息

编码	名称	所属行政组织	上级职位
BB39.学号	人力资源信息系统经理.学号	集团本部.学号	本部人力资源总监.学号

(2)需求管理。

"人力资源信息系统经理"招聘需求数据如表2-6-2所示。

表 2-6-2 "人力资源信息系统经理"招聘需求

招聘类型	社会招聘
招聘业务组织	集团本部.学号
招聘部门	集团本部.学号
招聘职位	人力资源信息系统经理.学号
发布职位类别	系统管理员/网络管理员
职位性质	全职
招聘人数	1
工资待遇	15 001—25 000 元/月
福利待遇	五险一金、员工旅游、带薪年假、周末双休、年终分红、节日福利、生日福利、出国机会、定期体检
工作地点	广东省 深圳市 南山区 中科智能电子集团大厦
招聘人员类型	新增编制
职位职责	1. 规划和整合组织人力资源系统 2. 通过对人力资源管理系统市场分析,进行人力资源管理系统的外购/自建决策分析 3. 管控、优化组织的人力资源系统 4. 建立人力资源信息的报表体系,定期出具体分析报告,作为人力资源决策的依据
任职要求	1. 劳动经济、人力资源、计算机相关专业本科以上学历,受过现代人力资源管理技术、劳动法律法规、财务会计基本知识、数据库原理等方面的培训 2. 5年以上人力资源工作经验,熟悉国家相关法律、法规;熟悉人力资源管理各项实务的操作流程 3. 熟练使用数据库系统管理经验 4. 具备清晰的逻辑思维、决策能力
期望到岗日期	(系统自动填充)
学历	不限
性别	不限
工作经验(下限)	5
工作经验(上限)	不限
年龄(下限)	不限
年龄(上限)	不限
使用面试方案	通用面试方案
选择简历夹	集团简历夹

"本部预算经理"的招聘需求数据如表 2-6-3 所示。

表 2-6-3 "本部预算经理"招聘需求

招聘类型	社会招聘
招聘业务组织	集团本部.学号
招聘部门	本部财务部.学号
招聘职位	本部预算经理.学号
发布职位类别	财务经理

(续表)

职位性质	全职
招聘人数	1
自定义薪资	勾选
薪资(下限)	10 000
薪资(上限)	20 000
福利待遇	五险一金、员工旅游、带薪年假、周末双休、年终分红、节日福利、生日福利、出国机会、定期体检
工作地点	广东省 深圳市 南山区 中科智能电子集团大厦
招聘人员类型	缺编补充
期望到岗日期	(系统自动填充)
职位职责	1. 负责集团总部及各单位年度预算工作的组织、编制、调整、定稿 2. 年度预算刚性管控,严控预算外支出项目及考核 3. 月度滚动监控经营预算达成,汇总分析,及时预警,提出改善要求 4. 季度、年底经营损益预测及输出经营分析 PPT 5. 配合领导做好公司中长期财务规划与数据测算工作
任职要求	1. 本科学历以上,2 年以上财务预算、核算工作经验 2. 熟悉财务软件和 Excel 等办公软件操作 3. 会计核算能力强,三年以上会计主管工作经验,能独立完成合并报表及各类管理报表分析 4. 有良好的文字表达和沟通协调能力,对数字敏感度高,逻辑思维强 5. 有大中型电子企业、会计师事务所工作经验及持有中级会计师证优先
学历	不限
性别	不限
工作经验(下限)	3
工作经验(上限)	不限
年龄(下限)	不限
年龄(上限)	不限
使用面试方案	通用面试方案
选择简历夹	集团简历夹

(3) 简历筛选。

应聘者简历信息如表 2-6-4 所示。

表 2-6-4 收取简历信息

应聘者姓名	简历信息
李英.学号	应聘职位:人力资源信息系统经理 性别:男 护照号码:48.学号 工作经验:3 年 手机号码:1371234 学号 01

（续表）

应聘者姓名	简历信息
陈林.学号	应聘职位：人力资源信息系统经理 性别：男 护照号码：49.学号 工作经验：4年 手机号码：1371234学号02
孙欣.学号 （同一人投递两个岗位）	应聘职位：人力资源信息系统经理 性别：女 护照号码：50.学号 工作经验：5年 手机号码：1371234学号03
	应聘职位：本部预算经理 性别：女 护照号码：50.学号 工作经验：5年 手机号码：1371234学号03
杨玉.学号 （同一人重复投递同一岗位两次）	应聘职位：人力资源信息系统经理 性别：女 护照号码：51.学号 工作经验：6年 手机号码：1371234学号04
	应聘职位：人力资源信息系统经理 性别：女 护照号码：51.学号 工作经验：6年 手机号码：1371234学号04

(4) 面试官管理。

面试者可面试的组织范围如表2-6-5所示。

表2-6-5　面试者管理信息

姓名	可维护行政组织	手机号码	邮箱	选择面试范围	参与面试组织	包含下级组织	可面试职位
本部总经理胡山兴	集团本部	1371234学号01	1371234学号01@qq.com	行政组织	集团本部	是	\
本部人力资源总监苏毕丘	集团本部	1371234学号02	1371234学号02@qq.com	行政组织	集团本部	是	\
本部招聘专员李大海	集团本部	1371234学号03	1371234学号03@qq.com	行政组织	集团本部	是	\

(5) 面试信息。

面试安排信息如表2-6-6所示。

表 2-6-6 面试安排信息

应聘岗位	候选人	面试环节	面试时间	面试地点	面试官	面试公司
人力资源信息系统经理	杨玉	初试	2020-01-15 09:00	中科电子集团大厦	本部招聘专员李大海	中科智能电子集团本部
		复试	2020-01-17 09:00	中科电子集团大厦	本部人力资源总监苏毕丘	中科智能电子集团本部
		终试	2020-01-20 09:00	中科电子集团大厦	本部总经理胡山兴	中科智能电子集团本部
本部预算经理	孙欣	初试	2020-01-15 13:00	中科电子集团大厦	本部招聘专员李大海	中科智能电子集团本部
		复试	2020-01-17 13:00	中科电子集团大厦	本部人力资源总监苏毕丘	中科智能电子集团本部
		终试	2020-01-20 13:00	中科电子集团大厦	本部总经理胡山兴	中科智能电子集团本部
	陈林	初试	2020-01-15 15:00	中科电子集团大厦	本部招聘专员李大海	中科智能电子集团本部
		复试	2020-01-17 15:00	中科电子集团大厦	本部人力资源总监苏毕丘	中科智能电子集团本部
		终试	2020-01-20 15:00	中科电子集团大厦	本部总经理胡山兴	中科智能电子集团本部

（6）面试结果。

面试结果数据如表 2-6-7 所示。

表 2-6-7 面试结果数据录入

	面试官	候选人	面试分数	面试结果
初试	操作人：本部招聘专员李大海 操作账号：BB07.学号	杨玉	85	通过
		孙欣	82	通过
		陈林	80	通过
复试	操作人：本部人力资源总监苏毕丘 操作账号：BB02.学号	杨玉	80	通过
		孙欣	77	通过
		陈林	75	通过
终试	操作人：本部总经理 操作账号：JT00.学号	杨玉	86	通过
		孙欣	83	通过
		陈林	69	不通过

（7）录用报批。

员工录用报批数据如表 2-6-8 所示。

表 2-6-8　员工录用报批数据

杨玉						
姓名	月薪	社保种类	社保基数	公积金基数	用工关系	试用期（月）
杨玉	22 000	养老保险、医疗保险、工伤保险、失业保险、生育保险、公积金、商业保险	22 000	22 000	试用员工	3
孙欣						
姓名	月薪	社保种类	社保基数	公积金基数	用工关系	试用期（月）
孙欣	18 000	养老保险、医疗保险、工伤保险、失业保险、生育保险、公积金、商业保险	18 000	18 000	试用员工	3

（8）预入职转入职。

预入职转入职单据数据如表 2-6-9 所示。

表 2-6-9　预入职转入职单据

姓名	员工编号	变动操作	变动类型	变动原因
杨玉	BB39.学号	雇佣入职	雇佣入职	公开招聘的其他人员
孙欣	BB40.学号	雇佣入职	雇佣入职	公开招聘的其他人员

（9）新增内部竞聘职位。

竞聘职位信息表如表 2-6-10 所示。

表 2-6-10　竞聘职位信息表

招聘类型	内部竞聘
招聘业务组织	深圳销售公司.学号
招聘部门	深圳公司销售部.学号
发布组织简称	深圳销售部
竞聘职位	深圳公司销售专员.学号
职位性质	全职
招聘人数	1
招聘人员类型	缺编补充
工作经验（下限）	3
性别/工作经验（上限）/年龄（下限）/年龄（上限）	不限
工作地点	广东省 深圳市 南山区 中科智能电子集团大厦（深圳公司）
期望到岗日期	（系统自动填充）

(续表)

招聘类型	内部竞聘
职位职责	1. 负责公司产品的销售及推广 2. 负责销售计划的跟踪、发货计划的协调及货款的回收 3. 根据市场营销计划,完成部门销售指标 4. 开拓新市场,发展新客户,增加产品销售范围 5. 配合销售活动的策划和执行,完成销售任务 6. 维护客户关系及客户间的长期战略合作计划
任职要求	1. 教育背景:中专以上 2. 语言要求:普通话标准 3. 技能要求:熟练使用office办公软件 4. 其他要求:有良好的团队合作意识,具备较强的沟通能力、执行能力和团队管理能力,可接受较高强度工作

(10) 新增竞聘记录。

竞聘记录信息表如表 2-6-11 所示。

表 2-6-11 竞聘记录

竞聘需求	竞聘日期	员工姓名	手机号码	竞聘结果	调动生效	调动生效日期
深圳公司销售专员	2020-02-01	陈节凝(原深圳公司物流中心-仓储专员)	1341234学号01	竞聘通过	调动生效	2020-02-01

 实验步骤

6.1 招聘需求管理

6.1.1 招聘计划

企业招聘需求管理是用人部门提交招聘需求申请,并一览招聘进度的功能节点,包含两种方式:一为部门负责人或招聘岗位上级直接提出招聘需求,二为 HR 代提招聘需求。

6.1.1.1 部门负责人或招聘岗位上级直接提出招聘需求

[操作背景]:中科智能电子集团处于人力资源信息化快速转型阶段,出现新岗位需求,亟需对外招聘一名人力资源信息系统经理,以管理集团人力资源系统、推进集团人力资源信息化进程。人事专员首先需要在 HR 系统中新设"人力资源信息系统经理"岗位,并由本部人力资源总监在员工自助平台中提出招聘需求,并直接上级审批。

(1) 新增"人力资源信息系统经理"职位。

根据集团"人力资源信息系统经理"新岗位需求,人力资源职位库里尚未存有"人力资源信息系统经理"岗位,因此首先需要在职位库中录入"人力资源信息系统经理"职位新增。

[操作角色]:本部人事专员陆亚友,账号密码为"BB03.学号"。

[操作路径]:【行政组织管理】→【职位维护】→【职位日常维护】。

[操作步骤]:进入【职位日常维护】功能节点,点击【创建】,按照表 2-6-1 信息填写职位创建表单,确认无误后点击【保存】。具体步骤如图 2-6-1、图 2-6-2 所示。

图 2-6-1　新建"人力资源信息系统经理"职位步骤(1)

图 2-6-2　新建"人力资源信息系统经理"职位步骤(2)

提示:"上级职位"处需选择带自己学号后缀的"本部人力资源总监.学号"职位,可在搜索框输入"本部人力资源总监.(学号)"直接按职位名称搜索得出,如图 2-6-3 所示。

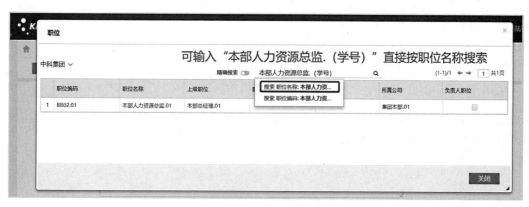

图 2-6-3　职位搜索方式

实操6　招聘管理　301

(2) 提出"人力资源信息系统经理"招聘需求。

[操作角色]:本部人力资源总监,账号密码为"BB02.学号"。

[操作路径]:【员工自助】→【更多】→【我的招聘】→【我的招聘需求】。

[操作步骤]:按照图2-6-4、图2-6-5路径进入员工自助平台【我的招聘需求】功能节点。

图2-6-4　员工自助平台进入路径

图2-6-5　我的招聘需求进入路径

进入【我的招聘需求】列表,点击【创建】—【创建需求】,如图2-6-6所示。

图2-6-6　创建招聘需求步骤

根据表2-6-2信息填写招聘需求单,注意"招聘业务组织"需选择带自己学号后缀的组织(见图2-6-7)。需求表单填写完毕后,点击【提交工作流】,如图2-6-8所示。

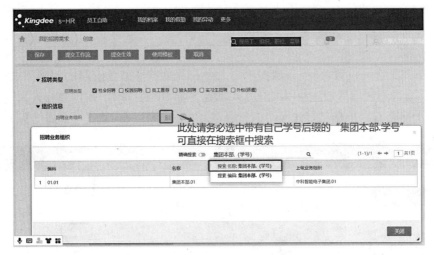

图 2-6-7 创建招聘需求步骤注意事项

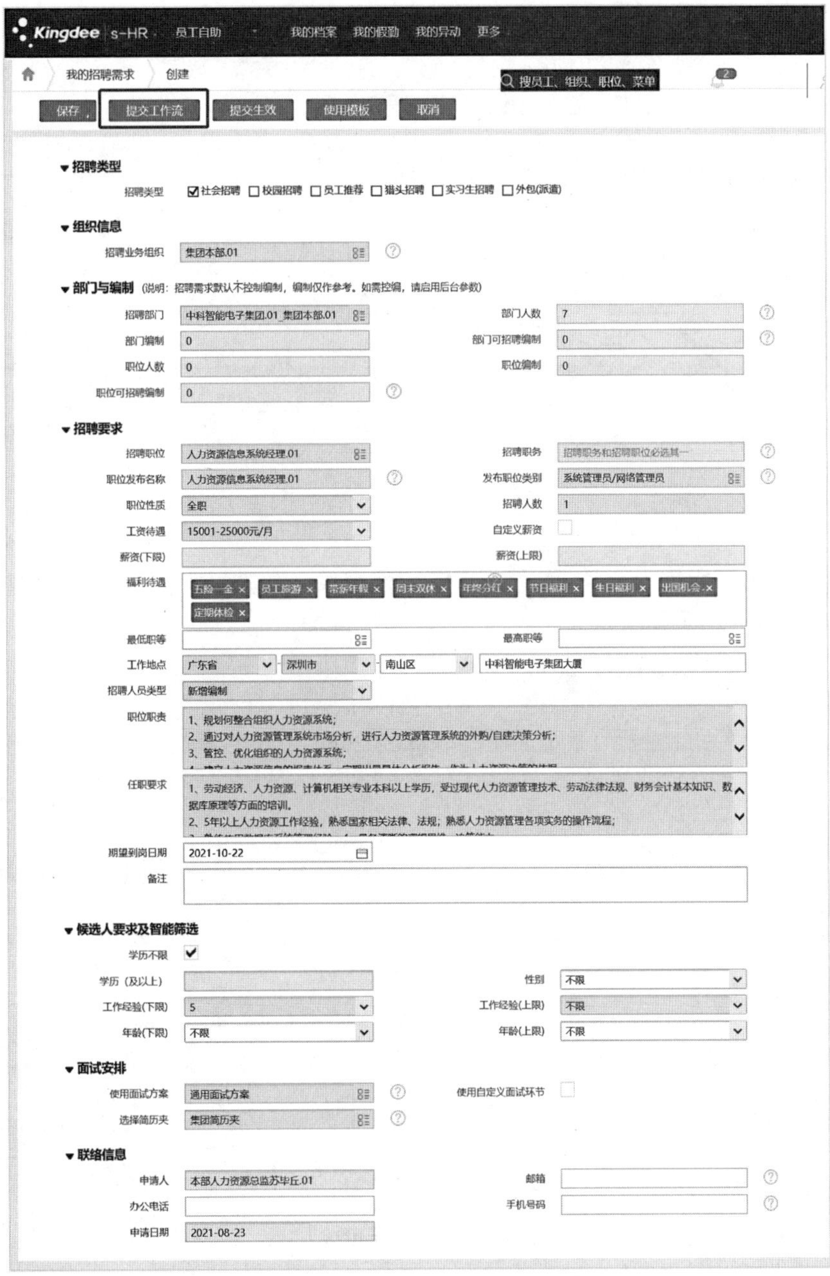

图 2-6-8 创建招聘需求表单样式

实操 6 招聘管理

(3) 招聘需求工作流审批。

［操作角色］：本部总经理胡山兴，账号密码为"BB01.学号"。

［操作路径］：员工待办通知。

［操作步骤］：根据工作流设置，系统自动将本部人力资源总监苏毕丘发起的招聘需求推送至一级审批人，即直接上级本部总经理胡山兴处。使用本部总经理胡山兴"BB01.学号"账号登录人力资源系统，点击待办通知图标，可显示招聘需求单据已推送至个人待办处，在工作流栏处点击【查看详情】，如图2-6-9所示。

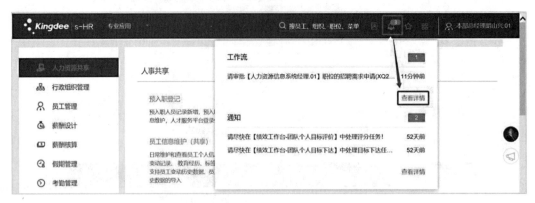

图 2-6-9 待办任务

勾选待审批单据，点击【处理】按钮，如图 2-6-10 所示。

图 2-6-10 单据处理

单据审批界面左边为招聘需求原单据，右方为审批处理单。勾选"同意"，并点击【提交】，完成对招聘需求单的审批，如图 2-6-11 所示。

图 2-6-11 单据审核

6.1.1.2　HR代提招聘需求

[**操作背景**]:因集团本部"预算经理"岗位出现缺编情况,需要招聘预算经理岗位以支持集团本部财务部正常运行,经沟通,由本部招聘专员代提招聘需求,并直接由上级审批。

(1)创建"本部预算经理"招聘需求单。

[**操作角色**]:本部招聘专员李大海,账号密码为"BB07.学号"。

[**操作路径**]:【招聘管理】→【招聘计划】→【需求管理】。

[**操作步骤**]:使用本部招聘专员李大海"BB07.学号"账号登录HR系统,根据图2-6-12路径进入【需求管理】功能节点。

图 2-6-12　需求管理进入路径

进入【招聘需求】功能节点,点击【创建】—【创建需求】,参考表2-6-3维护"本部预算经理"招聘需求表,维护完成后点击【提交工作流】按钮。具体步骤如图2-6-13、图2-6-14所示。

图 2-6-13　创建招聘需求步骤

(2)招聘需求工作流审批。

[**操作角色**]:本部人力资源总监苏毕丘,账号密码为"BB02.学号"。

[**操作路径**]:员工待办通知。

[**操作步骤**]:根据工作流设置,系统自动将招聘专员发起的招聘需求推送至一级审批人,即直接上级本部人力资源总监苏毕丘处。

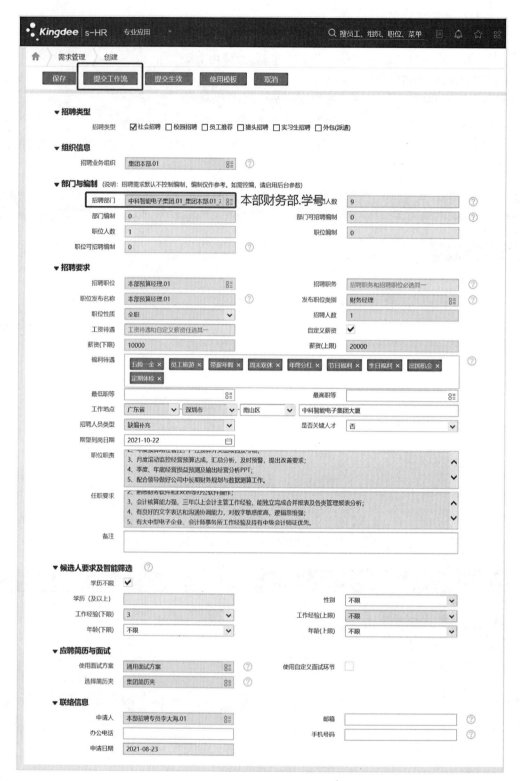

图 2-6-14 "本部预算经理"招聘需求表单

使用本部人力资源总监苏毕丘"BB02.学号"账号登录人力资源系统,点击待办通知图标,可显示招聘需求单据已推送至个人待办处,在工作流栏处点击【查看详情】,如图 2-6-15 所示。

勾选待审批单据,点击【处理】按钮,如图 2-6-16 所示。

单据审批界面左边为招聘需求原单据,右方为审批处理单。勾选"同意",并点击【提交】,完成对招聘需求单的审批,如图 2-6-17 所示。

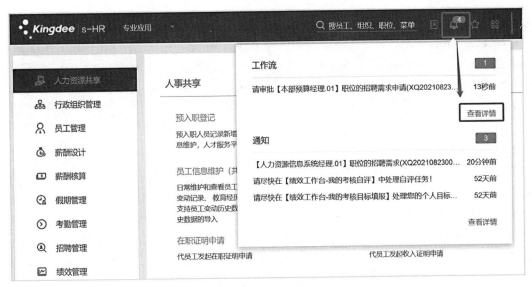

图 2-6-15 待办任务

图 2-6-16 单据处理

图 2-6-17 单据审核

延伸内容

如因操作失误等原因需对招聘需求单据进行删除,当单据处于"未提交"状态时,可直接选中【更多—删除】完成单据删除动作;当单据处于"未审批"状态时,可通过【单据操作—撤回】后再点击【更多—删除】完成删除;当单据处于"审批通过"状态时,需先进行【单据操作—反审批】,再进行【更多—删除】。

如在招聘需求单据审核生效后,因计划变动需终止需求,可通过【单据操作—终止需求】完成招聘需求终止。

支持通过【创建—复制需求】功能,直接复制已有的招聘需求。

支持设置招聘需求模板。点击具体招聘需求查看详情页,选中页面上方【保存模板】,完成对招聘需求模板的设置。在此后新建需求过程中,可通过【创建—创建需求—使用模板】直接引用模板。

拖动招聘需求单右拉条可显示"职位发布""简历""面试""报批""offer""入职""达成率"字段,可实时跟进招聘进度。

6.1.2 招聘网站设置

招聘需求管理是一个企业对内汇集招聘需求的过程,而企业人力资源系统与外部招聘网站的对接,则是一个对外发布招聘需求的过程。招聘网站设置可集成多个招聘网站,可在一键发布界面发布职位,并可实现多个招聘网站集中回收简历、刷新职位、撤销职位等功能。

[操作背景]:集团本部招聘专员在人力资源系统中设置招聘网站的对接,使提交的招聘需求可以发布在对外的招聘网站当中。因本 HR 系统教育版本未与外部招聘系统对接,此步骤学生无需操作,了解过程即可。

[操作角色]:本部人事专员陆亚友,账号密码为"BB03.学号"。

[操作路径]:【招聘管理】—【招聘计划】—【招聘网站设置】。

[操作步骤]:进入【招聘网站设置】功能节点,点击【添加网站+】按钮,可选前程无忧、智联招聘、猎聘网、赶集网等作为外部招聘网站对接。如图 2-6-18 所示。

图 2-6-18　招聘网站添加

添加完毕后,招聘网站出现于页面左侧框内,点击选中新添加的招聘网站,出现账号设置、使用人设置两大设置类别,可用于添加账号、设置所属组织、添加使用人等。如图 2-6-19 所示。

如未开通外部招聘网站,此步骤可略过,只需了解即可。

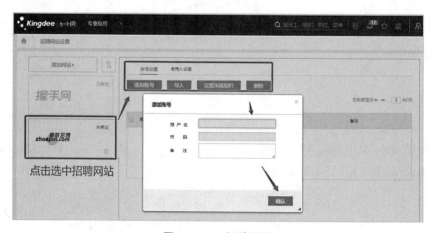

图 2-6-19　招聘网址

延伸内容

招聘网站设置的功能说明如下:
① 新增账号:在某个对外招聘网站有多个账号,则可以将这些账号都添加到 HR 系统中。
② 设置所属组织:为每个账号设置所属组织,用于账号的行政组织权限隔离。
③ 设置密钥:集成的招聘网站需要设置统一的密钥,通过该密钥一键发布。
④ 删除账号:删除不再使用的账号,同时将删除该账号下的使用人。
⑤ 添加和删除账号使用人:在单个招聘账号下面可添加多个使用人,并支持删除;使用人可在一键发布界面使用分配给自己的账号发布,非使用人不能看到和使用该招聘网站和账号发布。

6.1.3 职位发布

职位发布用于招聘职位发布到招聘网站中,并可查看发布结果。

[操作背景]:完成招聘网站设置后,本部招聘专员执行招聘岗位的对外的发布,其中,系统已根据招聘需求,自动生成招聘岗位 JD,如图 2-6-20、图 2-6-21 所示。因本 HR 系统教育版本未与外部招聘系统对接,此步骤学生无须操作,了解过程即可。

▼ 招聘要求

招聘职位	人力资源信息系统经理.01	招聘职务	
职位发布名称	人力资源信息系统经理.01	发布职位类别	系统管理员/网络管理员
职位性质	全职	招聘人数	1
工资待遇	15001-25000元/月	自定义薪资	否
薪资(下限)		薪资(上限)	
福利待遇	定期体检 员工旅游 节日福利 出国机会 带薪年假 年终分红 周末双休 五险一金 生日福利		
最低职等		最高职等	
工作地点	广东省深圳市南山区中科智能电子集团大厦		
招聘人员类型	新增编制	是否关键人才	否
期望到岗日期	2021-10-22		
职位职责	1. 规划和整合组织人力资源系统; 2. 通过对人力资源管理系统市场分析,进行人力资源管理系统的外购/自建决策分析; 3. 管控、优化组织的人力资源系统; 4. 建立人力资源信息的报表体系,定期出具具体分析报告,作为人力资源决策的依据。		
任职要求	1. 劳动经济、人力资源、计算机相关专业本科以上学历,受过现代人力资源管理技术、劳动法律法规、财务会计基本知识、数据库原理等方面的培训; 2. 5年以上人力资源工作经验,熟悉国家相关法律、法规;熟悉人力资源管理各项实务的操作流程; 3. 熟练使用数据库系统管理经验; 4. 具备清晰的逻辑思维、决策能力。		
备注			

▼ 候选人要求及智能筛选

学历不限	是		
学历(及以上)		性别	不限
工作经验(下限)	5	工作经验(上限)	不限
年龄(下限)	不限	年龄(上限)	不限

图 2-6-20 "人力资源信息系统经理"招聘 JD

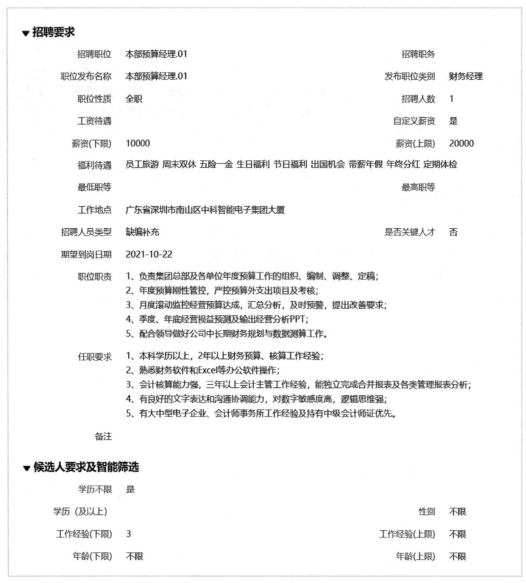

图2-6-21 "本部预算经理"招聘JD

[操作角色]：本部人事专员陆亚友，账号密码为"BB03.学号"。

[操作路径]：【招聘管理】—【招聘计划】—【职位发布】。

[操作步骤]：进入【职位发布】功能节点，企业内部各组织提交的招聘需求将出现在列表内，选中需要发布的招聘需求，点击【一键发布】进行招聘职位发布；当有多个招聘需求需要发布时，可多选招聘需求，并点击【合并发布】。如图2-6-22所示。

图2-6-22 发布职位

如未开通其他外部招聘网站,此步骤可略过,只需了解即可。

6.2 招聘过程管理

6.2.1 简历投递

人力资源系统可实现招聘网站投递回收、智能导入(简历解析)等多种方式创建简历。

[操作背景]:招聘需求申请审核通过后,招聘专员依据招聘需求撰写"人力资源信息系统经理"和"本部预算经理"的岗位介绍和工作职责描述,对外发布岗位;应聘者投递简历后,系统将实现对简历的自动收集与对接(如未与外部招聘网址对接,则需要手动导入简历)。对于发布的招聘需求,共收到李英、陈林、孙欣、杨玉4位应聘者的简历,简历投递情况如下:

① 李英投递人力资源信息系统经理岗位,工作经验为3年;
② 陈林投递人力资源信息系统经理岗位,工作经验为4年;
③ 孙欣同时投递了人力资源信息系统经理、本部预算经理两个岗位的简历,工作经验为5年;
④ 杨玉投递了人力资源信息系统经理岗位两次,工作经验为6年。

由于本教育版本未与外部招聘网址对接,因此无法实现简历自动汇总效果,需要手动导入简历。

[操作角色]:本部招聘专员李大海,账号密码为"BB07.学号"。

[操作路径]:【招聘管理】→【应聘管理】→【简历筛选】。

[操作步骤]:因未与外部招聘网址对接,需要手动导入简历。进入【简历筛选】功能节点,收取的简历如表2-6-4所示,可手动创建,亦可扫描二维码下载"简历导入"模板直接导入;如使用导入方式,需要完成以下操作。

简历导入

① 打开"简历导入"模板(图2-6-23),需要将模板"招聘需求单号"列中的应聘岗位替换成岗位对应的招聘需求单号。

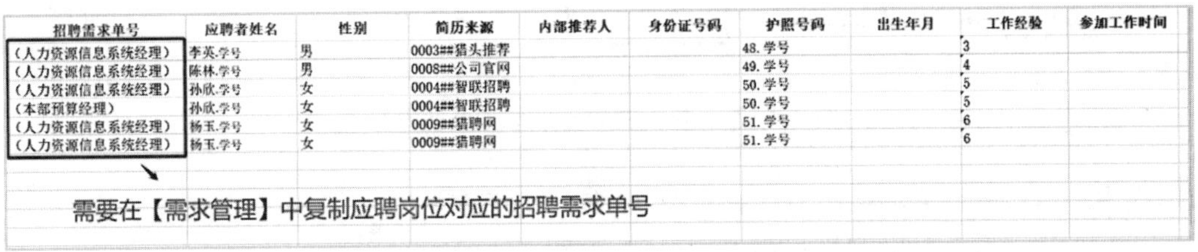

招聘需求单号	应聘者姓名	性别	简历来源	内部推荐人	身份证号码	护照号码	出生年月	工作经验	参加工作时间
(人力资源信息系统经理)	李英.学号	男	0003##猎头推荐			48.学号		3	
(人力资源信息系统经理)	陈林.学号	男	0008##公司官网			49.学号		4	
(人力资源信息系统经理)	孙欣.学号	女	0004##智联招聘			50.学号		5	
(本部预算经理)	孙欣.学号	女	0004##智联招聘			50.学号		5	
(人力资源信息系统经理)	杨玉.学号	女	0009##猎聘网			51.学号		6	
(人力资源信息系统经理)	杨玉.学号	女	0009##猎聘网			51.学号		6	

需要在【需求管理】中复制应聘岗位对应的招聘需求单号

图2-6-23 简历导入初始模板样式

② 进入【招聘管理】—【招聘计划】—【需求管理】功能节点,如图2-6-24所示。

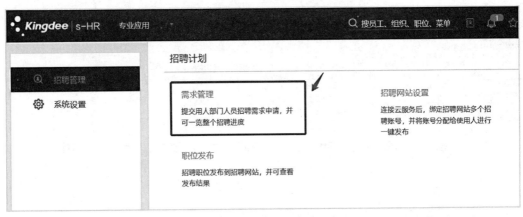

图2-6-24 需求管理进入路径

实操6 招聘管理

进入【需求管理】功能节点,删除默认筛选条件后显示招聘需求列表,可在"招聘职位"与"需求单号"列中可查看招聘岗位对应的需求单号,如图 2-6-25、图 2-6-26 所示。

图 2-6-25　删除过滤条件步骤

图 2-6-26　岗位对应需求单号查询方法

简历模板中一行代表一条简历信息。根据简历列表"招聘需求单号"列中不同的应聘岗位,复制【需求管理】中对应的需求单号,并粘贴到模板中对应位置,如图 2-6-27 所示。

另外,还需将模板中的"学号"替换成为自己的学号。

最后保存模板。

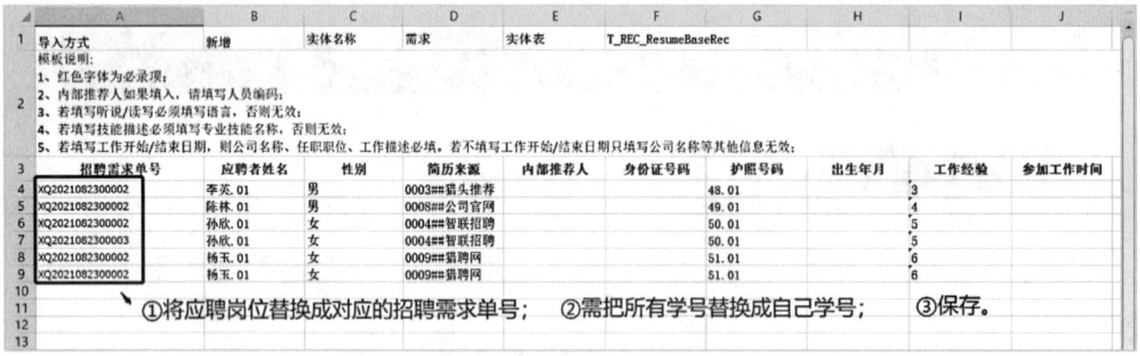

图 2-6-27　模板修改步骤

③ 保存模板后,重新进入【招聘管理】—【应聘管理】—【简历筛选】功能节点,点击【导入导出】—【导入】—【上传文件】,将修改后的"简历导入"模板导入 HR 系统。详细步骤见图 2-6-28、图 2-6-29。

导入成功后,所有简历进入 HR 系统,如图 2-6-30 所示。接下来需要对收取的简历进行筛选。

图 2-6-28　导入模板步骤(1)

图 2-6-29　导入模板步骤(2)

图 2-6-30　简历筛选列表

6.2.2　简历筛选

人力资源系统简历筛选,可实现对简历进行快速筛重,给简历标记重点人才或黑名单,并给出筛选通过、不通过、待定的结果。简历可以查看基本信息、应聘记录、联系记录、评语、操作记录、黑名单记录等信息。

[操作背景]:简历导入成功后,需要招聘专员在【简历筛选】功能节点进行简历初筛。

① 人力资源系统按照招聘需求设置过滤条件,经系统自动筛选,投递"人力资源信息系统经理"岗位

的李英、陈林因工作经验不满足应聘要求,系统智能筛选并标记为"不符合"。招聘专员需对该部分简历处理为"不通过"。

② 经招聘专员复审简历及与部门经理沟通决定,认为陈林虽然不满足人力资源信息系统经理要求,但符合本部预算经理岗位招聘要求,经与陈林沟通并征得其同意,将陈林转为本部预算经理招聘行列;转岗应聘完成后,对该简历处理为"通过"。

③ 系统自动识别出孙欣同时投递了"人力资源信息系统经理"和"本部预算经理"两个职位,经讨论决定,因孙欣具有较丰富的财务预算规划、分析、决策经验,认为孙欣更适合本部预算经理岗位的需求,因此,进行对其"本部预算经理"简历"抢简历",并处理为通过;未经"抢简历"的重复简历无法操作为"通过",处理其"人力资源信息系统经理"简历为"待定"。

④ 系统自动识别出杨玉同时对同一"人力资源信息系统经理"岗位投递了两份简历,系统对其中一份简历自动标识为"失效",招聘专员需要对另一份简历处理为"通过"。

⑤ 在简历初筛过程中发现,杨玉经验丰富且与岗位拟合度较高,决定将杨玉标识为重点人才,在后续面试过程中重点关注。

请本部招聘专员依据以上简历初筛情况,在 HR 系统【简历筛选】功能节点中进行简历初筛。简历筛选与招聘需求单号作关联,系统将会根据招聘需求单智能筛选出应聘者是否满足招聘需求、智能筛选是否为同一人、是否多次投递同一需求、是否同时投递多个需求,具体如下:

① 学历、性别、工作经验、年龄等条件不满足招聘需求的,系统将自动对该部分简历标示为"失效";
② 为同一人投递的,系统将自动对该部分简历以"👤"符号标示;
③ 多次投递同一需求的,系统将自动对该部分简历以"》"符号标示;
④ 同时投递多个需求的,系统对该部分以"⇄"符号标示;
⑤ 如上述情况同时出现,图标则将叠加标示;
⑥ 对于一人多投的情况,可通过"筛重操作—确认失效/取消失效/抢简历/简历解锁/重新筛选"进行筛重处理;
⑦ 支持将简历通过"重点人才—重点关注/取消重点关注"进行重点人才标识;
⑧ 支持通过"更多—转发简历"进行简历转发;
⑨ 如果候选人简历适合其他职位,支持通过"更多—转其他职位"进行对应聘者转岗筛选。

[操作角色]:本部招聘专员李大海,账号密码为"BB07.学号"。
[操作路径]:【招聘管理】→【应聘管理】→【简历筛选】。
[操作步骤]:以下将根据案例要求,进行简历筛选操作。

① "人力资源信息系统经理"岗位的招聘需求为工作经验需 5 年及以上,其中投递该岗位的李英、陈林工作经验分别为 3 年和 4 年;因经验不满足应聘要求,系统对该简历智能筛选并标记为"不符合",如图 2-6-31 所示。

图 2-6-31 工作年限不符合的简历列表

招聘专员对该简历处理为不通过,如图 2-6-32、图 2-6-33 所示。

图 2-6-32　简历筛选不通过步骤(1)

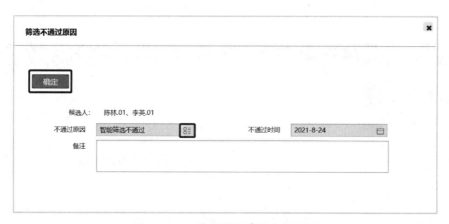

图 2-6-33　简历筛选不通过步骤(2)

提示:若在操作过程中出现图 2-6-34 报错提示,可无视,直接点击【确定】即可,不影响后续操作。

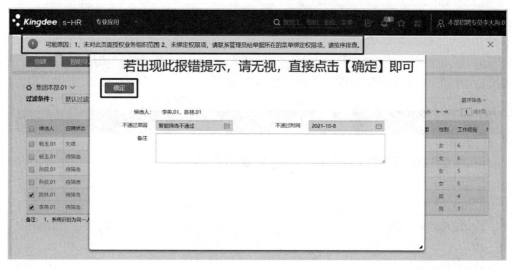

图 2-6-34　注意事项

② 经招聘专员复审简历及与部门经理沟通决定,认为陈林虽然不满足人力资源信息系统经理要求,但符合本部预算经理岗位招聘要求。经与陈林沟通并征得其同意,将陈林转为本部预算经理招聘行列;转

岗应聘完成后,对该简历处理为"通过"。

根据要求,勾选"陈林"行,执行【更多】—【转其他职位】;勾选"本部预算经理",并点击【确定】,完成对陈林的转岗招聘动作。具体步骤如图 2-6-35、图 2-6-36 所示。

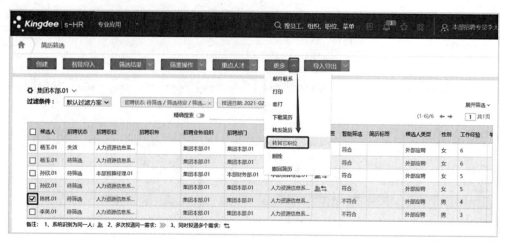

图 2-6-35　转其他岗位步骤(1)

图 2-6-36　转其他岗位步骤(2)

转岗完成后,简历序列簿中新增陈林的本部预算经理简历。勾选陈林新增简历并执行【筛选结果】—【通过】按钮,系统自动将陈林"本部预算经理"简历的招聘状态跳转为"待面试"。具体步骤如图 2-6-37 所示。

图 2-6-37　转岗简历通过步骤

③ 系统自动识别出孙欣同时投递了"人力资源信息系统经理"和"本部预算经理"两个职位,经讨论决定,因孙欣具有较丰富的财务预算规划、分析、决策经验,认为孙欣更适合本部预算经理岗位的需求,因此,对其"本部预算经理"简历进行"抢简历",并处理为通过。

选中孙欣"本部预算经理"简历,执行【筛重操作】—【抢简历】,对简历进行锁定;后执行【筛选结果】—【通过】,系统自动将招聘状态跳转为"待面试",步骤如图 2-6-38、图 2-6-39 所示。

图 2-6-38　抢简历步骤

图 2-6-39　简历通过步骤

未经"抢简历"的重复简历将无法进行通过处理。招聘专员对孙欣的"人力资源信息系统经理"简历处理为待定。选中孙欣"人力资源信息系统经理"简历,执行【筛选结果】—【待定】,该简历招聘状态跳转为"筛选待定",步骤如图 2-6-40 所示。

④ 系统自动识别出杨玉对"人力资源信息系统经理"岗位同时投递了两份简历,系统对其中一份简历自动标识为"失效",招聘专员需要对另一份简历处理为"通过"。

勾选杨玉"待筛选"简历,执行【筛选结果】—【通过】,筛选通过后该简历进入"待面试"状态。具体步骤如图 2-6-41 所示。

图 2-6-40　简历不通过步骤

图 2-6-41　简历通过步骤

⑤ 在简历初筛过程中发现，杨玉经验丰富且与岗位拟合度较高，决定将杨玉标识为重点人才，在后续面试过程中重点关注。勾选杨玉"人力资源信息系统经理"简历行，点击【重点人才】—【重点关注】，具体步骤如图 2-6-42、图 2-6-43 所示。

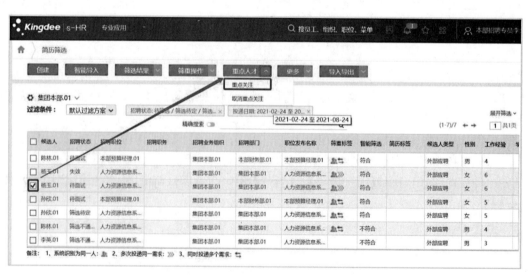

图 2-6-42　重点关注步骤(1)

图 2-6-43　重点关注步骤(2)

经简历筛选操作后,进入"人力资源信息系统经理"岗位面试的人员共 1 人(杨玉);进入"本部预算经理"岗位面试的人员共 2 人(陈林、孙欣)。

延伸内容

简历筛选通过后,系统自动将简历推送至【面试】环节;简历筛选不通过,则该简历流程终止,但仍会备份于【企业简历库】中,如需对不通过简历进行重新操作,需进入【企业简历库】发起。

在简历通过后,如因操作失误等原因需将简历由"筛选通过"转为"筛选不通过",先选中具体待操作行,点击【更多】—【撤回简历】后,再次点击【筛选结果】—【不通过】,则招聘状态转为"筛选不通过"。

如需将简历由"筛选不通过"转为"筛选通过",需进入【招聘管理】—【简历库】—【企业简历库】,选中具体简历进入详情页面,点击页面上方"发起应聘",则该简历重新进入【简历筛选】,又因【简历筛选】中已存在该应聘者原份简历,则该步骤将会使系统智能识别出该应聘者为"系统识别为同一人"与"多次投递同一需求",且自动归为"失效",此时需要通过【筛重操作】—【取消失效】—【筛选结果】—【通过】,将简历由"失效"转为"筛选通过"。

对系统智能筛选为不符合的简历,亦可对该部分简历进行通过。此场景适用于虽部分条件与招聘需求不符但综合素质优秀、公司企业希望破例面试的人员。

针对多次投递同一需求的简历,可以操作取消失效、确认失效;即系统会保存第一份投递的简历,后面投递的同一人的简历系统会自动标注"失效"。可以【取消失效】,或者将其再次【确认失效】。

针对投递不同职位的同一人简历,通过操作【抢简历】先抢先得,未抢到简历的职位无法给出通过的结果。抢到简历的职位进行【筛重操作】—【简历解锁】后,其他职位才能使用该简历。

如筛选结果为"待定",则该简历不会被推送至进一步的面试流程,亦不会被终止流程,如需对该份简历重新操作,则需对简历进行【筛重操作】—【重新筛选】。

在简历筛选环节,可通过【重点人才】—【重点关注/取消重点关注】对应聘者标识为重点关注对象或取消重点关注,标识为重点关注后可在【招聘管理】—【简历库】—【重点人才】中查看。

在简历库中,实现对候选人的全流程管理,招聘人员可以看到每份简历所处的招聘环节,如在筛选环节、面试环节、录用报批环节、offer 环节、待入职环节等。同时,可以看到简历在每个环节的招聘状态,如筛选不通过、待面试、面试中、面试不通过、待报批、待入职、已入职等。

6.2.3　面试官管理

面试官管理用于添加面试官,确定其参与面试的行政组织或业务组织。在面试环节可以按照参与面试的范围选择该面试官面试。其中,面试的范围可包括行政组织、业务组织、面试职位,支持对面试官的移除和删除。

[操作背景]:招聘专员进行简历初筛后,筛选通过的简历自动进入待面试行列。在正式进入面试环节前,需要对参与面试的面试官进行设置,如表 2-6-12 所示。招聘专员首先需要进入【面试官管理】节点中

新增面试官,确定面试官参与面试的范围。

表 2-6-12 面试官设置

面试环节	面试官
初试	本部招聘专员李大海
复试	本部人力资源总监苏毕丘
终试	本部总经理胡山兴

[操作角色]:本部招聘专员李大海,账号密码为"BB07.学号"。
[操作路径]:【招聘管理】→【应聘管理】→【面试官管理】。
[操作步骤]:进入【面试官管理】功能节点,点击【新增】—【批量新增】,进入面试官维护界面,如图 2-6-44 所示。

图 2-6-44 新增面试官步骤(1)

参考表 2-6-5 维护面试者管理信息。首先需要在上方"新增面试官"处点击【新增】,添加"本部总经理胡山兴""本部人力资源总监苏毕丘""本部招聘专员李大海",并维护其"可维护行政组织""手机号码""邮箱"信息;之后在下方"参与面试范围"处点击【新增】,维护"选择面试范围"为行政组织、"参与面试组织"为集团本部、"包含下级组织"为是;最后点击【保存】。详细步骤如图 2-6-45 所示。

图 2-6-45 新增面试官步骤(2)

6.2.4 面试

对于通过简历初筛的候选人,系统自动推送至面试环节。面试用于对候选人的面试安排及邀约,并进一步管理面试结果。

面试在线下进行,线上记录面试结果,面试官可在待办通知及【员工自助】—【我是面试官】中接收面试信息;在面试过程中,支持将候选人标识为重点人才、黑名单。

面试结束后,对应面试官可维护候选人面试结果(待定、通过、不通过、放弃面试、终止面试)、面试分数、备注信息;支持将面试不通过者转入其他职位。

[操作背景]:中科智能电子集团面试方案采用初试、复试、终试面试方案。在上述案例中,已完成简历筛选及面试官设置;通过简历的候选人包括"人力资源信息系统经理"岗位的杨玉、"本部预算经理"岗位的孙欣与陈林;面试官包括初试的本部招聘专员李大海、复试的本部人力资源总监苏毕丘、终试的本部总经理胡山兴。

在本环节中,本部招聘专员李大海在人力资源系统上为候选人录入面试方案,而后根据面试顺序,逐一对候选人与面试官进行邀约。面试邀约成功后,候选人与面试官以电话、邮箱形式收到面试邀约,且面试官可以于个人账号的"待办通知"与"员工自助—我是面试官"中接收到面试邀约。面试安排见表2-6-13。

表2-6-13 面试安排

应聘岗位	候选人	面试环节	面试时间	面试地点	面试官	面试公司
人力资源信息系统经理	杨玉	初试	2020-01-15 09:00	中科电子集团大厦	本部招聘专员李大海	中科智能电子集团本部
		复试	2020-01-17 09:00	中科电子集团大厦	本部人力资源总监苏毕丘	中科智能电子集团本部
		终试	2020-01-20 09:00	中科电子集团大厦	本部总经理胡山兴	中科智能电子集团本部
本部预算经理	孙欣	初试	2020-01-15 13:00	中科电子集团大厦	本部招聘专员李大海	中科智能电子集团本部
		复试	2020-01-17 13:00	中科电子集团大厦	本部人力资源总监苏毕丘	中科智能电子集团本部
		终试	2020-01-20 13:00	中科电子集团大厦	本部总经理胡山兴	中科智能电子集团本部
	陈林	初试	2020-01-15 15:00	中科电子集团大厦	本部招聘专员李大海	中科智能电子集团本部
		复试	2020-01-17 15:00	中科电子集团大厦	本部人力资源总监苏毕丘	中科智能电子集团本部
		终试	2020-01-20 15:00	中科电子集团大厦	本部总经理胡山兴	中科智能电子集团本部

6.2.4.1 维护面试安排和发送面试邀约

[操作角色]:本部招聘专员李大海,账号密码为"BB07.学号"。

[操作路径]:【招聘管理】→【应聘管理】→【面试】。

[操作步骤]:进入【面试】功能节点。简历筛选通过的候选人已自动推送至【面试】环节,在"面试状态"与"面试环节"列中可实时跟进候选人的面试状态。

招聘专员按照表2-6-6面试安排表录入面试信息,此处以杨玉为例进行演示操作,其余候选人参考表2-6-6面试安排信息及下述步骤进行操作即可,此处不再重复赘述。

选中待面试者杨玉,点击【面试安排】,注意此处一次只能选中一位待面试者进行面试安排,不支持同时多人操作。具体步骤如图 2-6-46 所示。

图 2-6-46 面试安排进入路径

进入面试安排后,使用通用面试方案,首先点击【编辑】(图 2-6-47),参考表 2-6-6 信息填写面试安排;注意还需要在"面试官"栏处点击【选择面试官】,并根据初试、复试、终试阶段设置对应的面试官(图 2-6-48、图 2-6-49)。面试安排填写完毕后,点击【保存】(图 2-6-50)。

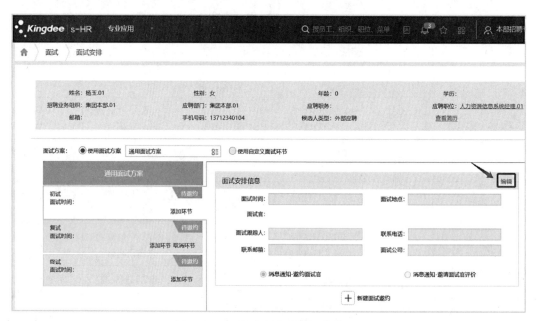

图 2-6-47 面试安排表填写步骤(1)

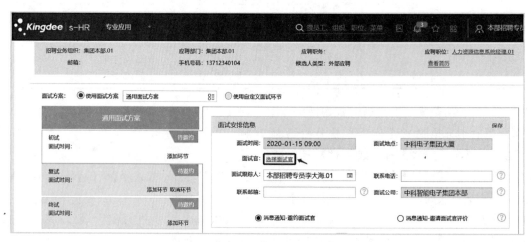

图 2-6-48 面试安排表填写步骤(2)

图 2-6-49　面试安排表填写步骤(3)

图 2-6-50　面试安排表填写步骤(4)

面试安排信息填写完成并保存成功后,点击下方【新建面试邀约】按钮,即" ![新建面试邀约] ",对候选人与面试官发送面试邀约,如图 2-6-51 所示。

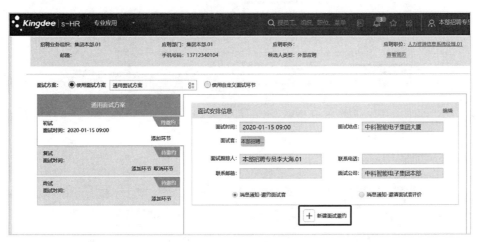

图 2-6-51　新增面试邀约步骤

面试邀约界面包括候选人邀约与面试官邀约。首先设置候选人邀约,需要在【选择模板】处选择邀约信息模板,可直接使用邀约模板内容进行面试邀约,或事先通过【招聘管理】—【招聘业务设置】—【邮箱与邮件模板设置】设置邀约模板,在本案例中,直接引用预置模板即可。具体步骤如图 2-6-52 所示。

实操 6　招聘管理

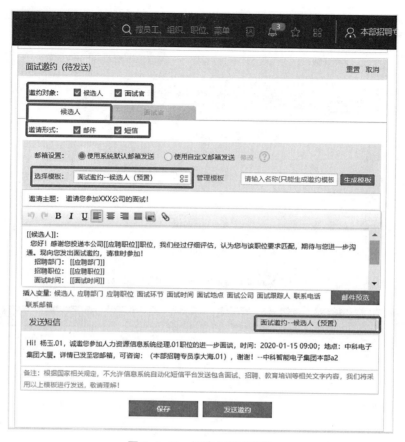

图 2-6-52 候选人面试邀约

面试官邀约模板设置完毕后，按照图 2-6-53 切换至面试官邀约维护界面，选择邀约模板，最后点击【发送邀约】。

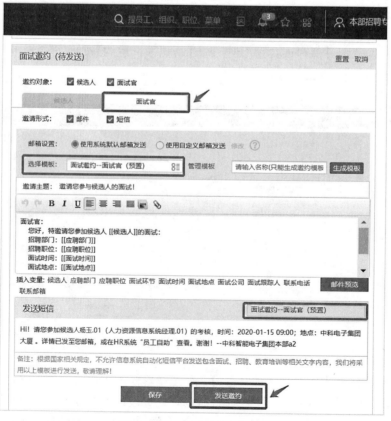

图 2-6-53 面试官面试邀约

本案例中候选人和面试官的电话号码与邮箱为虚拟,且未实际产生流量进行发送服务,因此本步骤不在现实中发生效果,未实际发送邮箱与短信,只需模拟实验步骤即可。点击【发送邀约】后将会出现图 2-6-54 报错提示,只需关闭即可。

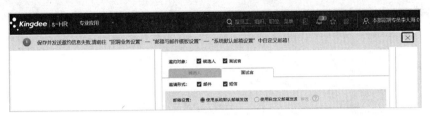

图 2-6-54　发送邀约提示信息

完成杨玉初试邀约后,在左边面试流程栏中点击"复试""终试",切换至复试及终试安排界面,并以相同的形式完成复试与终试的面试安排设置,对候选人杨玉与面试官发送面试邀约,如图 2-6-55 所示。

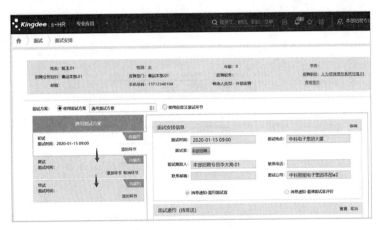

图 2-6-55　切换复试、终试安排方式

杨玉的复试的邀约界面如图 2-6-56 所示。

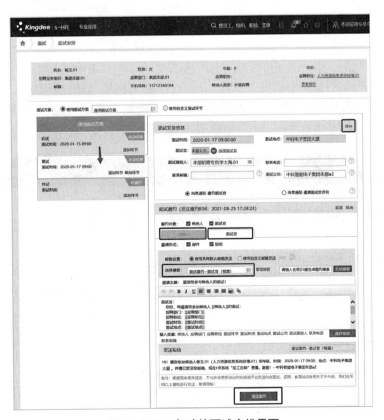

图 2-6-56　复试的面试安排界面

完成复试安排后,最后切换至终试安排界面,以相同的形式完成对终试的安排,并对候选人与面试官发送面试邀约,如图 2-6-57 所示。

图 2-6-57　终试面试安排界面

完成对杨玉初试、复试、终试的面试安排及邀约后,还需要对候选人孙欣、陈林以相同的形式进行初试、复试、终试的面试安排及邀约,面试细则信息见表 2-6-6。面试安排进入路径如图 2-6-58、图 2-6-59 所示。

图 2-6-58　孙欣面试安排进入路径

图 2-6-59　陈林面试安排进入路径

面试安排设置完毕后,所有候选人的"招聘状态"列将转为"面试中","面试环节"转为"初试","面试状态"转为"待录结果"(见图 2-6-60),意为面试已邀约成功,并且邀约通知已推送至面试官平台中,待面试及录入面试结果。

图 2-6-60　面试成功状态

6.2.4.2　面试官查看邀约通知

[操作角色]:面试官。

[操作路径]:待办通知/员工自助→更多→我是面试官。

[操作步骤]:系统自动将面试通知发送至面试官"待办通知"(见图 2-6-61)及【员工自助】—【我是面试官】中(见图 2-6-62),使用面试官的账号登录人力资源平台,可查看面试邀约通知。

图 2-6-61　在"待办通知"中查看面试通知

图 2-6-62 在"我是面试官"中查看面试通知

6.2.4.3 录入面试结果

根据初试、复试、终试的面试流程,相应面试官依次于个人平台中录入面试结果。

若面试官给出的面试结果为"通过",则面试状态从"待定"跳转为"通过",并且候选人进入下一轮面试;若面试官给出的面试结果为"不通过",则面试状态从"待定"跳转为"不通过",且候选人面试流程终止。当初试、复试、终试的面试结果全部录入完毕后,需要招聘专员在 HR 系统中进行最后的面试结果确认,作为候选人的最后面试结果。

(1) 初试。

[操作角色]:本部招聘专员李大海,账号密码为"BB07.学号"。

[操作路径]:【员工自助】→【更多】→【我的招聘】→【我是面试官】。

[操作步骤]:在前面面试官设置环节中,已设置本部招聘专员李大海为初试面试官,使用本部招聘专员李大海的账号"BB07.学号"登录人力资源系统,按照图 2-6-63 路径进入员工自助平台【我是面试官】功能节点。

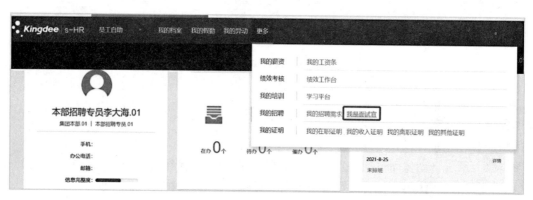

图 2-6-63 我是面试官进入路径

选人初试的面试结果如表 2-6-14 所示。分别点击候选人行,进入面试分数录入界面(见图 2-6-64),将初试面试分数信息录入 HR 系统,并点击【提交】。

杨玉、孙欣、陈林的初试结果录入具体步骤分别如图 2-6-65、图 2-6-66、图 2-6-67 所示。

表 2-6-14 候选人初试面试结果

	面试官	候选人	面试分数	面试结果
初试	操作人:本部招聘专员李大海 操作账号:BB07.学号	杨玉	85	通过
		孙欣	82	通过
		陈林	80	通过

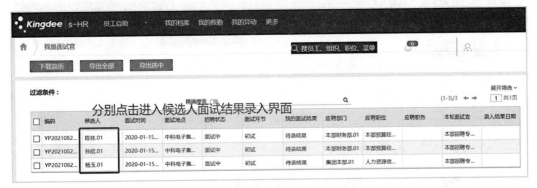

图 2-6-64 面试结果录入界面进入路径

图 2-6-65 杨玉初试面试结果录入步骤

图 2-6-66 孙欣初试面试结果录入步骤

图 2-6-67　陈林初试面试结果录入步骤

返回【我是面试官】列表界面,可查看候选人"我的面试结果"列中已标示录入的面试结果,如图 2-6-68 所示。如未标示,则点击进入重新录入面试结果。

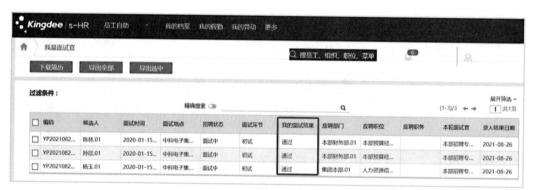

图 2-6-68　面试结果界面

(2) 复试。

[操作角色]:本部人力资源总监苏毕丘,账号密码为"BB02.学号"。

[操作路径]:【员工自助】→【更多】→【我的招聘】→【我是面试官】。

[操作步骤]:在面试官设置环节中,已设置本部人力资源总监苏毕丘为复试面试官,使用本部人力资源总监苏毕丘的账号"BB02.学号"登录人力资源系统,进入员工自助平台【我是面试官】功能节点。

候选人复试面试结果如表 2-6-15 所示。分别点击候选人进入分数录入界面,并将复试面试分数信息录入 HR 系统,最后点击【提交】。

杨玉、孙欣、陈林的复试面试结果录入具体步骤分别如图 2-6-69、图 2-6-70、图 2-6-71 所示。

表 2-6-15　候选人初试面试结果

	面试官	候选人	面试分数	面试结果
复试	操作人:本部人力资源总监苏毕丘 操作账号:BB02.学号	杨玉	80	通过
		孙欣	77	通过
		陈林	75	通过

图 2-6-69 杨玉复试面试结果录入步骤

图 2-6-70 孙欣复试面试结果录入步骤

图 2-6-71 陈林复试面试结果录入步骤

实操 6 招聘管理

（3）终试。

[**操作角色**]：本部总经理胡山兴，账号密码为"BB01.学号"。

[**操作路径**]：【员工自助】→【更多】→【我的招聘】→【我是面试官】。

[**操作步骤**]：在面试官设置环节中，已设置本部总经理胡山兴为终试面试官，使用本部总经理胡山兴的账号"BB01.学号"登录人力资源系统，进入员工自助平台【我是面试官】功能节点。

候选人终试面试结果如表 2-6-16 所示。分别点击候选人进入分数录入界面，并将终试面试分数信息录入 HR 系统，最后点击【提交】。

杨玉、孙欣、陈林终试的面试结果录入具体步骤及结果分别如图 2-6-72、图 2-6-73、图 2-6-74 所示。

表 2-6-16　候选人终试面试结果

	面试官	候选人	面试分数	面试结果
终试	操作人：本部总经理 操作账号：BB01.学号	杨玉	86	通过
		孙欣	83	通过
		陈林	69	不通过

图 2-6-72　杨玉终试面试结果录入步骤

图 2-6-73　孙欣终试面试结果录入步骤

图 2-6-74　陈林终试面试结果录入步骤

6.2.4.4　确认最终面试通过/不通过

所有环节面试结果录入完毕后,需要招聘专员进入 HR 系统中确认最终面试结果。面试最终确认结果可以设置为待定/通过/不通过/放弃面试/终止面试;系统分别根据各面试环节中面试官的成绩录入,自动生成各面试环节的平均分。

在上述环节中,杨玉、孙欣全部面试环节通过,需要招聘专员作最终面试结果确认;陈林在终试环节中面试结果不通过,面试环节终止。

[操作角色]:本部招聘专员李大海,账号密码为"BB07.学号"。

[操作路径]:【招聘管理】→【应聘管理】→【面试】。

[操作步骤]:进入【面试】功能节点,逐一勾选杨玉、孙欣,并点击【面试结果】,如图 2-6-75 所示。

图 2-6-75　杨玉面试结果录入进入路径

点击左侧"终试"环节,在右侧的面试确认结果为"通过",并点击【保存】,如图 2-6-76 所示。结果确认之后,面试结果由"待定"转为"通过"。

完成杨玉的最终面试结果确认之后,以相同的形式,进行对孙欣的最终面试结果确认,具体步骤如图 2-6-77、图 2-6-78 所示。

图 2-6-76　录入杨玉最终确认结果

图 2-6-77　孙欣面试结果录入进入路径

图 2-6-78　录入孙欣最终确认结果

最后面试结果确认为"通过"后,系统自动将面试通过的候选人推送至【录用报批】环节。

延伸内容

面试环节,可根据候选人表现,在【面试】功能节点,对候选人进行"重点关注/取消重点关注""加入黑名单/移除黑名单"操作。进入"重点人才"或"黑名单"后,可分别通过【招聘管理】—【简历库】—【重点人才】和【招聘管理】—【简历库】—【黑名单】查看。

可通过【招聘管理】—【招聘业务设置】—【面试方案设置】新建面试方案,并引用至【面试】的面试方案字段选择之中。

可将最终面试不通过的候选人通过【面试】—【面试结果】—【转其他职位】转到其他招聘职位。

如果当前环节已有面试结果,则面试官不能修改上一个环节的面试结果。

若最终面试确认结果录入错误,可通过【更多】—【撤回简历】按钮,将面试通过的面试者从"待报批"状态撤回到面试最后一个环节。

可通过【面试】—【更多】—【查看简历】/【下载简历】,实现在面试环节查看或下载面试者简历。

6.3 录用管理

6.3.1 录用报批

面试流程全部通过后,系统自动将候选人推送至【录用报批】环节。在录用报批单据中,可填写薪酬、福利等信息;报批通过的候选人会自动进入【Offer】环节,可通过系统邮件发送 Offer 给候选人。

[操作背景]:杨玉、孙欣顺利通过面试后,单据自动进入【录用报批】环节。本部招聘专员李大海在【录用报批】节点中对候选人进行录用报批,并对其报批资料进行完善、提交工作流审核。审批人为本部人力资源总监苏毕丘。

6.3.1.1 录入录用报批单据

[操作角色]:本部招聘专员李大海,账号密码为"BB07.学号"。

[操作路径]:【招聘管理】→【录用管理】→【录用报批】。

[操作步骤]:进入【录用报批】节点,首先勾选待录用报批人杨玉,点击【报批】,查看具体信息页面并点击【编辑】,参考表 2-6-8 完善录用报批单据后,点击【提交工作流】,招聘状态转为"报批中"。详细步骤如图 2-6-79、图 2-6-80、图 2-6-81、图 2-6-82 所示。

图 2-6-79 杨玉报批单据创建步骤(1)

图 2-6-80 杨玉报批单据创建步骤(2)

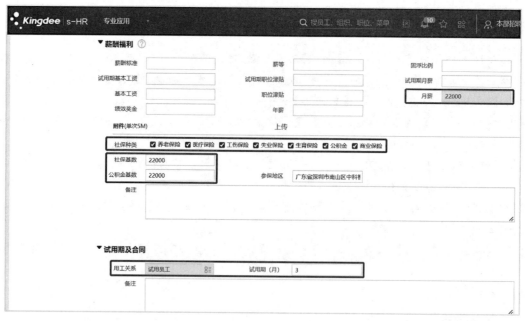

图 2-6-81 杨玉报批单据创建步骤(3)

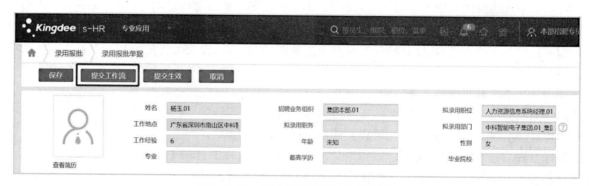

图 2-6-82 杨玉报批单据创建步骤(4)

完成对杨玉的录用报批后,以相同的方式,完成对孙欣的录用报批。详细步骤如图 2-6-83、图 2-6-84、图 2-6-85 所示。

图 2-6-83 孙欣报批单据创建步骤(1)

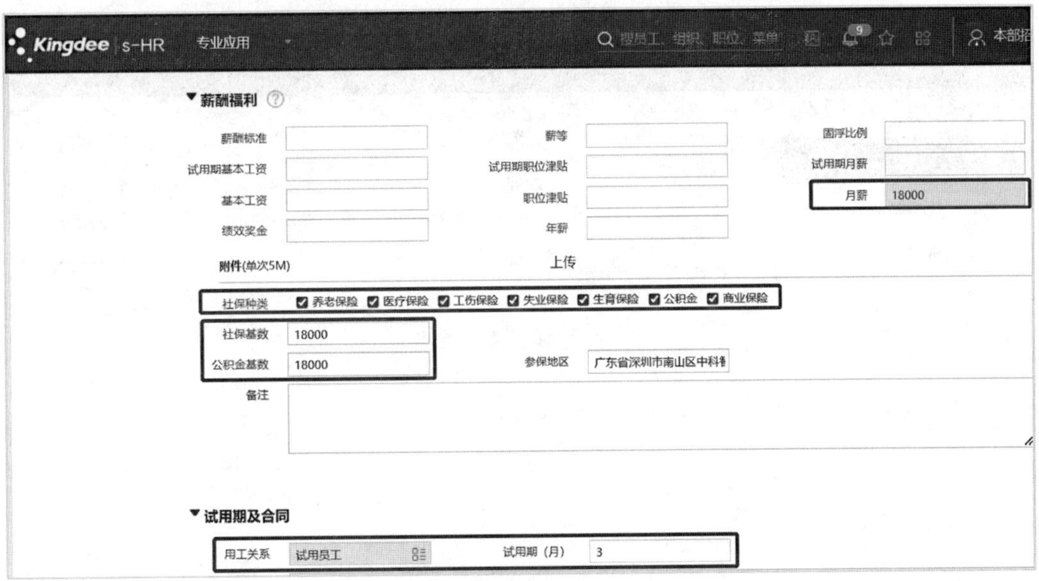

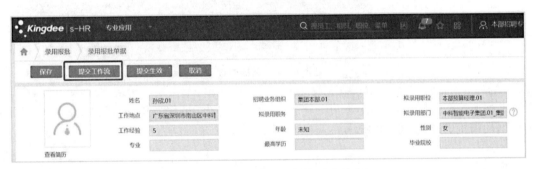

图 2-6-84 孙欣报批单据创建步骤(2)

图 2-6-85 孙欣报批单据创建步骤(3)

> **延伸内容**
>
> 处于"未审批"和"审批中"状态的报批单据可通过【单据操作】—【撤回】进行撤回报批。
> 已审核的报批单据可通过【单据操作】—【反审批】进行反审重做。
> 可通过【单据操作】—【终止报批】终止报批流程。
> 处于"终止报批"状态的报批单据可通过【单据操作】—【重新报批】进行单据重新报批。
> 在录用报批环节,可将候选人进行【重点关注/取消重点人才】【加入黑名单/移除黑名单】操作。进入"重点人才"或"黑名单"后,可分别通过【招聘管理】→【简历库】→【重点人才】和【招聘管理】→【简历库】→【黑名单】查看。
> 审批不通过的候选人可转到其他招聘职位。

6.3.1.2 录用报批单据审批

录用报批单据提交工作流后,推送至本部人力资源总监苏毕丘个人待办处,并需要对单据进行审批。

[操作角色]:本部人力资源总监苏毕丘,账号密码为"BB02.学号"。

[操作路径]:个人待办通知。

[操作步骤]:使用人力资源总监苏毕丘"BB02.学号"进入人力资源系统,点击待办通知图标,可显示杨玉、孙欣录用报批单据已推送至部人力资源总监苏毕丘的个人待办处,在工作流栏处点击【查看详情】,如图 2-6-86 所示。

实操6 招聘管理　337

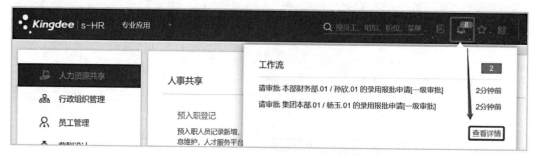

图 2-6-86 待办通知

勾选待审批单据,点击【处理】按钮,如图 2-6-87 所示。

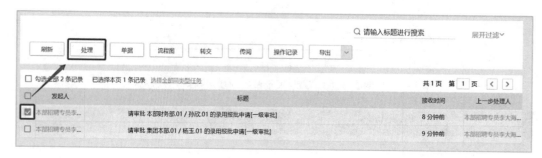

图 2-6-87 单据处理

单据审批界面左边为原转正单据,右方为审批处理单。勾选"同意",并点击【提交】,完成对孙欣录用报批申请单据的审批,如图 2-6-88 所示。

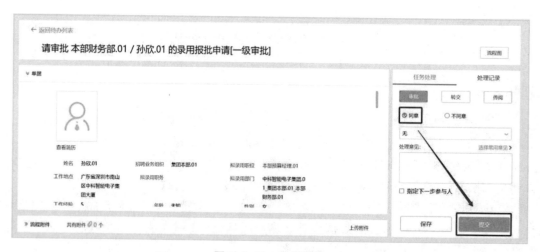

图 2-6-88 单据审核

处理完第一张单据后,以相同的形式处理第二张单据审批,具体步骤如图 2-6-89、图 2-6-90 所示。

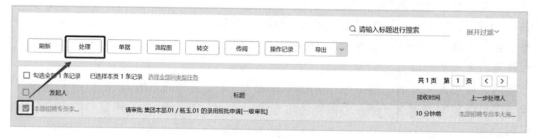

图 2-6-89 单据处理

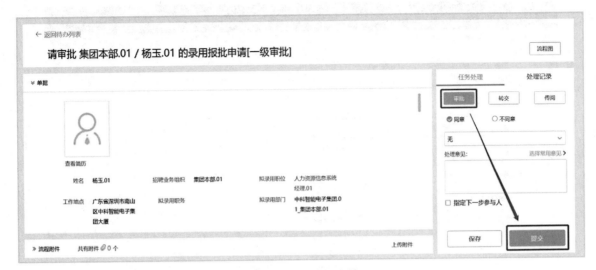

图 2-6-90 单据审批

至此,已完成对录用报批单据的审批,审批完成后,审核通过消息自动推送至招聘专员李大海处,招聘状态转为"待入职",并且系统自动将候选人推送至【offer】环节。

6.3.2 Offer

报批通过的候选人自动进入 Offer 环节,在 offer 环节可通过邮件、短信形式给待录用人发送 offer,候选人可转预入职或工作流直接入职。

[操作背景]:在上述环节中已完成对杨玉、孙欣的录用报批,录用报批单据经上级审核通过后,需要招聘专员对录用人发送 offer,完成招聘流程。

[操作角色]:本部招聘专员李大海,账号密码为"BB07.学号"。

[操作路径]:【招聘管理】→【录用管理】→【offer】。

[操作步骤]:使用本部招聘专员李大海的账号"BB07.学号"登录人力资源系统,进入【offer】节点。该节点支持多选对 offer 进行批量发放。

(1)录入 offer 表单。批量勾选待录用人,点击【offer】—【发送 offer】按钮,填写录用公司为"中科智能电子集团",预入职日期为"2020-02-01",点击【下一步】,进入邮件短信发送环节。具体步骤如图 2-6-91、图 2-6-92 所示。

图 2-6-91 发送 offer 界面进入路径

图 2-6-92　offer 相关信息填写界面

（2）邮件短信发送。首先按照图 2-6-93 所示，点击页面顶端导向条中的"②邮件短信发送"，进入 offer 邮件短信发送设置界面。

图 2-6-93　邮件短信发送进入路径

在"选择模板"处选中系统自带的 offer 模板，将会显示发送 offer 的邮件、短信信息，最后点击页面底端的【发送 offer】，完成对 offer 的发送，如图 2-6-94 所示。

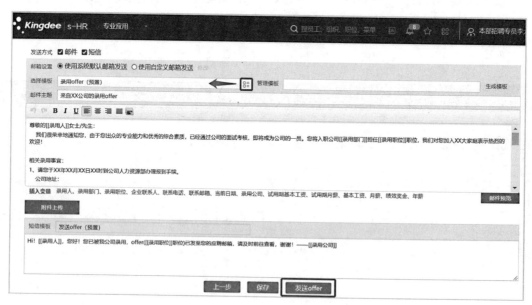

图 2-6-94　邮件短信维护步骤(1)

本案例中录用人的电话号码与邮箱为虚拟，且未产生实际流量费用进行发送服务，因此本步骤不在现实中发生效果，未实际发送邮箱与短信，只需模拟实验步骤即可。点击【发送 offer】后将会出现图 2-6-95 报错提示,只需关闭即可。

图 2-6-95　邮件短信维护步骤(2)

 延伸内容

"待入职"招聘状态的数据可通过【更新预入职日期】更新预入职日期。

若待录用人不接受 offer 或接受 offer 后不入职,则选择【更多】—【放弃入职】,预入职菜单中也同步更新放弃入职状态;若在发放 offer 前后企业因各种原因不能让待录用人员入职,则选择【更多】—【终止入职】状态,亦可通过【反终止】进行重新操作。

待录用人进入【预入职】列表后,在后续操作中,通过人事模块【入职】进行预入职转入职。

6.3.3 Offer 转预入职

[操作背景]:在【Offer】环节,将已确定入职的候选人通过"转预入职"功能推送至人事模块的【预入职】节点,也可通过【工作流入职】进行直接入职。简历上的部分信息直接写入员工信息。

[操作角色]:本部招聘专员李大海,账号密码为"BB07.学号"。

[操作路径]:【招聘管理】→【录用管理】→【offer】。

[操作步骤]:在【offer】功能节点界面,多选中录用人,点击【转预入职】—【标准预入职】,最后在弹出的提示框中点击【确定】,完成对录用人的预入职操作。具体步骤如图 2-6-96、图 2-6-97 所示。

图 2-6-96　转预入职操作(1)

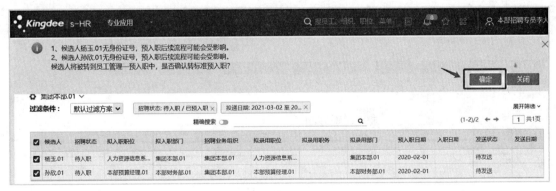

图 2-6-97　转预入职操作(2)

转预入职后,录用人状态由"待入职"转为"已预入职",如图 2-6-98 所示。

图 2-6-98　转预入职状态

此时,系统自动将待录用人档案推送至人事模块的【预入职】当中,人事专员可在【员工管理】—【员工变动管理】—【预入职】节点中,持续对预入职单据进行后续的预入职转入职操作,如图 2-6-99 所示。

图 2-6-99　预入职模块界面

6.3.4　预入职转入职

在【offer】环节为录用人发送 offer 并进行标准预入职后,系统自动将待录用人档案推送至【预入职】当中,入职当天人事专员只需要在【预入职】列表中直接对录用人进入入职操作即可。

[操作背景]:2020 年 2 月 1 日,录用员工前往中科智能科技公司办理入职手续,人事专员进入【预入职】对录用人进行入职操作。

[操作角色]:本部人事专员陆亚友,账号密码为"BB03.学号"。

[操作路径]:【员工管理】—【员工变动管理】—【预入职】。

[操作步骤]:使用本部人事专员的账号"BB03.学号"登录人力资源系统,进入【预入职】节点。

① 生效预入职单据。按照图 2-6-100 步骤,首先点击录用人杨玉进入预入职单据界面。

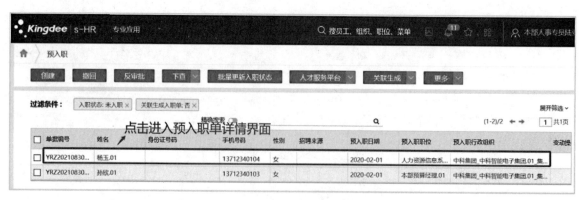

图 2-6-100　进入预入职单详情界面步骤

点击【编辑】—【提交生效】，完成对杨玉预入职单进行生效操作，如图2-6-101、图2-6-102所示。

图2-6-101　生效预入职单据步骤(1)

图2-6-102　生效预入职单据步骤(2)

完成对杨玉的预入职单生效后，以相同的步骤完成对孙欣的预入职单生效，具体步骤如图2-6-103、图2-6-104、图2-6-105所示，此处不再赘述。

图2-6-103　进入预入职单详情界面步骤

图2-6-104　生效预入职单据步骤(1)

图 2-6-105　生效预入职单据步骤(2)

（2）关联生成入职单。全选待入职员工，按照图 2-6-106 的步骤，点击【关联生成】—【多人入职单】进行入职单填写。

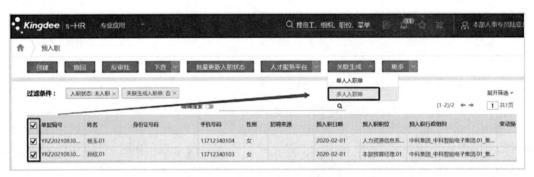

图 2-6-106　关联生成单人入职单

需要逐一编辑入职员工的入职表单。首先勾选入职员工杨玉，点击【编辑】（见图 2-6-107），弹出入职编辑表单，填写员工编码为"BB39.学号"、变动类型为"雇佣入职"、变动原因为"公开招聘的其他人员"，点击【保存】后，完成对杨玉的入职处理（见图 2-6-108）。

图 2-6-107　入职单编辑步骤(1)

344　人力资源数字化管理（中级）

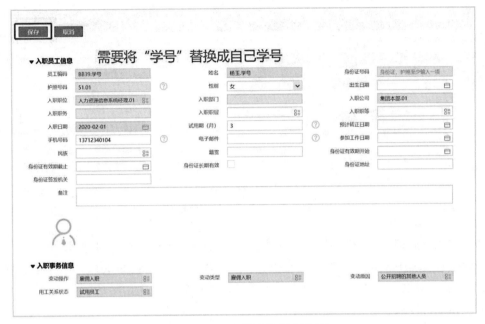

图 2-6-108　入职单编辑步骤(2)

完成对杨玉的入职单编辑后,以相同的步骤完成对孙欣的入职单编辑,具体步骤如图 2-6-109、图 2-6-110、图 2-6-111 所示,此处不再赘述。

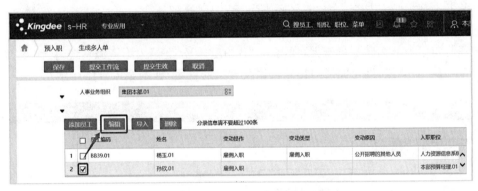

图 2-6-109　入职单编辑步骤(3)

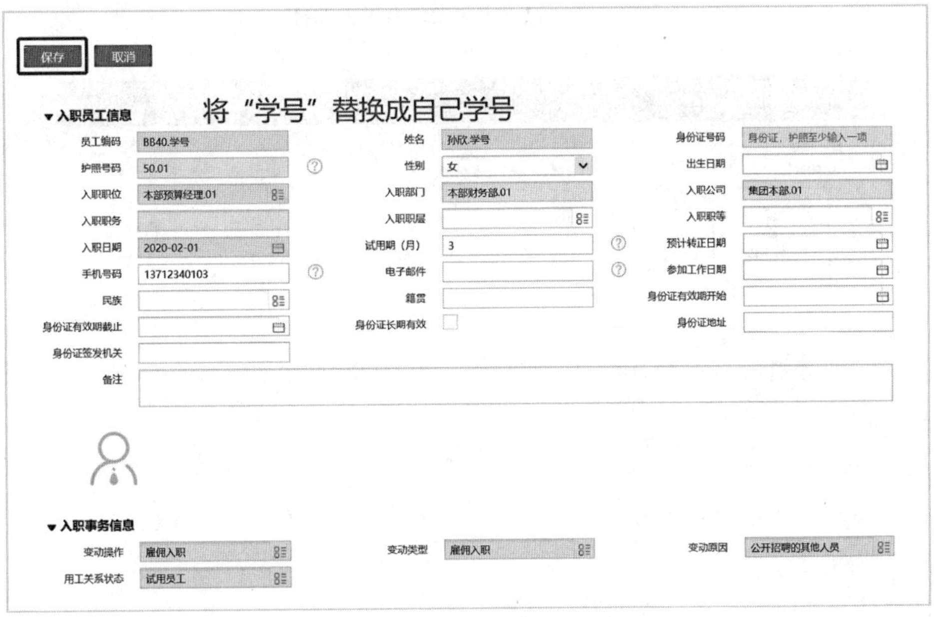

图 2-6-110　入职单编辑步骤(4)

实操 6　招聘管理

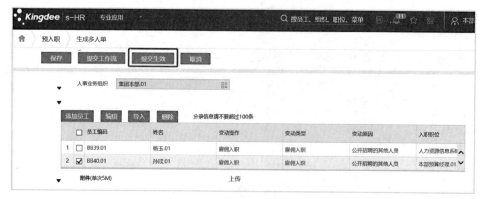

图 2-6-111　入职单编辑步骤(5)

杨玉、孙欣入职单据编辑完毕后,点击页面顶端【提交生效】,如图 2-6-111 所示。

至此,完成招聘管理中招聘计划提出—发布职位—收集简历—设置面试官—发送面试邀约—面试—面试结果录入—录用报批—发送 offer—预入职—入职的招聘全过程。

6.3.5　招聘活动评估

招聘工作台支持对招聘计划、应聘管理、招聘工作流、录用管理、入职跟踪、内部竞聘数据的查看及处理,并可通过任务数据跳转进入具体环节处理,处理完后可直接返回到工作台界面继续下一个任务的处理(例如,点击待筛选的数量,跳转到简历筛选菜单下)。右侧"招聘达成图"可支持三级部门展示,可展开伸缩;通过进度条进入需求管理中该部门查看详细的招聘数据。

[操作角色]:本部招聘专员李大海,账号密码为"BB07.学号"。

[操作路径]:【招聘管理】→【招聘工作台】→【招聘工作台】。

[操作步骤]:使用本部招聘专员李大海的账号"BB07.学号"登录人力资源系统,按照图 2-6-112 路径进入【招聘工作台】功能节点,即可完成对招聘数据及效果的查看,如图 2-6-113所示。

图 2-6-112　招聘工作台进入路径

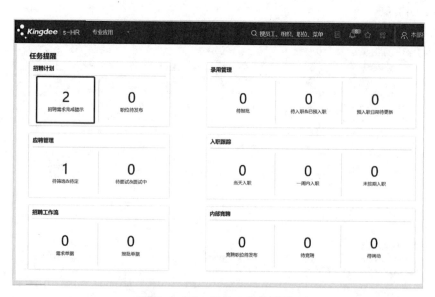

图 2-6-113　任务工作台界面

6.4 内部竞聘

6.4.1 竞聘岗位

内部竞聘可以盘活企业内部人才市场。用人部门可以申请内部竞聘需求，审批通过的竞聘需求可以进行发布，全员可自荐。

[**操作背景**]：深圳销售公司因业务扩大，原销售专员已不能满足正常业务开展需求，出现岗位短缺状况。为了能够快速招聘到熟悉公司业务的销售专员，决定采用内部竞聘的形式招聘深圳公司销售专员，要求工作经验3年及以上。深圳公司销售部将内聘需求反馈给招聘专员，并由内聘专员统一发布。其中，审批人为直接上级，即深圳公司人力资源总监。

6.4.1.1 录入内部竞聘需求单

[**操作角色**]：深圳招聘专员钟流丽，账号密码为"SZ07.学号"。

[**操作路径**]：【招聘管理】→【内部竞聘】→【竞聘职位】。

[**操作步骤**]：进入【竞聘职位】节点，点击【新增竞聘职位】按钮，参考表2-6-10录入内部竞聘需求，维护完成后点击【提交工作流】，招聘需求自动推送至审批人处。详细步骤如图2-6-114、图2-6-115所示。

图 2-6-114　新增竞聘职位进入路径

6.4.1.2 内部竞聘需求单工作流审批

[**操作角色**]：深圳公司人力资源总监吴泉，账号密码为"SZ02.学号"。

[**操作路径**]：员工待办通知。

[**操作步骤**]：根据工作流设置，系统自动将内部招聘需求单据推送至审批人，即直接上级深圳公司人力资源总监吴泉。

使用深圳公司人力资源总监吴泉"SZ02.学号"账号（密码与账号同号）登录人力资源系统，点击待办通知图标，可显示内部招聘需求单据已推送至个人待办处，在工作流栏处点击【查看详情】，如图2-6-116所示。

勾选待审批单据，点击【处理】按钮，如图2-6-117所示。

单据审批界面左边为内部招聘需求原单据，右方为审批处理单。勾选"同意"，并点击【提交】，完成对内部招聘需求单的审批，如图2-6-118所示。

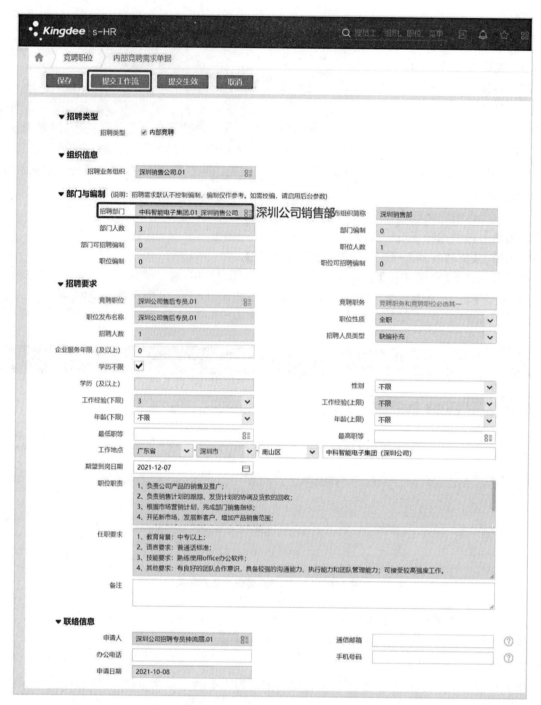

图 2-6-115 内部竞聘需求提交界面

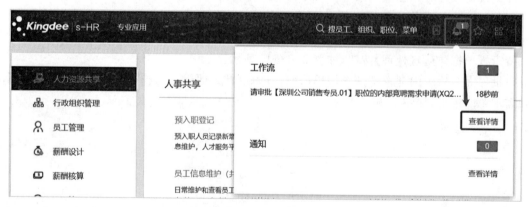

图 2-6-116 待办任务

图 2-6-117 单据处理

图 2-6-118 单据审核

6.4.1.3 内部竞聘职位发布

[操作角色]:深圳公司招聘专员钟流丽,账号密码为"SZ07.学号"。
[操作路径]:【招聘管理】→【内部竞聘】→【竞聘职位】。
[操作步骤]:进入【竞聘职位】节点,在【竞聘职位】界面,首选删除默认筛选条件,如图 2-6-119 所示。

图 2-6-119 删除默认筛选条件方式

而后勾选内部招聘需求,执行【发布】—【发布竞聘岗位】,如图 2-6-120 所示。

在弹出发布详情维护界面,填写跟踪人手机,并勾选发布范围为"集团可见",最后点击【发布职位】,即可完成对竞聘职位的发布,如图 2-6-121、图 2-6-122 所示。

实操6 招聘管理

图 2-6-120 发布竞聘职位

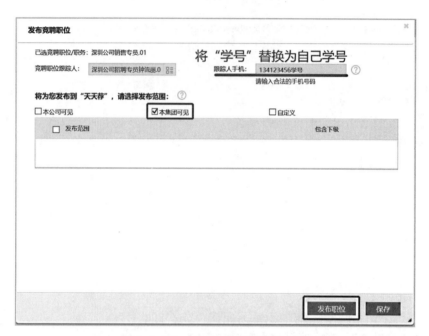

图 2-6-121 发布内部竞聘职位界面

图 2-6-122 内部竞聘职位发布成功界面

 延伸内容

修订:可点击进入竞聘职位单据详情页面,通过【修订】修改竞聘职位需求单据内容。

撤回:可通过【单据操作】—【撤回】,撤回工作流中未审批、审批中状态的竞聘职位需求。

反审批:可通过【单据操作】—【反审批】,将审批通过且未发布的竞聘职位反审批到未提交状态,可删除或修改后再提交。

终止:可通过【单据操作】—【终止竞聘】将进行中的竞聘职位需求终止。

修改跟踪人:可通过【更多】—【修改跟踪人】,修改竞聘职位跟踪人及对应的跟踪人手机。

发布详情:可通过【发布】—【查看发布详情】,跟踪发布人/时间、撤销发布人/时间、终止竞聘人/时间、终止原因等信息。

撤销发布:可通过【发布】—【撤销发布】,撤销已发布的竞聘职位。

6.4.2 竞聘记录

竞聘记录用于汇总自荐和新增的员工竞聘记录,管理竞聘结果和调动结果。

[操作背景]:深圳招聘专员钟流丽发布内部竞聘职位后,收到员工竞聘申请和相关记录,并根据面试和调动情况录入竞聘结果和调动结果。竞聘完毕后,终止发布竞聘岗位。

[操作角色]:深圳公司招聘专员钟流丽,账号密码为"SZ07.学号"。

[操作路径]:【招聘管理】→【内部竞聘】→【竞聘记录】。

[操作步骤]:竞聘职位发布成功后,【竞聘记录】功能节点将汇集由员工在移动端发起的自荐,并新增员工竞聘记录。由于教学版本 PC 端未对接移动端,未能实现自动汇总功能,因此只需模拟内部竞聘过程即可,在【竞聘记录】中直接新增竞聘记录。

进入【竞聘记录】功能节点,首先点击【新增竞聘记录】,如图 2-6-123 所示。

图 2-6-123 新增竞聘记录步骤(1)

进入竞聘员工录入界面,将之前发布的竞聘岗位自动关联至"竞聘需求"字段。参考表 2-6-11 内部竞聘人信息录入竞聘记录表,注意选择"竞聘需求"时,需要点击至深圳公司销售部,才能显示该部门的招聘需求(如图 2-6-135 所示),最后点击【保存】—【确定】。具体步骤如图 2-6-124、图 2-6-125、图 2-6-126 所示。

图 2-6-124 新增竞聘记录步骤(2)

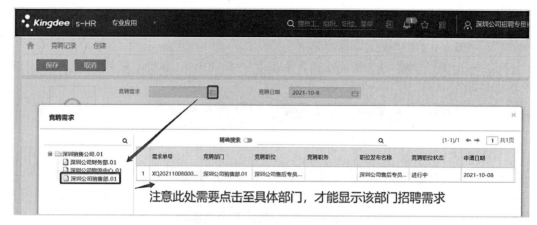

图 2-6-125 竞聘需求选取方式

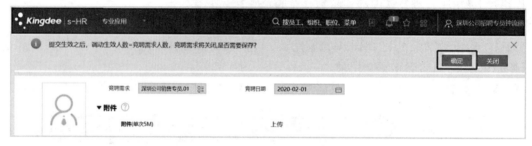

图 2-6-126 新增竞聘记录步骤(3)

延伸内容

竞聘记录支持联查员工信息、查看竞聘简历,查看到参与竞聘的员工在公司的员工信息记录,同时为了便于面试官面试。

竞聘记录支持在系统中录入面试结果,可录入通过、不通过、终止、放弃的面试结果。

对竞聘通过的员工可根据实际在人事模块调动的情况录入调动结果。

实操 7　员 工 自 助

学习目标

- 能够熟练使用员工人力资源管理服务平台；
- 能够以企业员工视角,掌握企业人力资源系统员工端的常用处理业务及操作方法；
- 能够使用员工自助平台以实现对员工个人数据的持续监控与追踪。

应用场景

员工自助服务面向企业员工,员工可在自助服务工作台上查询个人档案、发起业务申请并进行流程跟踪,将部分人力资源查询与申请业务放权给员工个人,HR 再根据员工发起的业务进行审核、生效,规范人力资源业务流程,简化 HR 工作步骤。主要功能包括:员工自助卡片、我的档案、我的假勤、我的异动、我的薪资、绩效工作台、我的培训、我的招聘和我的证明等。

实验任务

- 进入【我的个人档案】,查看员工档案信息；
- 进入【我的成长记录】,查看员工职业成长轨迹；
- 进入【我的考勤】,查看员工排班及考勤信息；
- 进入【我的打卡记录】,查看员工打卡信息；
- 进入【我要请假】进行请假业务申请；
- 进入【我要加班】进行加班业务申请；
- 进入【我要出差】进行出差业务申请；
- 进入【请假确认】进行请假确认处理；
- 进入【我要补卡】进行补卡业务申请；
- 进入【我要转正】进行转正业务申请；
- 进入【我要调动】进行调动业务申请；
- 进入【我要职等调整】进行职等调整业务申请；
- 进入【我要离职】进行离职业务处理；
- 进入【我的工资条】查看工资条；
- 进入【学习平台】查看学习平台应用；
- 进入【绩效工作台】查看并处理团队及个人绩效业务；
- 进入【我的招聘需求】查看招聘需求明细及进行流程跟踪；
- 进入【我是面试官】查看面试任务明细及进行流程跟踪；
- 进入【我的在职证明】开具在职证明；
- 进入【我的收入证明】开具收入证明；

- 进入【我的离职证明】开具离职证明。

实验步骤

7.1 我的档案

我的档案包括员工个人档案、我的成长路径功能,如图 2-7-1 所示。

图 2-7-1 我的档案进入路径

7.1.1 员工个人档案

① 进入员工自助服务平台。首先在 HR 系统中切换至员工自助界面(见图 2-7-2),员工自助服务首页展示员工的基本信息及员工自助的常用入口,如我的任务、昨日出勤、当月出勤、我的年假、我的历程、薪资变化、常用入口等(见图 2-7-3)。

图 2-7-2 切换员工自助路径

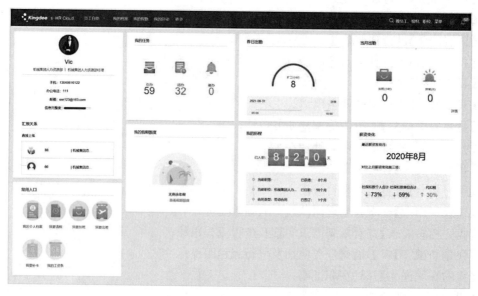

图 2-7-3 员工自助服务首页

② 查看员工个人档案。进入员工个人档案可查看员工部门、岗位、性别、联系方式、员工变动记录等个人档案信息(见图 2-7-4)。

图 2-7-4　员工个人档案详情页面

员工可点击【修改】按钮进行个人档案信息完善和修改(见图 2-7-5),员工个人修改的个人信息需要在 HR 专员审核通过后才生效,员工可在消息中心查看审核意见,若审核不通过时,员工可在个人档案中查看不通过的原因并重新修改。

[操作路径]:【员工自助】→【我的档案】→【我的个人档案】。

图 2-7-5　员工个人档案修改界面

实操 7　员工自助

7.1.2 我的成长记录

员工可在我的成长记录中查看自己在企业中的任职变化、职等变化情况等，并以时间序列形成成长曲线图。我的成长记录界面如图 2-7-6 所示。

［操作路径］：【员工自助】→【我的档案】→【我的成长记录】。

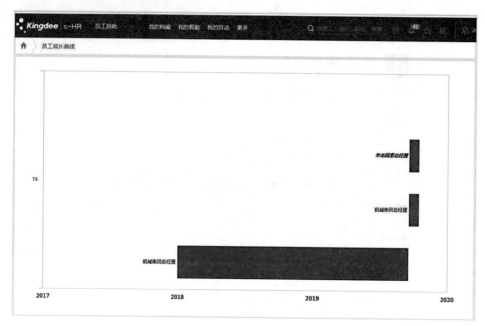

图 2-7-6　我的成长记录界面

7.2　我的假勤

我的假勤包括我的考勤、我的打卡记录、我要请假、我要加班、我要出差、我要请假确认、我要补卡的查看与申请功能，进入路径如图 2-7-7 所示。

图 2-7-7　我的假勤进入路径

7.2.1　我的考勤

员工进入【我的考勤】可以日历表形式查询个人考勤情况，包括打卡时间、加班时数、请假天数、出差天数、补签次数、迟到次数、早退次数、旷工次数。员工可在该节点发起【我要请假】【我要出差】【我要加班】【我要调班】申请；对于打卡异常的情况可进行【我要补签】申请；支持调整日历表时间进行历史考勤情况追溯。"我的考勤"记录如图 2-7-8 所示。

［操作路径］：【员工自助】→【我的假勤】→【我的考勤】。

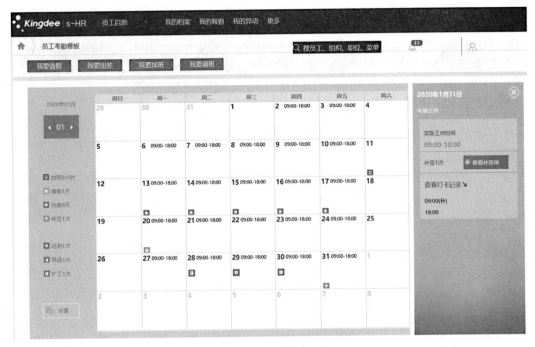

图 2-7-8 我的考勤界面

7.2.2 我的打卡记录

员工进入【我的打卡记录】可以以列表形式查询个人考勤情况。员工可在该节点发起【我要补卡】【我要请假】【我要出差】申请，支持自定义查询时间查询历史打卡记录。我的打卡记录界面如图2-7-9所示。

[操作路径]:【员工自助】→【我的假勤】→【我的打卡记录】。

图 2-7-9 我的打卡记录列表

7.2.3 我要请假

员工自助请假功能，可对请假开始时间、请假结束时间、请假长度、请假说明信息进行维护，发起请假业务申请；可查看每种假期类型的额度情况；可通过"查看更多请假记录"以时间轴形式查询已请假记录；点击"请假列表"可查看个人请假历史详情并进行请假确认。"我要请假"申请单据如图2-7-10所示。

[操作路径]:【员工自助】→【我的假勤】→【我要请假】。

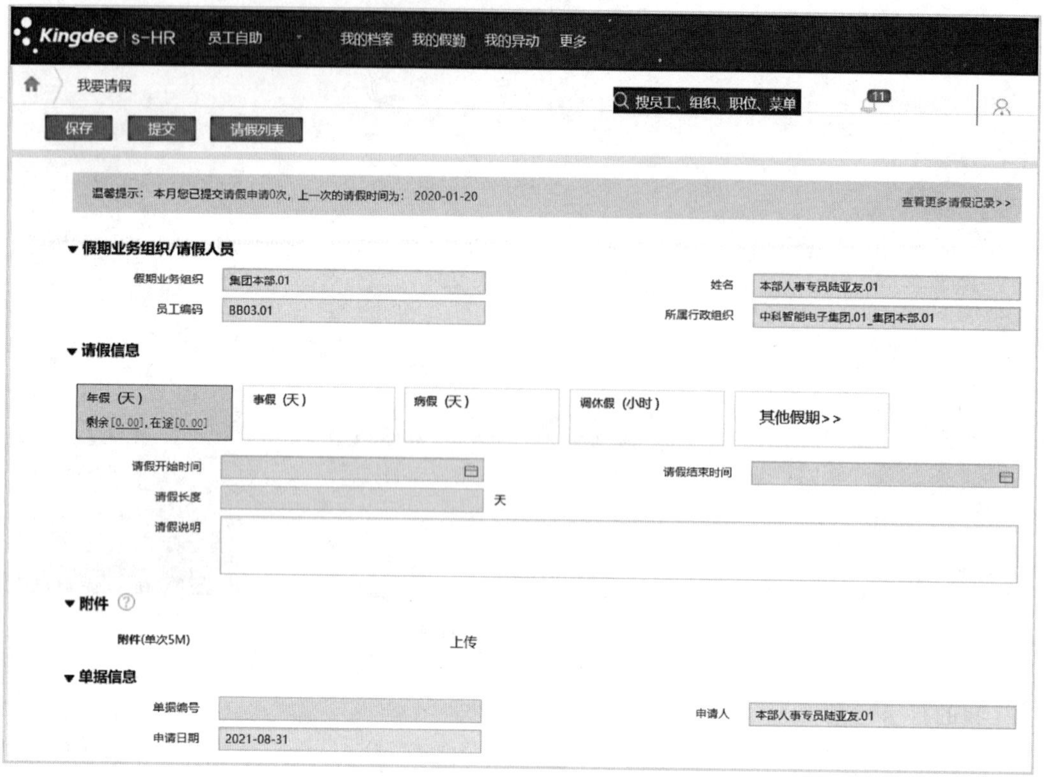

图 2-7-10 我要请假单据界面

7.2.4 我要加班

员工自助提交加班申请功能,可对加班日期、加班类型、加班开始时间、加班结束时间、休息时长、申请加班小时数、加班原因、补偿方式、备注信息进行维护,发起加班业务申请;点击"加班列表"可查看个人加班历史申请详情并进行加班单据处理。"我要加班"申请单据如图 2-7-11 所示。

[操作路径]:【员工自助】→【我的假勤】→【我要加班】。

图 2-7-11 我要加班单据界面

7.2.5 我要出差

员工自助提交出差申请功能,可对出差原因、出差开始时间、出差结束时间、出差天数、出发地点、目的地点、交通工具、备注信息进行维护,发起出差业务申请;点击"出差列表"可查看个人出差历史申请详情并进行出差单据处理,已审核的出差单据可进行"出差确认"处理。"我要出差"申请单据如图2-7-12所示。

[操作路径]:【员工自助】→【我的假勤】→【我要出差】。

图 2-7-12 我要出差单据界面

7.2.6 我要请假确认

员工自助进行请假确认/销假功能,可对已审核通过的请假单据进行"请假确认"处理;点击"请假确认列表"可对已请假确认的单据进行查看及单据处理。"我要请假确认"单据如图2-7-13所示。

[操作路径]:【员工自助】→【我的假勤】→【请假确认】。

图 2-7-13 请假确认界面

7.2.7 我要补卡

员工自助提出补卡申请功能,可以维护考勤日期、补签卡类型、补签卡原因、备注信息,对缺卡进行补卡申请;点击"补签卡列表"可对已申请的补签卡单据进行查看及处理。"我要补卡"单据如图2-7-14所示。

[操作路径]:【员工自助】→【我的假勤】→【我要补卡】。

图 2-7-14 补签卡单据

7.3 我的异动

我的异动包括我要转正、我要调动、我要职等调整、我要离职的申请功能,进入路径如图2-7-15所示。

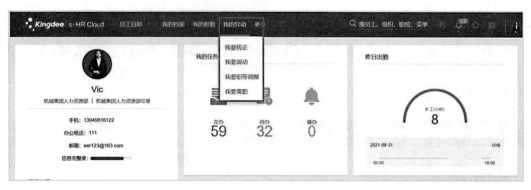

图 2-7-15 我的异动进入路径

7.3.1 我要转正

员工进入【我要转正】节点,点击【创建】可自行发起转正申请,并可追踪审批进度、审批意见等信息。"我要转正"单据如图2-7-16所示。

[操作路径]:【员工自助】→【我的异动】→【我要转正】。

7.3.2 我要调动

员工进入【我要调动】节点,点击【创建】可发起晋升、降职、平调等调动申请,支持跟进调动单据的单据状态、审批人等。"我要调动"单据如图2-7-17所示。

[操作路径]:【员工自助】→【我的异动】→【我要调动】。

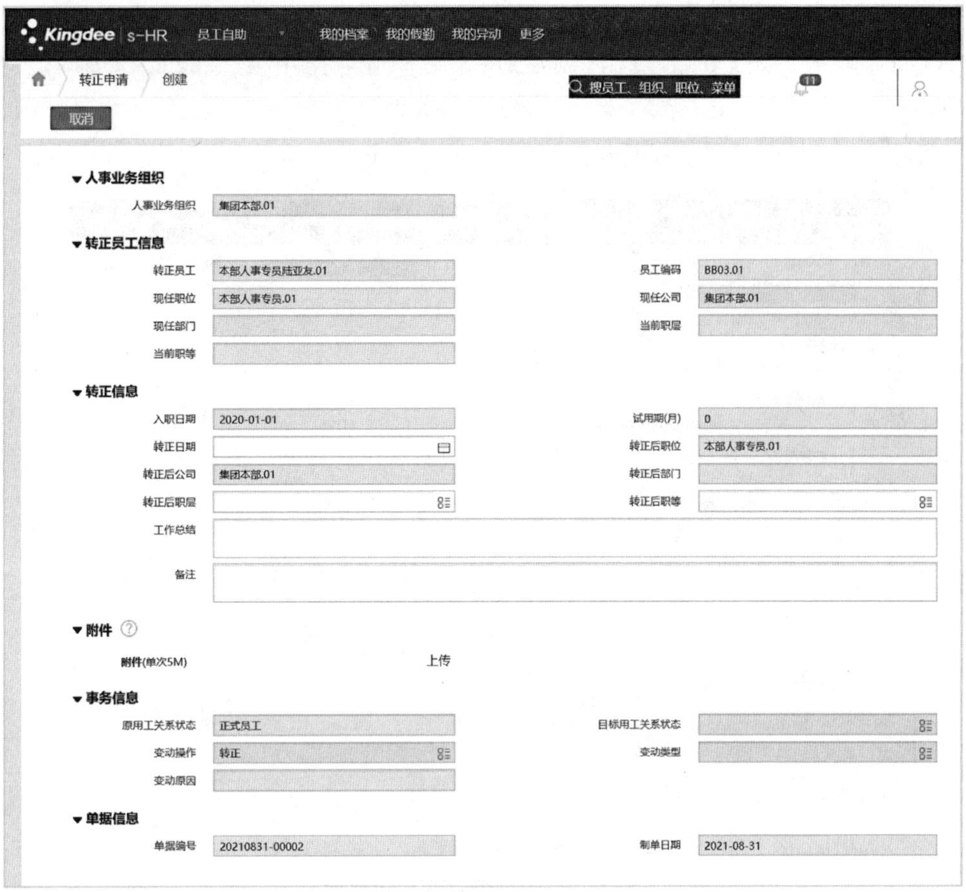

图 2-7-16 转正申请单据

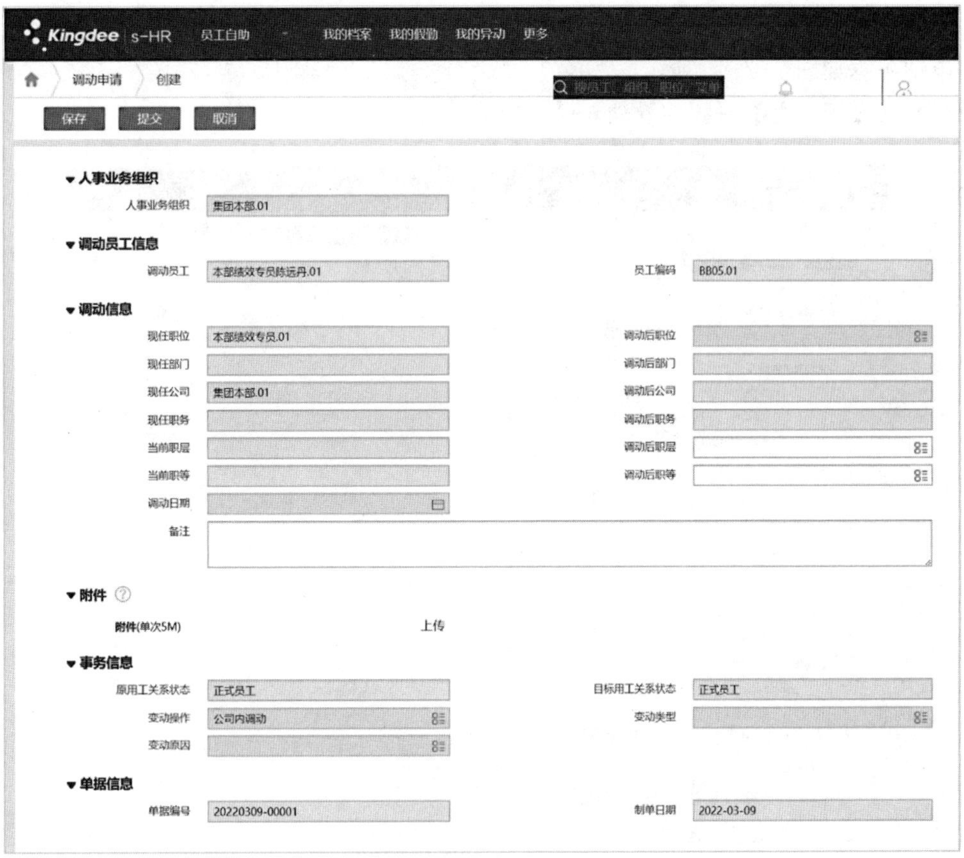

图 2-7-17 调动申请单据

7.3.3 我要职等调整

员工进入【我要职等调整】节点,点击【创建】可发起职等调整申请。"我要职等调整"申请单据如图 2-7-18 所示。

[操作路径]:【员工自助】→【我的异动】→【我要职等调整】。

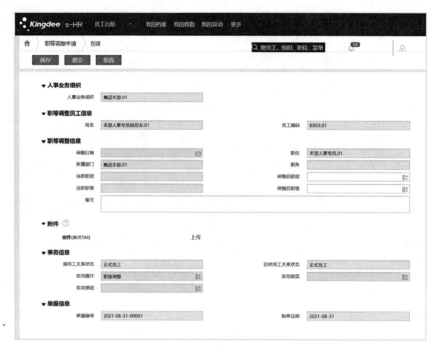

图 2-7-18 职等调整申请单据

7.3.4 我要离职

员工进入【我要离职】节点,点击【创建】可发起辞职申请,支持跟进辞职单据的单据状态、审批人等。"我要离职"申请单据如图 2-7-19 所示。

[操作路径]:【员工自助】→【我的异动】→【我要离职】。

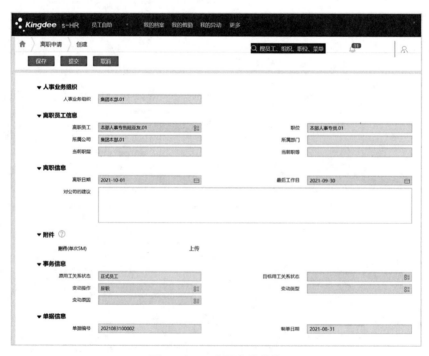

图 2-7-19 离职申请单据

7.4 其他员工自助业务

其他员工自助业务包括我的工资条、学习平台、绩效工作台、我的招聘需求、我是面试官、我的在职证明、我的收入证明、我的离职证明、我的其他证明等。进入路径如图 2-7-20 所示。

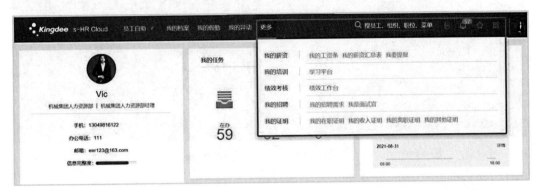

图 2-7-20 其他员工自助业务进入路径

7.4.1 我的工资条

进入【我的工资条】可按月份查看员工工资详细信息,包括应发项目、扣款项目、其他项目明细,如图 2-7-21 所示。

[操作路径]:【员工自助】→【更多】→【我的薪资】→【我的工资条】。

扣款项目		其他项目	
代扣税	0.00	月薪	8000.00
病假扣除	0.00	养老个人扣除	640.00
事假扣除	0.00	医疗个人扣除	23.24
		失业个人扣除	6.60
		社保个人扣除合计	669.84
		公积金个人扣除	800.00
		企业年金个人扣除	320.00
		专项扣除	2900.00
		病假天数	0.00
		事假天数	0.00
		法定加班天数	0.00
		加班工资	0.00
		税前工资	2815.61
		应出勤天数	22.00
		实际出勤天数	19.76
		个税起征点	5000.00
		子女教育专项扣除	1000.00
		赡养老人专项扣除	500.00
		住房贷款专项扣除	1000.00
		住房租金专项扣除	0.00
		继续教育专项扣除	400.00
		累计免税收入	0.00
		累计依法确定的其他扣除	0.00
		上年完整纳税且不超六万	是
		累计预扣预缴应纳税所得额	-3184.39
		累计收入	7185.45
		累计基本减除费用	6000.00
		累计社保扣除	669.84
		累计住房公积金扣除	800.00
		累计专项附加扣除	2900.00
		累计预扣税额	0.00
合计:			
应发合计	7185.45	实发合计	5715.61

图 2-7-21 我的工资条界面

7.4.2 学习平台

学习发展平台如图2-7-22所示。

[操作路径]:【员工自助】→【更多】→【我的培训】→【学习平台】。

图2-7-22 学习发展平台

点击【课程中心】,显示页面如图2-7-23所示。

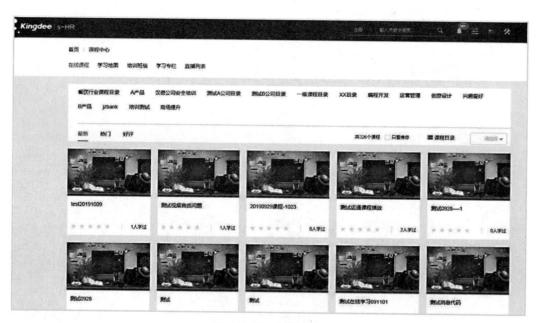

图2-7-23 课程中心

7.4.3 绩效工作台

绩效管理全员应用部分在员工自助平台实现。可以通过自助服务完成员工及组织考核目标的维护及确认下达,完成个人目标考核任务的处理,查看员工本人历史各次目标考核成绩;经理人也可以查看本组织及下属组织成员的考核成绩。

[操作路径]:【员工自助】→【更多】→【绩效考核】→【绩效工作台】。

(1)绩效待办。

① 我的考核目标填报。绩效待办界面如图2-7-24所示。考核计划统一下达目标之后,员工可以在绩效工作台——绩效待办——我的考核目标填报卡片中查看待处理的我的目标填报任务,对目标进行维

护,包括新建、删除、引用指标库指标、引用已有指标等,维护完成之后,可以进行"提交",其目标下达人(一般是直接上级)便可以对下属员工目标进行确认下达。

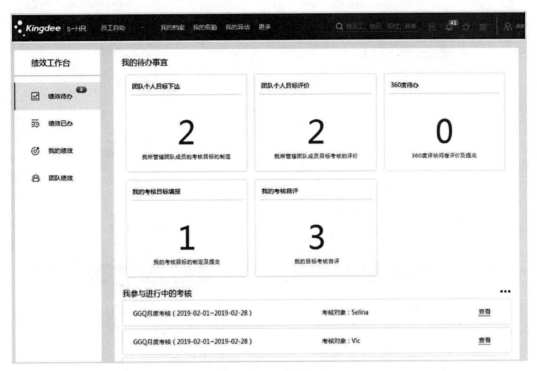

图 2-7-24　绩效待办界面

② 团队个人目标下达。考核方案统一下达目标之后,目标下达人可以收到待下达任务。目标下达人可以结合实际情况对评估对象目标进行维护,包括新建、删除、引用指标库指标、引用已有指标等,维护完成之后,可以进行"提交"和"下达"。当评估对象自己维护目标并提交后,其目标下达人可以对评估对象目标进行确认下达或者打回。具体如图 2-7-25 所示。

图 2-7-25　团队个人目标界面

③ 我的考核自评。当评估流程节点处理人为本人时,评估对象会在绩效工作台"我的考核自评"中收到评分任务。具体如图 2-7-26 所示。

④ 团队个人目标评价。非本人节点的处理人收到评分任务后,在团队个人目标评价卡片中会收到待处理的评分任务;点击【团队个人目标评价】卡片,打开团队个人目标评价列表处可查看。具体如图 2-7-27 所示。

⑤ 我参与进行中的考核。当用户为流程处理人时,可以跟踪监控流程的处理情况,并可以查看评估流程图,具体如图 2-7-28 所示。

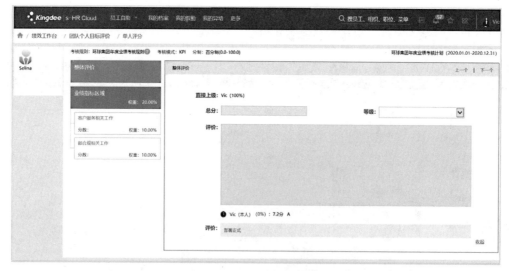

图 2-7-26 我的考核自评界面

图 2-7-27 团队个人目标评价界面

图 2-7-28 "我参与进行中的考核"流程图

图 2-7-29 "我已下达的目标"界面

图 2-7-30 我已处理的评分界面

(2) 绩效已办。

① 我已下达的目标。我已下达目标列表显示用户作为目标下达人已下达的清单;我已下达列表支持对已下达的任务撤销下达(当已下达的目标已经启动评分,不允许撤销下达)。

② 我已处理的评分。我已处理的评分列表中显示用户已提交的绩效评分任务列表,点击列表数据可查看评分详情(只能查看当前评分节点以及当前评分节点前的评分信息)。

(3) 我的绩效。

① 我的目标。可查看员工个人已提交和已下达状态的目标,可按时间和按计划查看我的目标,具体如图 2-7-31 所示。

图 2-7-31 我的目标界面

② 我的考核历史。打开我的考核历史清单,员工可查询历次考核结果,展示方式同单人绩效考核卡,具体如图 2-7-32 所示。

图 2-7-32 我的考核历史界面

(4) 团队绩效。

① 团队目标。点击团队目标,打开团队目标列表界面;当员工是负责人(主要任职职位为负责人职位)或者分管领导可以查看团队目标。团队目标数据范围是负责人或分管领导职位所在行政组织内员工的目标,具体如图 2-7-33 所示。

图 2-7-33 团队目标界面

② 团队考核历史。点击团队考核历史,打开团队考核历史列表界面;列表显示员工最新一次的考核结果,以及员工历次考核次数。点击分录可查看员工详细考核信息,具体如图 2-7-34 所示。

图 2-7-34 团队考核历史界面

7.4.4 我的招聘需求

进入【我的招聘需求】,可发布招聘需求,该节点支持对发布的招聘需求进行流程跟踪,如需求状态、审批状态、审批人、职位发布状态、收到的简历数、面试人数、报批人数、发送 offer 人数、入职人数、达成率等。"我的招聘需求"单据如图 2-7-35 所示。

[操作路径]:【员工自助】→【更多】→【我的招聘】→【我的招聘需求】。

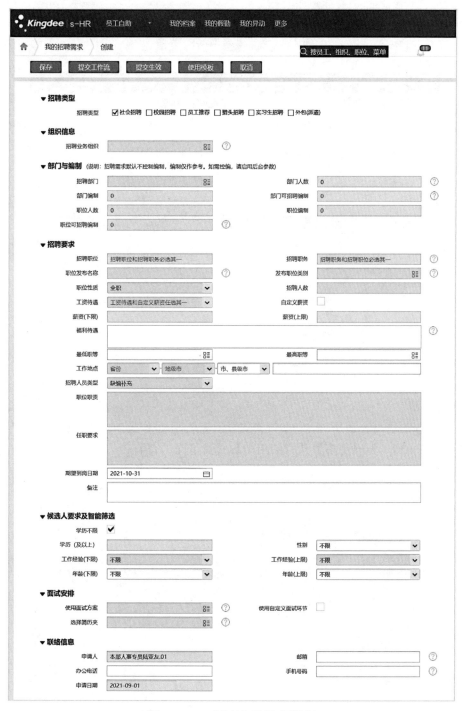

图 2-7-35 "我的招聘需求"单据

7.4.5 我是面试官

进入【我是面试官】可查看员工用户所负责面试任务及所面试的候选人、面试时间、面试地点、招聘状态、面试环节、面试结果明细等信息,支持对所负责的面试候选人进行面试流程跟踪(图 2-7-36)。面试完毕后,可对具体面试者进行面试打分(见图 2-7-37)。

图 2-7-36 "我是面试官"界面

图 2-7-37 面试分数录入界面

支持下载候选人简历及导出简历,其中"下载简历"指按照系统内置简历模板进行数据填充,形成 HTML 版简历表,见图 2-7-38;而"导出简历"指以 excel 形式导出简历,形成候选人信息数据表,见图 2-7-39。

[操作路径]:【员工自助】→【更多】→【我的招聘】→【我是面试官】。

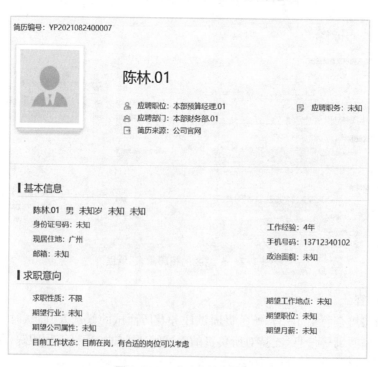

图 2-7-38 "下载简历"样式

图 2-7-39 "导出简历"样式

7.4.6 我的在职证明

进入【我的在职证明】可发起在职证明申请,及对已申请的在职证明进行流程跟踪查看,"我的在职证明"申请单据如图 2-7-40 所示。

[操作路径]:【员工自助】→【更多】→【我的证明】→【我的在职证明】。

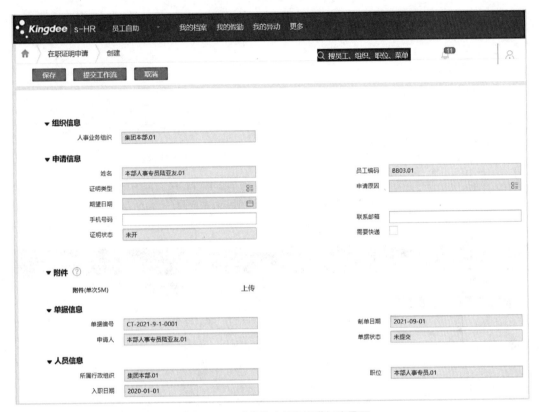

图 2-7-40 "我的在职证明"创建界面

7.4.7 我的收入证明

进入【我的收入证明】可发起收入证明申请,及对已申请的收入证明进行流程跟踪查看。"我的收入证明"申请单据如图 2-7-41 所示。

[操作路径]:【员工自助】→【更多】→【我的证明】→【我的收入证明】。

7.4.8 我的离职证明

进入【我的离职证明】可发起离职证明申请,及对已申请的离职证明进行流程跟踪查看。我的离职证明申请单据如图 2-7-42 所示。

[操作路径]:【员工自助】→【更多】→【我的证明】→【我的离职证明】。

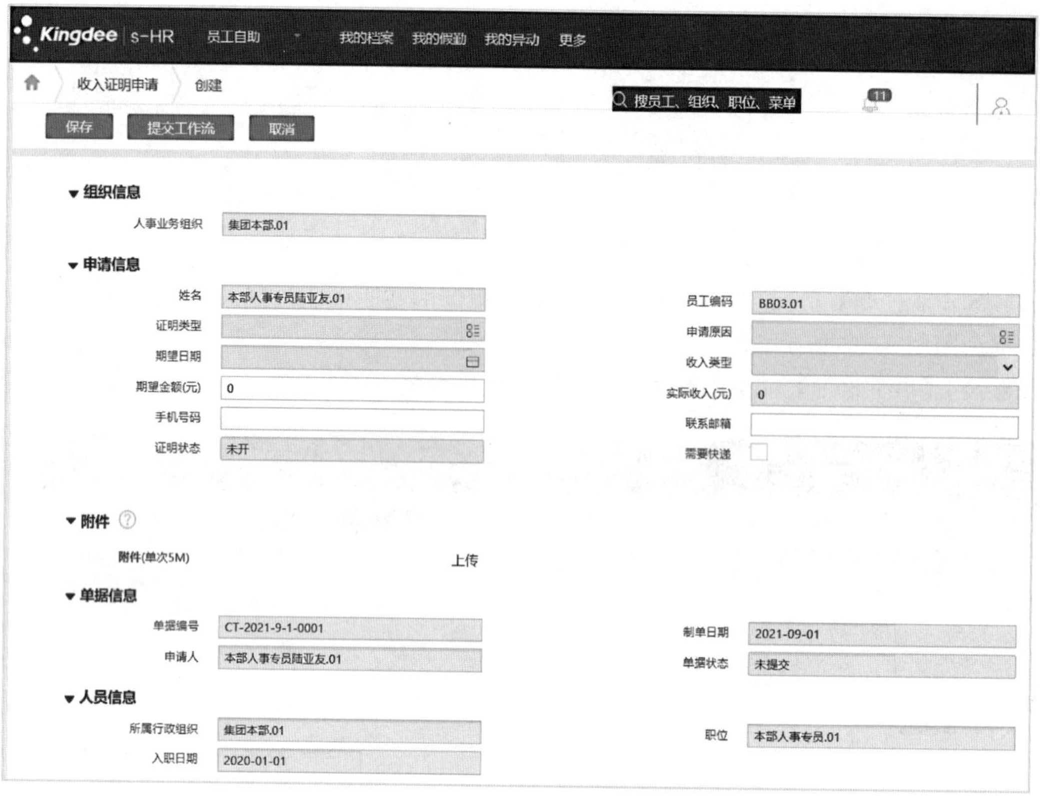

图 2-7-41 “我的收入证明”创建界面

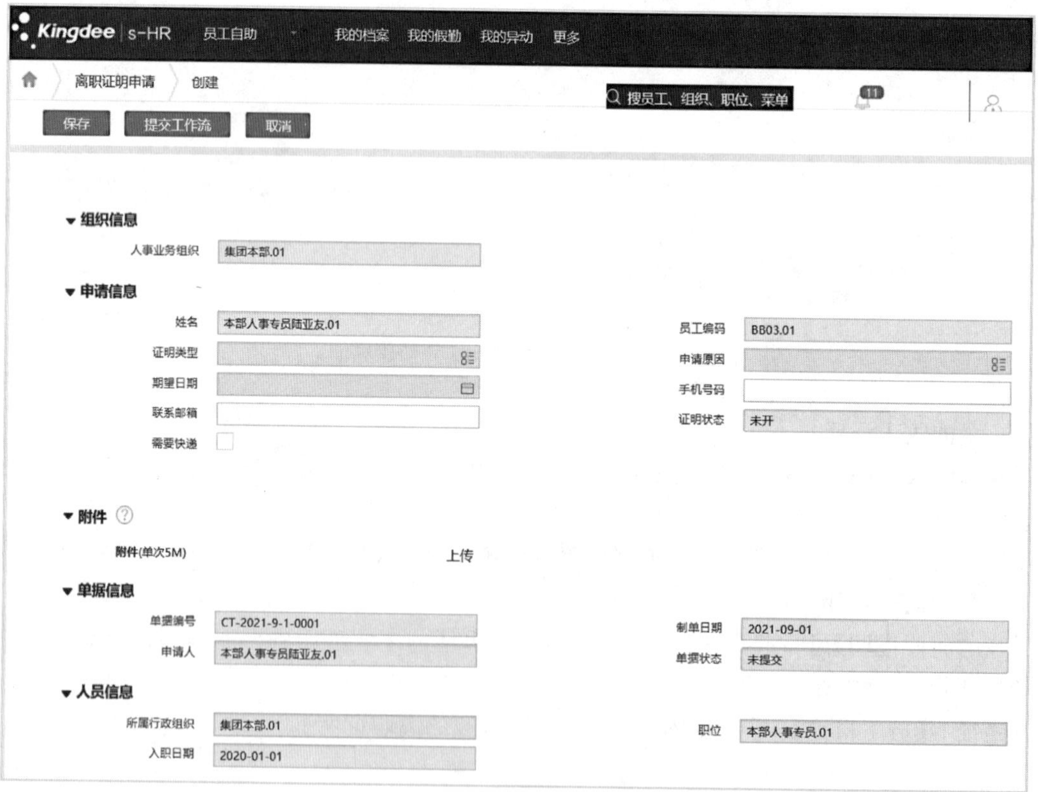

图 2-7-42 “我的离职证明”创建界面

实操 8 管理者分析

学习目标

- 了解管理者人力资源服务平台应用方法;
- 以管理者视角,掌握企业人力资源系统经理人端的常用处理业务及操作方法;
- 能够使用管理者分析应用实现对企业人力数据的持续监控与追踪。

应用场景

管理者分析功能主要面向集团企业、大中型企业高管,含集团董事长、总经理、分管副总、HR总监等角色,聚焦高管 HR 分析视角的"管理者分析",侧重提供各类指标分析和关键决策工具,为管理者提供基于 HR 管理的决策分析依据。

本章节主要介绍了"管理者分析"的相关分析内容,包括业务权限设置、首页基本信息、汇报关系、关键指标、关键趋势、组织模型、员工结构主题、离职分析主题、招聘效率主题。

实验任务

- 进入管理者分析首页,查看基本信息、汇报关系、关键指标、关键趋势;
- 进入并查看企业【组织模型分析】;
- 进入主题分析,查看【员工结构主题】;
- 进入主题分析,查看【离职分析主题】;
- 进入主题分析,查看【招聘效率主题】;
- 进入 HR 云分析,查看市、行业及与注册企业性质的标准薪酬水平的对比分析。

实验步骤

8.1 管理者分析

进入管理者分析首页,可查看员工基本信息、汇报关系、关键指标、关键趋势、薪酬云分析、组织健康模型、统计分析报表,如图 2-8-1 所示。"管理者分析"功能除依赖菜单功能权限外,还需要符合相关业务范围检查要求,即只有符合系统中职位负责人和分管领导的用户才有查看该功能的权限。

[操作路径]:参考图 2-8-2 的路径进入【管理者分析】界面。

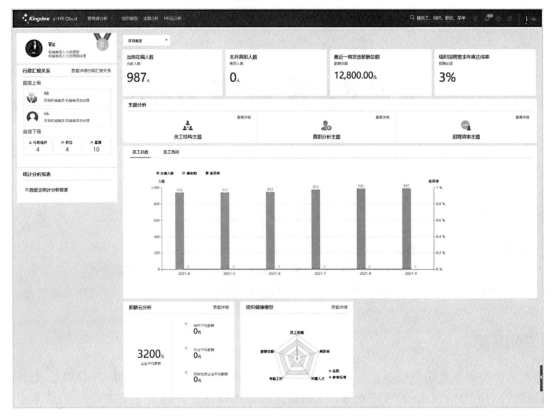

图 2-8-1 管理者分析首页

图 2-8-2 管理者分析进入路径

8.1.1 基本信息

员工基本信息包括职位、组织、司龄勋章,如图 2-8-3 所示。

[操作路径]:【管理者分析首页】→【用户基本信息】

图 2-8-3 首页—基本信息

8.1.2 汇报关系

行政汇报关系包括下级组织、职位、直属人数(见图 2-8-4),主要内容包括:

图 2-8-4 首页—行政汇报关系

① 以用户对应员工的主任职、兼职职位作为根节点构建汇报关系图(见图 2-8-5),默认当前职位为主任职作为根节点构建汇报关系图,选择当前职位为兼职职位时,呈现以兼职职位为根节点构建汇报关系。

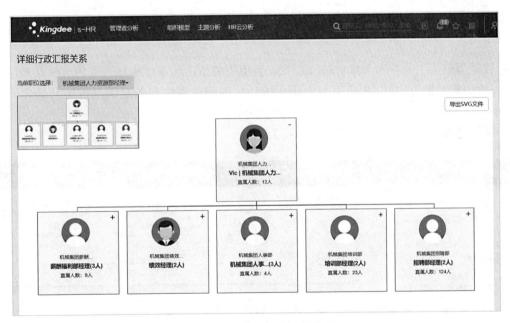

图 2-8-5 详细行政汇报关系

② 根节点卡片呈现内容包括用户头像、姓名、任职组织、任职职位、直属人数(含兼职)。

③ 汇报关系图按职位上下级关系展开,根节点下级节点呈现下级职位(人员)卡片,根据下级职位上存在不同人员的情况。

④ 员工成长卡提供员工基本信息,以及随入职时间变化职等变化的成长曲线图。双击汇报关系节点卡片,提供查看单人成长卡,也可选择查看多人成长卡功能(见图 2-8-6)。

⑤ 在员工成长卡中,点击"查看更多"支持查看该员工详细履历信息。

查看行政汇报关系图需要在系统设置中进行云服务注册和连接开通云服务,若未开通,则无法查看。

[操作路径]:【管理者分析首页】→【汇报关系】。

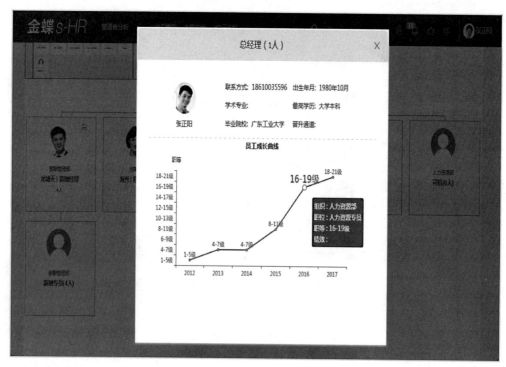

图 2-8-6　员工详情信息

8.1.3　关键指标

管理者分析首页的关键预警部分提供当前人数、离职人数、薪酬总额关键指标的展现,具体如图 2-8-7 所示。

当前人数是当前组织的在编人数(按任职占编、且用工关系占编条件统计);离职人数是当前组织的本月离职人数(按生效日期为本月、变动类型为离职统计);薪酬总额是当前组织最近一月的发放薪资总额(按人力成本项目归集且参与费用分摊的已审核状态的薪酬项目数值总和)。

[操作路径]:【管理者分析首页】→【关键指标】。

图 2-8-7　首页—关键指标

8.1.4　关键趋势

通过员工总量趋势、员工流动趋势这两个指标,为管理者展现企业关键 HR 指标的趋势,为人力资源管理提供精准决策支持。员工总量趋势提供近 6 个月当前组织在编人数、编制人数和编制与在编差异率趋势;员工流动趋势提供近 6 个月当前组织入职人数与离职人数的对比趋势,如图 2-8-8 所示。获取编制人数需在系统中启用人力编制表;差异率=(在编人数-编制人数)/编制人数 * 100%;入职人数按照生效日期为目标时间、变动类型为入职统计;离职人数按生效日期为目标时间、变动类型为离职统计;以初始化导入方式的导入系统的入职离职数据,暂不支持显示。

[操作路径]:【管理者分析首页】→【关键趋势】。

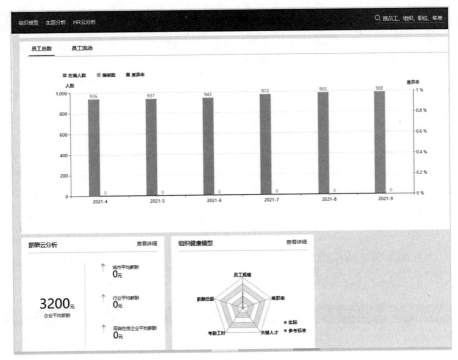

图 2-8-8 关键趋势

8.2 组织健康模型

通过梳理反映组织健康状况的相关维度指标,应用历史模型原理,以时间轴的呈现方式,通过拖动时间光标,动态展现企业领导者关注的不同时点的组织健康状态,为管理者评估组织的发展状态提供支持;指标模型包括员工规模、薪酬总额、考勤工时、职务结构、员工离职率。本功能需获取人力编制相关指标,系统中需启用人力编制表;本功能所涉及关键人才占比、离职率标准值,需要在"系统设置→管理者分析数据设置→人事标准数据设置"中进行设置。

[操作路径]:【组织模型】→【组织健康模型】。

① 员工规模。员工规模模型提供组织当前实际在编人数与标准编制数的对比分析,通过统计图来展现当前组织近 6 个月的在编人数、去年同期、差异率的对比分析。具体如图 2-8-9 所示。

差异率=(本期指标值－去年同期值)/去年同期值＊100％,以下该指标计算公式同。

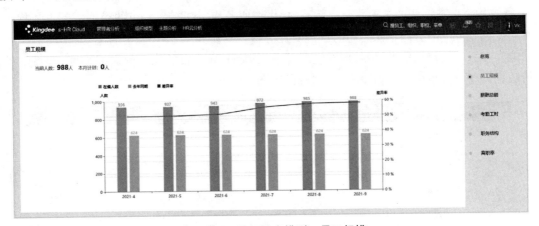

图 2-8-9 组织健康模型—员工规模

② 薪酬总额。薪酬总额模型提供当前组织薪酬实际发放总额与标准薪酬的对比分析,通过统计图来展现当前组织近 6 个月的薪酬总额、去年同期、差异率的对比分析。具体如图 2-8-10 所示。组织薪酬实际发放总额是按人力成本项目归集且参与费用分摊的已审核状态的薪酬项目数值总和。

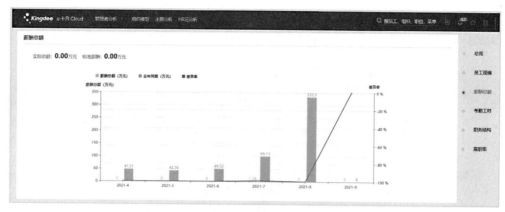

图 2-8-10　组织健康模型—薪酬总额

③考勤工时。考勤工时模型提供组织当前实际考勤与标准工时的对比分析,通过统计图来展现当前组织近 6 个月的实际考勤工时、去年同期、差异率的对比分析。具体如图 2-8-11 所示。

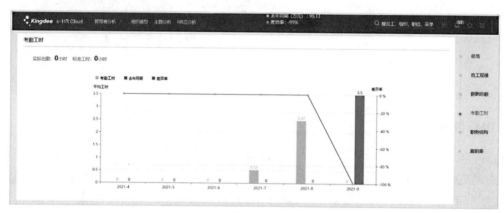

图 2-8-11　组织健康模型—考勤工时

标准工时:按组织和时间过滤考勤明细记录,过滤出的记录数(应出勤时数＞0 记录时长的累加)/(应出勤时数＞0 的记录总数);

实际出勤:按组织和时间过滤考勤明细记录,过滤出的记录数(实际出勤时数的累加)/(应出勤时数＞0 的记录总数)。

④职务结构。职务结构通过梯队分布状态,提供按职务族(和职等)分布的企业实际人才梯队与企业预期标准职务族(和职等)分布梯队之间的直观对比分析。具体如图 2-8-12 所示。

本功能需在系统中启用职务体系,所涉及职等分布、职务族分布的标准值数据需要在"系统设置→管理者分析数据设置→人事标准数据设置"中进行设置。

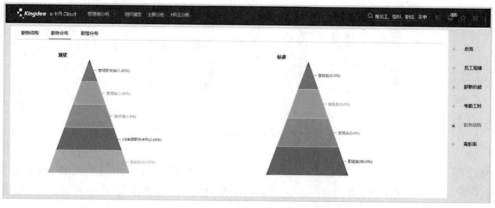

图 2-8-12　组织健康模型—职务结构

⑤ 离职率。提供组织当前实际离职率与标准离职率的对比分析,通过曲线图来展现近6个月组织实际离职率与历史离职率的对比分析。具体如图2-8-13所示。

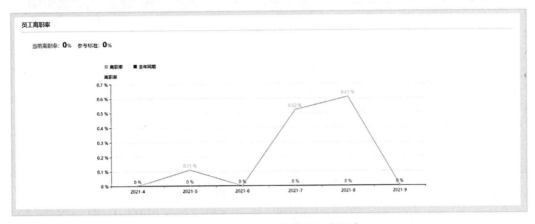

图 2-8-13　组织健康模型—离职率

8.3　主题分析

主题分析模拟管理者分析路径,基于企业关注的关键HR业务,通过梳理、分析相关指标,为管理者尽可能深入、全面地提供分析问题的决策依据。预置分析主题有:员工结构主题、员工离职主题、招聘效率主题。

8.3.1　员工结构主题

员工结构分析主题提供组织当前员工性别、学历、工龄、年龄、职等、职务结构等实际分布状况及与企业希望达到结构状态的对比差异,以支持管理者对组织当前员工结构状态合理性进行判断。

需在"系统设置→管理者分析标准数据设置→人事标准数据设置"中,进行员工结构标准值的维护,否则"对比"中无参考标准的展示结果(如需进行该步骤,需要使用账号administrator、密码kdadmin登录HR系统)。

本功能需在系统中启用职务体系。员工职等/职务族结构分析饼图中的结构项是按系统中在编员工所维护的职等、职务族数据构建的。员工结构对比雷达图是按"管理者分析数据设置→人事标准数据设置"中职等/职务族标准设置的数据构建的。

[操作路径]:【组织模型】—【员工结构主题】。

① 性别结构。员工结构主题—性别结构模型如图2-8-14所示。

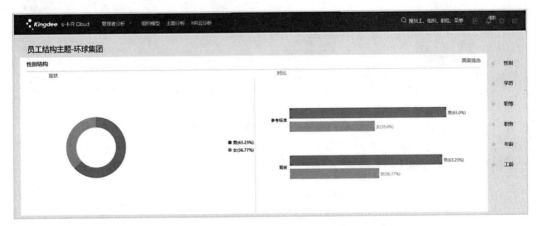

图 2-8-14　员工结构主题—性别结构模型

② 学历结构。员工结构主题—学历结构模型如图 2-8-15 所示。

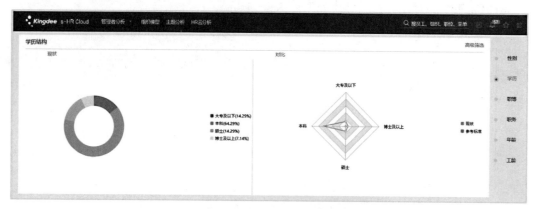

图 2-8-15　员工结构主题—学历结构模型

③ 职等结构。员工结构主题—职等结构模型如图 2-8-16 所示。

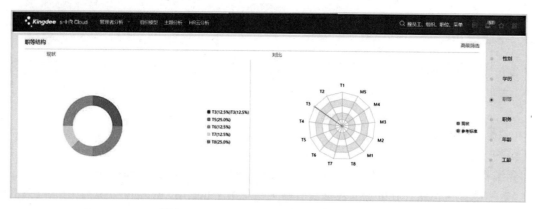

图 2-8-16　员工结构主题—职等结构模型

④ 职务结构。员工结构主题—职务结构模型如图 2-8-17 所示。

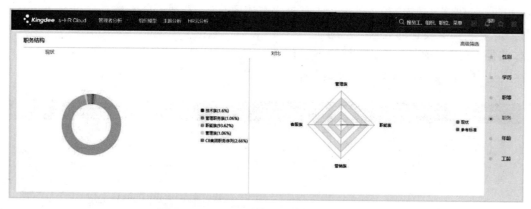

图 2-8-17　员工结构主题—职务结构模型

⑤ 年龄结构。员工结构主题—年龄结构模型如图 2-8-18 所示。

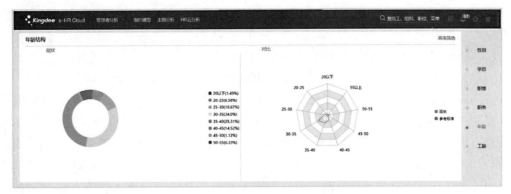

图 2-8-18 员工结构主题—年龄结构模型

⑥ 工龄结构。员工结构主题—工龄结构模型如图 2-8-19 所示。

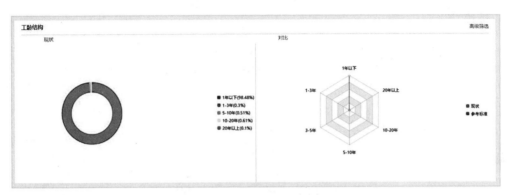

图 2-8-19 员工结构主题—工龄结构模型

8.3.2 离职分析主题

离职分析主题提供组织当前离职率与历史同期对比情况，基于此员工离职原因的相关因素分析，探寻影响企业当前离职情况的相关性因素。

[操作路径]：【组织模型】—【离职分析主题】。

① 离职概况总览。提供本月离职率与去年同期离职率的对比柱状图，直观展现当前离职率的状况；提供按工龄、年龄、学历、性别维度的离职人员结构分析，包括各维度结构分布的饼状图，以及每一维度下不同结构项同期对比的柱状图。离职概况总览模型如图 2-8-20 所示。

离职率＝当期离职人数/组织当期平均人数；

组织当期平均人数＝(期初组织在编人数＋期末组织在编人数)/2；

当期离职人数＝本月截至目前的离职人数。

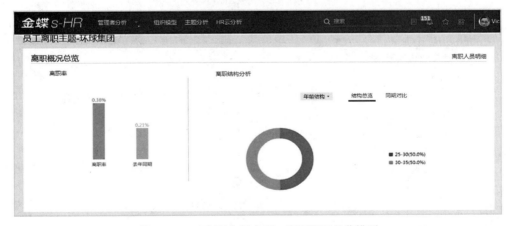

图 2-8-20 离职分析主题—离职概况总览模型

② 离职原因。提供本月离职人员按离职原因分布的饼状图；通过呈现不同原因的离职人数在不同工作指数（薪酬水平、工作绩效、考勤工时）状态下的分布情况，提供当前员工离职原因与薪酬水平、考勤工时、工作绩效相关分析。离职原因模型如图 2-8-21 所示。

离职原因取系统中进行离职业务操作时所维护的离职事务信息里的"离职原因"。

薪酬水平分段、考勤工时分段需在"系统设置→管理者分析标准数据设置→考勤标准数据设置/薪酬标准数据设置"中进行维护（如需进行该步骤，需要使用账号 administrator、密码 kdadmin 登录 HR 系统）。

离职相关因素分析中，展示不同离职原因的离职员工基于不同薪酬水平、考勤工时、工作绩效的统计分布情况，相关数据获取规则为：薪酬水平取离职员工近 1 个月发放薪资总额（按人力成本项目归集且参与费用分摊的已审核状态的薪酬项目数值总和）；工作绩效取离职员工最近一期绩效考核结果；考勤工时取离职员工近 3 个月平均考勤工时；离职员工近期实际出勤按个人和时间过滤考勤明细记录，过滤出的记录数（实际出勤时数的累加）/（应出勤时数＞0 的记录总数）。

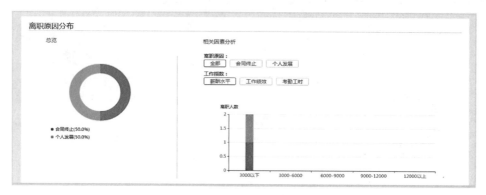

图 2-8-21　离职分析主题—离职原因模型

8.3.3　招聘效率主题

招聘效率主题提供招聘达成漏斗分析、组织内横向对比分析、招聘周期分析和招聘渠道分析，便于管理者对招聘业务进行决策。

[操作路径]：【组织模型】—【招聘效率主题】。

① 招聘效果分析。招聘达成漏斗分析基于两个维度：全部招聘和关键人才招聘。分析候选人的简历投递到最终入职的漏斗曲线变化及转化率，可查看招聘每个节点的招聘效果；当全部招聘和关键人才招聘两个维度切换时，右侧的年度达成分析和组织内横向对比分析随之联动变化；年度达成率对比分析，按照当年和去年的对比数据进行分析；组织内横向招聘达成对比分析，如果根节点的组织有招聘数据，则参与组织内分析。招聘效果分析模型如图 2-8-22 所示。

漏斗转化率＝下个节点的人数/上个节点的人数＊100%；

年度达成率＝年度入职人数/年度需求人数＊100%。

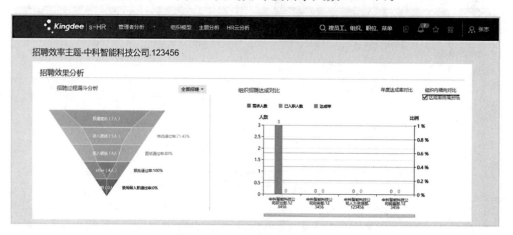

图 2-8-22　招聘效果分析模型

② 招聘录用周期。提供从年度和月度两个不同维度查看所选组织的入职人员平均录用周期,录用周期较长的前十职位一览,录用周期在组织内横向对比分析。招聘录用周期模型如图 2-8-23 所示。

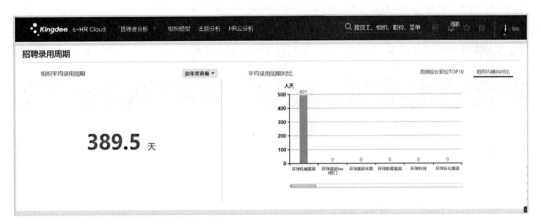

图 2-8-23　招聘录用周期模型

某入职人员的录用周期＝入职日期－需求申请日期;如某需求职位招聘多人,其录用周期取所有入职人员的平均录用周期。

某组织平均录用周期＝该组织下所有入职人员的录用周期平均值。

③ 招聘渠道分析。分别从不同招聘渠道在应聘简历、进入面试简历、进入报批简历、录用的简历以及最终入职的简历中的占比,分析各个渠道在招聘各个节点的转化,分析组织内各个招聘渠道应聘简历数、入职人数的对比,及达成曲线的变化。招聘渠道分析模型如图 2-8-24 所示。

$$招聘渠道录用率 ＝ 入职人数 / 简历数 * 100\%$$

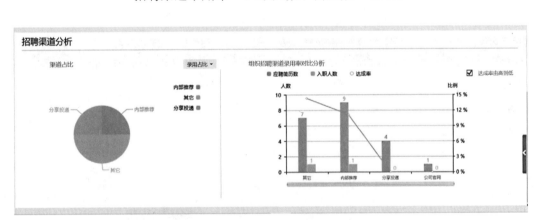

图 2-8-24　招聘渠道分析模型

8.4　HR 云分析

企业高管可基于云端外部薪酬水平数据客观地从多个维度(地区、行业、企业性质等)审视自身企业所处水平,为制定企业 HR 战略和业务管理策略提供决策支持。

提供当前组织近三年员工的平均薪酬水平与该公司所在城市、行业及与注册企业性质的标准薪酬水平的对比分析。

城市、行业、企业类型下拉菜单可切换至不同的城市、行业、企业类型,供管理者将组织当前薪酬水平与其进行对比,以支持相关管理决策分析。

平均薪酬是当前年当前组织的薪酬成本总额/(人数 * 月数),某市平均薪酬是获取系统维护或者薪酬云端数据的值/月数。

使用薪酬云分析服务,需要在 HR 系统中进行云服务注册(如未开通云服务,则无法进入 HR 云

实操 8　管理者分析

分析);

薪酬云分析中所应用的系统薪酬总额数据,是按人力成本项目归集,且参与费用分摊的已审核状态的薪酬项目数值的总和。

[操作路径]:【HR云分析】→【薪酬云分析】。

① 城市薪酬对比。城市薪酬对比模型如图2-8-25所示,城市薪酬对比选择界面如图2-8-26所示。

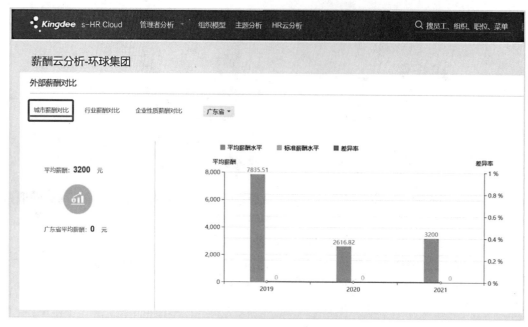

图2-8-25　薪酬云分析——城市薪酬对比模型

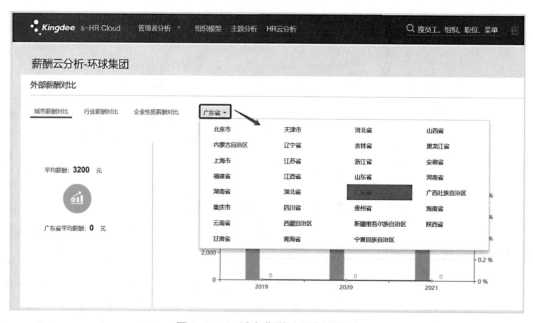

图2-8-26　城市薪酬对比选择界面

② 行业薪酬对比。行业薪酬对比模型如图2-8-27所示,行业薪酬对比选择界面如图2-8-28所示。

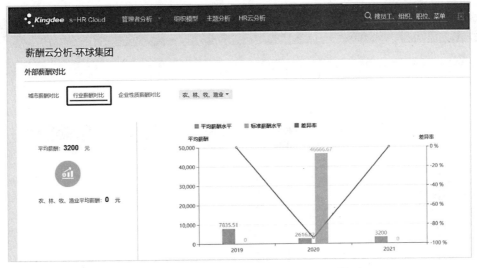

图 2-8-27　薪酬云分析——行业薪酬对比模型

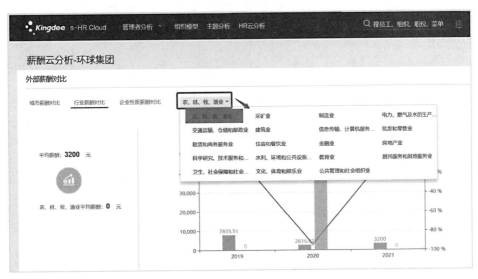

图 2-8-28　行业薪酬对比选择界面

③ 企业性质薪酬对比。企业性质薪酬对比模型如图 2-8-29 所示,企业性质薪酬对比选择界面如图 2-8-30 所示。

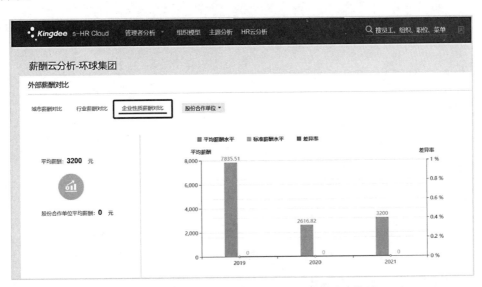

图 2-8-29　薪酬云分析——企业性质薪酬对比模型

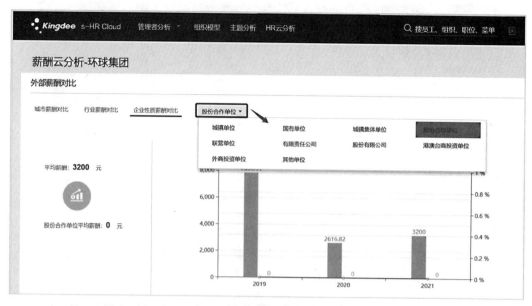

图 2-8-30 企业性质薪酬对比选择界面

386 人力资源数字化管理(中级)

实操 9　移 动 应 用

学习目标

- 掌握人力资源管理全员互动移动端应用；
- 掌握人力资源管理经理人分析移动端应用；
- 掌握人力资源管理员工自助移动端应用。

应用场景

随着互联网浪潮席卷，人力资源信息化管理的更多应用正在向移动端迁移，将用户的操作平台由固定的 PC 端转移到轻盈的移动智能终端，形成移动优先＋智能终端＋PC＋社交化模式。用户通过手机可以随时随地查看团队动态、员工档案、考勤记录、工资明细等各项人事相关数据，节约大量碎片化时间；另外设有员工自助服务和管理者分析等轻应用，采用更便捷和直观，打造全员互通的终端移动应用平台。

实验任务

- 进入移动应用全员应用模块，体验通讯录、日程安排、工作汇报、报表秀秀、线上会议、同事圈、知识中心、勋章奖励等应用；
- 进入移动端经理人分析模块，体验人力简报、薪酬简报、关怀时刻等应用；
- 进入移动端员工自助模块，体验天天荐、天天勤、我的档案、我的工资条、面试 Go、绩效 Go、智能问询等应用。

实验步骤

移动轻应用产品是指在人力资源信息化系统与移动端集成的基础上开发的移动端产品，包括人事业务移动应用、假勤业务移动应用、绩效业务移动应用、薪酬业务移动应用、招聘业务移动应用、团队管理移动应用、经理人分析业务移动应用等。

9.1　全员互动

9.1.1　状态分享

人力资源移动端应用打造全员互动的移动终端，可以根据时间、场景，智能推荐情感化内容和背景，提高员工归属感，让工作更有温度。如图 2-9-1 所示。

点击首页顶部，可以把好的语句分享至朋友圈、微博、同事圈，链接工作平台与社交平台，如图 2-9-2 所示。

图 2-9-1 移动应用 APP 首页

图 2-9-2 分享界面

9.1.2 通讯录

进入通讯录界面,可查看团队成员通讯录,也可对组织架构进行调整,添加外部好友等操作。消息通知界面如图 2-9-3 所示,通讯录界面如图 2-9-4 所示,组织架构界面如图 2-9-5 所示。

图 2-9-3 消息通知界面

图 2-9-4 通讯录界面

图 2-9-5 组织架构界面

9.1.3 日程安排

添加"日程安排"卡片后,可在首页快速添加并查看自己以及与同事协助的工作事项,让自己的工作井然有序,每一个协作都可以落地跟踪。

点击"进入日程安排",右上角可以切换"任务视图",展现所有已创建好的日程安排,及时追踪工作任务,具体如图2-9-6、图2-9-7、图2-9-8所示。

图2-9-6 日程安排步骤(1)

图2-9-7 日程安排步骤(2)

图2-9-8 日程安排步骤(3)

9.1.4 工作汇报

部门负责人和普通员工都可随时随地记录自己的工作内容,包括每日/周/月工作计划、昨日/上周/上月工作总结;同时部门负责人还可以更方便管理部门工作、设置重点关注的人,对普通员工的工作汇报进行评论、点赞、打赏,充分激发员工的工作热情,提高工作效率。

① 工作汇报入口。工作汇报应用入口如图2-9-9、图2-9-10、图2-9-11所示。

图2-9-9 工作汇报步骤(1)

图2-9-10 工作汇报步骤(2)

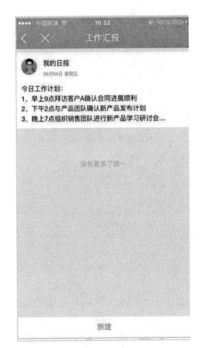

图2-9-11 工作汇报步骤(3)

② 新建工作汇报。选择工作汇报模板,包括日报、周报、月报、拜访记录、业绩日报、营业日报、门店日销售7种类型;选择汇报类型后即可开始编辑,支持上传图片和附件,编辑完成后点击"提交"即可生成工作汇报,如图2-9-12、图2-9-13、图2-9-14所示。

图 2-9-12 汇报新建步骤(1)

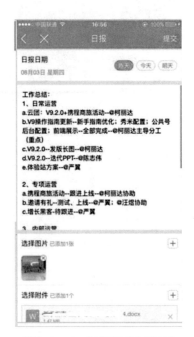
图 2-9-13 汇报新建步骤(2)　　图 2-9-14 汇报新建步骤(3)

模板介绍:

拜访记录:适用于客户拜访,成功扩展每一次商机。

业绩日报:适用于销售汇报业绩,数据智能汇总成表,让业绩目标更加清晰。

营业日报:适用于门店向总部汇报每天的营业额,数据智能汇总成表,如餐饮行业。

门店日销售:适用于连锁门店,每日销售总结,数据智能汇总成表,如销售贸易行业。

③ 工作汇报评论/点赞/打赏/分享。负责人可对员工的工作汇报进行点评、点赞、打赏,还可分享给其他同事和群组,如图2-9-15、图2-9-16、图2-9-17所示。

图 2-9-15 汇报打赏步骤(1)

图 2-9-16 汇报打赏步骤(2)

图 2-9-17 汇报打赏步骤(3)

9.1.5 报表秀秀

添加"报表秀秀"卡片后,可在首页上直观看到可视化数据报表,快速进行点赞和讨论。点击卡片后进入报表秀秀详情页面,除了点赞、评论、打赏等沟通协作功能外,还支持涂鸦与标记备注转发。具体如图 2-9-18、图 2-9-19 所示。

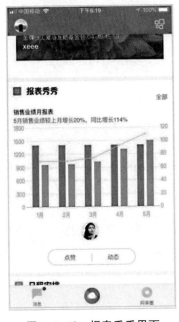

图 2-9-18 报表秀秀界面

图 2-9-19 报表秀秀互动界面

9.1.6 线上会议

① 语音会议。通过移动应用首页—右上角应用页签—视频会议—发起语音会议—选择联系人—确定路径发起语音会议,语音会议支持在会议过程中邀请更多成员参加,可邀请组织架构人员、外部好友其他群组、常用联系人等。具体如图 2-9-20、图 2-9-21、图 2-9-22 所示。

图 2-9-20 语音会议步骤(1)

图 2-9-21 语音会议步骤(2)

图 2-9-22 语音会议步骤(3)

② 视频会议。通过移动应用 APP—消息—聊天群组—＋号—视频会议—全员发起/部分成员发起视频会议,视频会议支持在会议过程中邀请更多成员参加,可邀请组织架构人员、外部好友其他群组、常用联系人等。具体如图 2-9-23、图 2-9-24 所示。

图 2-9-23　视频会议步骤(1)

图 2-9-24　视频会议步骤(2)

③ PPT 共享。点击 PPT 共享,可在语音会议过程中演示 PPT,参会成员可同步播放 PPT。具体步骤如图 2-9-25、图 2-9-26 所示。

图 2-9-25　PPT 共享步骤(1)

图 2-9-26　PPT 共享步骤(2)

④ 会议速记。线上会议开始后,自动开始会议速记,语音内容会同步转为文字。会议结束后,会议纪要将在一个小时内会生成,并由小云助手发送给会议发起者。会议纪要中记录有会议时间、会议时长、发起人、参会人等信息,收听语音速记或插入速记内容可选择录音转文字后的文档,并可收听会议录音回顾会议内容。会议发起者可在编辑或总结后将会议纪要发送给参会成员。具体如图 2-9-27、图 2-9-28、图 2-9-29 所示。

图 2-9-27　会议速记步骤(1)

图 2-9-28　会议速记步骤(2)

图 2-9-29　会议速记步骤(3)

9.1.7　同事圈

① 发布同事圈。同事圈用于不同事分享工作上的点点滴滴，打造更有活力、更有温度的团队，提高团队凝聚力，可用于发布动态、发心声、发点赞等功能。

同事圈—右上角编辑图标—选择选项框内的动态类型—进入相应编辑页，完成后发送即可，如图 2-9-30、图 2-9-31、图 2-9-32 所示。

图 2-9-30　同事圈步骤(1)
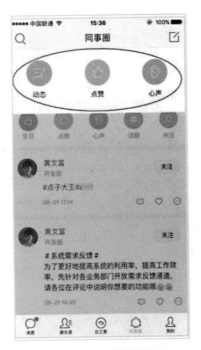
图 2-9-31　同事圈步骤(2)

图 2-9-32　同事圈步骤(3)

② 同事圈点赞。同事圈设有点赞功能，激励员工间互相激励和学习。发起"点赞"即跳转到"选择联系人"页面，通过组织架构、角色、已有群组、常用联系人以及搜索功能找到想要点赞的人，选择好人员后，点击"开始"进入写动态页面，编辑好内容发送即可，如图 2-9-33、图 2-9-34、图 2-9-35 所示。

图 2-9-33　同事圈点赞步骤(1)

图 2-9-34　同事圈点赞步骤(2)

图 2-9-35　同事圈点赞步骤(3)

9.1.8　知识中心

知识中心提供企业全员档案知识目录管理、文档管理、归档管理、知识信息门户、知识文库、多目录分权管控等特性，协助构建专属知识管理平台，帮助员工拓展学习渠道、提高工作效率，如图2-9-36、图2-9-37所示。

图 2-9-36　知识中心进入路径

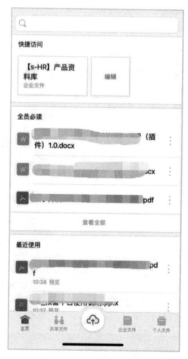
图 2-9-37　知识中心界面

9.1.9　勋章奖励

勋章奖励作员工在移动应用社交圈的荣誉激励使用，设有"司龄周年""奋斗者""早起鸟""规划达人""消息达人""分享达人""能量达人"勋章。当签到、工作成果、同事互动交流等方面达到一定要求时，可得到荣誉勋章,如图 2-9-38、图 2-9-39 所示。

图 2-9-38　勋章奖励界面　　　　　　图 2-9-39　勋章计分规则界面

在勋章页面的下方点击"勋章榜"可以查看所有获得勋章的上榜同事,如图 2-9-40、图 2-9-41 所示。

图 2-9-40　勋章奖励界面　　　　　　图 2-9-41　勋章计分规则界面

9.2　经理人分析移动端

通过经理人分析,管理者可以查看人力简报、薪酬简报,以及对下属组织团队考勤情况进行了解,及时掌握团队成员的一些重要时刻并给予关怀。经理人分析移动端界面如图 2-9-42 所示。

图 2-9-42　经理人分析移动端界面

9.2.1　人力简报

面向企业经理人角色提供基于所查看组织的 HR 关键指标(当前人数、入职人数、离职人数、在编人数)、关键趋势(近 6 个月员工趋势、入离职趋势)和多维度人员结构分析(组织、性别、年龄、工龄、学历、职等、职务等)内容,通过提供对入职人数、离职人数、超缺编人数、各结构维度员工人数的深入钻取查看,支持经理人基于业务组织的即时协作沟通功能,有效支撑企业经理人进行基于其管辖范围的业务组织监控和管理决策。

(1) 人力简报推送。

预置消息推送模板,通过设定推送规则,为经理人智能推送人力简报信息,有效支撑经理人及时进行 HR 业务监控和管理决策,如图 2-9-43 所示。

(2) 组织关键指标及趋势分析。

① 组织当前关键指标。人力简报首页提供组织当前关键指标,包括当前人数、本月入职、本月离职、可用编制等信息,界面如图 2-9-44 所示。当系统中有启用状态的人力编制表,则显示可用编制数据(含趋势图中的编制曲线)。

② 关键指标趋势。人力简报首页提供关键指标趋势包括近 6 个月员工趋势、近 6 个月入离职趋势,如图 2-9-45 所示。趋势图提供曲线图和柱状图的切换展现,帮助用户更清晰准确地获取相关趋势信息。

图 2-9-43　人力简报推送界面

图 2-9-44　组织当前关键指标界面

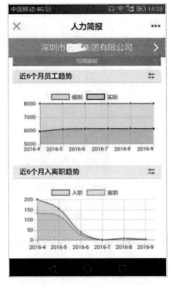

图 2-9-45　人关键指标趋势界面

(3) 组织当前人员结构布局。

① 按组织维度结构分析。点击人力简报首页的"当前人数"默认进入组织当前员工按"组织维度"的分布状况,提供当前组织员工按组织层级分布的人数占比和人员总数,如图 2-9-46 所示。支持组织层级层层展开查看,至末级组织员工列表;基于该员工列表可进一步支持搜索查询、员工详细档案信息查看及即时沟通功能。

② 按性别维度结构分析。点击更多维度图标,进入更多结构维度选择页面,选择"性别"维度,可查看按图形展现的当前组织按性别结构分布的员工布局情况,并支持点击图形下各结构项按组织层级逐级查看不同性别员工人数与占比,如图 2-9-47 所示。当查询至末级组织时,提供进入该末级组织的该性别维度的员工列表;基于该员工列表可进一步支持搜索查询、员工详细档案信息查看及即时沟通功能。

③ 按年龄维度结构分析。点击更多维度图标,进入更多结构维度选择页面,选择"年龄"维度,可查看按图形展现的当前组织按年龄段结构分布的员工布局情况,并支持点击图形下各结构项按组织层级逐级查看各年龄段员工人数与占比,如图 2-9-48 所示。当查询至末级组织时,提供进入该末级组织该年龄段下的员工列表,基于该员工列表可进一步支持搜索查询、员工详细档案信息查看及即时沟通功能。

系统预置年龄段结构项有:20 以下、20—25、25—30、30—35、35—40、40—45、45—50、50—55、55 以上。

图 2-9-46 按组织维度结构分析界面　　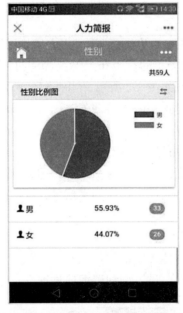 图 2-9-47 按性别维度结构分析界面　　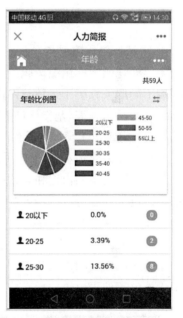 图 2-9-48 按年龄维度结构分析界面

④ 按工龄维度结构分析。点击更多维度图标,进入更多结构维度选择页面,选择"工龄"维度,可查看按图形展现的当前组织按工龄段结构分布的员工布局情况,并支持点击图形下各结构项按组织层级逐级查看各工龄段员工人数与占比,如图 2-9-49 所示。当查询至末级组织时,提供进入该末级组织该工龄段下的员工列表,基于该员工列表可进一步支持搜索查询、员工详细档案信息查看及即时沟通功能。

系统预置工龄段结构项有:1 年以下、1—3 年、3—5 年、5—10 年、10—20 年、20 年以上。

⑤ 按学历维度结构分析。点击更多维度图标,进入更多结构维度选择页面,选择"学历"维度,可查看按图形展现的当前组织按学历结构分布的员工布局情况,并支持点击图形下各结构项按组织层级逐级查看不同学历员工人数与占比,如图 2-9-50 所示。当查询至末级组织时,提供进入该末级组织该学历维度的员工列表;基于该员工列表可进一步支持搜索查询、员工详细档案信息查看及即时沟通功能。

⑥ 按职等维度结构分析。点击更多维度图标,进入更多结构维度选择页面,选择"职等"维度,可查看按图形展现的当前组织按职级结构分布的员工布局情况,并支持点击图形下各结构项按组织层级逐级查看不同职等员工人数与占比,如图 2-9-51 所示。当查询至末级组织时,提供进入该末级组织该职等维度的员工列表;基于该员工列表可进一步支持搜索查询、员工详细档案信息查看及即时沟通功能。

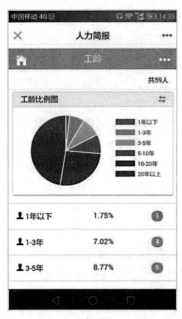  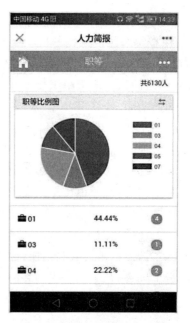

图 2-9-49　按工龄维度结构分析界面　　图 2-9-50　按学历维度结构分析　　图 2-9-51　按职等维度结构分析界面

⑦ 按职务维度结构分析。点击更多维度图标,进入更多结构维度选择页面,选择"职务"维度,可查看按图形展现的当前组织按职务族结构分布的员工布局情况,并支持点击图形下各结构项按组织层级逐级查看不同职务族员工人数与占比,如图 2-9-52 所示。当查询至末级组织时,提供进入该末级组织该职务族维度的员工列表,基于该员工列表可进一步支持搜索查询、员工详细档案信息查看及即时沟通功能。

(4) 组织员工离职分析。

点击人力简报首页的"本月离职"可进入组织员工离职分析页面,提供当前组织所有下级组织本月和本年的离职人员的占比和人数信息,支持按组织层级层层展开展现,提供进入该末级组织离职员工列表;基于该员工列表可进一步支持搜索查询、员工详细档案信息查看功能,如图 2-9-53 所示。

(5) 组织员工入职分析。

点击人力简报首页的"本月入职"可进入组织员工入职分析页面,提供当前组织所有下级组织本月和本年的入职人员的占比和人数信息,支持按组织层级层层展开展现,提供进入该末级组织入职员工列表,基于该员工列表可进一步支持搜索查询、员工详细档案信息查看及即时沟通功能,如图 2-9-54 所示。

 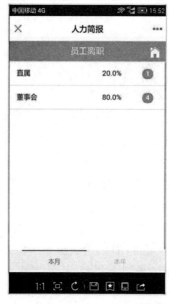 

图 2-9-52　按职务维度结构分析界面　　图 2-9-53　组织员工离职分析界面　　图 2-9-54　组织员工入职分析界面

（6）组织在编人数分析。

点击人力简报首页的"可用编制"可进入组织员工超缺编分析页面，提供当前组织所有下级组织当前实际人数、编制人数、可用编制列表，该列表支持按实际人数、编制人数、可用编制进行排序展现，帮助经理人快速定位下属组织人数变化和可用编制情况。同时，支持按组织层级层层展开至最末组织该系列数据列表的展现功能，如图2-9-55所示。

（7）员工搜索与即时沟通。

按不同维度对组织员工布局进行分析后，可支持进入对应的员工列表，员工列表提供搜索查询功能，可按组织、职位和员工姓名在员工列表里进行定位查询，如图2-9-56所示。同时，支持对所查询员工进行档案查看和云之家即时沟通功能。

图 2-9-55　组织在编人数分析界面

图 2-9-56　员工搜索与即时沟通界面

9.2.2　薪酬简报

通过移动端即时呈现组织薪酬成本相关的重要指标和趋势变化情况、组织薪酬成本构成分析，为管理者提供组织薪酬相关的决策依据。主要内容包括：

① 简报智能推送：预置消息推送模板，通过设定推送规则，为经理人智能推送简报信息，如图2-9-57所示。

② 薪酬成本关键指标：包括薪酬成本总额（本期同期）、薪酬成本人均（本期同期），如图2-9-58所示。

图 2-9-57　简报智能推送界面

图 2-9-58　薪酬成本关键指标界面

③ 组织薪酬成本总量分析:包括组织薪酬成本总额、组织薪酬成本人均、薪酬成本总量趋势、薪酬成本人均趋势,如图 2-9-59 所示。

④ 组织薪酬成本结构分析:组织薪酬成本结构——项目、组织薪酬成本结构——组织,如图 2-9-60 所示。

薪酬成本增长率=[(本期薪酬成本总额－上期薪酬成本总额)/上期薪酬成本总额]*100%;

本期/上期人数=本期/上期发薪人数;

人均成本=薪酬成本总额/发薪人数;

人均利润=利润/发薪人数。

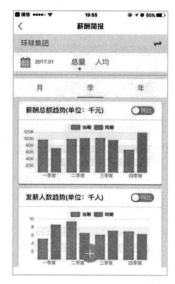 

图 2-9-59　组织薪酬成本总量分析界面　　图 2-9-60　组织薪酬成本结构分析界面

9.2.3　关怀时刻

经理人 HR 预警助手基于团队负责人、部门经理等角色的团队管理需求,面向经理人提供包括人力简报、员工生日、员工转正、员工合同到期等人事事物预警消息推送功能,支持基于预警事务对团队成员进行员工关怀和团队管理。

① 员工生日预警推送。为部门负责人推送所管辖团队中员工生日提醒信息,支持经理人基于生日事务,对团队成员进行员工关怀,如图 2-9-61、图 2-9-62 所示。

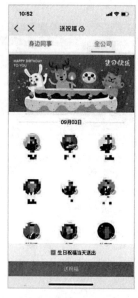 

图 2-9-61　员工生日提醒界面　　图 2-9-62　员工生日送祝福界面

预警范围:部门负责人;

预警消息发布频度:每天一次,定时发送;

预警内容:当日生日员工。

② 员工转正预警推送。员工转正预警推送为部门负责人推送所管辖团队中员工转正提醒信息,如图 2-9-63 所示;支持经理人基于员工转正,对团队成员进行员工关怀。

预警范围:部门负责人;

预警消息发布频度:每天一次,定时发送;

预警内容:未来 7 天转正员工

③ 员工劳动合同到期预警推送。员工劳动合同到期预警推送为部门负责人推送所管辖团队中员工劳动合同到期提醒信息,如图 2-9-64 所示;支持经理人基于员工劳动合同到期情况,对团队成员进行员工关怀。

预警范围:部门负责人;

预警消息发布频度:每天一次,定时发送;

预警内容:未来 1 个月转正员工。

图 2-9-63　转正预警推送

图 2-9-64　劳动合同预警推送

9.3　员工自助移动端

通过员工自助服务,可以自助提起请假申请,查看个人打卡和考勤情况,并能够查询个人档案、工资单等信息。员工自助移动端界面如图 2-9-65 所示。

图 2-9-65　员工自助移动端界面

9.3.1 天天荐

主要目的是向企业内部员工展现企业在 HR 系统发布的竞聘职位，员工可查看竞聘职位详情、填写简要信息快速参与竞聘，跟踪竞聘处理进度。

员工提交竞聘单据后，专员便可在 HR 系统内查看到员工的申请、联查员工档案信息，反馈竞聘和调动的结果。

① 查看竞聘职位。进入天天荐移动端订阅号，员工能收到 HR 系统发布并推送给员工的竞聘职位，打开该职位即能看到职位信息，如图 2-9-66、图 2-9-67 所示。

图 2-9-66　天天荐界面

图 2-9-67　竞聘职位详情

② 职位搜索与筛选。职位可按招聘类型（当前只有竞聘职位，推荐职位后续规划）、职位族、工作地点进行筛选，也可以在职位列表搜索框输入发布部门或职位关键词进行搜索，如图 2-9-68、图 2-9-69 所示。

图 2-9-68　职位筛选步骤(a)

图 2-9-69　职位筛选步骤(b)

③ 参与竞聘。点击任意职位进入查看职位详情,点击下方"我要竞聘",进入竞聘单据填写竞聘申请,如图 2-9-70 所示;提交竞聘后,竞聘申请记录传回 HR 系统,申请人可查看竞聘详情以及联络竞聘跟踪人。

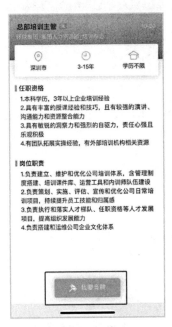

图 2-9-70 参与竞聘路径

④ 竞聘推荐。支持内部竞聘推荐机制,盘活企业内人才市场。通过"我的推荐"入口可查看"推荐记录"(见图 2-9-71)及"我的竞聘"(见图 2-9-72),并且点击任一条竞聘记录,可查看到竞聘的流程(待竞聘/竞聘结果/待调动等环节)、流程处理人、处理时间,并显示竞聘跟踪人及名片标志(见图 2-9-73)。

图 2-9-71 推荐记录界面　　图 2-9-72 竞聘记录界面　　图 2-9-73 竞聘流程跟踪界面

9.3.2 天天勤

通过移动端"天天勤"可以全面掌握自己的考勤情况,包括排班、打卡、假期额度、部门排名、月度出勤总览、出勤详细、流程审批情况等,并及时确认处理异常情况(补签卡、请假、出差申请、加班申请、调班),自己重新计算及确认考勤结果。

天天勤功能总览如图2-9-74所示;打卡界面如图2-9-75所示,假勤业务申请如图2-9-76所示。

图 2-9-74　天天勤界面

图 2-9-75　打卡界面

图 2-9-76　假勤业务申请界面

9.3.3　我的档案

员工移动端个人档案信息查看,包括员工联系方式、用工关系、任职经历等详细档案信息,如图2-9-77所示。员工可自助修改个人档案信息,修改后需要审核才能生效。

图 2-9-77　员工档案界面

9.3.4　我的工资条

"我的工资条"移动端面向员工的自助工资发放查询,通过输入二次认证密码(见图2-9-78),获取员工各月份不同工资(见图2-9-79)、工资明细项目信息(见图2-9-80)。

图 2-9-78　工资条进入界面　　　图 2-9-79　工资条总览　　　图 2-9-80　工资条明细

9.3.5　我的证明开具

支持员工基于 HR 系统移动端进行证明申请,员工可以在移动应用端发起在职证明申请(见图 2-9-81)、员工收入证明申请(见图 2-9-82)、员工离职证明申请(见图 2-9-83)。

图 2-9-81　在职证明申请界面　　　图 2-9-82　收入证明申请界面　　　图 2-9-83　离职证明申请界面

9.3.6 面试 Go

在使用 PC 端面试过程管理功能时，面试官可同步在"面试 go"（见图 2-9-84）中查看被安排的面试，查看候选人面试信息、简历，与候选人电话沟通（见图 2-9-85）。

图 2-9-84 面试 go 界面

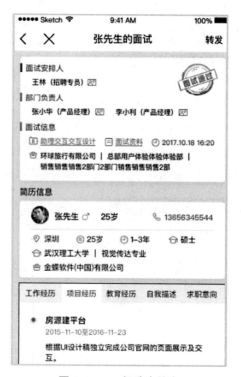

图 2-9-85 候选人信息

面试后，通过设置常用语、语音转文字等便捷方式，快速录入面试结果（见图 2-9-86）。同时，面试官可查看面试成果及分析（见图 2-9-87）。

图 2-9-86 分数录入界面

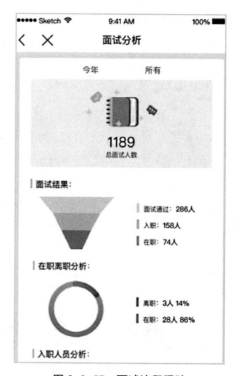

图 2-9-87 面试流程跟踪

9.3.7 绩效 Go

员工可以在绩效 Go 中完成绩效待办任务的处理（见图 2-9-88），可查看自己的绩效目标和绩效考核结果、团队目标及团队绩效历史（见图 2-9-89），可以随时下达或者打回目标、处理绩效打分任务、处理 360 度待办（见图 2-9-90）；团队负责人可查看面试成果及分析（见图 2-9-91）。

图 2-9-88　绩效待办消息推送

图 2-9-89　绩效 Go 界面

图 2-9-90　绩效评分界面

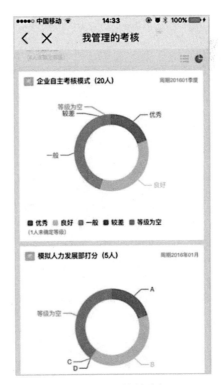

图 2-9-91　绩效分析

9.3.8 智能问询

智能问询针对企业内人力资源政策、制度、流程、事务的员工日常问询场景，由 HR 知识专员创建适用不同行政组织的知识方案，员工可基于移动端进行询问，内置 AI 机器人的问询应用可以自动回复员工提出的问题，如图 2-9-92、图 2-9-93 所示。

图 2-9-92　智能问询提问　　　　图 2-9-93　智能问询问答

图书在版编目(CIP)数据

人力资源数字化管理：中级 / 汪鑫主编；罗丽萍副主编. —上海：复旦大学出版社,2022.10
1＋X 职业技能等级证书配套教材
ISBN 978-7-309-16348-3

Ⅰ.①人… Ⅱ.①汪… ②罗… Ⅲ.①人力资源管理-数字化-职业技能-鉴定-教材 Ⅳ.①F243-39

中国版本图书馆 CIP 数据核字(2022)第 139863 号

人力资源数字化管理(中级)
RENLI ZIYUAN SHUZIHUA GUANLI (ZHONGJI)
汪　鑫　主编
罗丽萍　副主编
责任编辑/张美芳

复旦大学出版社有限公司出版发行
上海市国权路 579 号　邮编：200433
网址：fupnet@fudanpress.com　　http://www.fudanpress.com
门市零售：86-21-65102580　　团体订购：86-21-65104505
出版部电话：86-21-65642845
上海新艺印刷有限公司

开本 890×1240　1/16　印张 26　字数 824 千
2022 年 10 月第 1 版
2022 年 10 月第 1 版第 1 次印刷

ISBN 978-7-309-16348-3/F·2906
定价：68.00 元

如有印装质量问题，请向复旦大学出版社有限公司出版部调换。
版权所有　　侵权必究